Hans Dieter Stöver

# CHRISTENVERFOLGUNG IM RÖMISCHEN REICH

Hans Dieter Stöver

# CHRISTENVERFOLGUNG IM RÖMISCHEN REICH

## Ihre Hintergründe und Folgen

BECHTERMÜNZ
VERLAG

Gesetzt aus der Garamond der Firma Hell
Satz: Bauer & Bökeler Filmsatz GmbH, Denkendorf
Druck und Bindearbeiten: May + Co, Darmstadt
Printed in Germany
ISBN 3 927117 38 2

*Meiner Tochter Julia Minea*

»Aus der untersten Hefe des Volkes sammeln sich da die Ungebildeten und die leichtgläubigen Weiber, die wegen der Beeinflußbarkeit ihres Geschlechtes ohnedies auf alles hereinfallen; sie bilden eine gemeine Verschwörerbande, die sich in nächtlichen Zusammenkünften, bei Feierlichkeiten mit Fasten und menschenunwürdiger Speise nicht im Kult, sondern im Verbrechen verbrüdert; eine obskure, lichtscheue Gesellschaft, stumm in der Öffentlichkeit, in Winkeln geschwätzig; Tempel verachten sie, als ob es Gräber wären, vor Götterbildern speien sie aus, verlachen die heiligen Opfer... O diese unfaßliche Dummheit, diese unglaubliche Frechheit!... Und da das Böse immer besonders üppig gedeiht, wuchert dieses Unwesen Tag um Tag weiter über den ganzen Erdkreis hin, mehren sich die abscheulichen Kultstätten dieser gotteslästerlichen Sekte! Verfemen und ausrotten sollte man diese Bande!«

MINUCIUS FELIX (Octavius 8,4 f.)

»Ich las, ich verstand, ich verwarf!«

IULIANUS APOSTATA (Brief 157 »An die Bischöfe«)

»Wenn die Welt euch haßt, so wisset, sie hat mich vor euch gehaßt... Haben sie mich verfolgt, werden sie auch euch verfolgen...«

JESUS (bei Johannes 15,18 u. 20)

»Wenn ihr uns verurteilt, werden wir von Gott losgesprochen!«

TERTULLIAN (Apologeticum 50,16)

# Danksagung

In der Vorbemerkung zur Bibliographie weise ich darauf hin, daß eine historische Zusammenschau wie die vorliegende auf der Denkarbeit Hunderter Forscher gründet; hier nun ist Dank zu sagen jenen, die direkt am Zustandekommen des Buches beteiligt waren:

Prof. Dr. German Hafner (Mainz) erreichte es, daß das Deutsche Archäologische Institut (Rom) den gerade erstellten Lageplan des augusteischen Solariums zur Verfügung stellte; Prof. Dr. Hermann Pohlmeier (Göttingen) sagte spontan zu, einen Essay über die Zusammenhänge zwischen christlichem Martyrium und Suizid zu schreiben; Dr. Josef Schmitz van Vorst † (Aachen) erlaubte den Abdruck seines Artikels »Sonnenuhr des Augustus« (FAZ vom 20.9.80) und stellte Bildmaterial der Grabungskampagne zur Verfügung; Dr. theol. Friedrich Trzaskalik (Lommersum/Aachen) half bei der Beschaffung theologischer und kirchengeschichtlicher Literatur; Frau Reuter und Frau Wierz von der Stadtbücherei Brühl besorgten wieder alle gewünschten Werke, Kompendien und Zeitschriften und zeigten große Langmut, wenn der Autor sich nicht immer pünktlich an die Rückgabetermine hielt. Mein besonderer Dank gilt Frau Sabine Bottke, Lektorin des ECON Verlages, die einfühlsam und unbestechlich darauf achtete, daß Episches und Faktisches im Gleichgewicht blieben.

# Inhalt

# Vorwort

Ein Buch über die Christenverfolgungen im Römischen Reich zu schreiben, ist immer ein gewagtes Unterfangen, denn der Gegenstand der Betrachtung vereint mehrere Probleme, fordert verschiedene wissenschaftliche Perspektiven und berührt religiöse Tabus.

Im Blickfeld stehen Ereignisse, mit denen sich die historischen Wissenschaften ebenso wie Rechtsgeschichte und Theologie, letztere wiederum von getrennten konfessionellen Ausgangspunkten her, intensiv beschäftigen.

Außerdem gilt es, gewisse geistige und seelische Barrieren zu überwinden; haben wir es doch mit mörderischen Aktionen zu tun, die sich in ihrer letzten Zielsetzung kaum von Völkermord unterscheiden.

Der französische Historiker Jaques Moreau bekennt darum zu Anfang seiner Untersuchung: »... ist es fast unmöglich, sich sachlich über die Religionspolitik der römischen Kaiser vor Konstantin zu äußern, ohne nicht gleichzeitig das negative Urteil heraufzubeschwören, das sich die ideologischen Gegner dieser Politik zu eigen gemacht haben. Seit Jahrhunderten verbindet sich mit dem Wort Verfolgung ein Werturteil, von dem sich freilich der Historiker freimachen sollte. Er braucht darum noch nicht die Partei der Henker gegen ihre Opfer zu ergreifen; er sollte aber die Maßnahmen verstehen lernen.«[1]

Die Geschichte der Christenverfolgung ist eines der wenigen Beispiele dafür, wie die Lebensumstände der Menschen sehr wohl vom Willen einzelner Machthaber abhängen können, sozusagen im negativen Sinn des Wortes »Männer machen Geschichte«.

Selbst ein der römischen Geschichte kundiger Leser wird erstaunt feststellen, daß wirtschaftliche und soziale Verhältnisse erst sehr spät, um die Mitte des 3. Jahrhunderts, bei den Vorgängen eine Rolle spielen. Er wird ebenso erstaunt bemerken, daß unter den zeitgenössischen Berichten über Verfolgungsaktionen die nichtchristlichen Quellen fast gänzlich fehlen, worüber an geeigneter Stelle zu reden sein wird.

Da das Wohl und Wehe der Christen völlig von Charakter, Temperament, Ethos, Bildung, von den religiösen und politischen Zielen der jeweiligen Herrscher abhing, ist dieses Buch in gewisser Hinsicht auch eine negative Kaisergeschichte.

Da die Berichte zur Verfolgung erst im Laufe ihrer Eskalation zunehmen, sind wir anfangs, etwa bei Nero und Domitian, mehr auf die vagen Angaben der biographisch oder politisch schreibenden Historiker wie Sueton oder Tacitus angewiesen; ergänzende Nachrichten bringen Flavius Josephus und die Dichter des 1. und 2. Jahrhunderts. Danach fließen die Quellen reichlicher. Einen Glücksfall der Überlieferung stellen die Briefe des jüngeren Plinius dar, durch die wir einen tiefen Einblick in die Provinzverwaltung unter Trajan erhalten. Schließlich behauptet die »Kirchengeschichte« des Eusebius von Caesarea weithin das Feld; sie wird zudem ergänzt durch die Berichte der »Märtyrerakten«, der Apologeten, der »Historia Augusta« (Kaisergeschichte). Zum tieferen Verständnis des geistigen Umfeldes kommen außerdem noch Gedanken und Vorstellungen aus den orientalischen Kulten und den Werken der späthellenistischen Philosophen zu Wort, soweit sie Einfluß auf die Motive der Verfolger oder Glaube und Lehre der Verfolgten nahmen.

Auf konfessionell gebundene theologische Interpretation wird verzichtet; wir gehen historisch vor. Doch wird der aufmerksame Leser bald spüren, daß der Autor einen bestimmten – wenn man will: voreingenommenen Standort einnimmt. Er betrachtet das Geschehen nicht durch die spätabendländische Brille, sondern versucht, die Antriebe der christenfeindlichen Haltung in ihrem Entstehungsprozeß greifbar, einsichtig, verständlich zu machen. Dies ist um so notwendiger, da bis in das neuere Schrifttum hinein aus dem Blickwinkel des neuzeitlichen Staatschristentums argumentiert wurde und wird. Wollen wir aber sine ira et studio den feinen Verästelungen der Bedingtheiten nachspüren und herausfinden, warum die Kontrahenten sich so und nicht anders verhielten, dann brauchen wir Informationen, die über den Horizont unseres bequemen Schlagwortwissens hinausführen. Es geht also nicht darum, die Verfolger zu verteufeln oder reinzuwaschen, die Opfer zu heroisieren oder sie als bornierte Fanatiker abzuqualifizieren, sondern vielmehr darum, die Wurzeln dieses historischen Prozesses bloßzulegen; ihn zu verfolgen, gehört zum Interessantesten, Erschütterndsten und Lehrreichsten, was uns die Geschichte des Abendlandes zu bieten hat.

Im Unterschied zum Verlauf der profanen Reichsgeschichte fließen jedoch die christlichen Quellen zu einzelnen Verfolgungsaktionen gerade dann reichlich, wenn die politischen und biographischen Zeitdokumente fehlen. Beispiele sind die Regentschaften von Decius, Valerian, Galerius und Diocletian. Sie fehlen fast völlig für die Zeit Neros und Domitians – wenn wir von den neutestamentlichen Schriften einmal absehen.

Dies hatte eine schier unüberschaubare Fülle von Untersuchungen zur Folge, die inhaltlich und methodisch verschieden vorgehen: zahllose Einzelstudien beschäftigen sich mit punktuellen Fragen; eine große Gruppe erörtert den Prozeß nach staatsrechtlichen Kategorien; Kirchenhistoriker beider Konfessionen gehen die Ereignisse aus spätchristlicher Perspektive an und finden die Ergebnisse, die sie suchen; eine Minderheit benutzt die feinen Instrumente der Philologie und gewinnt so wichtige neue Einsichten. Es gibt Mischformen, darunter herausragende Arbeiten, die die Ereignisse in Ursache und Wirkung aus allen möglichen Blickwinkeln betrachten.

Der vorliegende Versuch kann nicht alle weitverstreuten Nachrichten, Kommentare, Wertungen unter die Lupe nehmen; tausend Seiten würden nicht ausreichen, diesen teils klugen, teils anmaßenden Gedanken kritisch nachzugehen. Vielmehr soll an einigen herausragenden Exempeln die Problematik und Tragik des ideologischen Kampfes dargestellt und erörtert werden, damit wir »verstehen lernen«.

Die Auswahl wurde von der Quellenlage bestimmt, womit zugleich das Dilemma allen historischen Forschens, Urteilens und Darstellens angesprochen ist: fehlen uns doch bis auf wenige Ausnahmen – etwa des Celsus Kritik des Christentums – antichristliche apologetische Schriften. Die spärlichen Überreste, über die wir verfügen, finden sich als Fragment oder Zitat in dieser und jener christlichen Entgegnung, etwa in des Origines Schrift »Contra Celsum«. Besonders zu bedauern ist, daß ausgerechnet die Lebensbeschreibung von Kaiser Decius in der »Historia Augusta« verloren ist.

Wenn wir heute trotzdem viele dieser Lücken schließen können, dann ist es den Forschungen bedeutender europäischer und amerikanischer Gelehrter zu verdanken, deren Arbeiten der Leser im Anhang findet. Vor dieser Leistung steht dem Autor, der ja ihre Erträge erntet, Bescheidenheit an, und er läßt sie an entscheidenden Stellen zu Wort kommen.

Das Buch kann und will keine neuen Interpretationen oder kecke Behauptungen vorlegen; alles, was zur Sprache kommt, ruht seit fast zwei Jahrhunderten in den Regalen der Bibliotheken und sollte dem Historiker, Theologen und Philologen bekannt sein. Da sich die Darstellung aber besonders an den interessierten, nicht fachgebildeten Leser wendet, stehen im Mittelpunkt die authentischen Berichte der antiken Autoren, denn nur sie vermitteln etwas vom Denken, Fühlen, Leiden und Hoffen der Verfolgten wie auch von den Antrieben der Verfolger.

Zum Schluß der Vorrede ein persönliches Bekenntnis. Ich habe mich um größtmögliche Objektivität und Toleranz gegenüber beiden Seiten bemüht – bis auf einen Punkt: Es war mir nicht möglich, den Begriff »Heide«, »heidnisch« und »Heidentum« zu übernehmen. Die folgenden Seiten werden diesen Verzicht deutlich machen. Selbstverständlich blieb das hybride, unheilvolle Wort in den Zitaten alter und neuerer Autoren stehen.

Hans Dieter Stöver

# Der große Brand Roms

Der 19. Juni des Jahres 64 war ein heißer Tag. Wer es sich leisten konnte, verbrachte die Hundstage außerhalb Roms in den Landsitzen und Villen der Albaner Berge oder im Getriebe der mondänen Badeorte zwischen Ostia und Neapel, wo sich die Abkömmlinge alt- und neureichen Adels mit allerlei überflüssigen Spielereien die Zeit vertrieben. Jene aus den Reihen des höchsten Establishments aber wurden in ihrer behaglichen Ferienstimmung aufgeschreckt, seit sich herumgesprochen hatte, der Kaiser sei in Antium eingetroffen. Die Nachricht kam unerwartet, denn man wähnte Nero längst außer Landes.

Wieder einmal, wie immer häufiger in den letzten Jahren, war er großtönend zu einer musischen Tour d'horizon aufgebrochen, um dem staunenden Völkchen der hellenistischen Provinzen Proben seiner theatralischen und musikalischen Fähigkeiten zu geben.

Zwar war erst kürzlich, nach seinem Auftritt im Theater von Neapel, ein großer Teil der Tribüne zusammengestürzt; doch da es erst nach dem Abzug der Massen bei leerer Bühne geschah, faßte der Kaiser dies eher als ein Zeichen göttlicher Fürsorge und Huld auf. Willkommener Anlaß für ihn, in kunstreichen Liedern die Gnade der Götter und den glücklichen Ausgang des Unglücks zu besingen.

Im übrigen vergaß er auch hier nicht, Köpfe von Männern rollen zu lassen, deren Einfluß er fürchtete. Als sich Silanus Torquatus, Urenkel des Augustus, seinen Nachstellungen entzog, indem er die Unverfrorenheit besaß, sich selbst die Adern zu öffnen, folgte die in solchen Fällen übliche Rede Neros vor versammeltem Hofstaat: Jener sei zwar schuldig gewesen, wäre aber am Leben geblieben, wenn er die Milde des Richters abgewartet hätte. »Die Milde des Richters«, eine geschmacklose Anbiederung an Caesars »clementia« (Milde) gegenüber dem politischen Gegner.

Aus unbekannten Gründen hatte er dann doch die geplante Reise nach Griechenland aufgegeben und war nach Rom zurückgekehrt.

Er habe die traurigen Augen seiner Mitbürger gesehen, ließ er dort verbreiten, und ihre heimlichen Klagen gehört, daß er eine so weite Reise antreten wolle, könnten sie doch nicht einmal seine kurze Abwesenheit ertragen; sie seien ja gewöhnt, bei Schicksalsschlägen schon durch den Anblick des Kaisers gestärkt zu werden. Zum anderen sei im öffentlichen Leben nun einmal die Meinung des römischen Volkes ausschlaggebend, und er müsse ihm gehorchen, wenn es ihn zurückhalte.

Der Mob frohlockte. Standen doch nun allerlei kostenlose Vergnügungen und Kurzweil ins Haus. Die Besonneneren waren's zufrieden, weil die Anwesenheit des Kaisers eine Garantie für die pünktliche Versorgung mit Brot war. Der Senat aber und die ersten Kreise waren sich nicht schlüssig darüber, ob er fern oder gegenwärtig schrecklicher sei. Danach hielten sie, wie es im Wesen großer Ängste liegt, das für schlimmer, was wirklich geschah.

So zogen sich dann Spiele, Rennen, Wettkämpfe und öffentliche Belustigungen über den Frühsommer hin. Nero richtete auf den öffentlichen Plätzen Gastmähler aus und machte, wie Tacitus bemerkt, die ganze Stadt zu seinem Haus.

Schließlich langweilten ihn auch diese Veranstaltungen – trotz der gewaltigen Anstrengungen seines Gardepraefecten Tigellinus, dessen Verkommenheit sprichwörtlich war. Dieser hatte ein Festmahl veranstalten lassen, dessen künstliches Beiwerk alles Bisherige ebenso in den Schatten stellte wie die Orgien, mit denen er den krankhaften Neigungen seines kaiserlichen Herrn entgegenkam.

Es mag sein, daß ein seltsames Erlebnis in der bereits zerrütteten Psyche Neros Skrupel hervorrief: als er jüngst den Vestatempel betrat, begann er plötzlich an allen Gliedern zu zittern, sei es, daß die Göttin ihn schreckte, sei es, daß unerwartet Schuldgefühle in ihm hochstiegen, da er niemals frei von Angst war.

Also verließ er Rom und zog sich nach Antium in seine große, komfortable Villa zurück. Und diese unerwartete, gefährliche Nähe des Unberechenbaren brachte Unruhe und böse Ahnungen in die Gespräche der High-Society, denn es konnte mehr als nur ihr Amüsement gestört werden.

Anders die Hauptstadt. Rom im Juni, ohne Kaiser, ohne Hof – eine erschlaffte Stadt. Seit Wochen kein Regen. Die Hitze staut sich in den engen Gassen. Nachts krachen die First- und Kehlbalken der Dächer vor Trockenheit. In der Subura, dem Viertel der kleinen Leute, hält's keinen im Hause. Fenster und Türen stehen weit offen, doch es nützt wenig, da sich kein Luftzug regt.

Der Gestank aus Kloaken, Kneipen, Küchen und Pissoirs ist an manchen Stellen kaum zu ertragen.

Treffen sich zwei Freunde, beginnt das Gespräch mit vagen Hoffnungen auf Wind und Regen. Die auf den Hügeln meinen eine leichte Brise vom Meer zu verspüren, zwar nicht sehr kühl, doch sehr angenehm.

So kriechen die flimmernden Stunden des Nachmittags dahin. Selbst die Bettler sind zu träge, die Hand zu heben. Es kommt ja auch niemand. So trollen sich die einen zu den schattenspendenden Kolonnaden am Forum, andere unter die Bögen der Aquädukte.

Überhaupt die Wasserversorgung! Die Zapfmeister bekommen in diesen Tagen reichlich zu tun, denn Publius Marius, kaiserlicher »curator aquarum«, hat als Direktor der städtischen Wasserversorgung die strikte Einhaltung der Gesetze befohlen. Täglich überprüfen seine Beamten die öffentlichen und privaten Zapfstellen. In der ganzen Stadt ziehen seine Ausrufer umher, erinnern die Bevölkerung an die Verwaltungsbestimmungen für Notzeiten, drohen bei Mißbrauch mit harten Strafen:

»Bei Strafe ist es verboten, Wasser, das man über eine Konzession erhalten hat, auf andere Grundstücke als auf die vereinbarten zu leiten oder es aus einem anderen Wasserbehälter zu beziehen als aus dem im kaiserlichen Konzessionsbrief vorgesehenen . . .«[1]

Günstige Gelegenheiten für Denunzianten, unbeliebte Nachbarn des Wasserdiebstahls zu bezichtigen! Und so bilden sich hier und da kleine Gruppen heftig Redender. Die Schreibsklaven des Marius haben Mühe, alles zu notieren. Gartenbesitzer, Töpfer und Walker pochen auf ihre Sonderrationen. Die Alten behaupten, früher sei alles besser gewesen, und bezichtigen nun die Reichen des Wasserbetrugs.

Die Beamten bleiben ruhig, so läuft's ja alle paar Jahre: Jaja, man werde allen Klagen nachgehen und dem Curator Meldung machen; hier und jetzt könne man nicht entscheiden; in Härtefällen seien die Gerichte zuständig. Dann packen sie ihre Unterlagen zusammen und gehen zur nächsten Straße. Eine Horde Kinder folgt ihnen nach, barfuß, rotznäsig, keck, neugierig auf ein Spektakel.

Die auf den Hügeln hatten recht. Gegen Abend frischt der Seewind auf, in den Innenhöfen wird es lauter. Man speist und zecht, heitere Gespräche machen die Runde – plötzlich wird hier und da leichter Brandgeruch bemerkt. Man macht sich gegenseitig darauf aufmerksam, geht durchs Haus, prüft die Feuerstellen. Doch alles ist in Ordnung.

Aber der beißende Dunst bleibt, verstärkt sich, besonders seit der Wind nun in leichten Böen über die Dächer fährt. Auf der Straße werden Nachbarn befragt. Nichts Ungewöhnliches wurde gesehen. Hier und da nur Staubfontänen, Fetzen von Stoff und Papyros, vom Winde jäh ergriffen und hochgewirbelt.

Zu den Freunden zurückgekehrt, werden Mutmaßungen angestellt, sogar alle möglichen Erklärungen gefunden. Doch die Unruhe bleibt. Der Wind nimmt zu, es riecht nach verbranntem Holz. Asche rieselt vereinzelt in die Innenhöfe.

Schreie auf der Gasse ertönen: »Feuer! ... Es brennt! ...« Man stürzt nach draußen. »Wo?« – Junge Burschen rennen vorbei. »Feuer!« – »Wo denn?« Niemand weiß es. Und der Wind kommt vom Meer, von Westen!

Die in den Niederungen wohnen, steigen auf die Dächer, halten Ausschau. In Fetzen weht Qualm in mäßiger Höhe heran. Er scheint vom Palatin zu kommen. Doch sie haben nicht Zeit noch Laune, zu frohlocken, daß es die reichen Besitzer der Villen dort trifft. Zunehmend treibt Funkenflug heran; noch verglimmen die Teilchen zu Asche, bevor sie Brennbares erreichen.

Wasser! Man muß Wasser bereitstellen! Sie rennen zu den Brunnen, hetzen mit Eimern, Schüsseln und Krügen, füllen leere Amphoren – doch die Brunnen geben nicht viel her. Der Grundwasserspiegel sank weit unter normal in den letzten Wochen.

Die am Palatin rochen's zuerst. Der Wind streicht über die ganze Breite des Hügels. Sie müssen nicht erst in die oberen Stockwerke, ein Blick vom Garten genügt: gleich zu Füßen des Hügels wütet das Feuer. Der Circus Maximus brennt! Einzelheiten sind nicht zu erkennen, die Rauchwand verhindert den Durchblick.

Die vom benachbarten Caelius blicken mehr von der Seite, erkennen den Herd: Flammen schießen aus den Läden und Magazinen der Außenseite, springen rasend schnell auf benachbarte Räume und Buden, gewinnen an Kraft in Breite und Höhe, erfassen bald die ganze Länge des Circus: eine Front von $3^2/_3$ Stadien, das sind 650 Meter!

Und der Wind! Verstärkt durch die thermischen Strömungen der heißen Lüfte frißt er sich im Verein mit den Flammen hart am Boden durch das kurze Stück zu den Hügeln, packt und entfacht dabei trokkenes Buschwerk, entzündet Bäume zu riesigen Fackeln, schafft sich dadurch lodernde Brücken und durchrast, nun als Sturm, die Flanke des Berges aufwärts, sprüht sein Feuer über alles, was brennbar ist.

In plötzlichen Wechseln stößt er nach links oder rechts, greift unerwartet um Ecken in trockene Höfe, schüttet von oben den feurigen Regen auf Dächer, in die Atrien der Häuser und in festummauerte Gärten. Das gesamte Areal ist ein einziges Knistern und Bersten, Caelius und Palatin stehen in Flammen.

Aufsteigend und zugleich getrieben springen die glühenden Schwaden zu den Höhen, doch neue Böen drücken den Feuersturm jenseits zu Tal, und hier nun beginnt das Inferno: die Viertel der braven Leute, Handwerker, Händler bieten die beste Nahrung. Lüge war's, wenn Augustus einst sprach, er habe eine Stadt in Marmor hinterlassen. Die Häuser des Volks sind Zunder! Tragende Teile in Wänden und Dekken werden nach wie vor in Holz errichtet, Brandwände fehlen.

Beherzte Männer treten den Flammen entgegen. Ketten werden gebildet, Eimer wandern wie schwebend von Hand zu Hand, doch es nützt nichts: löscht man unten, brennt es oben lichterloh weiter, fällt es krachend in Trümmern hernieder, deckt Mensch und Gerät zu. Was nützt es, ein Haus zu retten, wo zu beiden Seiten Balken, Dach und Türen des Nachbarn rotglühend zerfallen! Dazu der beißende, würgende, tödliche Rauch! Sie sinken hin, zu Tausenden, man greift sie, schleppt sie fort, aber wohin? Die Helfer behindern sich gegenseitig durch ihre verbissene Eile, drei Dinge auf einmal zu packen.

Dazu das Gejammer der Frauen, Greise, Kinder, denn Fluchtwege sind versperrt. In den engen Gassen bilden gestürzte, brennende Trümmer unübersteigbare Barrikaden. Man rennt nach der anderen Seite, gerät in neue Gruppen, die planlos bergen, hantieren, zur Seite drängen, Schaum vor dem Mund, die Kleider in Fetzen, durchnäßt von Schweiß, Löschwasser und Blut.

Einige vertrauen blind den Steinwänden ihres Hauses, sie gehen hinein, ziehen Fremde mit. Ein tödlicher Irrtum, denn sie ersticken an giftigen Gasen, längst bevor das Obergeschoß durch die Decke bricht.

Andere rennen zu Freunden in entferntere Viertel – voller Hoffnung, bis dorthin reiche der Feueratem nicht. Doch der Sturm greift über von Haus zu Haus, von Straße zu Straße, von Viertel zu Viertel.

Tausende erreichen die nördlichen und östlichen Tore, drängen hysterisch durch die Engpässe, Fallende werden zertrampelt. Die anderen rennen weiter, kommen auf freies Feld, werfen sich erschöpft zu Boden, außer Atem, ratlos, was sie tun oder lassen sollen. Sie sind dem Hades entronnen. Doch plötzlich wird ihnen bewußt, was geschehen, daß sie alles verloren, wofür sie hart gearbeitet oder was sie vom Vater ererbten. Es wird berichtet, etliche gingen nach dem Verlust ihrer ganzen Habe, andere aus Liebe zu ihren Angehörigen, die sie nicht hatten retten können, freiwillig in den Tod, sei es, daß sie Hand an sich legten oder zurückkehrten und sich in die Flammen warfen.

Und anderes, gefährlich Zweideutiges steht in den Quellen: daß niemand wagte, dem Feuer zu wehren! Es seien welche gewesen, die mit drohenden Worten das Löschen hätten verhindert; und andere, die, im Einvernehmen mit diesen, brennende Fackeln geschleudert und behauptet hätten, im Auftrag zu handeln. Ja, es heißt: Sie wollten so größere Freiheit zum Plündern gewinnen. Oder: Sie handelten wirklich auf Befehl.

Und obwohl doch alle mit Rennen, Retten und Löschen beschäftigt, fanden manche im Zorn über das rasende Element doch die Zeit, den Ursachen nachzuspüren, zumal sich verdächtige Reden von Fackeln, ja vom Schüren des Brandes häuften.

Besonders jene, die alles verloren, fanden als erste zu nüchternem Wägen zurück, denn sie hatten ja nichts mehr zu bergen. Sie blickten über das Chaos und zogen ihre eigenen Schlüsse aus dem, was sie sahen und hörten: daß nicht nur Fackeln geworfen und zwielichtiges Gesindel zielstrebig das Löschen verhindert, daß vielmehr das Feuer am Aemilischen Grundstück des Tigellinus beim Marsfeld, weitab vom Ursprung, aufs neue entflammte. Dies alles rief unter den dortigen Bewohnern Empörung hervor. Nero, so hieß es, suche den Ruhm, die ganze Stadt neu zu gründen und nach seinem Namen zu nennen. Und damit dies gelänge, habe er sie erst von Grund auf vernichten müssen.

Skeptiker, die dergleichen Redensarten hörten, verwiesen dagegen auf die besondere Neigung des Kaisers zum Volk, sie wollten's nicht glauben, und so kamen hitzige Debatten in den Pausen des Trümmerräumens auf.

Ankömmlinge aus entfernteren Vierteln ließen neue Verdächtigungen aufkommen. Was nutzte es, wenn die Zweifler das Gerücht als böswillige Verleumdung des Kaisers abtaten, wußten doch plötzlich Freunde und Freundesfreunde zu berichten: Nero habe, genau zum Zeitpunkt des Brandes, seine Hausbühne zu Antium betreten und in tragischen Versen den Untergang Trojas besungen, wobei er die gegenwärtige Not dem alten Unglück habe verglichen.

Dies und andere Gerüchte kursierten in der ganzen Stadt, und viel von der Fama blieb haften.

Endlich raffte der Kaiser sich auf und erreichte die brennende Hauptstadt. Und was viele ihm nicht zugetraut hätten, setzte er nun mit dem ganzen Gewicht seiner Macht in die Wege. Er gab Befehl, den kaiserlichen Park dem obdachlosen Volk zu öffnen und dort, wie auch auf dem Marsfeld, Baracken und Zelte zu errichten. Hausrat wurde aus Ostia und den nahen Landstädten herbeigeschafft. Den Kornpreis ließ er auf drei Sesterzen herabsetzen und kostenlos Brot an die gänzlich Verarmten austeilen.

Endlich gelang es auch erfahrenen Brandspezialisten aus Armee und Verwaltung, ausgestattet mit eindeutigen kaiserlichen Vollmachten, dem Brand energisch zu wehren. Auf beiter Front wurden am Esquilin Häuser niedergerissen, so daß den lechzenden Flammen an dieser Stelle der Atem ausging.

Sechs Tage hatte das Feuer gewütet. Mancherorts hielt es sich länger, bot darum neuen Gerüchten Nahrung.

Wie lange der Feuersturm über Rom hinzog, wurde nicht überliefert.

Möglicherweise zehn Tage, bis die letzte Glut allerorten gelöscht war. Die Daten der Katastrophe ergaben summa summarum, daß es nie zuvor seit Gründung der Stadt solch Inferno gegeben hatte, auch nicht zu Zeiten des Brennus, als die Kelten 386 v. Chr. das republikanische Rom brandschatzten, denn damals drängten sich weit weniger Häuser auf engerem Raum.

Von den vierzehn Regionen, in die Augustus die Urbs einteilte, blieben nur vier unversehrt. Drei waren dem Erdboden gleichgemacht, in den übrigen sieben standen nur rauchgeschwärzte Ruinen zerfetzter, halbverbrannter Häuser.

# Schuldiger gesucht

Unverzüglich machte sich Nero an den Wiederaufbau, doch was entstand, war eine Neugestaltung, denn nun erhielt Rom das Gesicht, das es im Grundsätzlichen durch die Zeiten bis ins 19. Jahrhundert bewahrte.

Man konnte nun nach einem städtebaulichen Konzept vorgehen. Baumeister, Gärtner, Unternehmer erlebten einen nie zuvor gekannten Boom, und Rom hatte endlich einmal Vollbeschäftigung. Es wurden regelmäßige Häuserreihen und breite Straßen angelegt, die Höhe der Häuser maximal beschränkt. Freie Hofräume sorgten für Licht und Luft, Säulengänge für Schatten. Außerdem verdeckten sie die unansehnlichen Fronten der Mietshäuser.

Nero, aufgerüttelt durch eigne und fremde Skrupel, zeigte nun plötzlich Energien, die ihm längst nicht mehr zugetraut wurden. Er verbannte bis auf weiteres alle teuren Tändeleien, stürzte sich in harte Arbeit, mäßigte sein triebhaftes Leben; vielen aus seiner Umgebung, die er sonst vor den Kopf stieß, hörte er nun geduldig zu oder suchte ihren kundigen Ratschlag.

Der Hof atmete auf. Erinnerung an die frühen Jahre und Hoffnungen keimten, daß der Kaiser nun doch noch zum Manne reife. Er selbst erlebte wohl zum erstenmal, was es heißt und welche Befriedigung es bringt, anderen zu helfen.

So war er denn rastlos tätig, griff tief in seine private Kasse und ließ in der Stadt verbreiten, er selbst übernehme die Kosten für alles, was im öffentlichen Interesse wichtig sei zu bauen; besonders jene neu zu errichtenden Kolonnaden gingen auf seine Kosten; auch sei den Eigentümern verwüsteter Plätze das Baugelände auf Staatskosten freizuräumen und so den Besitzern zu übergeben.

Er selbst kontrollierte, begleitet von seinem Gefolge, alle Arbeiten, legte wohl auch hier und da symbolisch mit Hand an, und die kleinen Leute versuchten, seinen Ring zu küssen.

Tag und Nacht rollten und schepperten die Fuhrwerke durch die geräumten Straßen und Gassen, ratterten zum Tiberhafen, entluden den Schutt in gemietete Kähne. Der Unrat wurde zu Tal in die Sümpfe von Ostia gebracht. Nero befahl, daß die Schiffe, die von dort, beladen mit Getreide aus Übersee, tiberaufwärts treidelten, auf der Rückfahrt Schutt aufzunehmen hatten.

Täglich hörte er sich die Berichte an, die eine Sonderkommission von Architekten, Bauleuten und sonstigen Sachverständigen in seinem Namen und Auftrag erstellte, und gab ihrem Urteil Gewicht: die neu zu errichtenden Häuser seien bis zu einer gewissen Höhe, ohne Gebälk, nur aus Gabiner- und Albanergestein, zu mauern; nur so könne man einem späteren Brand – die Götter mögen ihn verhüten! – vorbeugen; denn nur was aus der Glutesse der Vulkane gestiegen und zu Tuff erstarrte, nur dies biete dem Feuer die Stirn.

Auch Publius Marius, der »curator aquarum«, kam nicht zur Ruhe, denn er hatte Versäumnisse gutzumachen, weil das verfügbare Wasser bei weitem nicht zum Löschen reichte. Noch schärfer mußte er die Bestimmungen formulieren sowie Sondertrupps losschicken, um die Risse, Brüche und Lecks an den Rinnen und Bögen der Aquädukte schließen und alte Rohre durch neue ersetzen zu lassen. Das Wassernetz galt es nach den letzten Erkenntnissen der Fachleute auszuweiten.

Wer ein Haus errichtete, wurde verpflichtet, Löschgeräte und Behälter für Wasser bereitzustellen. Auch sollten die Häuser keine gemeinsamen Wände mehr haben, sondern nur von ihren eigenen Mauern umschlossen sein. Und Nero gab einen Anreiz, setzte für diejenigen einen Preis aus, die innerhalb einer gegebenen Frist ihren Palast oder ihr Haus vollendet hätten.

So gingen Nutzen und schöne Erscheinung einen seltenen Bund ein, denn die Stadt wurde geräumiger, übersichtlicher, gesünder, wenn auch manche die alte Bauart lobten, denn die engen Gassen und hochschattigen Häuser hätten sommers die Glut der Sonne gemildert und winters die Wucht der Stürme gebrochen.

Nachdem das gewaltige Projekt so logisch geplant, gezeichnet und in die Wege geleitet war, wie menschliche Vernunft es gebot, galt es, die Götter zu versöhnen. Denn es lag auf der Hand, und manche bekannten es offen, daß man in wichtigen Dingen gefehlt und so den Zorn der Ober- und Unterirdischen auf sich und die Stadt gezogen haben mußte.

Die Sibyllinischen Bücher wurden befragt; seit Urzeiten gaben sie Rat und wiesen auf Mittel und Wege, den Zorn der Götter zu dämpfen. Diesmal schwiegen sie, was die Skrupel der Gläubigen steigerte. So hielt man sich denn in Gebeten und Opfern an Vulcan, den Herrn des Glühens der Tiefe, und an Ceres, die segenspendende Mutter alles Lebendigen, sowie an Proserpina, die ja nicht nur über die Toten wacht, sondern über alles, was aus dem Schoß der Erde zum Nutzen von Mensch und Tier hervorsprießt.

Matronen opferten der Juno, Jupiters Gattin, um ihren besänftigenden Einfluß auf den Vater der Götter und Menschen zu lenken. Wie zu Hannibals Zeiten putzten sie mit ihren Haaren, auf den Knien rutschend, den Boden ihres Tempels auf dem Capitol. Dann zogen sie an die Küste des Meeres, schöpften Wasser, brachten es nach Rom und besprengten Tempel und Bildnis der Göttin.

Und die Ehefrauen der ersten Familien versammelten sich, entsannen sich des alten heiligen Brauchs und boten den Bildern der großen Göttinnen das Festmahl der Sellisternien auf dem Forum, die Tafel gedeckt mit edelsten Speisen und Weinen. Andere begingen das nächtliche Fest der Guten Göttin, der Bona dea, an dem ausschließlich verheiratete Frauen teilhaben konnten.

Als Neros Leute allerorten die Stadt durchzogen, erfuhren sie nicht nur Lob für die klugen Maßnahmen des Kaisers, daß er sich um das Elend der gänzlich Verarmten besonders kümmre; hinter der Hand kam die Rede auf jene schlimme Fama, in Andeutungen zwar und hingeworfenen Zweideutigkeiten, doch einige aus den mittleren Chargen der Magistratur hakten nach, um eignen Verdacht zu bestärken oder von andern Gehörtes zu klären. So kam heraus, daß beim großen Brand verdächtige Dinge geschahen, wie das Werfen von brennenden Fackeln, der erneute Brand auf des Tigellinus Grundstück und das Hindern am Löschen und Bergen.

In dieser Situation gab es natürlich auch Aktenvermerke, die ihren unaufhaltsamen Dienstweg von unten nach oben nahmen und irgendwann auf den Tischen von Neros Sekretären und Ministern landeten. Diese zögerten einige Zeit, unsicher, ob es ratsam sei, den mit guten Taten so beschäftigten Nero vom entsetzlichen Gerücht beim Rapport in Kenntnis zu setzen. Riskierten sie doch ihren Kopf, wenn sie mit derart verwerflichen Fakten seine euphorische Laune als Wohltäter der Menschheit störten, befürchteten aber das gleiche, wenn andere ihnen zuvorkämen und er sie wegen mangelnder Weitsicht und fehlender Loyalität zur Verantwortung ziehe.

In den Vorzimmern warteten sie auf eine günstige Gelegenheit, und als sie kam, brachten sie während ihres Rapports – sozusagen inmitten vieler unwichtiger Dinge – das Gerücht zur Sprache, stets darauf bedacht, es als Nichtswürdigkeit und dummes Gefasel des unwissenden Pöbels abzutun.

Und Nero, Meister der Verstellung, nahm es gelassen hin, ja er dankte und lobte Ihre Absicht – und war doch im Innern getroffen!

Seitdem er mit eigenen Augen das Elend der Massen gesehen, die verkohlten, stinkenden Leichen – besonders der Kinder –, begann er nach alter Praxis, sein eignes Verschulden zu verdrängen. Dies gelang ihm nicht vollends, hatte er selbst ja den geheimen Auftrag gegeben, den Brand an bestimmten Stellen zu schüren, um Raum für seine baulichen Pläne zu schaffen. Genarrt kam er sich vor, daß die Götter des Feuers sich nicht an seine ausgeklügelten Pläne gehalten, daß die Flammen andern Gesetzen gehorchten als seinen und übergriffen auf Orte, die er selber nie in seine Konzeption eines gesteuerten Brandes einbezogen hatte. Großes Selbstmitleid befiel ihn, da er stets das Gute wollte und wieder nur Böses herauskam.

In seiner Umgebung war man auf das Schlimmste gefaßt, sah ihn schon nach der Garde winken, um diesen und jenen, der ihm zufällig am nächsten, hinausbringen und ihm den Kopf vor die Füße legen zu lassen. Er registrierte wohl all die Spannungen in den Gesichtern seiner Kreaturen, doch ließ er sie einstweilen im Zwiespalt, ja genoß diese Panik der Seelen und hielt sie bewußt in der Schwebe. Doch dann begann er zu weinen, beklagte sich wie auch den Erdkreis – eine Welt, die ihn nicht verdiene. Aus dem Stegreif rezitierte er tragische Verse, griff nach der Lyra, sang von dem Unheil der Erde und stellte sich dar als den Retter Roms und des Kosmos.

Petronius, sein »magister elegantiarum«, akklamierte spontan und versuchte insgeheim, dadurch die übrigen Hörer zum Mitmachen zu ermuntern. Schließlich weinte die ganze Runde, ergriffen vom Elend der eigenen schmutzigen Seele. Hatten sie eben noch befürchtet, die Stimmung des Herrn werde nach Verklingen des letzten Tones in tödlichen Terror umschlagen, so entließ er sie huldvoll und dankend für ihr Verständnis: »So geht denn hin, meine Freunde, und danket den Göttern, daß ihr solchen Herrscher aus ihren Händen empfangen!«

Und doch war dies alles durchdachtes, vorsätzliches Spiel mit den Wirren der eignen Seele und den Ängsten seiner Umgebung. Denn kaum waren sie fort, ihren Freunden den neuen Erweis seines Irrsinns zu melden, da wandelten sich Antlitz und Gesten: schnelle Befehle gingen hinaus an seine Spitzel und gutbezahlten Voyeure; sie hätten sich unters Volk zu mischen und auszuhorchen, aus welcher Quelle die heimlichen Anklagen kämen, in welche Richtung sie zielten und wie man sie abbiegen könne und bündeln zugunsten des Kaisers. Eilen sollten sie, ihm Meldung zu machen, es wäre zu ihrem Nutzen. Doch kein Wort über den Auftraggeber, bei ihrem Leben!

Und diese, bewährt schon seit langem in derlei Geschäften, zogen aus, versickerten in der Weite der Stadt wie Wasser im Sande, mischten sich unter das Volk am Markt, in den Kneipen, am Hafen, begannen belanglos mit Klagen über das Unglück und lenkten die Gedanken des Gegenüber in eine bestimmte Richtung. Doch was sie erfuhren, war lediglich detaillierter als das, was ihr Auftraggeber längst wußte.

Doch wurden sie erneut, nun mit verengtem Auftrag, losgeschickt: wer oder was denn dem Volke zur Zeit den meisten Verdruß bereite; vorsichtig klug sollten sie schüren, genauestens recherchieren, ob nicht vielleicht auch dieser und jener vom Adel der Stadt, dem Volk, dem Kaiser zu schaden gedenke. Mühelos müsse es doch gelingen, Zorn und Verdruß der Menge auf eine besondere Gruppe zu lenken und somit Sündenböcke zu finden.

Mit sachlichem Eifer gingen sie an die Arbeit, leidenschaftslos, um aus hingeworfenen Floskeln und Phrasen auf einen tieferen Groll zu schließen, selbst wenn die Betroffenen sich dessen noch nicht bewußt waren, wohl aber bei geschickter Führung ein Objekt des Hasses vor Augen hätten.

Als sie ihre Dossiers hinterbrachten, war es ein leichtes, die Summe zu ziehen, das Ergebnis säuberlich klassifiziert dem Herrn zu melden:

Unwille herrsche bei vielen über all die furchtbaren und verabscheuungswürdigen religiösen Bräuche, die aus aller Welt sich in Rom versammelten. Der Kult der Großen Mutter Kybele sei zu nennen, der verwerfliche Orgien zelebriere – bis hin zu perverser Selbstentmannung seiner Jünger. Die Ausübung in diesen schärfsten Formen sei zwar seit langem verboten, doch praktizierten immer noch Asiaten und ärmere Schichten den Kult. Allerdings habe der vergöttlichte Claudius das Priesteramt römischen Bürgern wieder zugänglich gemacht, doch beschränke sich dieser Glaube auf Weltflucht und Jenseitshoffnung. Es sei von ihm nichts zu fürchten. Den meisten Bürgern sei er überdies gänzlich unbekannt. Ganz ähnlich stehe es mit den Bacchanalien, seit sie, vor Zeiten wegen unsittlicher Gottesdienste vom Senat verboten, nur noch ein kümmerliches Dasein fristeten.

Und Nero: Es müsse möglich sein, Leute ausfindig zu machen, dem Volke verhaßt und dem Staate gefährlich. Dies erkenne man vielleicht nicht auf den ersten Blick, da solche Elemente sich stets gut zu tarnen vermöchten. Sie sollten nur weiter so eifrig suchen und forschen, das vorliegende Material sei zu spärlich, gegen Einzelpersonen oder Gruppen einzuschreiten. Jene, die Isis und Mithras verehrten, seien brave, gefällige Leute, bestrebt, einen rechten und lauteren Weg im Diesseits zu gehen, um im Jenseits dafür Entlohnung zu finden.

Nein, sie sollten ihm nicht den Schnee von gestern ausbreiten. Hier gehe es um ernste Dinge, das Wohl und der innere Friede der Stadt seien in Gefahr, von sich selbst wolle er gar nicht erst reden, wo er nur das Gute stets wolle.

Aus anderen Quellen erfuhr er täglich aufs neue vom Murren des Volkes. Das unerhörte Gerücht, er selber habe den Brand legen lassen, wollte nicht weichen. Verzweifelt suchte er der üblen Nachrede entgegenzusteuern durch teilnahmsvolle Unterstützung, große Schenkungen und Sühnezeremonien in allen Tempeln der Stadt und der nahen Umgebung.

Doch das Mißtrauen blieb, erst recht, als man sah, wie Baukolonnen darangingen, Raum zu schaffen am Palatin für die Fundamente eines neuen größeren Kaiserpalastes.

Ein Sündenbock mußte gefunden werden, sollte nicht seine Reputation vor der Menge und den Gegnern vom Adel Schaden leiden. Er wunderte sich, daß die Leute diesmal nichts vergessen wollten, wo er doch früher seine launischen Strafaktionen gegen diesen und jenen ganz offen beging.

Dann lagen die neuen Berichte der Spitzel vor, und die Analyse der Fachleute ergab: Wir haben die Schuldigen!

– Wer ist es?

– Die Iudaeer!

– Die Iudaeer? Bekannt war, daß dieses Volk seit langem unter dem Schutz eines besonderen Status stand. Und dies schon seit Caesars Afrikakrieg, als ihn jüdische Kontingente aus starker Bedrängnis in der letzten Schlacht heraushieben. Zwar sei der Ritus dieses Stammes unerhört und anmaßend, leugne er doch die Existenz der Götter; aber ihr Kult sei doch stets »religio licita«, erlaubter Glaube, gewesen, verbürgt durch kaiserliche Erlasse aller Vorgänger.

Nun wohl – so die Gegenseite –, aber der vergöttlichte Claudius habe vor 23 Jahren die Juden in Ägypten mit hartem Verdikt belegt, denn sie schürten dort öffentliche Unruhen. Dies biete den nötigen Anknüpfungspunkt, falls ein juristischer Präzedenzfall gewünscht sei.

– Da sei zu wenig und liege zu weit zurück, sei außerdem der Menge ohne Interesse. Andere Dinge seien notwendig, die dem Volk selbst bekannt und zuwider seien.

– Nichts leichter als das! Das Judentum wirke durch seine völlig aus dem Rahmen fallende Eingottlehre unter allen rechtgläubigen Menschen als Fremdkörper; diese Lehre sei offen bekannter Atheismus! Die verrückte Lehre gehe auf einen gewissen Moyses zurück. Er gab diesem Volk einst Bräuche, die neu waren und denen aller übrigen Menschen zuwiderliefen. Unheilig sei dort alles, was hier heilig, erlaubt, was hier als unrein gelte. Schweinefleisch äßen sie nicht. All ihre Einrichtungen seien widerwärtig, abscheulich und hätten eben nur durch ihre Widernatur Geltung erlangt.

Sie speisten getrennt und schliefen abgesondert. Obwohl ein Volk, das sich sinnlichem Genuß ganz hingebe, hielten sie sich dem Beischlaf mit fremdbürtigen Frauen fern. Sie hätten die Sitte der Beschneidung eingeführt, um sich dadurch kenntlich zu machen. Eifrig pflegten sie zu missionieren, und ihre Neubekehrten nähmen denselben Brauch an. Doch nichts anderes werde ihnen beigebracht, als ihre bisherigen Götter zu verachten, ihr Vaterland zu verleugnen, Eltern, Kinder, Brüder gering zu achten.

Die Seelen der im Kampf oder durch Hinrichtungen Umgekommenen hielten sie für unsterblich. Daher stamme auch ihre Lust am Kinderzeugen und ihre Todesverachtung. Bei den Iudaeern liege nur eine Erkenntnis im Geiste vor, die sich auf ein einziges göttliches Wesen beziehe. Gottlos seien alle, die sich Götterbilder in menschlicher Gestalt aus irdischen Stoffen schaffen. Jenes höchste und ewige Wesen sei weder nachahmbar noch vergänglich. Daher stellten sie auch keine Götterbilder in ihren Städten, geschweige denn in ihren Tempeln auf. Nicht Königen werde eine solche Huldigung zuteil, nicht Caesaren solche Ehre.

Doch stehe dies alles in lächerlichem Gegensatz zum ärmlichen Leben hier in der Stadt. Zusammengedrängt in dumpfen und traurigen Winkeln hausten sie – gleichsam von der Menschheit ausgestoßen – so schon seit Jahrzehnten. Schon der göttliche Claudius habe sie vor dreizehn Jahren mit Schimpf und Schande aus der Stadt vertrieben wie zuvor auch Tiberius aus Sardinien, um ihrem schmählichen Wucher Einhalt zu tun. Doch immer kehrten sie wieder und wußten sich klug zu behaupten. Zur Zeit liege ihre Zahl bei 8000.

Jüdische Vetteln seien es auch, die sich scheu zu nächtlicher Stunde auf Bestellung in römische Häuser schlichen, um dort ihre Liebestränke und Lustmittel anzubieten.

Lang war der Vortrag und wurde nicht unterbrochen. Grübelnd entließ sie der Kaiser.

Gewiß, er hatte alle Sympathie und Unterstützung der römischen Priesterschaft, wenn er mit diesem Gesindel aufräumen würde. Doch mit welchen Argumenten sollte er eine solche Aktion vertreten? Es war nicht bekannt, daß sie gegen irgendwelche Gesetze der Stadt, des Handels oder der Sitten verstießen. Loyal standen sie zum römischen Staat, besonders ihre Etablierten, die in vielen großen Geschäften ihre Finger hatten. Sie waren sehr nützlich in ihrer Rührigkeit. Also mußte Stichhaltiges gefunden werden.

# Ein Fest des Todes

Einige aus dem engsten Kreis des Kaisers zweifelten nach wie vor daran, daß Nero selbst den Brand hatte legen lassen, wenn auch verdächtig viel dafür sprach, nicht zuletzt der plötzliche Abbruch der Reise; doch neigten auch sie mehr und mehr zu der Annahme, im nachhinein hätten Sondertrupps von Sklaven die Flammen an bestimmten Punkten nach Plan geschürt. Und diese Auffassung schlug sich später bei Sueton nieder, dessen Mitteilungen stets auf glaubhaften Quellen beruhen: »... unter dem Vorwand, die Häßlichkeit der alten Gebäude und die Enge und Gewundenheit der Straßen beleidige sein Auge, steckte er [Nero] Rom in Brand.«[2]

Vom Ausgang des Brandes her gesehen, ist es allerdings zweitrangig zu fragen, ob Nero den Brand selbst legte oder im nachhinein schürte, um Raum für seine phantastischen Baupläne zu schaffen. Der Verdacht blieb haften. Auffällig war auch, daß er kein Wort der Klage über den gänzlich verwüsteten Kaiserpalast auf dem Palatin verlor.

Die Ursache? Vielleicht unbekümmerter Umgang mit einem Flämmchen irgendwo in einem der Läden und Magazine am Circus Maximus, Funkenflug aus einer der dortigen Werkstätten oder eine fallende Lampe.

Verdächtig blieb auch dies: wie schnell und großzügig Nero Maßnahmen ergriff, die Obdachlosen unterzubringen; dazu das philanthropische Gehabe, wo doch alle Kenner seines Charakters aus langer Erfahrung und Beobachtung wußten, wie er das Volk en masse ebenso verachtete wie als Summe einzelner Individuen. Wann immer er die Menge verhätschelte, dann nur, weil er sie brauchte als akklamierende Kulisse seiner überspannten theatralischen Sendung.

So blieb die neugierige Spannung unter den Chargen seiner engsten Umgebung bestehen, und man hoffte oder bangte, je nach dem Grad der Abhängigkeiten, wie er die wachsende Krise in den Griff bekommen werde.

Der Verwaltungsalltag ging währenddessen weiter, mit dem steten

Kommen und Gehen von kaiserlichen Kurieren, Gesandtschaften, Militärs und Beamten. So fiel es nicht besonders auf, als eine Gruppe Jerusalemer Juden erschien, um von Poppaea, der intriganten Gattin des Kaisers, empfangen zu werden.

Poppaea Sabina, gerade Anfang Dreißig, war eine ebenso schöne wie berechnende Frau, und es ist schwer zu entscheiden, ob sie ihre erotischen Fähigkeiten als Mittel zur Erlangung politischen Einflusses gebrauchte oder ob sie Machtpositionen anstrebte, um so größeren Spielraum bei der Auswahl ihrer Liebhaber zu bekommen. Fest steht, daß sie die Männer jeden Alters und Standes zu reizen verstand. Sie war rotblond, pflegte ihre Schönheit durch Bäder in Eselsmilch und eigene Salben, die »pinguia Poppaiana«. Die Ehe mit Nero war ihre dritte, nachdem sie während der ersten (mit dem Ritter Rufrius Gispinus) von Otho, dem späteren Interimskaiser, verführt und geheiratet worden war – ob aus Liebe oder auf Geheiß Neros, läßt sich nicht mehr genau ausmachen. Jedenfalls hatte sie bereits zu jener Zeit als Mätresse großen Einfluß auf den Kaiser und bei der heimtückischen Ermordung von dessen Mutter Agrippina ihre Hände im Spiel, später ebenso bei der Verstoßung und Beseitigung der allzu braven Gattin Octavia.

Bald nach der Heirat mit Nero gebar sie Anfang 63 eine Tochter, die aber nach vier Wochen starb. Sie führte einen sehr aufwendigen Lebensstil und gewann zunehmend Einfluß auf die Kamarilla am Hofe, hatte darunter mächtige Freunde und spann ihre Fäden bis in die Provinzen.

Besonders zugetan war sie dem jüdischen Establishment. Wiederholt setzte sie sich für dessen Belange beim Kaiser ein, was allerdings stets auf Kosten des jüdischen Volkes ging, wie denn in all diesen Dingen altruistische Regungen keine Rolle zu spielen pflegen, wo es nur auf das richtige Plazieren einflußreicher Figuren auf der Bühne des Machtspiels ankam.

So setzte sie es auch Ende dieses Jahres 63 bei Nero durch, ihren eigenen Kandidaten als Statthalter nach Palaestina zu schicken, den Gessius Florus, über dessen Gattin Kleopatra es heißt, daß sie als Freundin eine an Gottlosigkeit ebenbürtige Genossin von Neros Gemahlin Poppaea gewesen sei und ihm über die Kaiserin das Amt verschafft habe.

Wenige Seiten zuvor nennt die gleiche Quelle – es ist Flavius Josephus – sie eine gottesfürchtige Frau, die sich für die Juden ins Mittel legte.[3] Doch mit Josephus' historischer Redlichkeit ist es nicht weit her, allzuoft richtet er sich nach persönlichen Opportunitäten.

Gleichwohl gehört diese Episode hierher, denn sie bringt etwas Licht in die folgenden makabren Ereignisse. Dies war vorausgegangen: Etwa zur gleichen Zeit errichtete König Agrippa, Herrscher von Roms Gnaden, ein weitläufiges Gebäude auf dem Gelände der Königsburg Antonia zu Jerusalem. Diese Anlage lag in bedeutender Höhe und bot daher einen herrlichen Ausblick auf die Stadt. Der König hatte seine Freude daran, zumal er, wenn er auf einem Polster lag, alle Ereignisse im Tempel übersehen konnte.

Als dies die Vornehmsten von Jerusalem gewahrten, wurden sie sehr unruhig, weil es durchaus ungebräuchlich und ungesetzlich war, die Vorgänge im Tempel, besonders während der heiligen Handlungen, zu beobachten. Deshalb ließen sie oberhalb der Halle, welche im Inneren des Heiligtums gegen Westen lag, eine hohe Mauer errichten, die dem König von seinem Ruheplatz aus jeden Ausblick versperrte.

Nicht nur Agrippa, sondern in noch höherem Grade empörte sich der noch amtierende Landpfleger Festus darüber und gab Befehl, die Mauer niederzureißen.

Die Juden jedoch baten um Erlaubnis, in dieser Angelegenheit Abgeordnete an Nero schicken zu dürfen: Sie wollten lieber sterben als einen Teil ihres Tempels zerstört sehen.

Festus stimmte zu, und daraufhin wählten sie zehn vornehme Bürger aus ihrer Mitte, darunter auch den Chronisten Josephus sowie den Hohepriester Ismael und den Tempelschatzmeister Helkias, und ordneten die Gesandtschaft an den Caesar ab.

Bevor aber diese Männer bei Nero vorsprachen, hat offensichtlich Poppaea sie empfangen, gehört und ihnen zugesagt, in ihrem Sinne beim Kaiser vorstellig zu werden; denn Nero erteilte ihnen Audienz, verzieh ihnen nicht nur das Geschehene, sondern gestattete auch, daß das Bauwerk, die Mauer, stehen blieb. »Und zwar«, hängt Josephus an, »tat er das seiner Gemahlin Poppaea zu Gefallen, die sich für die Juden ins Mittel legte.«[4]

Im übrigen regelte sie gleichzeitig die inneren Angelegenheiten und ließ die Spitzen der Jerusalemer Priesterschaft neu besetzen.

In der Überlieferung fehlen von nun an solche Zwischenglieder. Unvermittelt setzt bei Tacitus die Tragödie ein. Dennoch läßt sich als wahrscheinlich voraussetzen, daß es zwischen Nero und Poppaea zu einem »Gedankenaustausch« über das Suchen und Finden eines Schuldigen gekommen sein muß. Poppaea hat aus dem Kreise der Höflinge etwas von Neros Absichten erfahren, die Juden versuchsweise in den Kreis derer zu ziehen, gegen die man vielleicht vorgehen könne.

Dies konnte sie auf keinen Fall hinnehmen, zumal sie unmittelbar zuvor den Jerusalemer Abgesandten ihr Wohlwollen bekundet hatte.

Nehmen wir ferner an, daß Nero, anders als später Domitian, an differenzierten theologischen Betrachtungen überhaupt kein Interesse zeigte, so wird es – neben anderen Unbekannten – vor allem Poppaea gewesen sein, die seinen Blick auf eine Gruppe richtete, die man bisher mit den Juden in einen Topf geworfen hatte: die Christen der römischen Gemeinde.

Poppaea, die mehrfach bezeugte Kontakte zu geistig hochstehenden Juden wie auch zu den residierenden römischen Statthaltern und deren Frauen hatte, dürfte sehr wohl in der Lage gewesen sein, Juden und Christen aufgrund ihres Kultes und Glaubens voneinander zu unterscheiden. Zugleich wird sie die jüdische Version übernommen haben, es handle sich bei diesen Leuten um eine häretische, verblendete Gruppe, die sich vom Judentum abgespalten hat, sozusagen um eine Sekte, die mit allen Mitteln zu bekämpfen sei.

Obwohl Nero sich kaum dafür interessiert haben dürfte, wird sie ihm, ihrer jüdischen Freunde wegen, in Hauptzügen skizziert haben: Der Stifter dieser Sekte, ein gewisser Chrestus, sei unter der Regierung des Tiberius durch den Prokurator Pontius Pilatus in Jerusalem zum Tode am Kreuz verurteilt und durch römische Vollzugsorgane hingerichtet worden. Der Grund: Er habe sich des Majestätsverbrechens schuldig gemacht, denn er habe nach der Königswürde gestrebt, habe außerdem einen großen Gefolgschaftskreis um sich versammelt, um an einem bestimmten Tage loszuschlagen. Dem sei aber die jüdische Exekutive durch kluge Maßnahmen zuvorgekommen, indem sie ihn verhaftete und an Pilatus auslieferte. Freilich hielten ihn seine Anhänger nach seinem Tode für einen Gott; dieser wahnwitzige Irrglaube habe in der Folge Tausende Menschen angezogen. Er verbreite sich nicht nur in Iudaea, wo er entstanden sei, sondern nun auch in Rom. Es sei also eine gute Tat, die Anhänger eines hingerichteten Verbrechers, denen alles zuzutrauen sei, zur Verantwortung zu ziehen und ein Exempel zu statuieren.

So etwa dürfte Poppaeas Argumentation gelautet haben. Und sie war Wasser auf Neros Mühlen. Endlich hatte er das Objekt, das er so lange vergebens suchte. Also schickte er erneut seine Spitzel los, nun mit dem konkreten Auftrag, die Zahl der Sektierer festzustellen und viel, wenn möglich Verwerfliches, über sie, ihre Lehre, ihr Denken und Tun zusammenzutragen.

Die Ergebnisse dieser Aktion gefielen dem Kaiser ausnehmend gut, zumal nun auch die Meinung des Volkes seinen Absichten entgegenkam: Das Unwesen dieser Sekte – so der Bericht – wuchert von Tag zu Tag, nicht nur in Rom, sondern über den ganzen Erdkreis hin. Es mehren sich die abscheulichen Kultstätten dieser gotteslästerlichen Menschen. Verfemen und ausrotten sollte man diese Bande! An geheimen Zeichen und Merkmalen erkennen sie einander und lieben sich schon, fast ehe sie sich noch kennen. Unterschiedslos vollziehen sie miteinander eine Art Ritual der Lüste. Sie nennen einander Brüder und Schwestern, so daß die bei ihnen übliche Unzucht durch den Gebrauch eines so heiligen Wortes sogar zum Inzest wird! Man berichtet, daß sie die Genitalien ihres Oberpriesters anbeten, also symbolisch die Zeugungskraft ihres Schöpfers verehren. Das könne zwar ein falscher Verdacht sein, immerhin aber passe es gut zu ihren nächtlichen Geheimriten.

Und dann noch die Berichte über ihre Initiationsriten! Verabscheuungswürdig ist es, doch nur zu bekannt: Um die, welche um Aufnahme in den Kult bitten, zu täuschen, bedeckt man ein Kind mit Teig und legt es dem vor, der in ihre Mysterien eingeweiht wird. Der Neophyt läßt sich, durch die Teighülle getäuscht, zu Stichen verleiten, bei denen er nichts Arges vermutet, und tötet so das Kind mit Wunden, die dem Auge verborgen bleiben. Das Blut des Kindes – welch furchtbarer Frevel! – lecken sie gierig auf und reißen sich noch um die zerstückelten Glieder!

An Festtagen kommen sie zum Gelage zusammen, mit all ihren Kindern, Schwestern und Müttern, Menschen beiderlei Geschlechts und jeglichen Alters. Dann, nach vielen Gängen, wenn die Gesellschaft erhitzt ist und in der Trunkenheit die Glut intimer Begierden erwacht, wird ein Hund, der an den Leuchter gebunden ist, durch hingeworfene Bissen, die außerhalb des Bereiches fallen, in dem ihn die Leine festhält, zu heftigen Sprüngen angereizt. Ist so das Licht, das alles an den Tag bringen könnte, umgestoßen und ausgelöscht, dann stürzen sie sich, schamlos im Schutz der Dunkelheit, in unerhörter Gier in die Umschlingungen, wie der Zufall es bringt.[5]

Nero ist sehr zufrieden; doch ein strafrechtliches Vorgehen müßte, wenn möglich, juristisch gestützt werden. Gemäß seiner Anordnung untersuchen Fachleute die Akten des Staatsarchivs, ob nicht irgendwann schon ähnliches vorgefallen. Trotz gründlicher Arbeit bleiben sie leider mehr im allgemeinen stecken:

In Sachen Christen läge bislang kein Präzedenzfall vor. Die Sekte habe ja erst seit kurzem in der Hauptstadt so stark zugenommen, daß die Öffentlichkeit nun Notiz von ihr nehme. Außerdem handle es sich bei dem, was dem Kaiser als Extrakt der öffentlichen Meinung vorliege, nicht um juristisch faßbare Tatbestände, sondern mehr um anonyme Verdächtigungen. Unter diesem Gesichtspunkt sei anzuraten, einzelne bekannte und bekennende Christen aufzugreifen und unter der Folter zu verhören, dann könne man weitersehen.

Im übrigen ließe sich ihr Verhalten sehr wohl unter dem strafrechtlichen Aspekt des »flagitium« betrachten – eine Wertung, schon zu Zeiten der Republik vereinzelt in Anwendung gekommen; so zum Beispiel bei der Unterdrückung der kriminell ausartenden Bacchanalien, aber auch im Zusammenhang mit der Catilinarischen Verschwörung; denn – und das sei ein entscheidender Punkt – stets beinhalte »flagitium« entehrende Taten, ehrlose, gemeine, gegen das friedliche Zusammenleben der Bürger gerichtete Handlungen; immer sei Niedertracht im Spiele, die dem Täter die Ehre nehme, auch dann, wenn eine gesetzliche Strafe nicht eintreten könne, weil die Beweise fehlten. Vor allem aber sei solches Treiben stets verbunden mit Ausschweifung, wüstem Leben und schandbaren Äußerungen, kurz: Es sei unsittlich und römischem Geist zuwider!

All dies klinge zusammen im Tatbestand des »flagitium« und sei in Rom seit alters ein Vorwurf gegen Geheimkulte und Geheimbünde, seien sie nun religiöser oder politischer Art oder beides. Der gleiche Vorwurf habe übrigens einst auch Catilina getroffen, wie man bei Sallust und Cicero nachlesen könne; und damals, wie auch sonst, sei die Anklage stets mit dem Delikt der Brandstiftung verbunden gewesen.

Das genügt als juristisches Mäntelchen, die Aktion kann beginnen. Nero schickt seine Häscher los, und sie greifen jene, die als Christen bekannt sind, dann solche, die in Verdacht stehen und die sich spontan zu ihrem Glauben bekennen. Da sie nicht wissen, was ihnen bevorsteht, folgen sie arglos.

Verhör! Name, Beruf, Wohnung usw. ... Seid ihr Christen? – Ja, sie bekennen nochmals. Doch dann: Nennt andere! – Spätestens hier muß einigen aufgegangen sein, daß man Arges gegen sie im Schilde führt. Sie schweigen.

Doch die Knechte: Wollt ihr nicht reden? Nun, wir können's auch anders!

Es folgt das, was in Rom und anderswo seit jeher legitimer Brauch ist, um Verdächtigten die Zunge zu lockern: Prügel, Tritte, Brüllen, erneutes Schlagen. – Die Namen! – Sie schweigen. – Prügel! – Pause: Die Namen! - Sie schweigen ... Nun werden die Qualen nach lange geübter Methode allmählich gesteigert, man quetscht Daumen, hängt die schon Gemarterten mit auf den Rücken gebundenen Händen auf, streckt sie, taucht sie in eisiges Wasser. Erneute Schläge. Diese Spezialisten kennen ihr Metier, sie wissen, wann sie aufzuhören haben, denn Tote können nicht reden. Die Namen!

Die Geschundenen brechen zusammen, sie erzählen alles, wimmernd, flehend und stotternd, alles und mehr, als man hören will. Nennen Glaubensbrüder und solche, die man ihnen in den Mund legt.

Schreiber sitzen dabei, füllen sachlich und unbeteiligt ihre Tabellen mit Namen. – Genug! Das Soll ist für heute erfüllt. Man stößt die Halbtoten hinaus, wirft sie in finstere Löcher und, als diese voll sind, in andere, zweckentfremdete Gewölbe. Die noch immer ihre Sinne beisammen haben, retten sich in Gebete und psalmodieren gemeinsam heilige Gesänge.

Anhand der Listen werden andere ausfindig gemacht und an Sammelplätzen zusammengetrieben: Verhör! Die Schinder können ihren ganz privaten Haß an diesen oder jenen abreagieren. Als sie vom Schlagen erschöpft sind, folgt Ablösung.

So geht das über Tage. Die Stadt nimmt im übrigen kaum Notiz vom Geschehen. Man sieht nur öfter Gruppen von Leuten, die irgendwo herkommen und irgendwo verschwinden. Auffällig ist höchstens, wie still und in sich gekehrt sie sind.

Ob nun ein Sondergerichtshof vom Kaiser eingesetzt wurde, ist aus den Quellen nicht zu erkennen, doch darf es angenommen werden. Immerhin wird es sich beim größten Teil der Festgenommenen um römische Bürger gehandelt haben. Doch selbst wenn ein solches Gericht zusammengetreten wäre, kann es nicht mit (ge)rechten Dingen zugegangen sein: die Schuld stand von vorneherein fest, da Nero Schuldige brauchte. Der kaiserlichen Willkür waren gerade in diesen letzten Jahren seiner Regentschaft keine Grenzen gesetzt. Das Volk der Obdachlosen hat er zudem auf seiner Seite.

Aus der »riesigen Menge« der Festgenommenen, die Tacitus nennt,[6] läßt sich dreierlei schließen:

1. Es muß mit falschen Zeugen und Denunzianten manipuliert worden sein.

2. Es kann nicht zu Einzelprozessen gekommen sein; die Christengemeinde als Ganzes war angeklagt und wurde als Ganzes für schuldig erklärt, so daß Anklage und Verurteilung in einem Zuge erledigt wurden. Einzelprozesse hätten mit ihrem schwerfälligen juristischen Apparat eine schnelle Aktion verhindert.

3. Es liegt keine Nachricht über einen Einspruch gegen das Urteil vor, was als Indiz dafur spricht, daß die Verurteilten durchweg der Unterschicht entstammten. Angehörige von Ritterschaft und Senatsadel hätten sich derlei Rechtsbeugung und einen Schuldspruch ohne Beweise nicht bieten lassen. Und ein Chronist wie Tacitus aus dem senatorischen, nerofeindlichen Lager hätte auf die Darstellung oder Erwähnung eines solchen Falles niemals verzichtet.

Möglicherweise spielten während der Verhandlung – immer vorausgesetzt, daß sie stattfand – Dinge eine Rolle, wie sie sich im Johannes-Evangelium finden, Gedanken, die man bei der in jeder Beziehung oberflächlichen Beweisaufnahme leicht in Beziehung zu den »Thyestischen Mahlzeiten« mit dem Verzehr getöteter Kinder bringen konnte. Johannes läßt Jesus sagen:

»Ich bin das lebendige Brot, das vom Himmel herabgekommen ist.

Wenn einer von diesem Brot ißt, wird er leben in Ewigkeit, und das Brot, das ich geben werde, ist mein Fleisch für das Leben der Welt ... Wenn ihr das Fleisch des Menschensohnes nicht eßt und sein Blut nicht trinkt, habt ihr nicht Leben in euch ... Denn mein Fleisch ist eine wahre Speise, und mein Blut ist ein wahrer Trank ...«[7]

Wenn dieser Text auch erst später schriftlich fixiert worden ist, so dürften ähnliche Gedanken schon vorher in christlichen Kreisen gedacht und formuliert worden sein. Ein leichtes für die Richter, durch makabre Verzerrung dieser sehr realistischen Abendmahlsvorstellung Material für die Anklage eben des »flagitium« zu bekommen und den Sumpf dieses wahnwitzigen Aberglaubens offenzulegen: Leute, die solches treiben, sind auch zu Schlimmerem imstande!

Bevor wir das grausige Ende der gefangenen Christen schildern, müssen wir kurz auf einen Satz aus des Tacitus Bericht in Kapitel 15 seiner Annalen eingehen. Der große Historiker, der sich allenthalben mit Abscheu von Nero distanziert, bringt als Motiv der Verfolgung eine Begründung, die zunächst sehr eigenartig klingt:

»Man faßte also zuerst Leute, die sich offen als Christen bekannten, und auf ihre Anzeige hin dann eine riesige Menge Menschen. Sie wurden nicht gerade der Brandstiftung, aber doch des Hasses gegen das menschliche Geschlecht (odium humani generis) überführt.«

Wohlgemerkt: nicht *angeklagt,* sondern *überführt!*

»Haß gegen das menschliche Geschlecht« – was bedeutet das?

Nach Cicero[8] ist es die lateinische Übersetzung der griechischen »misanthropia«, der »Menschenfeindlichkeit«. Was er damit meint, erläutert er selbst in seinem Essay »Von den Pflichten« (1,29) als schwerwiegendes Vergehen gegen die Gemeinschaft, wie es besonders von der stoischen Philosophie bewertet wurde:

»Es gibt Leute, die sagen, die Erhaltung ihres Vermögens nähme sie zu sehr in Anspruch, andere erklären aus einer gewissen Menschenverachtung, sie wollten nicht den Anschein erwecken, als täten sie einem andern Unrecht und würden sich daher nur um ihre eigenen Angelegenheiten kümmern. Diese Menschen begehen eine Unterlassungssünde insofern, als sie sich zwar des Unrechten der ersten Art enthalten, dafür aber der zweiten Art verfallen, denn sie entziehen sich der Gemeinschaft, weil sie keinerlei Beitrag leisten an positivem Eifer, an Hilfsbereitschaft und Einsatz ihrer Fähigkeiten.«

Cicero meint das, was wir heute den »Ohne-mich-Standpunkt« nennen.

Traf dieser Vorwurf die Christen tatsächlich? – Wir stehen hier vor der Kernfrage unseres Themas und werden immer wieder gezwungen sein, die Antwort neu zu durchdenken: Lebten die Christen nicht gerade in dem Bewußtsein, daß ihre Lehre und Botschaft keinen Angriff auf den römischen Staat, keinen Aufruf zu sozialer Revolution enthielt?! Jesu Gleichnis vom Zinsgroschen und die Erklärungen des Paulus lehren, daß der Staat zur Ordnung Gottes gehört. Die Obrigkeit wurde stets in Dank und Fürbitte der Gebete eingeschlossen.

Die Anklage der Brandstiftung spielt in diesem Zusammenhang keine Rolle mehr, wie ja auch Sueton den Brand Roms als unbezweifelbare Tat Neros ansieht. Bei Sueton taucht dabei der Name der Christen gar nicht auf. Auch keine christliche Quelle setzt daher später die Neronische Verfolgung in Verbindung mit der Katastrophe.

Und die »Thyestischen Mahlzeiten«? – Man darf zweifeln, ob Tacitus diese Anklage im Sinne gehabt hat, zumal mittlerweile vier Jahrzehnte vergangen sind.

Was aber ist dann das »odium humani generis«? Wie sind dieser Vorwurf und die menschenverachtende »Bestrafung« möglich vor dem Hintergrund der großen Toleranz Roms in religiösen Dingen? Entsprechend der Aufgeschlossenheit für das Göttliche, wie sie dem alten Polytheismus eigen war, hat die römische Republik und dann der Kaiserstaat immer wieder neue Götter auch in den Kreis seiner Bürger eindringen lassen. In den wenigen Fällen, in denen Rom gegen neue Kulte wie die Bacchanalien, den Kybelekult und den Isisdienst vorging, wurde ja nie die neue Religion als solche bekämpft, sondern man vermutete und befürchtete Aufruhr, politische Verschwörung, Sittenverfall und wollte dem vorbeugen. Immer stand dabei die Sicherheit des Staates und der Schutz der öffentlichen Moral als oberstes Anliegen in der Auseinandersetzung mit neuen religiösen Bewegungen aus dem Osten im Vordergrund.

Darum noch einmal die Frage: Warum verfiel man bei der Suche nach Schuldigen nicht auf die Juden? War es doch gerade das Judentum, das als einzige unter den neu agierenden und missionierenden Religionen römischen Götterdienst und Kaiserkult kompromißlos verwarf!

Noch für Philostratus,[9] der um die Wende des 2. zum 3. Jahrhundert schrieb, waren die Juden Gottlose und Menschenfeinde:

»Sie sind uns [in ihrem Wesen] ferner als Susa und Baktra [in Persien] und die Inder, denn sie teilen unser Leben nicht und teilen mit anderen Menschen weder Mahlzeiten noch Verträge, weder Gebete noch Opfer.«[10]

Nun, das Judentum hat durch Privilegien von Caesar und Augustus die Stellung einer »religio licita« (einer erlaubten Religion) erhalten. Es blieb im wesentlichen auf eine kleine, überschaubare Nation beschränkt, und – die Episode mit Poppaea zeigte es – seine Führer waren auf das wohlwollende Einvernehmen mit der römischen Zentrale angewiesen, suchten Streitfälle durch bilaterale Absprachen aus der Welt zu schaffen.

Vor diesem religionspolitischen Hintergrund wird es verständlich, daß all die Abneigungen gegen das Judentum keine rechtlich wirksamen Folgen hatten. Es war zwar eine absonderliche, nach römischem Verständnis atheistische, aber doch kontrollierbare und im übrigen sehr rührige und nützliche Gruppe, die mit beiden Beinen fest im Diesseits stand. Ihre seltsamen Gesetze, Riten und Glaubensvorstellungen wurden notgedrungen als nationale Eigenheit in Kauf genommen, ebenso wie auch die altägyptischen oder mesopotamischen Besonderheiten, und dies alles war ja in der Öffentlichkeit bekannt. Kein Römer wäre auf den Gedanken gekommen, die Juden der Geheimbündelei zu bezichtigen oder sie mit düsteren kultischen Machenschaften in Verbindung zu bringen. Ihr Wesen war eine definierbare Größe; und Bekanntes erweckt schließlich keinen Argwohn.

Die Christen dagegen – und diese Kriterien wurden Nero hinterbracht – verbreiteten ihre zersetzenden Irrlehren in allen Schichten der Bevölkerung; sie nisteten sich ein, ohne daß ihr seltsames Treiben sichtbar und berechenbar wurde. In diesem Zusammenhang sei an die bekannte Tacitus-Stelle erinnert: »Der unheilvolle Aberglaube ... verbreitete sich ... auch in Rom, wo alle furchtbaren und verabscheuungswürdigen religiösen Gebräuche, die es in der Welt gibt, sich zusammenfinden und geübt werden.«[11]

Als Folge des nunmehr weltweiten Austausches in Handel, Wirtschaft und geistigem Leben kursierte besonders unter den Gebildeten ein starker aufklärerischer Kosmopolitismus und Skeptizismus. Wahres Menschsein hatte sich vor allem in einer vorurteilsfreien Philanthropie zu zeigen. Eine Bruderschaft wie die christliche, die ihre Mitglieder gegen die Welt abschloß und miteinander um so enger verband, mußte nicht nur als kleinkariert und bigott, sondern als feindlich gegenüber dem Geist der Zeit empfunden werden.

Der folgende Satz des Tertullian stammt zwar aus späteren Jahrzehnten, charakterisiert aber ebenso die Atmosphäre der Christen zu Zeiten Neros: »Nec ulla magis res aliena quam publica.« – »Und keine Sache ist uns mehr fremd als die Sache aller, der Staat.«[12]

Diese Abgrenzung, die die Christen vor dem Verdacht politischer Ansprüche schützen sollte, konnte freilich ebenso als Abkehr von allen politischen Pflichten gedeutet und gegen die Christen verwendet werden.

»Sie mußten«, folgert die Historikerin Antonie Wlosok, »aus Glaubensgründen die Beteiligung am öffentlichen Leben ablehnen, denn da wurden sie auf Schritt und Tritt mit dem heidnischen Kult konfrontiert. Das traf selbst für scheinbar unpolitische Veranstaltungen zu wie Schauspiel, öffentliche Spiele, gemeinsame Mahlzeiten – ganz abgesehen von den öffentlichen Feiern, Aufzügen und Begehungen, die direkt mit dem [römischen] Kult zusammenhingen.«[13]

Tertullian nimmt da später kein Blatt vor den Mund und bekennt provozierend: »So wollen wir auch mit euren Spielen ebensowenig zu tun haben wie mit ihren Ursprüngen, die religiösem Irrglauben entstammen ... Nichts hat unser Mund, unser Auge, unser Ohr zu schaffen mit der Tollheit des Circus, mit der Schamlosigkeit des Theaters, mit der Grausamkeit der Arena, mit dem hohlen Glanz der Fechthalle ... Wenn wir schließlich gar nicht [damit] erfreut werden wollen, so ist das höchstens unser Schaden, nicht der eure. Allerdings – wir lehnen ab, was euch gefällt.«[14]

Da sie in Gemeinden organisiert waren, die sich vom öffentlichen Leben absonderten und dies prinzipiell zu begründen wußten, summierte sich dies mit den übrigen Vorurteilen zum »Haß auf das Menschengeschlecht«. Wir kommen der Wirkung dieser Wendung wohl näher, wenn wir unser verächtliches Wort vom »Abschaum der Menschheit« parallel dazu setzen.

Der protestantische Theologe, Kirchenmann und Historiker Martin Dibelius hat es auf die Formel gebracht: »Exklusivität nach außen, Hilfsbereitschaft nach innen, wie sie das Christentum vertrat, wurde als Menschenhaß gedeutet; ein Rückfall in die alte Barbarei schien damit verbunden zu sein. So entstand die Stimmung, die Nero benutzte, als er gegen die Christen einschritt.«[15]

Was auch immer im einzelnen geschah und wie es chronologisch ablief – fest steht, der Exekutionsakt war eine unmenschliche Marter für die Opfer, selbst wenn Nero prinzipiell sich an die damals übliche Praxis des römischen Strafrechts hielt. Nicht zuletzt durch dieses perverse »Spiel mit dem Tode« hat er sich bis heute den Ruf des absolut Bösen exemplarisch verschafft, so daß er noch in unseren Tagen spontan genannt wird, wenn man nach einer historischen Gestalt fragt, die am meisten zu verabscheuen sei.[16]

An einem festgesetzten Tag wurden die Gefangenen aus ihren Verliesen geholt. Sie ahnten das Schlimmste. Letzte Hoffnungen keimten, die aber aufgrund der folgenden Ereignisse sofort erstickt wurden.

Geben wir Tacitus das Wort, um nicht in Gefahr zu kommen, in würdelose Sensationshascherei abzugleiten:

»Man machte aus ihrer Hinrichtung ein lustiges Fest: In Tierhäuten steckend, wurden sie entweder von Hunden zerfleischt oder ans Kreuz geschlagen oder angezündet, um nach Eintritt der Dunkelheit als Fakkeln zu dienen. Nero hatte seine eigenen Parkanlagen für dieses Schauspiel hergegeben und verband es mit einer Circusaufführung. In der Tracht der Wagenlenker trieb er sich unter dem Volke umher oder fuhr auf dem Rennwagen. So regte sich das Mitleid mit jenen Menschen: Obwohl sie schuldig waren und die härtesten Strafen verdient hatten, fielen sie ja doch nicht dem Allgemeinwohl, sondern der Grausamkeit eines einzigen zum Opfer.«[17]

Tacitus' Sympathie mit den Opfern ist offensichtlich, denn Neros perverse Mordlust gipfelte in einer grausamen theatralischen Übersteigerung, die alles bisher Dagewesene in den Schatten stellte. Es sind »Schlachtfeste« wie diese, welche die Romfreunde aller folgenden Jahrhunderte schockierten und zu der Frage führten: Wie ist die hohe geistig-sittliche Haltung so vieler römischer Denker zu vereinbaren mit dem unmenschlichen Beifallsgeschrei, das im Amphitheater den Todeskampf eines Gladiators mit Genuß verfolgte oder, wie hier, Vorurteile in grausamste Bluturteile steigerte?

Günter Eich schrieb einmal:

»Denke daran, daß der Mensch des Menschen Feind ist,
Und daß er sinnt auf Vernichtung . . .«

# »Institutum Neronianum«
# Hirngespinst oder Wirklichkeit?

In den Jahrzehnten zwischen Nero und Trajan bewegen wir uns, was die Quellen angeht, auf sehr unsicherem Boden. Um so mehr fühlt sich die Forschung herausgefordert, Hypothesen zu wagen und Folgerungen zu ziehen. Wir wollen diesen Ergebnissen nicht im einzelnen nachgehen, da wir uns in den teilweise spitzfindigen Wortgefechten nicht nur verirren, sondern langweilen würden. Am Ende wären wir nicht klüger als zuvor.

Im übrigen fehlt es auch an spektakulären Ereignissen – das heißt, es hat sie gegeben, aber sie haben eben nicht den Chronisten vom Range eines Tacitus gefunden. So beschränken wir uns in diesem Kapitel auf zwei Fragen:

1. Gab es das, was die Forschung das »institutum Neronianum« genannt hat, ein allgemeines, grundlegendes und für die Zukunft geltendes Gesetz gegen die Christen?
2. Kam es unter Domitian zu größeren Verfolgungen?

Alles, was unter Nero gegen die Christen geschah, war die praktische Konsequenz der Ansicht, die die altgläubige Welt vom Christentum hatte. So zufällig der Anlaß des Neronischen Verdikts war, so wenig es nach dem Zweck, welchen man dabei im Auge hatte, auf das Christentum selbst abgesehen zu sein schien, so blieb Neros Vorgehen doch ein unmittelbar gegen das Christentum selbst gerichteter, tödlicher Schlag: zwar kein Versuch zu seiner Unterdrückung überhaupt, aber doch die tatsächliche Erklärung von höchster Instanz, daß es zu vernichten sei, wie ja alles Schlechte und Verwerfliche nicht geduldet werden kann. Es ist somit der Anfang all dessen, was die neue Glaubensgemeinschaft vom römischen Staat bei jeder Gelegenheit aufs neue zu gewärtigen hatte.

Man muß sich doch einmal vorstellen, welche Schreckensberichte von Augenzeugen, Überlebenden und Sympathisanten in den östlichen Gemeinden verbreitet wurden. Den Intelligenteren unter den Betroffenen muß es mit einem Male bewußt geworden sein, daß hier erstmals der zwischen beiden Seiten bestehende Gegensatz, den man so strikt bisher nicht auszusprechen gewagt hatte, zu einer großen geschichtlichen Tatsache geworden war.

In einer Zeit, in der die unmittelbar bevorstehende Wiederkunft Christi, die Parusie, erwartet und den vorausgehenden prophezeiten Bedrängnissen mit größter Spannung entgegengesehen wurde, mußten die Ereignisse von Rom allerorten den erschütterndsten Eindruck machen.

Was spielte es da für eine Rolle, daß sich die Verfolgung nur auf die Hauptstadt beschränkte, da man nicht geographisch, schon gar nicht politisch, sondern emotional eschatologisch dachte, empfand, handelte und wertete? Was bedeutete es schon für die in der Endzeiterwartung Harrenden und Hoffenden, daß die Aktion Neros keine gesetzliche Grundlage besaß, sondern nur der Willkür eines einzelnen, dazu noch geisteskranken Herrschers entsprach, der sich lediglich vor römischem Pöbel und Establishment vom Verdacht der Brandstiftung reinwaschen wollte.

In der nichtchristlichen öffentlichen Meinung über die Christen kam die Ahndung freilich einer Sanktion gleich: Diese sonderbaren Zeitgenossen sind aller nur denkbaren Verbrechen fähig! Der katholische Kirchenhistoriker Jedin dazu: »Was Nero begonnen hatte (›id, quod a Nerone institutum est‹), die moralische Ächtung des Christennamens, blieb für lange Zeit bestehen. Auf diese Ächtung in der öffentlichen Meinung konnten sich die römischen Staatsbehörden in Zukunft stützen, wann immer die Umstände zwangen, in einem konkreten Fall zur Frage Stellung zu nehmen, ob man von Staatsseite gegen sie vorgehen oder sie dulden sollte. Es ist unschwer zu begreifen, daß diese Wertung des Christentums durch die heidnische Öffentlichkeit allmählich das Gewicht eines Rechtsgrundsatzes bekam, durch den die juristische Lage der Christen im Reich weitgehend bestimmt wurde.«[18]

Trotzdem kann für diese Zeit nicht von einer systematischen Verfolgung gesprochen werden. Die ältere Forschung[19] berief sich auf einen Satz Tertullians: »... et tamen mansit erasis omnibus hoc solum institutum Neronianum.« – Etwa: »Wenn auch später alle übrigen Erlasse Neros außer Kraft gesetzt wurden, so blieb allein das ›institutum Neronianum‹ rechtsgültig.«[20]

Davon sind heute einige Forscher abgekommen, etwa der Althistoriker Josef Vogt: »Wir haben keinen Anhaltspunkt dafür, daß man auch außerhalb Roms unter Nero gegen die Christen vorgegangen wäre. Die Angabe, daß ein besonderes Gesetz das Christentum als solches verboten hätte, taucht verhältnismäßig spät in der christlichen Literatur auf und wird nur von Tertullian [s.o.] auf Nero bezogen. Ein solches Gesetz ist aber nirgends genau wiedergegeben; und Tertullian wollte mit seinem Ausdruck offenbar nur sagen, daß die Verurteilung der Christen seit Nero beinahe eine allgemeine Einrichtung geworden sei.«[21]

Ähnlich H. Last im »Reallexikon für Antike und Christentum« aus juristischem Blickwinkel: ». . . kann man nicht von einer Verfolgung im gewöhnlichen Sinne sprechen; denn es ging nicht darum, das Christentum zu unterdrücken, sondern nur die Öffentlichkeit davon zu überzeugen, daß die Urheber des Brandes entdeckt waren. Da aber die Christen nicht gelitten hätten, wenn sie nicht Christen gewesen wären, war es für die christliche Anschauung dennoch möglich, den Angriff so zu deuten, als ob er gegen das Christentum als solches gerichtet wäre und als ob es sich um eine Verfolgung ›wegen des Namens‹ gehandelt hätte. Und da die Christen damals zum ersten Male in ansehnlicher Zahl vom römischen Staate aufgespürt und unterdrückt wurden, war es für die Christen später, als solche Zwischenfälle an der Tagesordnung waren, leicht, das Ergebnis von 64 n. Chr. als das erste einer Reihe zu zählen und die Feindseligkeit gegen die Kirche als eine von Nero inaugurierte Politik hinzustellen, als ein ›institutum Neronianum‹. Der Vorfall war aber örtlich beschränkt.«[22]

Doch fehlte es auch nicht an Gegenstimmen, die von der Möglichkeit eines solchen Edikts und seiner Weiterexistenz ausgehen; so etwa Jaques Zeiller, der einen grundsätzlichen Aspekt in die Diskussion bringt:

»Gleichgültig aber, ob es schon vom Beginn des Prinzipats an gesichert war, daß ein kaiserliches Edikt Dauer hatte oder nicht, so liegt es doch in der Eigenart und im Wesen des Prinzipats, der nicht die Starre moderner Verfassungen aufwies, daß ein Edikt in Vergessenheit geraten konnte. Und dies war offensichtlich bei dem Neronischen Edikt gegen die Christen nach dem Tod seines Urhebers der Fall. Es genügte aber der Entschluß eines Nachfolgers, eben des Domitian, dazu, es wiederaufleben zu lassen.«[23]

Domitian! – Immer wieder wurde und wird er von oberflächlichen Betrachtern als das Pendant zu Nero hingestellt, wobei mit Genuß die Metapher vom »kahlköpfigen Nero« kolportiert wird. Und dies sitzt in vielen Köpfen bis heute. Zum Teil ist es mit Sätzen wie den folgenden aus des Eusebius »Kirchengeschichte« zu erklären:

»Nachdem Domitian an vielen seine Grausamkeit erprobt, eine nicht unbeträchtliche Zahl von edlen und angesehenen Männern in Rom ohne genügenden Grund getötet und grundlos unzählige andere vornehme Männer in die Verbannung geschickt und ihr Vermögen konfisziert hatte, machte er sich schließlich noch durch seinen Haß und Kampf gegen Gott zum Nachfolger des Nero. Er war also der zweite, welcher eine Verfolgung gegen uns angeordnet hat, während sein Vater Vespasian nichts Feindliches gegen uns ersonnen hatte.«[24]

Eusebius, der Anfang des 4. Jahrhunderts schrieb, lehnt sich an verschiedene ältere christliche Quellen an, darunter natürlich auch Tertullian, und so währt der Streit der Gelehrten schon lange über die Frage, ob es unter Domitian eine regelrechte Verfolgung gegeben habe oder nicht.

All diese Vermutungen oder Behauptungen leiten sich von einer vieldiskutierten Stelle ab, die Sueton im Zusammenhang mit Domitians römischem Terror bringt: Domitian habe seinen eigenen Vetter Flavius Clemens, einen Mann »von berüchtigter Interessenlosigkeit«, ganz plötzlich auf den leisesten Verdacht hin, fast noch während dessen Amtszeit als Consul, umbringen lassen. Das im Text stehende »inertia« meint Untätigkeit, Verdrossenheit gegenüber allen staatlichen Belangen. Dieser Mord war für die Öffentlichkeit insofern ein besonderer Skandal, als Domitian des Clemens noch minderjährige Söhne, deren Namen in Vespasian und Domitian geändert worden waren, zu seinen Nachfolgern designiert hatte. »Diese Untat«, so Sueton, »trug denn auch am meisten zu des Kaisers raschem Ende bei.« Das heißt, er wurde kurz darauf ermordet.[25]

Clemens muß im ersten Drittel des Jahres 95 beseitigt worden sein. Cassius Dio bringt später die ergänzende Nachricht, daß im Zusammenhang mit dieser Aktion des Clemens Gattin Flavia Domitilla verbannt worden sei und daß sie schließlich im Selbstmord endete.[26]

Nun gibt es in Rom aber eine Katakombe unter dem Namen »Coemeterium Domitillae«, eine Begräbnisstätte, die sie gestiftet hat; viele Forscher schließen daraus, daß Domitilla Christin war.[27] Ebenso vermutet man, daß ihr hingerichteter Gemahl Flavius Clemens mit dem Christentum sympathisierte, denn Eusebius schreibt:

»Zur erwähnten Zeit [des Domitian] strahlte unsere Glaubenslehre bereits solchen Glanz aus, daß selbst Schriftsteller, welche unserer Lehre fernstanden, ohne Bedenken in ihren Geschichtswerken über die Verfolgung und ihre Martyrien berichteten. Sie haben auch die Zeit der Verfolgung genau bestimmt, sofern sie erzählen, daß im 15. Jahre des Domitian [= 95 n. Chr.] neben vielen anderen Flavia Domitilla, eine Tochter der Schwester des Flavius Clemens, eines damaligen römischen Consuls, wegen ihres Bekenntnisses auf die Insel Pontia verbannt worden sei.«[28]

Das heißt im Klartext: Des Flavius Clemens Vater Titus Flavius Sabinus war der tapfere und rührige Bruder Kaiser Vespasians, und er hatte großen Anteil an dessen Vorbereitungen zur Machtergreifung in den Wirren des Jahres 69 n. Chr. Flavia Domitilla war somit eine Enkelin

Vespasians, ihre Mutter gleichen Namens die Schwester der Kaiser Titus und Domitian, die jüngere Domitilla also Domitians Nichte.

Ob nun Flavius Clemens Christ war oder nicht, läßt sich bei den kargen und ungenauen Aussagen der Quellen nicht mehr ausmachen. Unterstellt man es, dann bleibt es immer noch eine gewagte Folgerung, daraus auf eine zunehmende Christianisierung der römischen Oberschicht zu schließen. Wir wollen uns daher an eindeutige Fakten halten, und sie lassen erkennen, daß es unter Domitian zu vereinzelten Verfolgungen kam. Hier die wichtigsten Belege:

»Schlagt eure Chroniken nach!« fordert Tertullian. »Dort werdet ihr finden, daß als erster Nero gegen unsere Gemeinschaft, die gerade damals in Rom aufkam, mit dem kaiserlichen Schwert losgefahren ist. Aber auf einen solchen Stifter unserer Verfolgung sind wir sogar stolz. Denn wer ihn kennt, vermag zu begreifen, daß etwas, was von Nero verfolgt worden ist, nichts anderes sein kann als ein besonderes Gut. Versucht hat es auch Domitian, seiner Grausamkeit nach ein halber Nero; aber da er doch noch ein Mensch war, unterdrückte er bald das Beginnen und setzte wieder in seine Würde ein, wen er verbannt hatte.«[29]

Und schließlich Meliton von Sardes, dort Bischof, gestorben um 190 n. Chr. Von seinen zahlreichen Schriften sind nur Fragmente erhalten. Aus seiner Apologie, also der Rechtfertigung und Verteidigung des Christentums, die Marc Aurel gewidmet war, finden sich einige Bruchstücke bei Eusebius; es ist die früheste christliche Quelle, die Domitian als Verfolger bezeichnet:

»Unsere Lehre erwachte dereinst kräftig im Schoße der Barbaren, reifte unter der ruhmreichen Regierung Deines Vorgängers Augustus unter Deinen Völkern zur Blüte und brachte vor allem Deiner Regierung Glück und Segen ... Die einzigen Kaiser, welche, von böswilligen Menschen verführt, unsere Religion in üblen Ruf zu bringen suchten, waren Nero und Domitian; sie sind die Ursache jener unwahren Denunziationen, die bezüglich der Christen in unbegreiflicher Weise zur Gewohnheit geworden sind.«[30]

Nun gibt es noch einen vieldiskutierten Satz aus dem 1. Clemensbrief. Clemens soll der dritte Bischof von Rom in der Nachfolge Petri gewesen sein. Er verfaßte 95/96 n. Chr. ein Schreiben an die christliche Gemeinde von Korinth, um dortige Unruhen zu schlichten. Gleich zu Anfang heißt es: »Wegen der plötzlichen und Schlag auf Schlag über uns gekommenen Heimsuchungen und Drangsale haben wir uns wohl erst etwas spät um die bei euch in Frage stehenden Angelegenheiten gekümmert.«[31]

Das Datum des Briefes korrespondiert eng mit dem Vorgehen gegen

Flavius Clemens und Domitilla! Die »Drangsale« können nur Verfolgungen umschreiben.

Wenn Clemens für uns als historische Person auch nicht mehr faßbar ist – er tritt selbst in dem Sendschreiben völlig in den Hintergrund –, so bedeutet sein Brief doch eine historische Quelle ersten Ranges, denn er beweist unter anderem auch das hohe Alter der Tradition, nach der Petrus und Paulus in Rom als Märtyrer gestorben sind. Ein neuer Ton wird angeschlagen, wenn er die Helden des Christentums in die Nähe antiker Heroen rückt:

». . . Laßt uns nun zu den Kämpfern der jüngsten Zeit kommen; nehmen wir die Beispiele unseres Geschlechts. Wegen Eifersucht und Neid wurden die größten und gerechtesten Säulen verfolgt und kämpften bis zum Tode. Halten wir uns die tapferen Apostel vor Augen: Petrus, der wegen unberechtigter Eifersucht nicht eine oder zwei, sondern vielerlei Mühseligkeiten erduldete und so, nachdem er Zeugnis abgelegt hatte, an den gebührenden Ort der Herrlichkeit gelangte . . .«

Daß es sich hierbei um den Märtyrertod handelt, ist im Ausdruck an sich nicht enthalten, doch ergibt sich der Tatbestand aus dem weiteren Kontext: »Wegen Eifersucht und Streit zeigte Paulus den Kampfpreis der Geduld, siebenmal in Ketten, vertrieben, gesteinigt, Herold im Osten wie im Westen, empfing er den echten Ruhm für seinen Glauben. Er lehrte die ganze Welt Gerechtigkeit, kam bis an die Grenze des Westens [Spanien] und legte vor den Machthabern Zeugnis ab. So schied er aus der Welt und gelangte an den heiligen Ort, das größte Beispiel der Geduld . . .«

Nach einer weiteren Reminiszenz an die Neronische Verfolgung, als die »Auserwählten« in großer Zahl »viele Martern und Foltern« erlitten haben, kommt er auf seine Gegenwart der Jahre 95/96 n. Chr. zu sprechen: »Dies, Geliebte, schreiben wir nicht zu eurer Zurechtweisung, sondern auch zu unserer Besinnung; denn wir befinden uns auf demselben Kampfplatz, und derselbe Kampf ist uns auferlegt!«[32]

Hat es nun Zusammenhänge zwischen all diesen verstreuten Mitteilungen gegeben? Stehen die Beseitigung des Flavius Clemens, die Verbannung seiner Frau Domitilla in Zusammenhang mit einer römischen Christenverfolgung, am Ende gar legitimiert durch ein »institutum Neronianum«? – Wir können es nicht belegen, alles bleibt Vermutung. Es ist durchaus möglich, daß Eusebius über die Verfolgung nicht viel mehr gewußt hat als die heutige Forschung. So könnte schon er aus den sehr vagen Hauptanklagepunkten geschlossen haben, daß es sich um Christen handelte. Zweifellos ist er, wie so viele, von einer späteren christlichen Legende beeinflußt worden. Jedenfalls weiß die vorliegende kirchliche Überlieferung vor Eusebius nichts vom Christentum der Domitilla und der anderen vornehmen Opfer Domitians. Die Indizien, die für eine Verfolgung sprechen, sind recht spärlich.

Leider brechen die »Historien« des Tacitus zu Anfang des fünften Buches ab, und die Ereignisse aus der Regentschaft des Domitian sind – wohl für alle Zeiten – verloren. Hätten wir den Bericht des großen Historikers über den von ihm am meisten verachteten Herrscher, sähen wir in vielem klarer. Aber wer weiß, in welchem Gewölbe noch eine vollständige Tacitus-Handschrift ruht . . .

# Sonderauftrag in Bithynien

So ungern Plinius zur See fuhr, diese frühe Stunde genoß er mit ganzer Seele, wenn außer Steuermann und Ruderern noch alles schlief und er in sich und die Welt hineinhorchen konnte.

Er lehnte sich entspannt zurück, blickte seitwärts auf das Spiel von Licht, Wasser und Rudern, gab sich ganz dem Gleiten des eleganten Schiffes hin, wie es stetig und still seine Bahn zog, während seine Leute noch ruhten.

Gegen Abend würde also die erste Etappe der Reise erreicht sein. Dann begann der beschwerlichere Teil: mit Küstenschiffen nach Norden, durch die Propontis und den Rest zu Lande weiter. Anfang September, so war es geplant, würde er seine Provinz erreichen.

War es klug gewesen, der Bitte des Kaisers spontan zu entsprechen? Gewiß, er hatte sich als Fachmann in Finanzfragen erwiesen. Er war unbestechlich, würde mit scharfem Blick den Unregelmäßigkeiten der letzten Jahre nachspüren und sie mit harter Hand ahnden, würde ohne Ansehen der Person das Versagen seiner Vorgänger offenlegen. Aber war er der rechte Mann, die ganze Schärfe des Gesetzes in Anwendung zu bringen? Überschätzte Trajan nicht seine organisatorischen Fähigkeiten, wo er sich so leicht von den schönen Dingen verführen ließ? – Dazu die Krankheit! Von Monat zu Monat spürte er das Nachlassen der Kräfte. Keiner seiner gewiß sehr kundigen Ärzte konnte die Ursache finden und Abhilfe schaffen. War es nur das Herz? Befanden sich seine Säfte in tödlichem Widerpart zueinander? Oder fraß der Krebs an einem der inneren Organe? – Die Freunde hatten gewarnt: Das Klima! Die Last der neuen Aufgabe! Der Ärger!

Aber Trajan brauchte zur Zeit jeden Mann, wo er den gewaltigen Kriegszug gegen Parthien vorbereitete. Es galt immer noch, den Tod des Crassus[33] zu rächen! Rom hatte in solchen Dingen ein langes Gedächtnis.

Er lächelte, als er sich vorstellte, wie er an der Spitze einer Legion gegen den Feind ritt. Das waren Knabenträume. Er verabscheute Blutvergießen. Es gab andere, Geeignetere. Er war nicht zum Feldherrn geboren.

Jedenfalls war es gut gewesen, daß ihm sein Freund Titinius Capito, Chef der kaiserlichen Kanzlei, einen schriftlichen Abriß über die Entwicklung der Doppelprovinz »Bithynia et Pontos« mitgegeben hatte. Zwar überließ die Zentrale die Verwaltungsarbeit gerne den lokalen Einrichtungen, und im Osten regelten die meist griechisch organisierten Stadtgemeinden ihre Angelegenheiten selbst innerhalb eines gewissen Spielraums, den Rom ihnen zugestand. Das Wort führten heimische Grundbesitzer und Geschäftsleute, die den römischen Staatsgedanken und römische Lebensform bejahten. Und diese Männer erwarben schon seit Claudius römisches Bürgerrecht, stiegen allmählich in den Ritter- und Senatorenstand auf, während die provinziale Exekutive nach wie vor beim römischen Statthalter lag.

Bithynien war schon seit 185 Jahren (74 v. Chr.) römische Provinz, seit damals Nicomedes IV. als kinderloser Regent Rom testamentarisch zum Erben des Territoriums erklärt hatte. Pompeius konstituierte dann bei seiner Neuordnung des Ostens unter Einbeziehung von pontischem Gebiet die Provinz »Bithynia et Pontos«. Mit Unterbrechungen unter Claudius und Nero zählte sie zu den senatorischen Provinzen und wurde durch jährlich wechselnde Proconsuln im Auftrag des Senats verwaltet.

In den letzten Jahren aber war es zu Mißhelligkeiten gekommen, sei es, daß römische Beamte die Mißstände in der Finanzverwaltung einiger Städte nicht in den Griff bekamen, sei es, daß sie aus Unfähigkeit und Bequemlichkeit die Zügel schleifen ließen. Er selbst hatte noch vor kurzem an einen auswärtigen Freund geschrieben: »Wieder einmal Bithynien! Und jetzt haben sie den Proconsul Rufus Varenus angeklagt!«[34]

Allerdings schien die graeco-orientalische Mischbevölkerung besonders unruhig und aufsässig zu sein; und zur Beschwerderede eines Bithyniers vor dem römischen Senat hatte er dem gleichen Freund geschrieben: »Viel Worte! Wenig Tatsachen! Den meisten Griechen gilt wie ihm Zungenfertigkeit als Fülle, triviale Perioden quetschen sie in einem Atemzug wie in einem Gießbach zusammen!«[35]

Man hatte in kleinem Kreise darüber diskutiert und schließlich dem Kaiser nahegelegt einzugreifen. So hatte Trajan es – im Einvernehmen mit dem Senat – für geboten gehalten, einen persönlichen Beauftragten mit kaiserlichen Sondervollmachten auf unbestimmte Zeit an Ort und Stelle zu schicken, um den Querelen nachzugehen und Ordnung zu schaffen. Privat hatte der Kaiser ihm versichert, daß es für die Planung und Durchführung des Partherfeldzuges unabdingbar sei, eine absolut ruhige Nordostgrenze zu haben. Und Plinius war ehrlich genug, sich zu gestehen, daß es seiner Eitelkeit schmeichelte: kaiserlicher Statthalter mit Sondervollmachten! Es war der Gipfelpunkt seiner Karriere!

Einen Tag später schrieb er von Ephesus:

»Gaius Plinius an den Imperator Traianus

Weil ich überzeugt bin, Herr, daß Du Wert darauf legst, melde ich Dir, daß ich mit all meinen Leuten zu Schiff an Cap Malea vorbei, obwohl zeitweise durch widrige Winde aufgehalten, nach Ephesus gelangt bin.

Jetzt beabsichtige ich, teils mit Küstenfahrzeugen, teils im Wagen, meine Provinz zu erreichen. Denn wie die drückende Hitze die Reise zu Lande erschwert, so die Passatwinde eine ununterbrochene Seefahrt gen Norden.«[36]

# Das Reich im Zenit

Plinius war ein Mann von hoher Bildung, feiner Sensibilität und politischer Klugheit. Es ist ein Glücksfall, daß gerade seine Korrespondenz unbeschadet erhalten geblieben ist. Der darin enthaltene Briefwechsel mit Trajan ist aus mehreren Gründen von unschätzbarem Wert. Wir gewinnen hier einen einzigartigen Einblick in die politischen, wirtschaftlichen, sozialen und kulturellen Verhältnisse einer römischen Provinz, wie er uns sonst nur noch in Ägypten dank seiner reichen Papyrosfunde möglich ist. Und zum guten Teil ist das positive Bild, das wir uns von Trajan als dem »besten Kaiser« (optimus princeps) – wie er in einer offiziellen Nomenklatur durch den Senat im Jahre 114 betitelt wird – machen, durch diesen Gedankenaustausch mit seinem Statthalter Plinius bestimmt.

Die Briefe erschienen posthum als sogenanntes Buch X, gleichsam als Supplement der noch zu Lebzeiten des Verfassers herausgegebenen Korrespondenz. Doch diese Notierung ist irreführend. Man nimmt an, daß die Edition von seiner Witwe besorgt wurde: Buch X wurde zusammen mit I bis IX »verlegt«, das heißt abgeschrieben und in Rollenform publiziert.

Die Briefe von I bis IX sind durchweg privaten Inhalts, wenn sie wohl auch von vorneherein als Briefessays bzw. Feuilletons konzipiert waren. Buch X dagegen enthält den offiziellen Schriftverkehr zwischen Kaiser und Statthalter oder über vorherige magistrale Vorgänge. Der Plinius-Kenner Helmut Kasten dazu:

»Der Zweck der Publikation ist nicht recht einzusehen. Daß sie im Sinne des Plinius geschehen sei, ist kaum anzunehmen, denn durchweg erscheint er, wenn es eine Entscheidung zu treffen gilt, als ein recht zaghafter, unselbständiger, seiner Aufgabe als Statthalter kaum gewachsener Mann, der sich manche Zurechtweisung von seinem Herrn gefallen lassen muß ... Der Briefwechsel ist veröffentlicht worden, um dem intim-freundschaftlichen Verhältnis des Plinius zu seinem Kaiser ein sichtbares Denkmal zu setzen; der Herausgeber ist im Kreise seiner engen Freunde zu suchen, der im Auftrage seiner Gattin Calpurnia oder jedenfalls im Einvernehmen mit ihr handelte.«[37]

Gaius Plinius Caecilius Secundus der Jüngere – wie man ihn zur Unterscheidung von seinem gleichnamigen Onkel (d.Ä.) nennt, stammte wie dieser aus Novum Comum,[38] geboren 61/62 n.Chr. in der Familie der dortigen Caecilier. Früh verlor er den Vater, worauf der ältere Plinius seine Erziehung und Bildung in Rom übernahm. Er adoptierte den Neffen, schickte ihn zu den besten Lehrern – unter anderem zu Quintilian[39] – und wird ihn wohl auch am Hofe Vespasians eingeführt haben.

Die Familien beider Eltern waren reich begütert, und da Gaius offenbar keine Geschwister hatte und der Onkel unvermählt blieb, fiel ihm das beiderseitige Vermögen ungeschmälert zu. So konnte er das von finanziellen Sorgen unbeschwerte Leben des Schöngeistes führen, wie es aus seinen Briefen erkennbar wird, und sich neben dem Staatsdienst ganz seinen literarischen und musischen Liebhabereien widmen. Er heiratete dreimal, doch blieben alle Ehen kinderlos.

Mit seiner wachen Intelligenz, seinem Vermögen, vor allem aber den gesellschaftlichen Verbindungen absolvierte er zügig die Stufen des »cursus honorum«[40] und trat mit Erreichen der Quaestur (89/90) in den Senat ein. Kurz nacheinander folgten das Volkstribunat (91/92), die Praetur (93 oder 95) und einige Ämter der militärischen Verwaltung, so der Rang eines Stabsoffiziers der »legio III Gallica« in Syrien, die »praefectura aerarii militaris« mit der Leitung einer staatlichen Kasse, aus der die Pensionen ausgedienter Soldaten bezahlt wurden (94 bis 96 oder 95 bis 97), die »praefectura aerarii Saturni« mit der Aufsicht über die Staatskasse (die sich nach wie vor im Tempel des Saturn befand) und schließlich das Consulat (100). Außerdem war er Augur[41] und übernahm als letztes stadtrömisches Amt die »cura alvei Tiberis et riparum et cloacarum urbis«, also »die Sorge für das Flußbett des Tiber und seine Ufer und die Kloaken der Stadt« nach Art eines städtischen Wasserbaudirektors. Abschluß und Krönung seiner Laufbahn war erreicht mit der außerordentlichen Statthalterschaft in Bithynien und Pontus (ab 111), die durch seinen frühen Tod im Alter von 52 Jahren (113) jäh beendet wurde.

Plinius hat das Wohlwollen aller drei flavischen Kaiser, besonders Domitians erfahren, der ihm gestattete, unmittelbar nach dem Volkstribunat zum Praetor aufzusteigen (nach Überspringen der Aedilität).[42]

Trotzdem stand er wie sein Freund Tacitus innerlich auf seiten der Opposition, und er ist nach eigenen Angaben[43] nur durch den Tod des Kaisers der Verfolgung entgangen. Die Übernahme der drei letzten Ämter beweist, daß er von Anfang an auch die besondere Gunst und Förderung Trajans genossen hat, den er, wie wohl auch Tacitus, bewunderte: »Was kann denn auch reizvoller sein, als des Princeps Gerechtigkeit, seinen Ernst, seine Leutseligkeit auch in der Zurückgezogenheit zu beobachten, wo sich diese Eigenschaften besonders erschließen?« schreibt er einmal, nachdem er an einer Sitzung des kaiserlichen Beirats teilgenommen hat.[44]

Plinius' Lebensspanne fällt in die Zeit der größten Ausdehnung des Imperiums, wie sie nie zuvor oder danach wieder erreicht wurde. Ein unerschütterliches Gefühl sowohl nationaler als auch kosmopolitischer Größe muß das Denken der Zeitgenossen beherrscht haben.

Die gewaltsame Beseitigung Domitians hatte erneut das Versagen des dynastischen Prinzips bewiesen – nicht zum letztenmal. Dann aber entsann sich der Senat seiner elitären Möglichkeiten und *wählte* einen neuen Princeps: Marcus Cocceius Nerva.

Es gibt die salopp hingeworfene Bemerkung, Nervas einzige respektable Leistung sei die Adoption seines Nachfolgers Trajan gewesen; andere sprechen für die anderthalb Jahre seiner Regentschaft von »interregnum«. – Gewiß, vor dem Maßstab des folgenden großartigen Jahrhunderts mag dies angehen, aber für Rom zählten zunächst die beiden Jahre von Nervas Principat mehr. Sie brachten ein erlösendes Aufatmen. Nerva war eine durch und durch republikanisch-bürgerliche Natur, allem Militärischen abhold. In den Mittelpunkt seiner Politik rückte er soziale Hilfsmaßnahmen für die Hauptstadt und Italien. Die Leitlinien seiner Regierung richteten sich nach öffentlicher Wohlfahrt und Gerechtigkeit. Die besten Zeiten der Republik schienen wiedergekehrt, denn er amtierte als bescheidener Primus inter pares, verabscheute Herrscherkult und Apotheose zu Lebzeiten.

Doch er starb bereits am 25. Januar 98. Vielleicht war dies trotz oder gerade wegen seiner pazifistischen Integrität ein Glück für das Reich, denn es war ihm trotz bester Absichten nicht gelungen, die Anerkennung der Armee zu erhalten. Noch vor seinem Tode hatte ihn die Praetorianergarde gezwungen, die Mörder Domitians hinrichten zu lassen.

Das folgende Jahrhundert, das man das glücklichste und humanste der römischen Zivilisation nennen kann (sofern es erlaubt ist, das Martyrium der Christen auszuklammern), begann in der Tat mit Nervas Tod. Nun wurde ein Nachfolgeprinzip zur Norm erhoben, das unter allen möglichen Varianten das aussichtsreichste war, den Besten an die Spitze des Staates zu bringen: die Adoption. Daß es ausgerechnet in dieser Epoche zu ersten systematischen Christenverfolgungen kam, scheint paradox – nun, wir werden sehen.

Hätte Plinius Geschichte geschrieben, dann würden wir wohl mit Sicherheit einen Satz seines Freundes Tacitus zitiert finden, der über das neue Nachfolgeprinzip schrieb:

».. . von Fürsten erzeugt zu werden, ist eine Zufallserscheinung; adoptieren heißt, ein unbestechliches Urteil zu fällen, und wenn man jemanden auswählen will, so gibt die Zustimmung den richtigen Hinweis . . . Am zweckmäßigsten und kürzesten trifft man diese Entscheidung zwischen dem Rechten und dem Schlechten, wenn man darüber nachdenkt, was man selbst unter einem anderen Fürsten gewünscht oder auch abgelehnt hätte. Denn hier handelt es sich nicht, wie bei monarchisch regierten Völkern, um ein bestimmtes Herrscherhaus, dessen Sklaven die übrigen sind, sondern du wirst über Menschen gebieten, die weder totale Knechtschaft noch totale Freiheit ertragen können.«[45] Dies bedeutet im übrigen eine Weiterführung der Idee Platons, daß der Beste König sein solle.

Mit Trajan stieg zum erstenmal ein Provinzialer an die Spitze des Imperiums; gerade zu dieser Zeit brachte der spanische Westen eine Reihe von Persönlichkeiten hervor, die zum Wohle des Reiches gewirkt haben, etwa die beiden Senecas, Trajans Nachfolger Hadrian und Marc Aurel.

Bezeichnend für Trajan, daß er nach Bekanntwerden von Nervas Tod nicht sogleich nach Italien aufbrach, sondern erst seine militärischen Aufgaben in Niedergermanien zu Ende brachte. Es ging um Grenzsicherung, Straßenbau, Gründung der Städte Noviomagus (Nijmegen) und Ulpia Traiana (bei Xanten). Seine ganze Regierungszeit ist durch Offensiven gekennzeichnet: 101 nimmt er den Krieg gegen die Daker wieder auf und zwingt den Feind zum Frieden. Im zweiten Dakerkrieg (105/106) wird die erste steinerne Brücke durch Apollodor von Damaskus[46] über die Donau geschlagen, das Dakerreich endgültig zerstört und als Provinz Dacia in den Reichsverband übernommen. Ende des Jahrzehnts plant er den Zug gegen die Parther.

Das Soldatische in Trajans Charakter faszinierte alle Römer nach ihm. Aurelius Victor[47] schrieb 250 Jahre später: »Trajans Charakter kennzeichnen Milde, Gerechtigkeit, Langmut und unverbrüchliche Treue in der Freundschaft.«

Zwei Anekdoten illustrieren dies: Als er dem Praefecten der Garde bei dessen Amtsantritt das Schwert überreicht, sagt er: »Ich übergebe dir dies zu meinem Schutze, wenn ich recht handle; wofern nicht, dann gegen mich!«

Er ist ein Freund der Tafel und des Weines: ». . . ein Fehler, welchem er gleich Nerva unterworfen war, dem er dadurch vorbeugte, daß er die Befolgung seiner Befehle nach etwas längeren Gelagen untersagte.«[48]

Die Verwirklichung einer straffen, caesarischen Politik ging einher mit rigoroser Zentralisation des Reiches. Innerhalb dieser weltumspannenden Klammer wurde größter Wert auf das Florieren von Wirtschaft und Handel gelegt, ohne daß das geistige Leben aller Gebiete vernachlässigt worden wäre. Mächtig stieg nun, nach Domitians überzogener Autokratie, der Princeps von ehedem zum »Kaiser« empor, umgeben von einer großzügigen Organisation des Beamtentums, das Auge, Ohr und Instrument des kaiserlichen Willens darstellte, das aber auch in jeder Richtung bis ins kleinste hinein seine Instruktionen von oben her empfing.

Dies alles förderte den Austausch zwischen den Provinzen in Ost und West und der Hauptstadt, wenn auch die politische Initiative auf lokaler Ebene schwand, weil alles von der römischen Zentrale gesteuert wurde.

Wenn wir nun Plinius zu seiner unvermittelten Konfrontation mit der christlichen Bevölkerung seiner Provinz folgen, wird auch gerade diese Praxis im Hin und Her von Brief und Antwortschreiben zwischen Bithynien und Rom sichtbar.

# »Eigensinn und Halsstarrigkeit!«

Am 17. September 111 trifft Plinius in Bithynien ein, und sogleich wird dies brieflich nach Rom gemeldet:

»Herr, wenn mir die Seereise bis Ephesus sehr gut bekommen ist, so habe ich, seit ich im Wagen reise, sehr unter der drückenden Hitze und auch an leichten Fieberanfällen gelitten und deshalb in Pergamum haltgemacht. Als ich dann auf Küstenschiffe übergestiegen bin, wurde ich wieder durch Gegenwinde festgehalten und gelangte so wesentlich später als erwartet am 17. September nach Bithynien. Trotzdem brauche ich die Verzögerung nicht zu bedauern, denn ich durfte – ein sehr gutes Omen! – Deinen Geburtstag bereits in der Provinz feiern.

Zur Zeit prüfe ich die Ausgaben, Einnahmen und Außenstände in Prusa, was, wie ich im Verlauf meiner Tätigkeit mehr und mehr merke, unbedingt notwendig ist. Viele Gelder werden nämlich aus den verschiedensten Gründen von Privatleuten festgehalten, manches außerdem für ganz ungesetzliche Zwecke aufgewendet.

Dies schreibe ich Dir, Herr, unmittelbar nach meinem Eintreffen.«[49]

Wohl einige Tage später: »... bin ich in der Provinz eingetroffen und habe sie gehorsam und treu gegen Dich vorgefunden.«[50]

Und darauf Trajan: »Ich wünschte, Du wärest ohne Beschwerden für Deine zarte Konstitution und Dein Gefolge nach Bithynien gelangt und hättest von Ephesus ab eine ebenso angenehme Reise gehabt wie bis dahin zu Schiff.

Das Datum Deiner Ankunft ersehe ich, mein lieber Secundus, aus Deinem Schreiben. Die Provinzialen werden wohl merken, daß ich es gut mit ihnen gemeint habe ... Deine Hauptaufgabe ist es, die Abrechnungen der Gemeinden zu prüfen, denn es ist ziemlich sicher, daß ihnen ziemlich übel [von der römischen Verwaltung] mitgespielt worden ist.«[51]

Solcherart gehen zwischen 111 und 113 in unregelmäßigen Abständen 61 Briefe an den Kaiser ab. Von den Antworten Trajans werden später 48 Schreiben in die Sammlung aufgenommen. Im einzelnen handelt es sich um vier Petitionen und ein Dankschreiben, drei Führungszeugnisse für nachgeordnete Beamte, fünf Rapporte und 48 Berichte über Angelegenheiten der Provinzialen. Von den 48 Antworten des Kaisers beziehen sich zwei auf Veränderungen des Personalstandes, 46 auf die Statthalterschaft des Plinius.

Alle Antworten des Kaisers sind amtliche Schreiben, und in keinem wird über private Dinge freundschaftlich geplaudert: Plinius vergißt nie, daß der andere der Herrscher ist, während Trajan in vielen Schreiben einen warmen Ton anschlägt, der dem Repräsentanten und »amicus« (Freund) des Kaisers gilt.

Allerdings ist die Post wochenlang unterwegs, denn zwischen Absender und Empfänger ist eine Entfernung von 2000 Kilometern zu bewältigen. Anders als in unserem Zeitalter der sekundenschnellen Nachrichtenübermittlung erfordert dies eine äußerst präzise Darlegung der Maßnahmen, Anfragen, Petitionen und Dossiers, die dennoch dem an der östlichen Peripherie des Reiches waltenden Beamten genügend Spielraum für seine Entscheidungen gewähren müssen, soll er eine pragmatische Politik treiben.

Dies war nur möglich bei unbedingtem gegenseitigen Vertrauen und absoluter Integrität des Magistraten. Hier liegt aber auch die große Bedeutung des kaiserlichen Kabinetts! Die feinen Abstufungen der Anrede, der Aufmunterung, des Lobs, der Mahnung, des Tadels, die Sachlichkeit, die immer wiederkehrenden Formeln, die Anpassung des Bescheids an den Tenor, ja zumeist an den Wortlaut der Berichte verraten, wie persönlich sie auch wirken, den hochentwickelten Kurialstil des kaiserlichen Kabinetts, dem der Kaiser nach Rücksprache mit seinen Beratern allgemeine Weisungen gibt und das die formulierten Antworten zur Unterschrift vorlegt.

Dieses Kabinett, dessen Vorsitzende oft literarisch hochstehende Fähigkeiten besaßen und dem gerade in trajanischer Zeit der mit Plinius befreundete und von ihm selbst »zu den Hauptzierden unseres Jahrhunderts« gerechnete Titinius Capito vorstand, hat alle Antworten formuliert.[52]

Große Teile von Plinius' Provinz waren seit längerem als Folge inkonsequenten Regiments seiner Vorgänger in starker Gärung, und dies, obwohl das Land reich war. Die Städte mit ihrer griechisch-orientalischen Mischbevölkerung blühten auf, gaben den wirtschaftlichen Aufschwung an das umgebende Land ab; doch untereinander herrschte die alte griechische Krankheit, die schon Hellas zum Spielball der Mächtigeren hatte werden lassen: Eifersucht.

Anfrage des Plinius: »Herr! Als ich mich in Apamea[53] über die ausstehenden Gelder, Einnahmen und Abgaben [= Steuern] orientieren wollte, bekam ich zur Antwort, sie wünschten zwar, daß ich in ihre Abrechnungen Einblick erhielte, doch habe dies noch nie ein Statthalter verlangt; es sei ihr Privileg und Brauch von alters her, ihr Gemeinwesen nach eigenem Gutdünken zu verwalten . . .«[54]

Antwort Trajans: »Die Deinem Schreiben beigefügte Denkschrift der Apamenser überhebt mich der Notwendigkeit, die Gründe abzuwägen, aus welchen die jeweiligen Statthalter der Provinz, wie sie es angesehen wissen wollen, auf Einblick in ihre Rechnungsbücher verzichtet haben, da sie Dir persönlich den Einblick nicht verwehrt haben. Ihre Rechtschaffenheit muß also belohnt werden, damit sie schon jetzt wissen, daß Du unbeschadet ihrer Privilegien auf meinen ausdrücklichen Wunsch Einblick nehmen wirst.«[55]

Aus der Fülle solcher Mitteilungen erfahren wir, wie die städtische Politik immer wieder von den Egoismen der Reichen gestört wird. Ewig ist das Budget in Unordnung, Hals über Kopf begonnene Großbauten bleiben wegen erschöpfter Kasse liegen. Das Volk selbst, politisch rechtlos, materiell in permanenter Not, geistig arm, lebt von der Hand in den Mund, ist unruhig und faul. Plinius schildert sehr anschaulich als Beispiel, wie die Menge tatenlos bei einem Großfeuer in der Stadt Nicomedia zusieht, als mehrere Privathäuser und zwei öffentliche Gebäude bis auf die Grundmauern niederbrennen. Auf seine Anfrage bei Trajan, ob er nicht eine Handwerkergilde von 150 Mann als Feuerwehr einsetzen solle, bekommt er eine scharfe Antwort aus Rom:

»Du bist auf den Gedanken gekommen, man könne nach dem Vorbild mehrerer anderer Städte in Nicomedia eine Handwerkergilde bilden. Aber vergessen wird doch nicht, daß Deine Provinz und vornehmlich ihre Gemeinden unter derartigen Organisationen zu leiden gehabt haben. Einerlei, aus welchem Grunde wir sie zulassen und welchen Namen wir den Leuten geben, die für einen bestimmten Zweck organisiert werden: es werden immer, und zwar in ganz kurzer Zeit, Hetärien [= politische Clubs] daraus werden . . .« Die Grundeigentümer sollen sich selbst intensiv um vorbeugende Maßnahmen kümmern.[56]

Der anatolische Boden war heiß! Unter allen nur denkbaren Vorwänden organisierten sich Geheimbünde (Hetärien), mit deren Offenlegung und Bekämpfung sich Rom und sein Statthalter immer wieder auseinanderzusetzen hatten. Liest man die Korrespondenz in einem Zug, so wächst der Eindruck, daß Unruhe und Unsicherheit allgemein waren.

Gelder wurden zurückgehalten, der Geldverkehr stockte. Leere oder überschuldete Kassen forderten das Eingreifen der Statthalter, die öfter mitleidlos vorgingen, Schuldige und Unschuldige trafen, so daß trotz der unzuverlässigen Sklavenpolizei die Gefängnisse überfüllt waren.

Vielerorts kehrten verbannte Verbrecher ohne Rücksicht auf das Reich, nach dessen Gesetz sie verurteilt waren, in ihre Stadt zurück, ja sie fanden dort sogar städtische Anstellung.

Unsicherheit ergriff den Handel, so daß Plinius einmal ein militärisches Kommando an eine gefährdete Stelle beordern will. Die ewigen Revisionen und Verdikte hatten dann wieder gelegentlich die Provinzialen so aufgebracht, daß ihr »koinon«, der Landtag der Städte, gegen zwei Statthalter wegen Erpressung im Amt klagte. Das gefährlichste jedoch blieb die Sucht, unter allerlei Vorwänden Geheimbünde zu organisieren.[57]

Das ist der Hintergrund, vor dem – für den Leser völlig unvermittelt – Plinius im 96. Brief an den Kaiser die Frage aufwirft, wie mit einer seltsamen Bevölkerungsgruppe zu verfahren sei, die sich »christiani« nenne:

»C. Plinius an Kaiser Trajan

Ich habe es mir zur Regel gemacht, Herr, alles, worüber ich in Zweifel bin, Dir vorzutragen. Wer könnte denn besser mein Zaudern lenken oder meine Unwissenheit belehren ...?«

Diese elegante Einleitung ist keineswegs liebedienerische Schmeichelei, sondern nimmt Bezug auf des Statthalters »ius referendi« – das Recht, Vortrag zu halten –, das ihm ausdrücklich von Trajan zugebilligt ist. (In Brief 31 heißt es: »Unbeschadet Deiner Hoheit, Herr, mußt Du Dich zu meinen Sorgen herablassen, da Du mir das Recht eingeräumt hast, mich in Zweifelsfällen an Dich zu wenden.« – ». . . cum ius mihi dederis referendi ad te.«)

Der förmlichen Konsultation ist als Unterlage der ausführliche Bericht über die Vorfälle beigegeben:

»Gerichtsverhandlungen gegen Christen habe ich noch nie beigewohnt; deshalb weiß ich nicht, was und inwieweit man zu strafen oder zu untersuchen pflegt. Ich war auch ziemlich unsicher, ob das Lebensalter einen Unterschied bedingt oder ob ganz junge Menschen genauso behandelt werden wie Erwachsene, ob der Reuige Verzeihung erfährt oder ob es dem, der überhaupt einmal Christ gewesen ist, nichts hilft, wenn er es nicht mehr ist, ob schon der Name ›Christ‹, auch wenn keine Verbrechen vorliegen, oder nur mit dem Namen verbundene Verbrechen bestraft werden ...«

Dieser Abschnitt wirft bereits das Kernproblem auf: Plinius liegen keine genauen Instruktionen vor, wie mit den Christen zu verfahren ist, hat er doch bisher noch nie mit dieser Gruppe zu tun gehabt. Fest steht aber, daß es Prozesse dieser Art gegeben hat, wobei offenbleibt, ob in einer anderen Provinz oder in Rom.

Doch schon hier fällt das so belastende Wort von den »flagitia«:

»... ob mit dem Namen verbundene *Verbrechen* bestraft werden ...« Es wird eine Brücke geschlagen zu Nero und dem Bericht des Tacitus. Manche Forscher haben daraus geschlossen, Tacitus, der ja mit Plinius eng befreundet war, wie auch Sueton, der sich wahrscheinlich zeitweise bei Plinius in Bithynien aufgehalten hat, hätten von den unter Plinius geführten Prozessen gegen die Christen dessen juristische Ad-hoc-Terminologie übernommen.

Die Assoziation Christen gleich »flagitium« ist allerdings populär, und Plinius scheint sie sich zu eigen gemacht zu haben, obwohl er sich über die Strafwürdigkeit nicht im klaren ist – das heißt »war«, denn dieser einleitende Abschnitt gibt seine Überlegungen *vor* dem Prozeß wieder: Fragen des Verfahrens, des Deliktes, des Strafmaßes sind ihm unklar, da kein Präzedenzfall vorliegt. So hat er behutsam eine Lösung versucht:

»Vorerst habe ich bei denen, die mir als Christen angezeigt wurden, folgendes Verfahren angewandt: Ich habe sie gefragt, ob sie Christen seien; wer gestand, den habe ich unter Androhung der Todesstrafe ein zweites und drittes Mal gefragt. Blieb er dabei, ließ ich ihn [zur Hinrichtung] abführen. Denn mochten sie vorbringen, was sie wollten – Eigensinn und unbeugsame Halsstarrigkeit glaubte ich auf jeden Fall bestrafen zu müssen! Andre, im gleichen Wahn Befangene [amentia = Wahnsinn, Tollheit, Verrücktheit], habe ich, weil sie römische Bürger waren, zur Überführung nach Rom vorgemerkt.«

Hier kommt schon der erste Teil des Prozesses zur Sprache, wobei für Plinius die juristischen Modalitäten (scheinbar) eindeutig sind: Es liegen Anzeigen vor, ihnen muß nachgegangen werden! Die römische Gerichtsbarkeit kennt nicht den Staatsanwalt als öffentlichen Ankläger, sie agiert nicht, sie reagiert.

Wer aber hat sie angeklagt? – Welcher Bevölkerungsschicht gehörten die »christiani« an?

Dem Situationsbericht von Brief 96 können wir entnehmen, daß Plinius von der Problematik überrascht wurde. Erst im Laufe der Verhandlung, die sich über mehrere Tage erstreckte, werden ihm allmählich Problematik und Tragweite bewußt. Er macht einen Lernprozeß durch. Auf seiner ausgedehnten Inspektionsreise wird er die zentralen Orte der einzelnen Regionen bevorzugen; hier sitzen die einheimischen Honoratioren, die auf mittlerer Verwaltungsebene die Fäden in der Hand halten und ihm allerlei an berechtigten wie auch ungereimten Klagen zu Ohren bringen. Vielleicht fiel auch dabei schon das Wort »Christen«.

In welcher Stadt fanden die Verfahren statt? Aus dem mittleren Briefteil erfahren wir gleich, daß es ein Ort ist, an dem »das Bild des

Kaisers« verehrt wird, daß große Tempel vorhanden sind, die die Staatsgötter beherbergen. Dies alles spricht für die Stadt Amastris:[58] »Die elegante, hübsche Stadt Amastris besitzt neben andern hervorragenden Baulichkeiten eine schöne, lange Promenade . . .« So beschreibt Plinius dem Kaiser die Stadt im folgenden Schreiben, als er, wohl im Januar, sich von Sinope[59] auf der Rückreise seiner Inspektionstour befindet. Die Schilderung verlangt eine angesehene regionale Metropole mit reich geschichteter Bevölkerung als Mittelpunkt eines beträchtlichen Hinterlandes mit Landstädten und Dörfern. Amastris nennt sich auf Münzen der Zeit »Metropolis«.[60] Sie war Mittelpunkt der in diesem »koinon« vereinigten Städte, Sitz des Kaiserkultes mit einem dazugehörigen Tempel.

Seit alters her saßen in dieser Gegend Juden, und sie mögen auch der Kern einer judenchristlichen Gemeinde gewesen sein, der dann missionarisch in andere Bevölkerungsteile ausstrahlte, denn am Ende von Plinius' Schreiben heißt es: »Nicht nur über die Städte, auch über die Dörfer und Felder hat sich die Seuche dieses Aberglaubens verbreitet.«

Das Denken dieser Menschen muß völlig in jenen Weltuntergangsvorstellungen verhaftet gewesen sein, wie wir sie aus der Johannes-Apokalypse kennen, die nicht weit entfernt zur gleichen Zeit entstanden ist. Sie müssen sich zu engen Gruppen zusammengeschlossen und jenen Lebensstil der frühen Jerusalemer Gemeinde kopiert haben, die ihr Heil von dem unmittelbar bevorstehenden Reich Gottes erhoffte.

Völkische Gegensätze müssen hinzugekommen sein; der Friede der Region, die Grundlage der Provinz, war gefährdet: sie lehnen alles Positive des nach römischen Vorstellungen organisierten Landes ab, vermögen den Sinn des Ganzen nicht zu erfassen, stehen der römischen Staats- und Friedensidee grundsätzlich mit Vorurteilen gegenüber. Wirre Berichte wissen den römischen Kaiser als den Antichrist zu schildern; die Kluft zwischen beiden Seiten wächst, aus Vorurteilen wird Haß!

Mit dieser Situation wird Plinius unvermittelt konfrontiert, als er die Stadt betritt. Er läßt die Verantwortlichen zusammenrufen. Palaver. Hitzige Vorwürfe der ansässigen Behörde. Man müsse etwas unternehmen, ein Exempel statuieren. Vor allem die Priesterschaft des Kaiserkultes hat gravierende Anschuldigungen vorzubringen: Diese Leute verweigern das Opfer und somit dem Staat, symbolisch vertreten durch das Kultbild des Kaisers, den Respekt! Sie verachten die Gebete, sie lästern über die »imago Caesaris«, das Bild des Herrschers! Sie bestreiten, so die logische Folgerung, Rom das Recht auf Weltherrschaft! Das ist Insurrektion, Geheimbündelei, Hochverrat!

Die Behörde ist vorsichtiger: wenn man zugibt, es seien Hetärien da, kann dies übel ausgelegt werden, weil man sich nicht hart genug für des

Kaisers Befehl zur Unterdrückung solcher Clubs eingesetzt hat. Die Oberen bangen um ihre Pöstchen. Wollen sie aber ihre Interessen und die der hinter ihnen stehenden Sippschaften und Klientel wahren und offiziell vertreten sehen, dann müssen sie unter der Hand etwas in die Wege leiten. So schieben sie zuverlässige »delatores« (Angeber) vor, betroffene oder gekaufte, vielleicht erpreßbare Denunzianten, die den gefährlich neugierigen Statthalter laut oder leise, wie die Sache es erfordert, informieren.

Und damit haben sie Erfolg. Allerdings muß die Anklage hieb- und stichfest sein, denn sie wissen sehr wohl, daß »calumnia«, trügerische Anklagen, sie Kopf und Kragen kosten, denn Rom versteht in diesen Dingen keinen Spaß.

Nach anfänglich unangenehmer Überraschung ist Plinius nun sehr erleichtert; ist er doch einer umständlichen eigenen Initiative enthoben, den verwirrenden Dingen recherchierend nachzugehen.

Das ist keineswegs faules oder lässiges Sichgehenlassen – die Briefe zeugen stets vom Gegenteil –, sondern religiöses Desinteresse aus intellektuellem Skeptizismus – wenn man will: Hochmut.

Der gleichaltrige Juvenal spricht aus, was viele Gebildete der Zeit denken: » . . . daß es irgendwo Manen [Todesdämonen] und ein unterweltliches Königreich [Hades] geben soll, die Stange Charons [mit der er die Seelen der Verstorbenen über den Styx rudert] und schwarze Frösche im Abgrund des Styx, und daß eine einzige Barke ausreichen soll, so viele Tausende Tote überzusetzen, das glauben sogar die Kinder nicht mehr, außer jenen, die noch nicht so alt sind, daß sie das Eintrittsgeld in den Bädern [Thermen] bezahlen müssen.«[61]

Ähnlich, wenn auch feiner, verrät sich beim jüngeren Plinius die innere Lösung von den alten Inhalten und Formen des Kultes. Zwar unterwirft er sich ihnen wegen ihres ehrwürdigen Alters und ihrer vom Staat geheiligten Würde in seinem täglichen Tun und Lassen, aber er schließt sich von jeder engeren Berührung mit seinem Gewissen aus.

Was uns aber in seinen Situationsberichten und feuilletonistischen Schilderungen so wesensverwandt anspricht, ist ihr modern anmutender, impressionistischer Hauch, die Leichtigkeit, mit der das Beobachtete und Empfundene in Sprache übergeht:

»Hast Du schon einmal die Clitumnus-Quelle[62] gesehen?« fragt er seinen Freund Romanus, beschreibt dann den umgebenden Ort, die Quelle, wie sie zu Bach und Fluß wird, der Schiffe trägt, schildert den romantisch verwilderten Bewuchs der Ufer, kommt dann auf den religiösen Bezug des heiligen Wassers zu sprechen:

»Ganz in der Nähe ist ein altehrwürdiger Tempel. Da steht Clitumnus in höchsteigener Person, bekleidet und geschmückt mit der Praetexta;[63] Lose weisen darauf hin, daß die Gottheit zugegen ist und Orakel erteilt. Ringsherum stehen mehrere Kapellen verstreut, jede mit einer besonderen Gottheit. Jede hat ihren eigenen Kult, ihren eigenen Namen, manche auch ihren eigenen Wasserlauf. Denn außer dem einen, gleichsam dem Vater aller übrigen, sind noch kleinere mit eigener Quelle vorhanden, aber sie ergießen sich in den Fluß, den man auf einer Brücke überschreitet. Sie bildet die Grenze zwischen dem geweihten und dem profanen Gelände; oberhalb darf man mit dem Boot fahren, unterhalb auch schwimmen . . .«[64]

Wären wir nicht sicher, hier einen antiken Autor vor uns zu haben, könnten die feinen Beobachtungen sehr wohl aus dem Reisetagebuch eines Deutschen oder Engländers des 18./19. Jahrhunderts stammen. Der kultische Hintergrund ist nur noch ästhetisch anregende Staffage, die »religio« ist dem Autor gleichgültig.

Ein andermal läßt er »auf den Rat der Haruspices«[65] ein Ceres-Heiligtum auf einem seiner ländlichen Besitztümer restaurieren. Seinem Architekten schreibt er dazu:

»Ich meine also zugleich einen Beweis meiner Mildtätigkeit und meiner Frömmigkeit zu geben, wenn ich das Gotteshaus so schön wie möglich herrichte und Wandelhallen anfüge, jenes zum Nutzen der Gottheit, dieses zum Nutzen der Menschen [die in Wallfahrten herbeiströmen].

Sieh also zu, daß Du vier Marmorsäulen beschaffst – die Art überlasse ich Dir – und Marmorplatten erwirbst, um damit den Fußboden und die Wände zu verkleiden. Außerdem werden wir ein Bild der Göttin in Auftrag geben oder kaufen müssen, denn das alte, hölzerne ist an mehreren Stellen durch das Alter schadhaft geworden.«[66]

Man könnte hier salopp von der Pflege der religiösen Infrastruktur sprechen, soweit sie das Wohlergehen seiner Hintersassen betrifft; Plinius selbst macht sich nicht das geringste aus dem Ceres-Kult, außer daß die heruntergekommene Holzstatue der Göttin sein kunstgewohntes Auge beleidigt. Es leuchtet ein, daß diesen skeptischen Ästheten die theologischen Hintergründe der angezeigten Sekte nicht interessieren. Seine Maxime im Amt des Statthalters muß lauten: Law and order!

Also schickt er Häscher in die Häuser, in Manufakturen, Läden, auf die Felder, in die Höfe und läßt die Verdächtigten ohne viel Federlesens ergreifen. Man schleppt sie vor das Gericht seines Consiliums, nimmt die Personalien auf, wundert sich über das ganz und gar zivile Auftreten der Leute und über ihre unbegreifliche Fügsamkeit. Nach allem, was ihm zu Ohren gekommen ist, handelt es sich gleichwohl um gefährliche Individuen, besonders da sie nun schweigen und keine Entschuldigungen vorbringen. Das kann nur Fanatismus sein!

Seine Frage ist geradeheraus, ob sie Mitglieder dieser staatsgefährdenden und gotteslästerlichen Sekte seien, die man, wenn überhaupt, nur mit Verblendung von Verstand und Gemüt entschuldigen könne: »Seid ihr Christen?«

Sie erwidern ruhig seinen forschenden Blick, der dennoch innerlich nicht beteiligt ist. Er hält ihnen ihr anarchistisches Tun und Treiben im geheimen vor, wiederholt, faßt zusammen, was man ihm berichtet, nennt es vereinfachend und provozierend ein grundsätzlich menschenfeindliches Verhalten: »Seid ihr Christen?«

Sie bejahen. Er fragt sie noch zweimal, zuletzt unter Androhung der Todesstrafe. Sie bleiben dabei: Ja, wir sind Christen!

Wieder wundert er sich über ihre unglaubliche Gelassenheit, nun im Angesicht des Todes. Solches hat er selten erlebt. Aber er zögert keine Sekunde, diese ihre Hartnäckigkeit, diesen Starrsinn, diese Widerspenstigkeit zu ahnden, denn es ist Auflehnung gegen die verbindliche Ordnung des Staates, gegen das Grundgesetz des friedlichen Nebeneinanders. Sein Spruch ist hart, kompromißlos, es muß ein Exempel statuiert werden: Abführen! Hinrichtung! Unverzüglich!

Aber sie sind Inhaber des römischen Bürgerrechts. Das ist infam! – Aktenvermerk: Die namentlich Aufgeführten haben sich vor meinem Richterstuhl geweigert . . . usw. Überweisung an das kaiserliche Gericht zu Rom! Die Sitzung ist geschlossen.

Anschließend das Gespräch mit seinen Beratern. Man wundert sich, daß keiner leugnete. Die Anzeigen sind also in allen Punkten bestätigt worden. Man kann davon ausgehen, die Anführer der Sekte erwischt und reinen Tisch gemacht zu haben. Plinius hat ein ruhiges Gewissen: Nicht weil sie Christen sind – ihn interessieren diese verworrenen Spinnereien nicht im geringsten –, sondern weil sie ungehorsam sind, weil sie seinem Versuch, sie dem positiven Staat zurückzugewinnen, unbeugsam trotzten, mußte er sie strafen.

Mommsen äußerte sich später in seiner »Römischen Geschichte« über römisches »Recht und Gericht« folgendermaßen:

». . . es ist, als fände das Recht eine Freude daran, überall die schärfsten Spitzen hervorzukehren, die äußersten Konsequenzen zu ziehen, das Tyrannische des Rechtsbegriffs gewaltsam dem blödesten Verstand aufzudrängen . . . In seinem [des Römers] Recht ist alles klar und knapp, kein Symbol angewandt, keine Institution zuviel. Es ist nicht grausam; alles Nötige wird vollzogen ohne Umstände, auch die Todesstrafe . . . Aber es ist schrecklich, dies Recht mit seiner unerbittlichen Strenge, die man sich nicht allzu sehr gemildert denken darf durch eine humane Praxis. Aber darin ist eben die Größe Roms beschlossen und begründet.«[67]

Römische Rechtsprechung kann etwas von der Unabänderlichkeit naturhafter Vorgänge haben, und wie diese läßt sie uns erschauern vor der gefühllosen Logik des Ineinandergreifens von Ursache und Wirkung.

Glaubte Plinius nach dem ersten Prozeßtag, den Fall endgültig geklärt zu haben, so war er im Irrtum:

»Als dann im Laufe der Verhandlungen, wie es zu gehen pflegt, die Anschuldigung weitere Kreise zog, ergaben sich verschieden gelagerte Fälle.

Mir wurde eine anonyme Klageschrift mit zahlreichen Namen eingereicht. Diejenigen, die leugneten, Christen zu sein oder gewesen zu sein, glaubte ich freilassen zu müssen, da sie nach einer von mir vorgesprochenen Formel unsere Götter anriefen und vor Deinem Bilde, das ich zu diesem Zweck zusammen mit den Statuen der Götter hatte bringen lassen, mit Weihrauch und Wein opferten, außerdem Christus fluchten, lauter Dinge, zu denen wirkliche Christen sich angeblich nicht zwingen lassen.«[68]

Dieses »... zog weitere Kreise ... wie es zu gehen pflegt« ist ja eine nachträgliche Wertung, und sie klingt fast entschuldigend, ebenso das »... glaubte ich freilassen zu müssen«; hofft er doch auf das nachträgliche Placet seines Herrn.

Das juristische Problem schlägt sicherlich in ein politisches um, denn diejenigen, die leugnen, Christ zu sein oder gewesen zu sein, sind mit klaren Rechtsnormen nicht mehr zu klassifizieren. An dieser Stelle erhält der Prozeß eine eminent moderne Bedeutung: Wie ist mit als Staatsfeinden denunzierten Personen zu verfahren, die selbst bestreiten, solche zu sein, und diese positive Haltung unter den damals geforderten Beweis stellen? Sie werden aufgefordert, vor dem herbeigeholten Kaiserbildnis – das man ohne weiteres unserem Schwören auf die Verfassung an die Seite stellen kann – die übliche Opferspende von Wein und Weihrauch darzubringen. Diese weihevolle Zeremonie war in der Kaiserzeit die allgemein übliche Form des individuellen Kultvollzugs überhaupt, der bei bestimmten Anlässen obligatorisch war – etwa für einen Senator zu Beginn einer Senatssitzung –, und sie konnte mit Selbstverständlichkeit von jedem Reichsangehörigen gefordert werden.[69]

Plinius weiß – man hat ihn anscheinend darüber belehrt –, daß »echte Christen« solches nicht tun; so gilt ihm die Handlung, die sie anstandslos vollziehen, als Beweis für ihre bejahende Haltung gegenüber dem Staat. Auf die anonymen Denunzianten geht er mit keinem Wort ein, was ihm demnächst einen Verweis seines Herrn eintragen wird. Er fährt dann fort:

»Andere, die der Denunziant genannt hatte, gaben zunächst zu,

Christen zu sein, widerriefen es dann aber; sie seien es zwar gewesen, hätten es dann aber aufgegeben, manche vor drei Jahren, manche vor noch längerer Zeit, hin und wieder sogar vor zwanzig Jahren. Auch diese alle bezeugten Deinem Bilde und den Götterstatuen ihre Verehrung und fluchten Christus. Sie versicherten jedoch, ihre ganze Schuld oder ihr ganzer Irrtum habe darin bestanden, daß sie sich an einem bestimmten Tage [= Sonntag] vor Sonnenaufgang zu versammeln pflegten, Christus als ihrem Gott einen Wechselgesang zu singen und sich durch Eid nicht etwa zu irgendwelchen Verbrechen zu verpflichten, sondern keinen Diebstahl, Raubüberfall oder Ehebruch zu begehen, ein gegebenes Wort nicht zu brechen, eine angemahnte Schuld nicht abzuleugnen. Hernach seien sie auseinandergegangen und dann wieder zusammengekommen, um Speise zu sich zu nehmen, jedoch gewöhnliche, harmlose Speise, aber das hätten sie nach meinem Edikt, durch das ich gemäß Deinen Instruktionen Hetärien verboten hatte, unterlassen. Für um so notwendiger hielt ich es, von zwei Mägden, sogenannten Diakonissinnen, unter der Folter ein Geständnis der Wahrheit zu erzwingen. Ich fand aber nichts anderes als einen wüsten, maßlosen Aberglauben.«[70]

Die anonyme Klageschrift muß eine große Zahl von Namen enthalten haben; Plinius' Bericht stellt zweifellos nur eine Auswahl und Zusammenfassung der Untersuchungsergebnisse dar. Er enthält auch einige wichtige Angaben über den frühchristlichen Gemeindegottesdienst, doch hält er es nicht für notwendig, Details zu nennen. Zwar versucht er sich klarzuwerden über Wesen und Erscheinung der religiösen Gemeinschaft, allerdings nur vom strafrechtlichen, nicht vom religionsgeschichtlichen Standpunkt, auch wenn er historisch vorgeht.

Dabei erhalten wir eine wichtige Nachricht über die frühen neunziger Jahre: Manche hätten bereits vor zwanzig Jahren den Glauben aufgegeben. Damals wütete Domitian in Rom sporadisch gegen Christen, und es ist die Zeit, als die Johannes-Apokalypse niedergeschrieben wurde.

Dieser Teil des Verhörs muß der längste gewesen sein. Bei den Beschuldigten findet ein innerer Kampf zwischen Bekennen und Leugnen statt. Die Betroffenen suchen nach anfänglichem Zögern vor dem Bilde des Kaisers und den Götterstatuetten alles Vorherige, ihnen Angehängte als »Irrtum« zu entkräften. Sie wissen ja von den vorherigen Hinrichtungen. In Todesangst beteuern sie, daß sie doch nach Maximen leben, die jeder gesittete Mensch gutheißen könne. Und diese Aufzählung ihrer Tugenden muß Plinius sehr beeindruckt haben.

Doch er will ganz sichergehen und »hielt es für um so notwendiger«, von zwei Mägden unter der Folter ein Geständnis zu erzwingen. Er erwartet wohl Nachrichten über obskure Verbrechen, über »flagitia«, wie sie Nero hinterbracht wurden. Es müssen sehr standhafte Mädchen oder junge Frauen gewesen sein, denn der Statthalter bekommt nur Mitteilungen über einen »wüsten, maßlosen Aberglauben«. Es wird ein Abriß der eschatologischen Endzeiterwartung gewesen sein, vermischt mit Sätzen nach Art der Johannes-Apokalypse. Jedenfalls kommt nichts dabei heraus, was als Verstoß gegen das Edikt über Hetärien zu deuten wäre. Plinius scheint in diesem Fall, im Gegensatz zu den vorherigen Hinrichtungen, mildernde Umstände erwogen zu haben: sie sind jung, sie zeigen Reue, sie sind von einer Art Wahnsinn befallen, man kann sie davon heilen.

Damit taucht ein neuer Aspekt auf. Plinius faßt die Angelegenheit pädagogisch auf! Für alle zeigt er den Weg der Rückkehr zum Staat; dem staatlichen Absolutheitsanspruch tritt Milde an die Seite. Die Angeklagten haben vom Hetärien-Edikt nicht nur Kenntnis, sie sind selbst darauf bedacht, nicht in Konflikt damit zu kommen. Dies aber ist ein wichtiger Beleg dafür, daß diese Christen sich als völlig unpolitische Gruppe verstanden haben. Und es ist die Ironie der Ereignisse, daß sie gerade durch diese Haltung zu einem Politikum wurden.

Daß bei den Befragungen nichts anderes herausgekommen ist, als daß es sich um einen »wüsten, maßlosen Aberglauben« handele, löst bei Plinius ein unbefriedigendes Gefühl aus: »Somit habe ich die weitere Untersuchung vertagt, um mir bei Dir [Trajan] Rat zu holen. Die Sache scheint mir nämlich der Beratung zu bedürfen, vor allem wegen der großen Zahl der Angeklagten. Denn viele jeden Alters, jeden Standes, auch beiderlei Geschlechts sind jetzt und in Zukunft gefährdet. Nicht nur über die Städte, auch über Dörfer und Felder hat sich die Seuche dieses Aberglaubens verbreitet. Aber ich glaube, man kann ihr Einhalt gebieten und Abhilfe schaffen. Jedenfalls ist es ziemlich sicher, daß die beinahe schon verödeten Tempel allmählich wieder besucht, die lange ausgesetzten feierlichen Opfer wieder aufgenommen und das Opferfleisch, für das sich bisher nur ganz wenige Käufer fanden, überall wieder Absatz findet. Daraus gewinnt man leicht einen Begriff, welch eine Masse von Menschen gebessert werden kann, wenn man der Reue Raum gibt.«

Gewiß war Plinius' privates Verhältnis zum Kult das des Skeptikers und aufgeklärten Schöngeistes. Seine Haltung entspricht der des Polybios:[71] Staatsreligion ist – wenn nicht Opium fürs Volk, so doch der grundlegende Ordnungsfaktor der ungebildeten Massen, der verschiedenen Stämme, Schichten, Lebensalter des Imperiums.

Den Christen kann nämlich weder verbrecherische Geheimbündelei noch politischer Aufruhr nachgewiesen werden, denn es liegt bei dem einzelnen Anhänger der Sekte keine Schuld im strafrechtlichen Sinne vor, doch ist dieser Wahn verkehrter religiöser Überzeugungen gefährlich, zersetzt er doch auf Dauer den Staat. Diese verblendeten Menschen machen Rom das Recht auf Gestaltung der Welt nach den Normen des Populus Romanus, der Herrenklasse des Erdkreises, streitig. Schon bleiben die Tempel der Götter leer. Die Gefährlichkeit dieser Christen liegt gerade darin, daß man sie nicht nach eindeutigen Rechtsnormen greifen kann.

Plinius beklagt das, was wir heute den »Ohne-mich-Standpunkt« nennen: »Engagement für Rom? – Nein, danke!« Es ist die in römischen Augen gesellschaftliche Laxheit, die das Jenseits als dem Irdischen übergeordnet ansieht, die nicht nur römischem Kult- und Staatsverständnis, sondern ebenso römischem Stoizismus total entgegengesetzt ist.

# Die Antwort des Kaisers

»Trajan an Plinius
Mein Secundus! Bei der Untersuchung der Fälle derer, die bei Dir als Christen angezeigt worden sind, hast Du den rechten Weg eingeschlagen. Denn insgesamt läßt sich überhaupt nichts feststellen, was gleichsam als feste Norm dienen könnte.

Nachspionieren soll man ihnen nicht! Werden sie angezeigt und überführt, sind sie zu bestrafen, so jedoch, daß, wer leugnet, Christ zu sein, und das durch die Tat, das heißt: durch Anrufung unserer Götter beweist, wenn er auch für die Vergangenheit verdächtig bleibt, auf Grund seiner Reue Verzeihung erhält.

Anonym eingereichte Klageschriften dürfen bei keiner Straftat Berücksichtigung finden, denn das wäre ein schlimmes Beispiel und paßt nicht in unsere Zeit!«[72]

Das Antwortschreiben des Kaisers enthält auf den ersten Blick drei wesentliche Feststellungen:

1. Liegt keine Anzeige vor, sollen die Christen nicht aufgespürt werden.
2. Wurde angezeigt, hat der Staat zu reagieren. Der des Christseins Überführte ist, wenn er bekennt, zu bestrafen.
3. Schwört der Überführte seinem Glauben ab und opfert er vor den Göttern und der »imago Caesaris«, so ist ihm, da er »bereut«, Verzeihung und Straffreiheit zu gewähren.

Dazu kommt die wichtige Anmerkung – und sie erhält für Plinius die Qualität eines Verweises! –, anonymen Anzeigen sei nicht nachzugehen.

Ein Toleranzedikt? – Keineswegs! Ein Kompromiß zwischen Toleranz und Verdammung! Dazu Antonie Wlosok: »Juristisch ist die Lösung völlig inkonsequent; denn einerseits wird das Christentum für straffällig erklärt, andererseits ist der Verzicht auf staatliche Aufspürung und gerichtliche Verfolgung des Christen ausgesprochen. Taktisch und politisch ist diese Lösung äußerst klug, auch darin ist sie römisch:

die Untersuchungen des Plinius hatten ja ergeben, daß die Christen keine politische Gefahr darstellen.«[73]

Daß trotzdem Strafen verhängt werden, durch die die Betroffenen ihr Leben verlieren, bleibt uns unverständlich. Auch die Spekulation, mit der zunehmenden Zahl der Christen seien die Geschäfte der Gutsbesitzer, Opfertierhändler und Tempelpriester in ihrem Lebensnerv bedroht – also ein wirtschaftspolitischer Aspekt –, steht in keinem Verhältnis zur Strafe, denn sie käme einer hysterischen Überreaktion gleich.

Zweifellos wird aber ein Gebiet tangiert, das ein Forscher das »religiöse Prinzip« genannt hat,[74] war doch das gesamte römische Rechtsdenken von dem Element der Religion durchdrungen. Diese noch aus der Republik stammende Haltung erstarrte zwar in einem Kult, der oft nur noch opportunistischen Zielen diente, sich also in sein Gegenteil als Mittel der Politik verkehrte; dennoch blieb viel von der alten prägenden Kraft erhalten, weil sie ererbter Charakterzug der römischen Welt war und blieb.

Religion und soziales Verhalten waren in Rom untrennbar, denn der Staat ist Abbild des Götterhauses, an dem ohne Schaden für den Menschen nichts verändert werden durfte. Somit bedeutete das Leugnen der schirmenden Götter nicht nur eine Störung des Gleichgewichts von »göttlicher Ordnung und menschlichem Gesetz« – wie es oft bei Sallust wiederkehrt –, sondern kam einem Angriff auf den Kern des Staates gleich.

Römische Religion ist von Grund auf pragmatisch, es geht ihr nicht so sehr um Glaube als um Tat. Im Kern jeden Kultes handelt es sich um den Erwerb von Erfolg, Wohlfahrt, Frieden und Macht für das Gemeinwesen: »Do ut des!« – »Ich gebe, damit du gibst!« Also können alle positiven Güter von den Göttern erwartet werden, wenn sie das, was ihnen zusteht, erhalten, nämlich Opfer.

Dieser Tauschhandel, denn um nichts anderes handelt es sich, kann nur zum Vollzug kommen, wenn er auf seiten der Sterblichen in genau geregelten, minuziös eingehaltenen Riten und Opferhandlungen vollzogen wird. In dieser Vorstellungswelt ist jeder Römer großgeworden, auch Plinius, und er würde ihre Berechtigung nie in Frage stellen, denn sie ist »ein durchaus sichtbares Moment nicht nur des allgemeinen gesellschaftlichen Gefüges, sondern der individuellen bürgerlichen Existenz«.[75]

Dieser Grundhaltung widerspricht keineswegs die Toleranz gegenüber nationalen und regionalen Gottheiten nichtrömischer Herkunft, denn sie stehen der Verehrung der römischen Staatsgötter nicht im Wege.

Anders der neue Kult des monotheistischen, absoluten Christengottes! Er verweigert die oben beschriebene Loyalität in jedem Fall gegenüber dem gottähnlichen Amt des Kaisers und den Göttern, die diese Ordnung eingesetzt haben und beschirmen. Folglich verneint er die Bindung an Rom, die auf geistiger Ebene ausschließlich durch den gemeinsamen Kult gewährleistet ist.

So ist die Logik derer, die den Staat repräsentieren, zwingend: ein Bekenntnis, das davon ausgeht, es gebe keine Götter außer Christus, dem einzigen Gott und Herrn der Welt, durfte ein römischer Kaiser nicht zulassen, wenn er schon nicht in der Lage war, sein bedauerliches Entstehen zu verhindern. Der Kern dieses »Wahnsinns«-Glaubens war durch und durch unrömischer, weil spekulativer Natur, während die römische Religion als Element und Garant des Staates im Hier und Heute fungierte. Die Beachtung des römischen Kultes kam somit der Respektierung eines Grundgesetzes gleich: als praktisches Gebot des Rechts und der Rechtspolitik.

Vor diesem Hintergrund muß Trajans und Plinius' Handeln gesehen werden: Das Verhalten der Christen kam einem Angriff auf den Bestand des Staates gleich und konnte nur mit den schärfsten Mitteln des Strafrechts abgewehrt werden.

Ein frühes Beispiel für das, was wir heute unter den Begriffen »Staatsschutz«, »Innere Sicherheit«, »Radikalenerlaß« fassen und öffentlich diskutieren. Damals freilich sind es die Gedankengänge eines einsamen Mannes an der Spitze, sekundiert von einem verantwortungsbewußten Consilium, ausgelöst durch die besondere Situation in der Randprovinz Bithynien. Ein Mann wie Plinius, gewiß kein Statthalter mit tyrannischen Ambitionen, wurde zu nüchternen Folgerungen auf Grund seiner Position gezwungen.

Hier trifft sich das Dilemma eines modernen, toleranten, demokratischen Staates mit den Sorgen eines antiken, toleranten, von hohem Ethos geleiteten Herrschers. Und wir sollten uns wieder auf unsere Leitlinie besinnen, ohne Vorurteile an die Fakten heranzutreten. Pauschale Wertungen wie die folgende aus einer Arbeit von 1949 sind einfältig:

»Es wird heute niemanden mehr geben, der das Vorgehen des römischen Staates gegen seine christlichen Untertanen nicht als schweren Irrtum empfände. Bloß von einem Irrtum zu sprechen, genügt aber nicht. Unser moralisches Bewußtsein sieht sich genötigt, diesen Irrtum auch als juridische Entartung zu brandmarken, die eine große moralische Schuld voraussetzt und einschließt.«[76]

Bei all dem wird übersehen, daß es Trajan – oder später Decius – um eine Erneuerung der alten sittlichen Kräfte ging, um einen pädagogischen Versuch, den einzelnen für den Staat zurückzugewinnen. Daß diese Restauration ebenso wie jene des Augustus auf Dauer erfolglos blieb, beweist lediglich, daß sich der Geist der Geschichte selten dem Willen eines einzelnen beugt.

# ». . . und wurden zerstreut . . .«
# Das Ende der jüdischen Nation

»Animula vagula blandida,
hospes comesque corporis,
quae nunc abibis in loca
pallidula rigida nudula
nec ut soles dabis iocos!«

Diese Verse wurden von einer der schillerndsten Gestalten der Weltgeschichte auf dem Totenbett diktiert: Publius Aelius Hadrianus, 14. Kaiser Roms in der Nachfolge des Augustus. Er starb am 10. Juli 138 an einem Krebsleiden zu Baiae. Noch in seinen letzten Stunden überkam ihn eine zwischen Ernst und Scherz schwankende Stimmung, die diese genialen Verse ausdrücken. Jede Übersetzung bleibt Stückwerk, da sie das Zusammenspiel von Lautmalerei, gedanklichen Bezügen und Form nur ahnen läßt:

»Seele, du schweifende, schmeichelnde,
Gast und Gefährtin des Leibes,
Gehst nun fort in Bereiche,
Bläßliche, frostige, kahle,
Nie mehr, wie vordem, wirst du scherzen!«

Man mag über den schulmeisterlichen Verfasser der Hadrians-Vita lächeln, wenn er zweihundert Jahre später im Anschluß an das Gedicht kritisiert: »Dergleichen Verse, und zwar nicht viel bessere, machte er auch auf griechisch . . .« Hadrian war ihm und anderen Römern nicht geheuer! An einer Stelle wird in lakonischer Kürze des Kaisers Charakter skizziert:

»Er widmete sich mit übertriebenem Eifer der Poesie und den Wissenschaften. Er verstand sich auf Arithmetik, Geometrie und Malerei. Sogar die Kunst des Zitherspiels und des Gesangs nahm er für sich in Anspruch . . . Derselbe Mann verstand sich auf den Waffengebrauch und war ein Kenner des Kriegswesens; auch Gladiatorenwaffen wußte er zu handhaben. Er war zugleich streng und heiter, leutselig und würdevoll, leichtfertig und bedächtig, knauserig und freigebig, in Heuchelei und Verstellung ein Meister, grausam und gütig, kurz, immer und in jeder Hinsicht wandelbar.«[77]

Dieses seltsam widersprüchliche Urteil war für viele Autoren der Neuzeit eine Herausforderung, in Biographie und Roman die Psyche Hadrians zu analysieren. Am überzeugendsten gelang das wohl Marguérite Yourcenar mit »Ich zähmte die Wölfin«. Die Ambivalenz seines Wesens wird deutlich, und es gehört zu den Launen der Geschichte, daß ausgerechnet ein Herrscher wie er, aber auch Trajan und Marc Aurel, obwohl sie stets das Gute wollten, zu brachialen Aktionen gezwungen wurde, die er im Innersten verabscheute. Neben den Christen sind es unter Hadrian zunächst die Juden, die verfolgt werden. Die jüdische Tragödie veränderte besonders auch die Lage und das Selbstverständnis der Christen.

In der Hadrians-Vita der »Historia Augusta«[78] heißt es: »Den römischen Kulten widmete er die angelegentlichste Pflege, von Fremdkulten wollte er nichts wissen.« Aus der Staatsräson, die er wie Trajan beachtete, stellte er also den Staatskult der römischen Götter in den Vordergrund und unterstrich seine Bedeutung, um eine Gewähr des inneren Friedens zu erhalten. Im Gegensatz zu Trajans caesarischer Expansionspolitik nimmt er im Osten die Grenzen zurück und beginnt hier, wie auch in Germanien und Britannien, mit dem großartig konzipierten Bau von Grenzwällen und Befestigungen. Rom geht seit Hadrian in die militärische Defensive, was eine gefährliche, unbewegliche Erstarrung zur Folge hat.

»Zu schweren Feldzügen kam es unter ihm nicht«, schreibt der Chronist, »die Kriege wurden sogar fast in der Stille erledigt.«[79] Diese Wertung ist, gemessen an den Feldzügen seines Vorgängers, gewiß korrekt, doch in einem Einzelfall eine verächtliche Untertreibung, denn Hadrian führt einen letzten, zerschmetternden Feldzug gegen das nationale Judentum.

Hier kurz die Vorgeschichte: Von 41 bis 44 n.Chr. vereinigte Herodes Agrippa, den Kaiser Claudius förderte, noch einmal für kurze Zeit fast ganz Palaestina unter seiner Königsherrschaft. Danach unterstand das Gebiet als Unterprovinz Iudaea wieder römischen Prokuratoren.

Seit langem agitierte und opponierte die Partei der Zeloten (Eiferer) gegen Rom. Es waren Angehörige fanatischer Gruppen des Judentums, die in den Jahren davor an Bedeutung gewonnen hatten und denen es gelang, ganz Iudaea gegen Rom zu mobilisieren. Nach Anfangserfolgen der Aufständischen wurde Galilaea 67 von Vespasian zurückerobert. Im Herbst 70 brachte sein Sohn Titus nach mehrmonatiger Belagerung das zäh verteidigte Jerusalem in seine Gewalt. Die Stadt wurde zu großen Teilen zerstört, der Tempel brannte aus, der Kult hörte auf.[80] Von da an lebte die jüdische Kultgemeinde nur noch als Diaspora weiter.

Die überlebenden Priester setzten zwar in Palaestina ihre Traditionen fort, doch die Führung ging nunmehr an die Weisen bzw. Schriftgelehrten über, besonders an die Schule Hillels, der sich innerhalb des Pharisäismus[81] den Römern gegenüber loyal erwiesen und schon vor dem Zelotismus bei Vespasian Zuflucht gesucht und gefunden hatte.

Wie in der Diaspora wurden jetzt auch in Palaestina Synagoge und Akademie zum Mittelpunkt jüdischen Lebens.

Als Trajan vom Jahre 114 an seine großen Unternehmungen gegen die Parther begann, brachte dies die jüdischen Erwartungen in starke Erregung. Die Parther waren die einzige Macht unter den Orientalen, die Rom gefährlich werden konnte. Ein Sieg der Parther war schon mehrmals von den hochgesteigerten Erwartungen der Juden unter die Vorzeichen des messianischen Reichs gerechnet worden.

Als Trajan im Fortgang seines Feldzugs auf ernste Schwierigkeiten stieß, genügte die voreilige Nachricht, der Kaiser werde geschlagen und kämpfe unglücklich, um einen fürchterlichen Krieg zu entzünden.

Nach dem wenigen, was wir wissen, erhoben sich damals auch die Juden in Ägypten, Cyrene und Cypern. Trajan sah sich gezwungen, hervorragende Feldherrn an die Brandherde zu schicken und die Erhebungen mit brutalsten Mitteln niederschlagen zu lassen.

Doch war mit diesen schnellen Operationen der nationale Freiheitsgedanke keineswegs erstickt worden, denn wenige Jahre später machten sich die angestauten Gefühle unter Hadrian explosionsartig Luft! Die Folgen sollten weltgeschichtlichen Rang erhalten. Zunächst schien der Thronwechsel für Iudaea und die jüdische Diaspora eine positive Wendung zu bringen, denn Hadrian entfernte den von Trajan eingesetzten Statthalter Lusius Quietus und ließ ihn bald darauf als Verschwörer hinrichten. Jerusalem jubelte! Das Ereignis schien eine erneute Bestätigung der göttlichen Regierung (und Vorsehung), die die Verfolger Israels zerschmettert.

Doch dann überstürzen sich die Ereignisse. Der Krieg entstand während der ausgedehnten Reise des Kaisers durch den Orient. Im Jahre 130 zog er durch Palaestina nach Ägypten. Ob er dabei Jerusalem besuchte, ist ungewiß. Jedenfalls bereitete sich die Stadt darauf vor, dem Kaiser für seinen Besuch huldigenden Dank darzubringen: auf Münzen stellte man die personifizierte Iudaea dar, wie sie den Kaiser als Wohltäter feiert. Doch bereits zwei Jahre später schlug das Klima um. Die Biographie Hadrians in der Historia Augusta tut das Ganze mit einem einzigen Satz ab: »Um jene Zeit griffen auch die Juden zu den Waffen, weil ihnen die Beschneidung verboten wurde.«[82]

Ein ausdrückliches Verbot der Beschneidung ist aber erst unter Antoninus Pius nachweisbar; Hadrian erließ lediglich ein allgemein gültiges Reskript gegen die Kastration. Der eigentliche Grund des Aufstands dürfte wohl in der Umbenennung Jerusalems in »Colonia Aelia Capitolina« liegen und im geplanten Wiederaufbau des Herodes-Tempels als Jupiter-Heiligtum. Doch kann es auch umgekehrt gewesen sein: totale Romanisierung der Stadt als Strafaktion!

Fest steht lediglich, daß eben zu dieser Zeit in Jerusalem ein neues Königtum errichtet wird, dem allem Anschein nach messianischer Charakter zuerkannt wird. Sein Fürst Simeon wird »Barkokaba« genannt: »Der, der die Art des Sterns besitzt«, doch die spätere jüdische Tradition verballhornt dies zu »Bar Kozeba«, »Sohn des Lügners«, weil er die Hoffnungen des Volkes trog.

Gleichzeitige Münzen feiern »Die Freiheit Jerusalems«. Eine Zeit der Siege und Erfolge muß durch Simeons Auftreten herbeigeführt worden sein. Auf christlicher Seite wird von ihm erzählt, daß er Macht hatte, eine Christenverfolgung zu betreiben, auf jüdischer, daß er alle Apostaten (Abtrünnige), die ihre Beschneidung verdeckt hatten, zum zweitenmal beschnitt.

Der Apologet Justinus wettert gegen diese jüdische Christenverfolgung: »Davon kann euch die Tatsache überzeugen, daß in dem zu unseren Lebzeiten geführten Kriege Barchocheba, der Anführer des jüdischen Aufstandes, die Christen allein zu schrecklichen Martern verurteilt hat, wenn sie Jesus Christus nicht verleugneten und lästerten.«[83]

Der Krieg wurde auf römischer Seite mit großem Truppeneinsatz geführt, nachdem zunächst alle festen Plätze im Lande verloren gegangen waren. Nach der Erstürmung Jerusalems wurde die Zitadelle niedergerissen, die Titus noch stehen ließ. Im letzten Kampf um die Festung von Bittir, südwestlich von Jerusalem, verlor Simeon Barkochbar Schlacht und Leben.

Nun ging Hadrian daran, das alte Übel des schwelenden jüdischen Nationalismus mit der Wurzel auszurotten. Das alte Jerusalem wurde dem Erdboden gleichgemacht und über die Ruinen nach archaischem Brauch – wie einst über Karthago – der Pflug geführt. Die jüdische Bevölkerung wurde aus der Stadt und dem umliegenden Bergland vertrieben, das Betreten des Geländes bei Todesstrafe verboten. Auf dem Tempelplatz ließ Hadrian kaiserliche Statuen aufstellen, mitten in der Stadt einen Zeustempel errichten.

Damit waren die Juden zerstreut unter alle Völker! Mit dem Hadrianischen Kriege war endgültig entschieden, daß ein jüdischer Nationalstaat nicht mehr geduldet wurde. Den Nachkommen Abrahams war das nationale und kultische Rückgrat gebrochen, und schon bald verkümmerten die westlichen Gemeinden. Auch der Zusammenhalt mit der jungen Kirche ging nun endgültig verloren, wie auch das Band zum Geist des Hellenismus zerschnitten war. Das Judentum zog sich auf sich selbst zurück und überlebte von nun an in der inneren Emigration.

Die jüdische Tragödie veränderte die Situation der Christen grundlegend, denn nun erst konnten sie sich als legitime Erben alttestamentlicher Verheißungen betrachten. Standfestigkeit und kämpferischer Wille zum Durchhalten wuchsen, denn die Christen rückten nun in die Position des auserwählten Volkes. Sie entwickelten jenen unbeugsamen Absolutheitsanspruch, der den altgläubigen Mächten die Stirn zu bieten bereit war.

# Das Massaker von Lyon

»Die Gallier sind in hohem Maße religiös«, notiert Caesar im 6. Kriegsjahr seines Commentarius. »Sie sind nämlich der Ansicht, die waltende Gottheit könne nicht versöhnt werden, wenn nicht für das Menschenleben wieder ein Menschenleben hingegeben werde. Sie haben auch von Staats wegen derartige Opfer eingerichtet.«[84]

Andere Autoren sprechen in diesem Zusammenhang von außergewöhnlicher Grausamkeit.

Später nennt die emanzipierte römische Kirche Gallien ihre »älteste Tochter«. Das ist irreführend. Denn um die Mitte des 2. Jahrhunderts hatte sich das Christentum noch nicht von den Küstenländern des Mittelmeers gelöst. Die alten Bistümer, alle aus den Wirkungsstätten der Apostel und ihrer direkten Nachfolger erwachsen, hielten sich an die großen Städte des Ostens und Südens, der römische Primat war erst in Ansätzen erkennbar. Gallien, wiewohl längst romanisiert, behielt sehr lange seine archaische Religiosität und sperrte sich den eschatologischen Vorstellungen der aus dem Osten kommenden Religion.

Paul-Marie Duval, Professor am Collège de France in Paris, kommt in seinem profunden Werk »Gallien, Leben und Kultur in römischer Zeit« zu diesem Fazit: »Wer sich an die Erklärung wagen wollte, warum in Gallien der christliche Einfluß bis gegen Ende des 3. Jahrhunderts nur schwach zu sein scheint, der könnte sicher einige Gründe in der Vielfalt und Lebenskraft des gallo-römischen Heidentums finden. Was hier auffällt, das ist nicht der Erfolg eines auf wenige große Götter reduzierten römischen Pantheons: es ist vielmehr die innige Vermischung eines üppigen einheimischen Polytheismus, der den Tierkulten der Vorgeschichte und zahlreichen lebendigen keltischen, noch in der Volkskunst stehenden Lokalkulten nahestand, mit dem römischen Polytheismus.«[85]

Doch diese antike und moderne Hintergrundinformation reicht wohl nicht aus, die makabren Ereignisse des Jahres 177 n. Chr. in Lugdunum (Lyon) zu verstehen.

Lyon, heute mit etwa einer halben Million Einwohnern eine der großen regionalen Metropolen Frankreichs und Zentrum des Departements Rhône, ist zugleich eine der ältesten Städte des Landes. Wohl noch von einem Plan Caesars ausgehend, gründete dessen Legat Munatius Plancus 43 v. Chr. am Zusammenfluß von Rhodanus (Rhône) und Arar (Saône) die römische Colonia (Pflanzstadt) Lugdunum als Hauptort der »Tres Galliae« (vgl. Caesar: »Gallia est omnis divisa in partes tres . . .«). Besiedelt war der verkehrsmäßig so günstig gelegene Platz natürlich schon vorher. Bekannt sind zwei keltische Niederlassungen aus vorcaesarischer Zeit auf dem rechten Arar-Ufer und auf der Landzunge zwischen Rhodanus und Arar.

Die Colonia des Munatius Plancus war zunächst eine Veteranensiedlung, die sich rasch vergrößerte und wie andere nördliche Pflanzstädte mit imperialem Namen bedacht wurde: »Colonia Copia Claudia Augusta«. Von Anfang an war die CCCA magistraler und wirtschaftlicher Mittelpunkt der »Tres Galliae«, dazu Sitz des Statthalters der Provinz »Gallia Lugdunensis«.

Jährlich trafen sich hier am 1. August die Abgesandten der sechzig gallischen »civitates« (Stämme) zu einem pangallischen Fest, um am Altar der Roma und des Augustus die große Feier des Kaiserkultes zu begehen.

Im Zusammenhang mit diesem Treffen kam es Ende Juli/Anfang August 177 zu einem fanatischen Ausbruch antichristlicher Emotionen, die in diesem Jahrhundert ihresgleichen suchen.

Es mag sein, daß der Zufall der Überlieferung diese Ereignisse als besonderes Datum im Gedächtnis halten ließ, doch stehen sie in einem größeren Zusammenhang weithin schwelender Christenfeindlichkeit, worauf schon Eusebius, der als einziger einen detaillierten Bericht davon gibt, hinweist:

»Als damals [das heißt während der Regierung Marc Aurels] in verschiedenen Gegenden der Erde durch die Hetze städtischer Einwohner heftige Verfolgungen gegen uns wieder aufflammten, zeichneten sich Zehntausende von Märtyrern aus, wie sich aus der Geschichte eines einzigen Volkes [des gallischen] erschließen läßt, die der Nachwelt überliefert wurde und die es auch tatsächlich verdient, unvergessen zu bleiben. Den ausführlichen Bericht hierüber habe ich vollständig meiner Aktensammlung über die Märtyrer einverleibt. [Diese ›Sammlung der alten Märtyrer‹ ist verloren.]

Die Darstellung ist nicht nur historisch, sondern auch belehrend . . . Während andere Geschichtsschreiber auf jeden Fall über militärische Siege, über Erfolge im Felde, über große Taten der Feldherren und über die Tapferkeit der Soldaten schrieben, welche sich aus Liebe zu ihren Kindern, ihrem Vaterlande und ihren sonstigen Gütern mit Blut und tausenderlei Mordtaten befleckt haben, will meine Geschichte über den Staat Gottes den friedlichen Kampf für den Seelenfrieden und mehr für die Kämpfer für Wahrheit und Glauben als die Kämpfer für Vaterland und Freunde in ewigen Lettern aufschreiben, indem sie die Standhaftigkeit und die große männliche Ausdauer der Glaubensstreiter, ihre Triumphe über die Dämonen, ihre Erfolge über die unsichtbaren Widersacher und endlich die Siegeskrone zur ewigen Erinnerung verkündet.«[86]

Eusebius' weitere Ausführungen sind so ungeheuerlich und römischer Herrschaft unwürdig, daß sich immer wieder Stimmen meldeten, die den Bericht als übertrieben, unglaubwürdig, ja als Fälschung betrachteten.[87] Die neuere Forschung sieht freilich keinen Grund, an der Historizität der Ereignisse zu zweifeln. Die detaillierten Schilderungen können nicht frei erfunden worden sein, auch wenn literarische Rhetorik, die sich mit dem Übernatürlichen beschäftigt, den Fluß des Geschehens immer wieder unterbricht. Der Bericht des Eusebius im 5. Buch seiner »Kirchengeschichte« fußt auf einem Originalbrief der christlichen Gemeinden von Vienna und Lugdunum, den diese an ihre Glaubensbrüder in nicht genannten Städten der Provinzen Asia und Phrygia richteten, »... welche mit uns den Glauben an die Erlösung und die Hoffnung teilen«.[88]

Der englische Historiker Paul Keresztes meint, man müsse mit Freude anerkennen, daß dieser lange Abschnitt der »Kirchengeschichte« ein Kleinod der christlichen Literatur darstelle, in dem viele menschliche Gefühle enthalten seien.[89]

Ende Juli des Jahres 177 wimmelte es in Lugdunum von Menschen aus allen Regionen Galliens. Die Herbergen in der Stadt reichten bei weitem nicht aus, allen Gästen eine Unterkunft zu bieten. Stammesführer, Landadel und Magistrate aus den verschiedenen »civitates« wurden bevorzugt einlogiert; man stieg bei Verwandten oder befreundeten Familien ab, der ansässige Land- oder Amtsadel stellte seine Villen und Landhäuser in und außerhalb der Stadt zu Verfügung.

Handwerk und Handel der Stadt hatten sich seit Monaten auf den touristischen Ansturm vorbereitet, und so boten die Auslagen der Läden, Manufakturen und zahlreichen Kleinbetriebe teure Luxuserzeugnisse wie auch den speziell für solche Anlässe hergestellten Ramsch aus. Aus Bronze gehämmerte geheimnisvolle Masken mit künstlicher Patina lockten die Käufer in die Werkstätten der Kunstschmiede; dort warteten Statuetten aus Zinn und Kupfer, gallische oder römische Gottheiten darstellend, auf jene Käufer, die ein mythisch bezogenes Mitbringsel mit nach Hause nehmen wollten.

Doch »Thema Nummer eins« unter Einheimischen wie zugereisten Kennern sind die Rennen im Circus und die Gladiatorenkämpfe im Amphitheater. Und besonders die Römer unter den Gästen sind gespannt auf das, was die gallischen »murmillones«, die »Fischmänner« (weil ein Fisch auf dem Helm abgebildet war), und die »retiarii«, die mit Netz und Dreizack auftraten, bieten werden. Gelten die gallischen Gladiatoren doch im ganzen Reich als die skrupellosesten und grausamsten; nicht wenige von ihnen schneiden dem besiegten Gegner den Kopf ab, um ihn, mumienhaft konserviert, im privaten Trophäenkabinett aufzustellen.

So ist die ganze Stadt in einer geradezu fieberhaften Erwartung und ungehalten darüber, daß die Spiele noch nicht begonnen haben. Doch es ist Brauch, daß der Statthalter des Kaisers die Spiele eröffnet. Der aber ist noch dienstlich im Süden unterwegs.

Lyon Ende Juli: Es ist heiß, und der Pöbel will Blut sehen! Die Stimmung der Massen ist gereizt, zumal die Stadt in diesen Tagen übervölkert ist. Schon häufen sich Raufereien, die Dolche sitzen locker. Aus geringsten Anlässen entstehen unvermittelt ernsthafte Zusammenstöße. Urtümliche Gallier vom Lande gelten allenthalben als die größten Raufbolde des Imperiums.

So vergeht einige Zeit, die Aggressionen bleiben noch in der Schwebe, bis sie ihre Opfer finden: Was sind das für sonderbare Gestalten, die dem fröhlichen Treiben aus dem Wege gehen? Einfältige Reden führen sie, faseln daher von Sünde und Buße und bevorstehenden göttlichen Strafen.

Diese verbohrten Spinner und Miesmacher sind gewiß diejenigen, die sich »christiani« nennen! Liegt nicht ein Befehl des Statthalters vor, daß sie während des Festes die Stadt zu verlassen hätten?! – Großtuer melden sich zu Wort, die gar von einem Erlaß des Kaisers wissen wollen, wonach diese Leute als gefährliche, die öffentliche Ordnung störende Individuen unter der Acht stehen. Andere wissen von Geheimbündelei, von Kindermord und unsittlichen Ritualen. In Asien und Griechenland hätten sie sich schon wie Ungeziefer verbreitet. Dort wurde bereits von Staats wegen schon öfters hart durchgegriffen.

Der Ruf: »Jagt die Christen!« ertönt, worauf sich der Mob in Gruppen teilt und durch die Straßen stürmt. Man muß sie nicht erst aufspüren, sie verstecken sich ja nicht. Man kann seinen ganz privaten Haß auf die Wohlsituierten unter ihnen abreagieren. Viele kennt man beim Namen, manche von Angesicht. Man will sie außerhalb ihrer Wohnungen fassen. Eine Treibjagd durch die Gassen beginnt. Es macht Spaß! Trifft man Legionäre, werden sie aufgefordert, mitzumachen.

Eine Riesengaudi, wenn man ein, zwei, drei Opfer vor sich hat und sieht, wie sie hasten, rennen, stolpern, die Angst im flackernden Blick. Sie können ja nicht entkommen, denn von der Gegenseite nähert sich ein zweiter Haufe, wild grölend, zum Teil angetrunken. Man treibt sie sich zu. Dann sind sie eingekeilt. Es folgen Beschimpfungen, Schläge, Zerren, Steinwürfe. Trifft man wohlbetuchte Bürger, dann findet sich bald einer unter der Meute, der sie gespielt ironisch hofiert, übertrieben freundlich nach dem Wohlbefinden fragt – und plötzlich brutal zuschlägt.

Ringe, Ketten, Schmuck, teure Gewänder wechseln blitzschnell den Besitzer. Die Räuber tauchen unter in der Menge. Weiter! Die nächsten!

So geht das wohl schon eine Stunde. Erstaunt und verschüchtert bleiben städtische Beamte, die zufällig vorbeikommen, stehen, drücken sich ängstlich an die Mauern, wenn der wilde Haufe vorbeigrölt. Sie werden erkannt und aufgefordert, mitzumachen.

Doch irgendeiner von ihnen, der um die öffentliche Ordnung fürchtet, sucht Kontakt zu den mittleren Chargen der Armee. Die 13. Städtische Kohorte ist in Lugdunum stationiert. Man muß sie einsetzen!

Eine Gruppe besorgter Ratsherren berät gemeinsam, was zu tun sei. Den Statthalter informieren! – Aber er ist noch nicht da! – Boten hinschicken! – Wohin? Er ist unterwegs, dürfte erst morgen eintreffen. – Aber man muß doch etwas unternehmen! Schon werden die Läden von Nichtchristen geplündert! Wozu haben wir einen Tribunen? Er ist militärischer Stellvertreter des Legaten!

Man eilt hin, trifft ihn an der Tafel. Natürlich ist er ungehalten: Was? Ausgerechnet jetzt? Ob das nicht bis morgen verschoben werden könne? Dann sei der Legat da. – Man packt ihn beim Portepee: Er könne sich durch hartes Durchgreifen auszeichnen! – Und er: Beim Hercules! Die Truppe hat größtenteils Urlaub!

Schon treffen andere Offiziere ein, ihre Meldungen sind beunruhigend: Die ganze Stadt in Aufruhr! Man müsse handeln!

Gut, aber gegen wen soll man denn einschreiten? Gegen den Mob oder . . .?

Beim Jupiter, nein! Die Volkswut koche über, sie habe allem Anschein nach das Recht auf ihrer Seite. Es gebe die klare Anordnung des Statthalters, daß diese Christen die Stadt zu verlassen hätten. Man müsse auch an die Sicherheit der Gäste aus ganz Gallien und an das Ansehen der Stadt denken.

Da besinnt sich der Tribun nicht lange: Urlaubssperre für alle noch diensthabenden Soldaten! Alle Centurionen und Praefecten ins Praetorium!

Kurze Zeit darauf gehen knappe Befehle gemäß einer oft geprobten Notstandsübung hinaus: Besetzung der öffentlichen Gebäude und Plätze, Säuberung der Straßen von jeglichem Tumult, Festnahme aller Verdächtigen! Sammeln der Verhafteten auf dem Forum! Abriegelung des Platzes! Im Notfall Waffengebrauch!

Eine Viertelstunde später hallen die Marschtritte der Säuberungskommandos durch die Straßen. Die Männer lassen sich vom hysterischen Geschrei der Massen nicht beeindrucken, die meisten verstehen nicht einmal ihre Sprache, denn sie stammen aus anderen Regionen des Imperiums. Ihre sachliche, disziplinierte Haltung wirkt augenblicklich. Die Legionäre nehmen der aufgebrachten Menge kurzerhand die schon arg geschundenen Opfer ab und führen sie zum Sammelplatz. Neugierig folgt man ihnen, nur noch vereinzelte Beschimpfungen gehen auf die Gefaßten nieder.

Der Kommandant wittert die Chance, sich vor der Menge und den Häuptern der Stadt zu profilieren. Schließlich soll der Statthalter nur Gutes über ihn erfahren. Ruhe, Ordnung, Disziplin! Er hat die Stadt im Griff.

Der Reihe nach werden dann die Gefaßten vorgeführt. Der Tribun und einige Herren des Rates teilen sich in das erste Verhör. Alle bekennen offen, daß sie Christen sind.

Daraufhin läßt der Kommandant sie gemeinsam abführen und inhaftieren. Wie groß ihre Zahl ist, wurde nicht überliefert. An Räumlichkeiten zur sicheren Aufbewahrung fehlt es bei solchen Anlässen offenbar nie. Vielleicht wurden die unterirdischen Gewölbe eines der beiden Amphitheater benutzt, weil sie leicht zu kontrollieren waren – wie sich ja auch in unseren Zeiten sportliche Kampfstätten hervorragend als provisorisches Gefängnis für politische Opponenten erweisen.

Die Quelle erweckt den Eindruck, daß der kaiserliche Legat – dessen Name übrigens nicht genannt wird – noch am Abend oder im Laufe des nächsten Vormittags eintrifft. Er scheint mit den Maßnahmen seines Stellvertreters durchaus einverstanden gewesen zu sein, wie wir aus seinem folgenden Verhalten schließen können.

Die Notiz, daß sich beim erneuten Verhör wiederum eine große Menge in der Nähe befindet und lauthals am Gang der Verhandlung teilnimmt, verrät, daß der Schauprozeß unter freiem Himmel wahrscheinlich auf dem Forum stattfand. Der Legat des Kaisers hat auf seinem erhöhten Richterstuhl Platz genommen, sekundiert von allen Honoratioren der Stadt und hohen Offizieren. Dann werden die Verhafteten vorgeführt.

Doch welch ein Unterschied zur korrekten Prozeßführung eines Plinius in Bithynien: der Richter beginnt mit Roheiten, Beleidigungen und rüden Beschimpfungen! Dies ist bald für Vettius Epagathus, einen bekannten Bürger der Stadt, zuviel: mutig tritt er aus dem Publikum hervor und protestiert gegen eine solche Prozeßführung: »Eine solche Persönlichkeit [so die Quelle] konnte es nicht ertragen, daß wir ungerecht verurteilt wurden.«

Voll Erbitterung und in heiligem Zorn fordert er, in einem Verhör nachweisen zu können, daß die Christen nicht des Atheismus und der Pietätlosigkeit schuldig seien:

»Bei uns gibt es nichts Gottloses und nichts Unehrerbietiges!«[90]

Doch die um den Richterstuhl versammelte Menge schreit den angesehenen Mann nieder. Der Statthalter geht auf seine Forderung nicht ein, sondern fragt nur, ob Vettius Christ sei. Da jener dies mit lauter Stimme bejaht, wird er auf der Stelle zum Tode verurteilt und augenblicklich hingerichtet!

Ein unmenschlich brutaler Einschüchterungsversuch, für die übrigen ein Schock! Der Brief fährt hier fort: »Nunmehr trat unter den übrigen eine Scheidung ein. Offen und bereitwillig wurden die einen zu den ersten Märtyrern und bekannten sich auch unumwunden mit größter Bereitwilligkeit. Andere gab es, denen die Bereitwilligkeit, die Übung und die Kraft noch fehlte und die nicht fähig waren, die Wucht des schweren Kampfes auszuhalten. Etwa zehn hatten nämlich versagt. Diese verursachten uns große Trauer und grenzenlosen Schmerz und lähmten den Mut der anderen, die nicht ergriffen worden waren und, obwohl sie alle Bitterkeiten erfahren mußten, doch mit den Märtyrern verkehrten und nicht von ihnen ließen. Damals waren wir alle sehr niedergeschlagen, weil nicht alle das Bekenntnis abgelegt hatten. Wir waren es nicht aus Furcht vor den Martern, sondern weil uns das Ende, die Angst, es möchte einer abfallen, Sorge machte.«[91]

Allem Anschein nach wurden die übrigen, die bekannt hatten, nicht am gleichen Tage hingerichtet, sondern wieder in Gewahrsam genommen. Sollte der Tod des Vettius nur eine Warnung sein?

Nun läuft die Aktion erst voll an, systematisch wird vorgegangen. Der Statthalter ordnet offiziell an, sämtliche Christen in der Stadt aufzuspüren. Dabei fallen den Häschern auch die Vorsteher der beiden Gemeinden Lugdunums in die Hände. Die Aktion zieht sich über mehrere Tage hin, denn erst muß herausgefunden werden, wo sich diese Leute in der Stadt versteckt halten.

Dabei greift man auf den widerlichen, damals freilich üblichen und legitimen Brauch zurück, die Sklaven der Verdächtigen auszufragen. Soweit es sich dabei um Nichtchristen handelt, hat man Erfolg; der Brief hält fest:

»Aber auch Heiden, die im Dienste der Unsrigen [als Sklaven] standen, wurden verhaftet, da der Statthalter die allgemeine Verordnung erließ, man müsse nach uns fahnden. Diese Dienstboten brachten, vom Satan verführt, aus Furcht vor den Martern, welche sie die Heiligen erdulden sahen, und von den Soldaten dazu aufgehetzt, gegen uns die unwahre Behauptung auf, daß wir Thyestische Mahlzeiten hätten, gleich Ödipus Umgang pflegten und noch vieles andere täten, worüber wir nicht reden noch denken dürfen und wovon wir nicht einmal glauben, daß es unter Menschen vorgekommen ist.«[92]

Diese ungeheuerlichen Verdächtigungen kennen wir nun schon seit Nero; daß sie immer noch nichts von ihrer Glaubwürdigkeit verloren haben, zeigt, wie groß nach wie vor die Kluft zwischen beiden Lebensbereichen ist. Mehr noch: Diese makabren Gerüchte bewirken bei einfältigen Bürgern, die diese vielleicht erstmals hören, größte Erregung und Abscheu. Bislang gutnachbarliche Beziehungen gehen in die Brüche: »... wurden alle wütend gegen uns, so daß selbst solche, die sich anfänglich noch wegen häuslicher Beziehungen zurückzuhalten wußten, nun rasend wurden und gegen uns mit den Zähnen knirschten.«[93]

Statthalter, Magistrat, Soldaten und Pöbel bilden eine geschlossene Front und suchen die Christen mit allen Mitteln zum Eingeständnis der ihnen angelasteten abscheulichen Verbrechen zu bewegen. Das in solchen Fällen übliche Mittel – auch Plinius machte Gebrauch davon – ist die Folterung. Und von nun an nennt und beschreibt der Brief Namen und Einzelschicksale: Gefoltert wurden der Diakon Sanctus von Vienna, der neubekehrte Christ Maturus, Attalus von Pergamon, die Sklavin Blandina und Biblis, die früher ihr Christentum verleugnet hatte.

Besondere Haltung zeigt Blandina, ein fünfzehnjähriges Mädchen, der die Standhaftigkeit kaum zuzutrauen war:

»Während wir alle fürchteten und auch ihre irdische Gebieterin, die ebenfalls zu den kämpfenden Glaubenszeugen gehörte, in Sorge war, Blandina möchte wegen ihres zarten Körperbaus nicht die nötige Stärke aufbringen, ihren Glauben offen zu bekennen, wurde diese von solcher Kraft erfüllt, daß die, welche sie vom Morgen bis zum Abend nacheinander auf alle mögliche Weise marterten, müde wurden, erschlafften und sich offen, da ihre Mittel gegen sie verbraucht seien, für besiegt erklärten. Und sie wunderten sich, daß sie, obwohl ihr ganzer Körper zerschunden und zerfleischt war, noch am Leben geblieben, und bekannten, schon eine einzige Marter hätte sie um das Leben bringen können, geschweige denn so viele und so grausame Foltern. Doch die Heilige sammelte wie ein tüchtiger Kämpfer immer neue Kräfte aus ihrem Bekenntnis. Ihre Kräftigung, ihre Erholung und das schmerzstillende Mittel in ihren Leiden waren die Worte: ›Ich bin eine Christin, und bei uns geschieht nichts Böses.‹«[94]

Ebenso tapfer ertrug Sanctus alle Martern, wobei er so weit ging, nicht einmal seinen Namen, den seines Volkes oder der Stadt, aus der er stammte, zu nennen, oder ob er Sklave oder Freigeborener sei. Auf alle Fragen antwortete er lediglich in lateinischer Sprache: »Ich bin Christ.« Und dies blieb das einzige, was er zur Person von sich gab.

Dies störrische Verhalten reizte den verhörenden Legaten und seine Henkersknechte um so mehr, so daß sie schließlich, als alle Mittel gegen ihn verbraucht waren, glühende Metallplatten auf seine empfindlichsten Glieder legten. Doch er blieb unbeugsam und unnachgiebig und ließ nicht von seinem Bekenntnis. Der Bericht vermerkt realistisch:

»Sein Körper war eine einzige Wunde und eine Strieme, er war zusammengeschrumpft und hatte das menschliche Aussehen verloren.« Im folgenden Satz klingt etwas von der unfaßbaren Glaubensstärke dieses Mannes durch, die ihn, wie auch andere, innerlich aufrecht hielt: »In ihm litt Christus, in ihm wirkte er Großes und Herrliches. Er machte den Widersacher zunichte und zeigte zur Belehrung der übrigen, daß da, wo die Liebe des Vaters wirkt, nichts zu fürchten ist und daß nichts schmerzlich ist, wo sich Christi Herrlichkeit entfaltet.«[95]

Man läßt ihn einige Tage in Ruhe, in der Hoffnung, daß sie seinen Willen brechen könnten, wenn sie an dem verquollenen, entzündeten Körper die Foltern wiederholten, zumal er nicht einmal eine Berührung mit der Hand ertragen konnte; auch meinten sie, daß sein während der Martern eintretender Tod die übrigen abschrecken werde.

»Doch sie erreichten ihm gegenüber nicht nur nichts, vielmehr wurde sein Körper wider alles menschliche Erwarten während der folgenden Martern aufrecht und gerade. Sanctus bekam seine frühere Gestalt und konnte wieder seine Glieder benützen, so daß ihm das zweite Martyrium durch die Gnade Christi nicht zur Qual, sondern zur Heilung wurde.«[96]

Dieses Quälen der Opfer fand natürlich hinter den Kulissen statt. Doch auch Biblis, die zunächst geleugnet hatte, Christin zu sein, widersetzte sich unter der Folter den Anschuldigungen mit der Erklärung: »Wie können solche Menschen Kinder verspeisen, da es ihnen nicht einmal gestattet ist, das Blut unvernünftiger Tiere zu genießen!«[97]

Nun beginnt das Martern im großen Maßstab. Man bringt alle Gefangenen an »finstere, schlimme Orte«. Alle damals bekannten Möglichkeiten des Quälens werden erprobt, unter anderem »Anspannen der Füße am Pflock bis zum fünften Loch«. Die meisten kommen dabei zu Tode, sie »erstickten«, was wohl bedeutet, daß sie erwürgt wurden. Jeglicher Kontakt zur Außenwelt ist unterbrochen, doch die Standhaften trösten und ermuntern die Schwächeren.

Wieder eine erstaunliche Beobachtung: »Die jungen Leute allerdings, welche erst verhaftet wurden, hielten, obwohl sie noch keine körperlichen Foltern auszustehen hatten, die Beschwerden des Kerkers nicht aus, sondern starben darin.«[98]

Unter den Verhafteten ist Pothinus, der über neunzig Jahre alte Bischof von Lugdunum. Er steht mit einem Bein bereits im Grabe. Er ist körperlich geschwächt, leidet wahrscheinlich an Asthma oder chronischer Bronchitis, denn er atmet schwer. Aber darauf nehmen die Schinder keine Rücksicht. Soldaten schleppen den Greis, dessen Glieder vor Altersschwäche zittern, vor den Stuhl des Statthalters, die städtischen Behörden im Gefolge, ein johlender wilder Haufe Pöbel um ihn herum, welcher die unflätigsten Beschimpfungen gegen ihn schreit.

Der Legat gebietet Ruhe und fragt den Bischof höhnisch lächelnd, wer denn der Gott der Christen sei. Und jener, mit zitternder Stimme, doch klaren Blicks: »Wenn du würdig bist, wirst du ihn erkennen.«

Ein Wink des Richters, und erbarmungslos wird er hin- und hergerissen, von allen Seiten gehen Schläge auf ihn nieder. Während die Zunächststehenden ihn mit Händen und Füßen auf alle nur denkbare Weise mißhandeln, werfen die Fernerstehenden mit dem, was sie gerade zur Hand haben, gegen ihn.

Interessant nun die eingeschobene Begründung des Briefschreibers für das brutale Vorgehen: »Alle glaubten sich stark zu versündigen und zu vergehen, wenn sie es an Hemmungslosigkeit ihm gegenüber fehlen ließen; durch ihr Vorgehen meinten sie, Rache für ihre Götter zu nehmen.«[99]

Diese Erklärung deckt sich mit Caesars Beobachtung zu Anfang, denn wir können davon ausgehen, daß diese lebensgefährlichen Schläge – der Mann ist neunzig! – als Vergeltung für vergossenes Blut gedacht waren. Stichwort: Thyestische Mahlzeiten!

Kaum mehr fähig zu atmen, wurde Pothinus ins Gefängnis geworfen, wo er nach zwei Tagen starb.

Nachdem so alle Christen – soweit sie bekannt waren – inhaftiert worden waren, wurden sie nach zwei Gruppen unterschieden; denn nun wurden auch die, welche bei der ersten Verhaftung ihren Glauben geleugnet hatten, eingesperrt und gefoltert: »Die Verleugnung hatte ihnen nichts genutzt. Im Gegenteil, während die, welche offen bekannten, was sie waren, als Christen eingekerkert wurden, ohne daß ihnen sonst etwas zur Last gelegt werden konnte, wurden diese als Mörder und Verbrecher eingesperrt, waren also gegenüber den anderen doppelt gestraft.«

Wieder folgt eine präzise psychologische Beobachtung, wie sie nur von einem Augenzeugen gemacht werden konnte: Während die Bekenner »heiter umhergingen und auf ihren Gesichtern Herrlichkeit und

Gnade lag . . . schritten jene [die geleugnet hatten] mit niedergeschlagenen Augen, tiefgebeugt, finster und ohne Haltung einher und mußten sich überdies selbst von den Heiden als ehrlose, feige Menschen beschimpfen lassen . . . Solcher Anblick veranlaßte die übrigen zur Festigkeit, so daß sie, wenn sie verhaftet wurden, unbedenklich, ohne sich von teuflischen Einflüsterungen beeinflussen zu lassen, das Bekenntnis ablegten.«[100]

Damit sind die »Ermittlungen« abgeschlossen, wenn wir den ersten Teil des Verfahrens so nennen dürfen: ein Hohn auf die römische Rechtsprechung! Der zweite Akt der Tragödie beginnt, die Bühne ist hergerichtet. Der Berichterstatter wendet sich nun wieder Einzelschicksalen zu.

Maturus, Sanctus, Blandina und Attalus haben alle Torturen überstanden und werden »ad bestias« verurteilt, das heißt, sie werden in die Arena geschickt und wilden Tieren zum Fraß vorgeworfen. Schauplatz ist das städtische Amphitheater auf der Höhe von Fourvièvre.

Neben den ohnehin anstehenden Gladiatorenkämpfen und Rennen werden zusätzlich außerordentliche Tierkämpfe und andere bestialische Sonderbehandlungen aufs Programm gesetzt.

Sanctus von Vienna und einige andere sollen durch allerlei Quälereien zum Abfall von ihrem Glauben gebracht werden. Sie werden gegeißelt, eine Weile durch eine Meute nicht näher genannter Bestien gezerrt und schließlich, da sie nicht zusammenbrechen, auf Verlangen der Menge auf den eisernen Stuhl gesetzt. »Das Rösten ihrer Glieder auf demselben hüllte sie in Fettdampf. Aber auch damit gaben sich die Heiden nicht zufrieden. Sie gerieten immer mehr in Raserei und wollten Herr über ihre Standhaftigkeit werden. Doch trotzdem bekamen sie von Sanctus nichts anderes zu hören als das Bekenntniswort, das er von Anfang an zu sprechen pflegte.«[101]

Da die Gruppe nach all den Martern immer noch am Leben ist, ertönt der Befehl, sie – außer Blandina – zu töten. Es dürften sich einige Gladiatoren gefunden haben, die mit scharfen Waffen dem Leiden ein schnelles Ende machten, da ihnen das Schauspiel selbst wohl widerlich vorkam.

Eine weitere Gruppe erscheint in der Arena, unter den Opfern das zarte Mädchen Blandina. Sie wird an einem Pfahl aufgehängt, und einige Bestien werden aus den Käfigen gelassen. Diese Tiere waren eigentlich für Hetzjagden bereitgehalten worden: primitive Schlächtereien oder Verfolgungsjagden durch ein Labyrinth von Dekorationen, die die wilde Natur darstellen sollten, in denen Männer gegen wilde Tiere oder Tiere gegeneinander kämpften.

Man ließ dabei ganz verschiedene Arten aufeinander los, wobei es auf die Ungleichheit der Kampfmittel ankam. Die Kämpfer, die »bestiarii«, standen im Rang unter den Gladiatoren (und ihre Nachfahren legten einen langen Weg zurück bis zum heutigen Ruhm des Stiere beherrschenden Toreros, dessen Urbild gleichwohl die »bestiarii« sind). Beliebte Kampfpaare bildeten Stier und Eber, Löwe und Stier, Eber und Löwe. Bei Ausgrabungen in der Arena von Metz fanden sich Knochen von Bären, Stieren, Ebern und Auerochsen. Im übrigen nähern sich diese blutigen Spektakel mehr der Sensationsmache von Schaustellern. Mosaiken und Reliefs aus Gallien zeigen etwa einen Bären im solide vergitterten Käfig; der Käfig stellt den vorderen vergitterten Teil einer Hütte dar, die auf kurze Pfähle gesetzt ist. Im Hintergrund kauert ein unbewaffneter Mann in einem großen Faß, auf dem ein Bär balanciert. Davor greift ein drittes Raubtier mit gebleckten Zähnen einen Mann mit geschorenem Schädel und nacktem Oberkörper an, der auf einem großen Holzzuber hockt. Am Rande der Darstellung erkennt man die Sprossen an einem künstlichen Baum, der zur Ausrüstung gehört.[102]

Die Belege dafür, daß man zum Tode verurteilte Kriminelle in öffentlichem Schauspiel durch Raubtiere zerfleischen läßt – die abstoßendsten, die in Amphitheatern stattfanden –, sind außerhalb Roms selten. Nur auf Keramiken findet man mehrfach einen an einen Pfahl gebundenen und den Bären ausgelieferten Mann (oder eine Frau). Es dürfte sich hierbei eher um die Variation archetypischer Urängste handeln, von geschäftstüchtigen Händlern in großer Serie unters Volk gebracht, vergleichbar den tausendfach vervielfältigten Illustrationen zur Faustlegende – bis hin zu den Sensationsberichten der Boulevardpresse über aufsehenerregende Mordfälle in unseren Tagen. Das Motiv war und ist stets das gleiche: voyeuristische Neu-Gier, die eigene Aggressionen befriedigt.

Aus Gallien ist bekannt, daß besiegte feindliche Anführer den wilden Tieren vorgeworfen wurden, so im Jahre 69 n. Chr. der Boier Mariccus im Amphitheater von Lyon oder etwa in der späten Kaiserzeit Tausende von gefangenen Barbaren. Paul-Marie Duval meint dazu: »Die kleine Zahl von Märtyrern des frühen Christentums in Gallien berechtigt noch nicht zu der Annahme, daß ihre Marter ein oft geschehenes Schauspiel war, um so mehr als nicht alle in der Arena umkamen. Der heilige Saturnin wurde an den Schwanz eines Stieres gebunden und vom Capitol in Toulouse hinuntergestürzt; der heilige Dionysios wurde in Paris enthauptet. Wenn aber das Martyrium im Amphitheater stattfand, dann war das Anlaß zu außergewöhnlichen Grausamkeiten; sie kamen zu den Foltern in den Gefängnissen hinzu und fanden nur im Heldentum des Opfers ihre Grenzen, sie verwandelten die Torturen in die größten Beispiele menschlicher Tapferkeit.«[103]

Und hier muß an erster Stelle jenes Mädchen Blandina genannt werden!

Man hat sie also an einem Pfahl aufgehängt. Zufall oder Absicht – ihr Körper zeigt die Kreuzesform: »... so flößte sie den Kämpfern großen Mut ein, denn in ihrem Kampfe schauten sie so mit ihren fleischlichen Augen in der Schwester den, der für sie gekreuzigt war.«[104]

Die Bestien streichen um sie herum, während sie laut betet. Doch die Tiere ignorieren sie. Man reizt sie, stößt mit Piken nach ihnen, aber sie zeigen keine aggressive Regung. Da nimmt man Blandina vom Holz, um sie für einen neuen Kampf aufzubewahren.

Wieder im Kerker, findet sie die kaum glaubliche Kraft, ihre Mitgefangenen zu trösten und aufzurichten.

Ein Zwischenfall läßt vorerst den Statthalter mit weiteren Aktionen zögern. Die Menge fordert, daß Attalus von Pergamon, »der ein angesehener Mann war«, in die Arena geführt wird. Infolge seines reinen Gewissens tritt er kampfbereit ein. Man führt ihn im Rund des Theaters herum. Ein Mann trägt ihm eine Tafel voraus mit der Aufschrift: »Dies ist Attalus, der Christ«. Die Menge will seine Vernichtung, und »das Volk kochte vor Wut über ihn«.

Da wird dem Legaten gemeldet, daß Attalus das römische Bürgerrecht besitzt. Dies bedeutet – wie bei Plinius –, daß die Entscheidung über Leben und Tod bei einem kaiserlichen Gericht liegt.

Die enttäuschte Menge muß hinnehmen, daß er aus der Arena zurück ins Gefängnis gebracht wird. Zugleich geht ein Schreiben an Marc Aurel bzw. die zuständige Kanzlei ab mit der Anfrage, wie in der Sache zu verfahren sei. Leider ist nicht bekannt, wo sich der Kaiser damals aufhielt, doch dürfte er nicht allzu fern gewesen sein.

In der finsteren, stickigen, drückenden Enge des Kerkers finden die entscheidenden inneren Kämpfe statt, wenn die Opfer, hin- und hergerissen zwischen Todesangst, Furcht vor neuen Torturen und vagen Hoffnungen, verzweifelt nach dem Sinn ihres Lebens und Sterbens fragen. Durch die Berichte von Dissidenten und Opfern totalitärer Systeme wissen wir, welche Abgründe sich in der einsamen Zelle auftun, und es bleibt uns als Nichtbetroffene ein peinliches Staunen über die Kräfte der Leidenden – und Ekel vor denen, die solches Unheil zu verantworten haben.

Mittlerweile ist das Reskript des Kaisers eingetroffen. Es befiehlt, diejenigen, die sich zum Christentum bekennen, hinzurichten, jene, die es verleugnen, freizulassen.

An dieser Stelle gibt uns der unbekannte Autor einen Anhaltspunkt zur Datierung des Geschehens: »... ließ der Statthalter zu Beginn des hiesigen großen Festes, zu welchem große Scharen von Menschen aus allen Völkern [Galliens] zusammenströmen, die Heiligen zu Ehren der Massen in theatralischem Pomp vor seinen Richterstuhl führen.«[105]

Als großes lokales Fest wird heute allgemein die Feier am Altar der Roma und des Augustus angesehen, die alljährlich mehrere Wochen vom 1. August ab inszeniert wurde – wir begannen unsere Schilderung damit. Die Verehrung des Augustus als Begründer des kaiserlichen Prinzipats zusammen mit Roma, der personifizierten Gottheit des römischen Volkes, war bereits eine feste Institution, bevor sie in Lugdunum und in Narbo, dem Hauptort der »Narbonensis« im Süden, eingeführt wurde.

Der Kult der göttlich verehrten Roma entstand in Kleinasien schon im 2. Jahrhundert v. Chr. und verbreitete sich in den Provinzen Achaia (Griechenland) und Asia. Bald verband sich hiermit die Verehrung des römischen Senats und des Populus Romanus, und so war der Weg zur gemeinsamen Verehrung der Roma und des Augustus vorgezeichnet.

Augustus empfand gegen den Herrscherkult des hellenistischen Ostens große Abneigung. »Obschon ihm bekannt war«, schreibt Sueton, »daß sogar zu Ehren von Proconsuln [Statthaltern] Tempel errichtet zu werden pflegten, ließ er dies für sich in keiner Provinz zu, außer wenn der Name der Göttin Roma zu dem seinen hinzugefügt wurde. In der Hauptstadt [Rom] lehnte er sogar dies entschieden ab . . .«[106]

Römische Bürger freilich durften am neuen Kult nicht teilnehmen. Kerngedanke war, die allgemeine Loyalität gegenüber dem Kaiser, der nunmehr ein Gott war, religiös zu verankern. Abgesehen von den maßlosen Ansprüchen des Caligula, Nero und Domitian festigten sich diese Formen religiös fundierter Verbundenheit und Treue auch in den Provinzen des Westens als »ein eigenes Symbol der festen Vereinigung des Reichsgedankens mit dem Kaisergedanken«, wie Ulrich Knoche es nennt.[107]

Die Einrichtung der Provinziallandtage (im Osten: »koinon«) und des Kaiserkultes wurde so nicht nur im griechischen Osten, sondern auch in den hispanischen und gallischen Provinzen zu einem erfolgreichen Hilfsmittel der Politik. Paul Keresztes weist auf die Zusammenhänge dieses Kultes mit dem Geschehen von 177 in Lugdunum hin:

»Dieses große Nationalfest der Gallier, die jährlich im August stattfindende Feier des Kultes der Roma und des Augustus, muß Eusebius in dem geheimnisvollen Bericht seiner ›Kirchengeschichte‹ gemeint haben. Es wäre äußerst schwierig, in der großen Kultversammlung, zu der große Scharen von Menschen aus allen ›Völkern‹ Galliens zusammenströmten, irgendein anderes Fest der gallischen Provinzen sehen zu wollen. Der Anlaß dieses bedeutenden kaiserlichen Kultes muß dem Statthalter als höchst passend erschienen sein, um die Christen in einem

Schauprozeß zu verurteilen und hinzurichten, vielleicht auch, um für die Religion des Gott-Kaisers ein paar Prosyleten zu gewinnen. Von da ab war das Verfahren anscheinend klar, vermutlich infolge des klaren kaiserlichen Reskriptes, das einfach wiederholte, was Trajan schon mehr als sechzig Jahre vorher in bezug auf Bekenner und Abtrünnige gesagt hatte. Obgleich keine einleuchtende Notwendigkeit vorlag, diejenigen, die ihren christlichen Glauben bereits bekannt oder verleugnet hatten, ein zweites Mal zu verhören, bestand offenbar ein dringendes Verlangen nach einem Schauspiel, da die Feiern des Kaiserkultes begonnen hatten.«[108]

Die Christen wurden also noch einmal verhört – vielleicht enthielt der erste Prozeßteil uns nicht bekannte bürokratische Verfahrensmängel, auf die das Schreiben der kaiserlichen Kanzlei aufmerksam gemacht hatte –, dann wurden die, welche sich als römische Bürger erwiesen, enthauptet, Nichtrömer kamen in die Arena »ad bestias«.

Während dieses Verhörs wurden auch die Abtrünnigen nochmals ausgefragt, damit sie, falls sie ihr Christsein abstritten, freigelassen werden könnten. Doch die meisten von ihnen bekannten sich jetzt und wurden hingerichtet.

Dabei kam es erneut zu einem störenden Zwischenfall. Während des abermaligen Verhörs stand neben dem Richterstuhl im Publikum ein gewisser Alexander, ein Arzt phrygischer Herkunft, »der sich schon viele Jahre in Gallien aufhielt und fast überall wegen seiner Liebe zu Gott und seiner Offenheit im Reden bekannt war, er besaß nämlich apostolische Gaben«.

Dieser Mann forderte, unbeirrt um die Folgen, die Schwankenden auf, ihren Glauben frei zu bekennen, und hatte Erfolg damit. Unwillig darüber, daß die, die kürzlich noch ihren Glauben geleugnet hatten, sich nun wiederum bekannten, schimpfte die Menge über Alexander als den Urheber des Gesinnungswandels. Deshalb vom Statthalter zur Rede gestellt, bekannte er sich als Christ. Auf der Stelle wurde er »ad bestias« verurteilt.

Eine genügende Zahl von Bekennern stand nun zur Verfügung, um das »Programm« der Spiele für die nächsten Tage mit zusätzlichen Attraktionen zu füllen.

Am folgenden Tag kamen Alexander und der bereits gefolterte Attalus an die Reihe:

»Nachdem beide im Amphitheater alle möglichen ausgesuchten Foltern gekostet und den schweren Kampf bestanden hatten, wurden auch sie schließlich getötet. Alexander klagte nicht, gab überhaupt keinen Laut von sich, sondern sprach nur in seinem Herzen mit Gott. Und Attalus richtete, als er auf den eisernen Stuhl gesetzt wurde und ringsum brannte und der Dampf vom Körper aufstieg, an die Menge auf Lateinisch die Worte: ›Sehet! Was ihr tut, heißt man: Menschen verzehren! Wir aber verzehren weder Menschen, noch tun wir sonst etwas Böses.‹

Auf die Frage, welchen Namen Gott habe, antwortete er: ›Gott hat nicht einen Namen wie ein Mensch!‹«[109]

Am letzten Tag der Gladiatorenspiele wurden nur zwei Märtyrer hingerichtet. Man führte Porticus, einen fünfzehnjährigen Knaben, den man täglich hergebracht hatte, um ihn die Folterqualen der anderen mitansehen zu lassen, und die gleichaltrige Blandina herein, die nach allen Torturen immer noch lebte. Beide wurden grausamen Prüfungen unterworfen, um sie zum Schwur vor den Götterbildern zu bringen.

»Da sie aber standhaft blieben und die Götzen vernachlässigten, wurde die Menge über sie erbittert, so daß sie weder mit der Jugend des Knaben Mitleid noch vor dem weiblichen Geschlecht Ehrfurcht hatte. Man lieferte sie allen Schrecken aus und wandte gegen sie eine Folter nach der anderen an, um sie immer wieder zum Schwören zu veranlassen. Doch umsonst. Denn Porticus, von der Schwester [im Geiste] in einer Weise angespornt, daß auch die Heiden merkten, daß sie ihm Mut machte und Halt gab, gab im standhaften Ertragen aller Pein seinen Geist auf. Und nachdem die heilige Blandina als letzte von allen wie eine tüchtige Mutter ihre [geistigen] Kinder ermuntert und sie siegreich zum König [Christus] vorausgeschickt hatte, mußte auch sie noch alle Kämpfe der Kinder durchkosten, um dann, froh und jubelnd über das Ende, zu ihnen zu eilen. Es war, als wenn sie nicht den wilden Tieren vorgeworfen, sondern zu einem Hochzeitsmahle geladen worden wäre. Nachdem sie gegeißelt, den wilden Tieren vorgeworfen und [auf dem eisernen Stuhl] geröstet worden war, steckte man sie zuletzt in ein Netz und warf sie einem Stiere vor. Als sie von dem Tier wiederholt emporgeschleudert worden war, wofür sie infolge ihrer unerschütterlichen Hoffnung auf das, was sie glaubte, und infolge ihres Verkehres mit Christus gar kein Empfinden mehr hatte, wurde auch sie getötet. Selbst die Heiden mußten zugeben, daß bei ihnen noch nie ein Weib so viele Qualen solcher Art erduldet hatte.«[110]

Doch damit war die Wut der tobenden Menge noch nicht gesättigt. Man vergriff sich an den Leichnamen. Diejenigen, die im Kerker erdrosselt worden waren, zerrte man in die Arena und warf sie den Hunden vor. Sorgfältig wurde Tag und Nacht darüber gewacht, daß niemand heimlich bestattet wurde. Was die Tiere und das Feuer übriggelassen hatten, zerfleischte und verkohlte Körperreste und von den Enthaupteten die Köpfe, das wurde zur Schau gestellt und ebenfalls mehrere Tage unter militärischer Bewachung unbeerdigt gelassen.

Es gab aber Bürger, die noch einen Rest an Gefühl für Menschenwürde empfanden, und sie gingen vorbei und fragten: »Wo ist ihr Gott? Was nützte ihnen ihre Gottesverehrung, die ihnen noch mehr wert war als ihr eigenes Leben?«

Was dann nach sechs Tagen öffentlicher Schändung noch übrig war, wurde verbrannt, die Asche in die Rhône gestreut.

In seiner »Kirchengeschichte« nennt Eusebius zehn Märtyrer mit Namen, doch geht aus dem Kontext hervor, daß wesentlich mehr Christen den Tod fanden. Ob es nun 48 waren, wie eine alte Tradition angibt, läßt sich nicht nachprüfen; es können mehr gewesen sein, da sich die Hinrichtungen über viele Tage hinzogen. Auf keinen Fall waren es Hunderte. Daß sich beim Lesen des Berichts dennoch der Eindruck der großen Zahl einschleicht, liegt an der Ungeheuerlichkeit der Qualen wie an der ungemein realistischen Schilderung der grausamen Details.

Sicherlich enthielt der Originalbrief, der dem Chronisten in einer Kopie vorlag, die Namen aller Opfer am Schluß in einer Ehrenliste. Eusebius hebt nur die hervor, deren Leidensgeschichte wahrscheinlich auch im Original in den Mittelpunkt gestellt wurde, weil ihre Folterqualen außergewöhnlich und ihre Standhaftigkeit heroisch waren.

Auffallend ist dabei die Zahl griechischer Namen unter den Märtyrern. Möglicherweise gibt es zwei Gründe dafür: Einmal richtet sich das Schreiben an kleinasiatisch-griechische Gemeinden in Phrygien; zum andern war das Christentum in dieser Gegend des Reiches nur eine der vielen aus dem Osten eingeführten Religionen. Zu diesem Zeitpunkt machten die Christen nur einen Bruchteil der Bevölkerung Galliens aus. Die Gemeinde von Lugdunum war – nach Rom – die erste im Westen. So könnten enge Verbindungen zwischen asiatischen Muttergemeinden und der Lyoner Gemeinde bestanden haben, die auch erklären, warum die Ereignisse so breit geschildert werden.

So genau der Bericht den Ablauf der Ereignisse schildert, so schweigt er über den Grund des unerwarteten Zuschlagens seitens der Provinzregierung. Anders als in Bithynien beginnt die Christenjagd nicht auf Geheiß der lokalen Behörde des Provinzstatthalters. Paul Keresztes schließt darum: »Man braucht nicht die Existenz von irgendwelchen kaiserlichen Dekreten anzunehmen, um die Initiative der Regierung von Lugdunum zu erklären.«[111]

Es mag so gewesen sein, daß der Ausschluß von den Wohnungen und öffentlichen Orten das natürliche Resultat von Belästigungen durch den Pöbel war, was der Brief dann so darstellt: »Man versperrte uns nicht nur die Wohnungen, die Bäder und den Markt . . .« Der folgende Satz zielt ganz in diese Richtung: ». . . ja, es durfte sich überhaupt keiner mehr von uns vor ihnen irgendwo blicken lassen.«[112]

Das Massaker kam nicht aus heiterem Himmel. Durch die uns bekannten Gerüchte und Verunglimpfungen war es nur eine Frage der Zeit, wann es zu Zusammenstößen kam. Ein heißer Sommer in einer überfüllten Stadt, dazu eine beinahe karnevalistische Atmosphäre mit Alkohol und Lockerung der guten Sitten im Gefolge, das Aufflammen nationalgallischer Gefühle, die Abwesenheit des Statthalters, dies alles zusammen stand in herausforderndem Gegensatz zur puritanisch einfachen Lebensweise der Christen, die sich bewußt absonderten, zumal darunter viele Griechen und Asiaten waren, deren fremdländische Wohlsituiertheit sie zusätzlich suspekt machte.

Bezeichnend ist ferner, daß nicht die Verfolger, sondern die Verfolgten vom Tribun und den Lokalbehörden zur Verantwortung gezogen und aufs Forum geschleppt wurden! Man stelle sich einmal vor, ein beherzterer Truppenführer mit mehr Sinn für Gerechtigkeit und für juristische Voraussetzungen hätte den Pöbel gejagt – es wäre wohl zu einer größeren Revolte gekommen.

Die Ereignisse von Lugdunum sind kein Einzelfall, denn auch im Osten mußten Christen dem Haß des Pöbels geopfert werden. Sie zeigen aber auch, wie wenig Beachtung die aufgeklärten Richtlinien fanden, mit denen Trajan, Hadrian und Antoninus Pius eine korrekte Behandlung der Christen forderten. Die Verfolger freilich konnten sich stets verschanzen hinter dem üblichen Vorwurf des »Atheismus«, der »Thyestischen Mahlzeiten«, des »Hasses auf das Menschengeschlecht« und anderen juristisch nicht faßbaren »Verbrechen«.

Leider kennen wir nicht den Namen des verantwortlichen Legaten und Statthalters der Provinz; doch selbst dann bliebe offen, ob er von Marc Aurel zur Verantwortung gezogen worden wäre. Tatsache ist: Unabhängig davon, ob er von persönlichem Haß gegen die Christen geleitet wurde oder ob wir seine Maßnahmen als regelwidrig, willkürlich oder als Verstoß gegen die von Trajan und seinen Nachfolgern geforderten Grundsätze werten – die Ereignisse zeigen, daß die Provinzstatthalter des späten 2. Jahrhunderts unbegrenzte Vollmachten gegenüber ihren nichtrömischen Untertanen besaßen, daß sie völlig nach eigenem Ermessen gegen die Christen vorgehen konnten, ohne dabei Gefahr zu laufen, in Rom belangt zu werden. Zwar nennen Plinius, Tacitus, Sueton und andere Autoren einzelne Fälle, daß Proconsuln wegen Überschreitung ihrer Kompetenzen vom Herrscher zur Rechenschaft gezogen wurden, doch nie wird in diesem Zusammenhang das Vorgehen gegen Christen genannt.

Abgesehen von diesen juristischen Grundsatzfragen können die übrigen Aktionen des Legaten als »normal« bezeichnet werden: Bekennende Christen waren hinzurichten, die Folter zur Erpressung von Geständnissen gehörte bei Nichtrömern zum Kanon der Maßnahmen, die

die strafrechtlichen Tatbestände klären sollten. Alles übrige freilich, die Zurückhaltung der Abtrünnigen mit dem Vorwurf, sie seien kriminelle Verbrecher, ihre Verurteilung und Hinrichtung in der Arena, diese zynische Rechtsbeugung geschah dem Pöbel zuliebe.

So schließt Paul Keresztes seine Studie: »Die tragischen Ereignisse von Lugdunum sind vom Geist Trajans und seiner unmittelbaren Nachfolger meilenweit entfernt. Je mehr wir uns von seiner Zeit entfernen und uns dem 3. Jahrhundert nähern, desto schwächer wird der Hemmschuh, mit dem Trajan wahllose Christenverfolgungen bremsen wollte.«[113]

Dennoch ist es kaum glaublich, daß diese Excesse von Lugdunum nicht doch Marc Aurel zu Ohren kamen, einem Herrscher, dem die Würde des Menschen über alles ging.

# War Marc Aurel ein Christenverfolger?

»Wie herrlich ist die Seele, die bereit ist, wenn sie nunmehr vom Körper abscheiden und entweder verlöschen oder sich zerstreuen oder fortdauern muß; doch soll diese Bereitschaft aus eigenem Urteil kommen. Scheide nicht aufgrund reiner Widersätzlichkeit [Trotz] wie Christen, sondern überlegt und ernsthaft, und daß auch ein anderer überzeugt wird, untheatralisch.«[114]

Dies ist die einzige Stelle in Marc Aurels »Selbstbetrachtungen«, in der er die Christen mit Namen erwähnt.

Die Zeilen lassen auf den ersten Blick wenig von des Kaisers privater Einstellung gegenüber den Christen erkennen. Gerade deshalb wurden Marc Aurels Biographen von dieser Stelle herausgefordert, mehr noch die Kirchenhistoriker: ist es doch ein nicht aus der Welt zu schaffendes Faktum, daß es ausgerechnet unter dem humansten, warmherzigsten, pflichtbewußtesten aller römischen Herrscher zu brutalsten Verfolgungen und bestialischen Hinschlachtungen von Christen kam.

Darum gehen die Versuche, diesen Widerspruch zu klären, in die Hunderte. So meint etwa Anthony Birley, Professor für Alte Geschichte in Manchester, in seiner Marc-Aurel-Biographie:

»Das Wort, das hier mit ›Trotz‹ wiedergegeben wird – parataxis –, wird sonst für die Aufstellung von Truppen zur Schlacht und für die Aktivierung einer Partei verwendet. Damit wird eine Haltung bezeichnet, die nicht genau der ›mera obstinatio‹ entspricht, jener ›bloßen Halsstarrigkeit‹, die den Christen von anderen nachgesagt wurde. Dieses Wort deutet eher darauf hin, daß Marcus glaubte, ihre Bereitschaft, den Märtyrertod zu erleiden, entspringe nicht dem freien Willen des einzelnen, sondern einer Gesinnung, die ihnen eingeimpft worden sei – daß sie also gleichsam abgerichtet seien zu sterben. Dies wäre dann eine Ansicht, wie sie ähnlich Epiktet, das große stoische Vorbild Marc Aurels, vertreten hatte, als er bemerkte, die ›Galiläer‹ [wie er sie nannte] seien aus Gewohnheit furchtlos.«[115]

Nun gibt es andere Stellen in den »Selbstbetrachtungen«, die manche

Forscher als Anspielungen auf christliches Gedankengut deuten.[116] Da distanziert sich Marc Aurel etwa von dem »Gerede von Wundertätern und Zauberern über Beschwörungen, Dämonenaustreibung und dergleichen«.[117] Im dritten Buch heißt es unter dem Aspekt »Körper, Seele, Geist«: ». . . Und den Geist haben, als Führer zu dem, was sie für ihre Pflicht halten, auch *die* Menschen, die nicht an Götter glauben, ihr Vaterland im Stich lassen und zu allem fähig sind, wenn sie die Tür hinter sich zugeschlossen haben.«[118]

Wie aber will man beweisen, daß mit »Dämonenaustreibung« die bekannten Evangelienberichte gemeint sind? Die zweite Stelle könnte durchaus eine christliche Anspielung enthalten. Eine andere Maxime: »Ungezwungen in großer Seelenfreude das Leben verbringen, auch wenn alle schreien, was sie wollen, sogar wenn die Raubtiere die Glieder dieses herumgewachsenen Gemisches [= Körper] zerreißen.«[119]

Hat er dabei das Martyrium der Christen in der Arena vor Augen?

Und dies: »Denke daran, daß unbezwinglich [!] das Leitvermögen [die Vernunft] wird, wenn es in sich zusammengezogen an sich selbst Genüge findet und nicht tut, was es nicht will, auch wenn es ohne vernünftigen Grund umsichtig über etwas urteilt? Deswegen ist eine feste Burg die von Affekten freie Denkkraft. Denn nichts Stärkeres hat der Mensch.«[120]

»Sie töten, zerfleischen, vertreiben unter Verfluchungen. Was will das besagen gegenüber der Möglichkeit, daß Deine Denkkraft rein, verständig, besonnen, gerecht. Wie wenn einer an eine durchscheinende und süße Quelle träte und sie schmähte, sie aber hört nicht auf, trinkbares Wasser hervorzusprudeln.«[121]

Wenn sich hinter diesen Sätzen eigene Kenntnis christlichen Gedankengutes und vor allem christlichen Martyriums verbirgt, dann wäre es nicht überraschend: Marc Aurels Denken kreist fast ununterbrochen um die Grenzsituation des Todes. Folglich könnte man sehr wohl schließen, er habe für das hartnäckige Festhalten der Christen an ihren Prinzipien eine Art Bewunderung empfunden.[122]

Gewiß können wir ausschließen, daß Marc Aurel die Christen haßte. Er tat dies ebensowenig wie Trajan oder Hadrian, weil solch eschatologische, welterlösende Lehren völlig außerhalb seiner philosophisch ethischen Interessen lagen. Aber damit ist längst noch nicht die Frage beantwortet, ob auf seine Initiative, der Staatsräson wegen, Verfolgungen befohlen wurden.

Zahlreiche Aktionen fanden im Osten statt, über die Eusebius von Caesarea, der Geschichtsschreiber des frühen Christentums, eine detaillierte Schilderung sowohl des allgemeinen Charakters der Unruhen als auch zahlreicher Einzelfälle gibt. In seinen Berichten geht er chronologisch vor und nennt korrekt die Regierungsdaten der jeweils herrschenden Kaiser. Von Bedeutung ist darum die Nachricht über den Regierungsantritt von Marc Aurel (161): »Unter Marc Aurel ... während der in Asien wütenden Verfolgungen ...« Kurz darauf, als er über den Beginn des Leidens von Polykarp berichtet, heißt es sehr anschaulich:

»Sodann erzählen sie [die Berichterstatter der Gemeinde von Smyrna], noch ehe sie über Polykarp berichten, die Schicksale der anderen Märtyrer und beschreiben ihre Standfestigkeit im Ertragen von Leiden. Nach ihrem Bericht erschraken die Umstehenden, als sie sahen, wie sie bald mit Geißeln bis auf die verborgensten Adern und Blutgefäße derart zerfleischt wurden, daß man selbst den innersten Bau des Körpers, Eingeweide und Gliederformen sehen konnte, wie sie bald auf Muscheln und spitze Pfähle gelegt wurden und nach allen möglichen Qualen und Martern schließlich wilden Tieren zur Nahrung vorgeworfen wurden.«[123] Es folgt dann der Bericht über Polykarps Ende, auf dessen Schilderung wir verzichten, da er sehr stark von späteren frommen Einschüben geschönt wurde, um möglichst viele Übereinstimmungen zwischen seinem Martyrium und dem Leiden Christi nachzuweisen. Zur Person: Polykarp ist der jüngste jener ältesten Gruppe von kirchlichen Schriftstellern, die als »Apostolische Väter« zusammengefaßt werden, weil sie der Generation angehören, die unmittelbar die Lehre der Apostel empfangen hat. Es heißt, Polykarp habe in seiner Jugend den Apostel Johannes gehört, der ihn auch noch als Bischof in Smyrna eingesetzt habe.

Polykarp ist der Empfänger eines Briefes, in dem Ignatius von Antiochia[124] ihm nahelegt, sich nach Antiochia zu orientieren. Er ist der Verfasser eines Briefes an die Philipper, die ihn um eine Abschrift seiner Briefsammlung des Ignatius gebeten hatten. Polykarp fügte der Sammlung ein Begleitschreiben bei, in dem er verschiedene Mahnungen zur Rechtgläubigkeit und Kirchenzucht zusammenfaßte. Er erscheint als der führende Bischof Kleinasiens. Nach dem Bericht seines Martyriums soll er im 85. Lebensjahr hingerichtet worden sein. Die Schilderung ist verschiedentlich bearbeitet und mit Zusätzen versehen worden, die auch der unvoreingenommene Leser sogleich erkennt:

»Als Polykarp in die Rennbahn eintrat, erscholl vom Himmel eine Stimme: ›Mut, Polykarp, sei ein Mann!‹ Infolge des großen Lärms in der Rennbahn wurde aber die Stimme von der Menge gar nicht gehört. Niemand sah den, der die Worte sprach, aber viele von den Unsrigen vernahmen die Stimme ...«[125]

Oder dies, nachdem man den Scheiterhaufen entzündet hat: »Als die Flamme mächtig emporloderte, schauten wir ein Wunder; denn uns wurde die Gnade gegeben, das Wunder zu sehen, und wir wurden bestimmt, anderen das Geschehene zu verkünden. Das Feuer, das sich gleich einem vom Winde geschwellten Segel wölbte, umgab rings den Leib des Märtyrers wie eine [schützende] Mauer. Sein Fleisch verbrannte nicht darin, sondern es war wie Gold und Silber in einem Schmelzofen. Auch empfanden wir einen Wohlgeruch wie von duftendem Weihrauch oder anderen kostbaren Gewürzen. Als schließlich die Gottlosen merkten, daß sein Leib nicht vom Feuer verzehrt werden könne, befahlen sie dem Confector [er hatte im Amphitheater den verwundeten Menschen und Tieren den Todesstoß zu geben], er solle zu Polykarp hingehen und ihm das Schwert in die Brust stoßen. Er tat dies, worauf eine solche Menge Blutes floß, daß es das Feuer auslöschte . . .«[126]

Der Bericht vom Martyrium des Polykarp hat als Zeugnis für den einzigartigen Bekennermut dieser verfemten Menschen einen hohen Rang, doch seine Aussage über den zeitgeschichtlichen Hintergrund ist gering und erbringt kein neues Material über eine mögliche Motivation Marc Aurels.

Bei Eusebius folgt, zum Teil in den Polykarp-Bericht einbezogen, eine Reihe von Märtyrernamen, und wir können wiederum davon ausgehen, daß es sich nur um die augenfälligsten und heroischsten Beispiele unter den Verfolgten handelt.

Kurz darauf meldet der Chronist den Tod des Justin: »Als damals Justin an die Herrscher zugunsten unseres Glaubens eine zweite Schrift gerichtet hatte, wurde er mit herrlichem Martyrium geschmückt.«[127]

». . . die Herrscher« sind Antoninus Pius (138 bis 161) und seine Mitregenten. Gleichwohl weiß die moderne Forschung, daß Justin in der ersten Regierungszeit des Marc Aurel hingerichtet wurde. Der Zeitpunkt des Martyriums Justins und seiner Gefährten läßt sich auf Grund der »Akten« in die Zeit des stadtrömischen Praefecten Junius Rusticus datieren, der dieses Amt zwischen 162/163 und 167/168 innehatte.

Da wir uns mit Justin als Apologet noch befassen werden, hier die wichtigsten Daten seines Lebens und Wirkens: Er stammt aus Flavia Neapolis, dem alten Sichem in Palaestina, und hat den Weg zum Christentum über die platonische Philosophie nicht nur mitgemacht, sondern literarisch in ansprechender Form dargestellt. Die christliche Lehre sieht er als die wahre Philosophie an, Philosoph blieb er auch als Christ, nur daß er jetzt die christliche Philosophie lehrte. Das geschah in Rom und wurde ihm dort zum Verhängnis.

Unter dem Eindruck der Todesurteile, die der Stadtpraefect Lollius Urbicus über christliche Mitbürger ausgesprochen hatte, verfaßte er in den späten fünfziger Jahren eine zweite Apologie, in der er mit großer Leidenschaft seinen Aufruf zur Toleranz wiederholte. Dabei beruft er sich auf Ähnlichkeiten zwischen Stoa und Christentum, setzt unter anderem den Anfang des Johannes-Evangeliums – »Am Anfang war das Wort . . .« – mit dem stoischen »logos« als Prinzip der Vernunft in Beziehung. Die Ironie des Geschehens will, daß der Richter, dem Justin und seine Glaubensgenossen vorgeführt werden, der Praefect Quintus Iunius Rusticus ist, der den jungen Marc Aurel selbst in der stoischen Lehre unterwiesen hatte.

Anlaß von Verhaftung und Anklage war offenbar der Neid des kynischen Philosophen Crescens. Die Kyniker könnte man die Hippies unter den antiken »Weisheitsfreunden« nennen. Sie beriefen sich über Antisthenes, den Begründer dieser Richtung, auf dessen Lehrer Sokrates, der als erster mit der Anschauung gebrochen hatte, Bildung sei vorab eine Sache der Reichen, die von ihrem Vermögen leben konnten.

Der Name Kyniker kommt zweifellos vom Spitznamen des Diogenes (k'yon = Hund), einem Schüler des Antisthenes. Er erhielt ihn nach seinem bedürfnislosen Lebenswandel, zugleich aber auch in verächtlicher Herabsetzung: der Hund war in Griechenland sehr verachtet. Von den beiden Haupteigenschaften des echten Kynikers, der völligen Bedürfnislosigkeit und der Schamlosigkeit (Diogenes pflegte seine Notdurft vor aller Augen zu verrichten), der völligen Mißachtung aller Konventionen, hat Antisthenes zweifellos die erste gepredigt, nicht aber die zweite.

Der Kyniker übt keinen Beruf aus und lehnt es ab, Geld zu verdienen. Dadurch gerät er natürlich in materielle Not, macht aus dieser aber eine Tugend. Er strebt nach Unabhängigkeit von jedem Vorurteil, ist für die Umwertung der bestehenden Anschauungen, zeigt völlige Gleichgültigkeit gegen die gewöhnlichen Werte des gesellschaftlichen Lebens. Durch auffällige, ärmliche Kleidung sucht er die Aufmerksamkeit der Masse auf sich zu lenken, um dann durch die derbe Predigt auf sie zu wirken.

Jemand nannte die Kyniker die »Kapuziner des Altertums«. Durch die Derbheit und Unverfrorenheit ihres Gebarens kamen sie bei den ehrbaren Bürgern in den Ruf der Schamlosigkeit und Gemeinheit. Unser Wort »zynisch« hat hier seinen Ursprung.

Justin also wurde auf Betreiben des Kynikers Crescens, über den wir sonst nichts wissen, vor Gericht gebracht: »Der Philosoph Crescens«, so Eusebius, »der sich eines Lebenswandels befleißigte, welcher ihn des Namens eines Kynikers würdig machte, hatte nämlich gegen ihn gehetzt. Da er diesen in Unterredungen wiederholt in Gegenwart von Zuhörern zurechtgewiesen hatte, wurde er schließlich zum Lohne für die Verkündigung der Wahrheit mit dem Martyrium gekrönt.«[128]

In seiner zweiten Apologie geht Justin auf diese Kontroverse ein und sieht sein Ende voraus:

»Auch ich erwarte, von einem der Genannten verfolgt und in den Stock gestoßen zu werden, vielleicht von Crescens, dem unphilosophischen Ehrgeizling. Man darf doch nicht einen Mann als Philosophen bezeichnen, der auf uns Christen, die er gar nicht kennt, die Prädikate gottlos und pietätlos öffentlich anwendet. Er tut dies ja nur, um der irregeführten Masse einen Gefallen zu erweisen und Freude zu machen. Wenn er, ohne in die Lehren Christi Einblick genommen zu haben, gegen uns loszieht, so ist er ein nichtswürdiger Mensch und steht viel tiefer als die Ungebildeten, die sich meist davor hüten, über Dinge, die sie nicht verstehen, zu sprechen und falsches Zeugnis abzugeben. Hat er aber Kenntnis von den Lehren genommen, ohne ihre Erhabenheit zu verstehen, oder versteht er sie zwar, handelt aber in seiner Weise, um nicht in den Verdacht .eines Christen zu kommen, dann ist er noch viel unehrlicher und nichtswürdiger, da er so als Sklave einer gemeinen und dummen Ehrsucht und Furcht dasteht. Denn ihr sollt wissen, daß ich ihm einige diesbezügliche Fragen forschend vorgelegt, dabei aber erfahren und bewiesen habe, daß er tatsächlich nichts versteht. Zum Beweis dafür, daß ich die Wahrheit sage, bin ich, falls euch die Unterredungen nicht mitgeteilt worden sind, bereit, in eurer Gegenwart die Frage noch einmal vorzulegen. Dies wäre etwas, was einen Kaiser erfreuen könnte. Wenn ihr aber von meinen Fragen und seinen Antworten erfahren habt, dann ist euch klar, daß er von unserem Glauben nichts versteht. Sollte er jedoch etwas davon verstehen, aber aus Scheu vor den Zuhörern nicht zu sprechen wagen, dann erweist er sich, wie ich schon oben erklärte, nicht als Freund der Weisheit, sondern des Ruhmes, und achtet nicht einmal das feine Wort des Sokrates.«[129]

Das bezieht sich auf des Sokrates berühmte Forderung: »Keinesfalls darf man den Menschen höher schätzen als die Wahrheit.«[130]

Tatian, ein griechischer christlicher Apologet aus der 2. Hälfte des 2. Jahrhunderts – er war Schüler Justins –, teilt in einer Schrift »Gegen die Hellenen« Einzelheiten über den Hintergrund des Konflikts mit:

»Crescens, der sich in der Hauptstadt [Rom] eingenistet hatte, war mehr als alle der Päderastie ergeben und von Habgier ganz gefesselt. Obwohl er riet, den Tod zu verachten, fürchtete er ihn gleichwohl selber so sehr, daß er über Justin, weil dieser in Verkündigung der Wahrheit die Philosophen als Schlemmer und Betrüger hingestellt hatte, den Tod als furchtbares Übel zu bringen gedachte.«[131]

Nun also der Prozeß! Der genaue Zeitpunkt ist nicht absolut sicher, doch ist heute erwiesen, daß er in den ersten Regierungsjahren Marc Aurels zwischen 163 und 167 stattgefunden hat.[132] Um einen Eindruck von Sprache, Stil, Dramatik des Geschehens und seiner zeitgemäßen Wiedergabe zu bekommen, wollen wir diesmal dem Wortlaut der »Akten« ohne Unterbrechung folgen, zumal wir dabei auch direkt in die damalige Vorstellungswelt der Christen blicken, wenn zum Beispiel das Verhältnis von Gottvater und Sohn angesprochen wird. Der kurze Bericht gibt – abgesehen von Anfang und Schluß – das amtliche Protokoll wieder:[133]

»Zur Zeit der ungläubigen Verteidiger des Götzendienstes wurden gottlose Gesetze gegen die gottesfürchtigen Christen in Stadt und Land erlassen, um sie zu zwingen, den eitlen Götzen Opfer darzubringen. Diese Heiligen wurden nun ergriffen und dem Praefecten der Stadt Rom, der Rusticus hieß, vorgeführt. Als man sie vor den Richterstuhl geführt hatte, sagte der Praefect Rusticus zu Justin:

›Zuallererst, glaube an die Götter und gehorche den Kaisern!‹

Justin sagte: ›An die Gebote unseres Erlösers Jesus Christus zu glauben, verdient weder Tadel noch Anklage.‹

Der Praefect Rusticus sagte: ›Zu welcher Lehre bekennst du dich?‹

Justin antwortete: ›Ich habe versucht, alle Lehren kennenzulernen, aber ich habe die wahre Lehre der Christen angenommen, auch wenn sie den Irrgläubigen nicht gefällt.‹

Der Praefect Rusticus sagte: ›Das ist also die Lehre, die dir gefällt, du unseliger Mensch?‹

Justin sagte: ›Ja, da ich ihr im rechten Glauben folge.‹

Der Praefect Rusticus sagte: ›Was ist das für ein Glaube?‹

Justin antwortete: ›Wir beten den Gott der Christen an, von dem wir glauben, daß er ganz allein von Anfang an alle Dinge, die sichtbaren und die unsichtbaren, gemacht und erschaffen hat; und wir beten an den Herrn Jesus Christus, Gottes Sohn, von dem schon die Propheten geweissagt haben, daß er zum Menschengeschlecht kommen werde, als Künder der Rettung und als Lehrer guter Schüler. Da ich nur ein Mensch bin, ist mir bewußt, daß meine Worte gering sind im Vergleich zu seiner unendlichen Göttlichkeit. Aber es gibt Weissagungen über diesen, den ich eben Gottes Sohn nannte. Denn ich weiß, daß die Propheten von jeher vorhergesagt haben, daß er unter den Menschen erscheinen werde.‹

Der Praefect Rusticus sagte: ›Wo kommt ihr zusammen?‹

Justin sagte: ›Wo ein jeder mag und kann. Glaubst du denn, daß wir alle am selben Ort zusammenkommen? Keineswegs, denn der Gott der Christen ist an keinen Ort gebunden, sondern erfüllt, da er unsichtbar ist, Himmel und Erde und wird überall von den Gläubigen angebetet und gepriesen.‹

Der Praefect Rusticus sagte: ›Sag mir, wo kommt ihr zusammen, oder an welchem Ort versammelst du deine Schüler?‹

Justin sagte: ›Ich habe während dieser ganzen Zeit – denn es ist das zweite Mal, daß ich in Rom bin – unweit der Bäder des Timotinus bei einem gewissen Martin im Obergeschoß gewohnt und kenne keinen andern Versammlungsort als diesen. Und wenn jemand zu mir kommen wollte, so habe ich ihn in der Lehre der Wahrheit unterwiesen.‹

Rusticus sagte: ›Danach bist du also ein Christ?‹

Justin sagte: ›Ja, ich bin ein Christ.‹«

Damit war die erste Vernehmung Justins beendet, und der Praefect verhörte Charito, Eueliustus (einen kaiserlichen Sklaven), Hierax, Paeon und Liberianus; alle bekannten, daß sie Christen seien. Dann wandte sich Rusticus wieder an Justin:

»›Hör zu, du bist gebildet, nach dem zu urteilen, was du sagst, und du bist überzeugt, daß du die wahre Lehre kennst. Wenn du nun ausgepeitscht und enthauptet wirst, glaubst du, daß du in den Himmel auffahren wirst?‹

Justin sagte: ›Ich hoffe, daß ich meinen Glauben daran bewahren werde, wenn ich dies erleiden muß. Denn ich weiß, daß die göttliche Gnade bei allen bleibt, die so gelebt haben, bis ans Ende der Welt.‹

Der Praefect Rusticus sagte: ›Nimmst du an, daß du in den Himmel aufsteigen und einen Lohn erhalten wirst?‹

Justin sagte: ›Ich nehme es nicht an, sondern ich weiß es ganz genau und bin davon überzeugt.‹

Der Praefect Rusticus sagte: ›Dann wollen wir also jetzt zu der vorliegenden Angelegenheit kommen, die sehr dringlich ist. Tretet nun zusammen und opfert einmütig den Göttern!‹

Justin sagte: ›Kein vernünftiger Mensch gibt den Glauben für den Unglauben auf.‹

Der Praefect Rusticus sagte: ›Wenn ihr nicht gehorchen wollt, so werdet ihr unnachsichtig bestraft werden.‹

Justin sagte: ›Wir bitten dich durch unsern Herrn Jesus Christus, daß wir bestraft und so erlöst werden mögen, denn das wird uns Rettung und Freiheit bringen vor dem furchtbaren Weltgericht unseres Herrn und Erlösers.‹

Genau so sprachen auch die anderen Märtyrer:

›Tu, was du willst, denn wir sind Christen und bringen Götzen keine Opfer dar.‹

Der Praefect Rusticus verkündete das Urteil: ›Diejenigen, die den Göttern nicht opfern und den Geboten des Kaisers nicht gehorchen wollen, sollen ausgepeitscht und dann zur Hinrichtung geführt werden, wie es die Gesetze befehlen.‹

Die heiligen Märtyrer priesen Gott und gingen zu dem [für Hinrichtungen] üblichen Ort hinaus, wo sie enthauptet wurden, und sie vollendeten ihr Martyrium im Bekenntnis unseres Erlösers. Einige von den

Gläubigen [aus Rom] aber nahmen heimlich ihre Leichen hinweg und begruben sie an einem geeigneten Ort durch die Hilfe unseres Herrn Jesus Christus, der gepriesen sei von Ewigkeit zu Ewigkeit. Amen.«

Dreierlei wird deutlich: 1. Selbst ein so gut informierter Mann wie Rusticus – er gehört zum engsten Kreis um Marc Aurel – scheint sehr wenig um Lehre und Glaubensinhalte der Christen zu wissen. 2. Person und Lehre des in christlichen Kreisen weithin gerühmten Justin sind ihm unbekannt. 3. Es klingt an, daß zu dieser Zeit – um 165 – von Marc Aurel strengere Verordnungen zur Pflege des Staatskultes getroffen worden sind, geht es doch um die Rückgewinnung von »Atheisten«. Das Christusbekenntnis bedeutet zugleich Opfer- und Gehorsamsverweigerung gegen kaiserliches Gebot, und beides taucht in der Urteilsbegründung wieder auf: »... die den Göttern nicht opfern und den Geboten des Kaisers nicht gehorchen *wollen* ...«

Dem Prozeßverlauf liegt ein Schema zugrunde, das sich auch in vielen anderen Fällen als juristisch nützlich erwiesen haben muß:
- Klärung, daß der Angeklagte Christ ist
- Fragen zum Inhalt der christlichen Lehre
- Fragen nach den Örtlichkeiten der Zusammenkünfte, um sie in Zukunft ausschalten zu können
- erneute Fragen zur Lehre, bisweilen in die Details gehend
- Aufforderung zur Umkehr, verbunden mit Androhung härtester Strafe bei starrsinnigem Verharren
- Urteil und Vollzug

Diese Stufen des Verfahrens können – wie etwa beim Prozeß gegen die Christen von Scili (180) in Nordafrika – ergänzt werden durch wiederholte Aufforderungen zum Eid auf die Götter oder durch das Angebot von Bedenkzeit.

Eine erstaunliche Besonderheit fällt auf: Von Ausnahmen abgesehen (zum Beispiel Lugdunum) genießen alle Angeklagten ein beachtliches Privileg: sie werden begnadigt, wenn sie widerrufen. Ein ungewöhnliches Faktum, über das sich auch Anthony Birley wundert:

»Kein anderer politischer Verbrecher konnte hoffen, auf diese Art – wenn er Reue zeigte – eine Begnadigung zu erreichen. Aber die Weigerung, den Göttern zu opfern, war ein Kapitalverbrechen, und es gab keinen Ausweg aus diesem Dilemma. Man fragt sich, was sich damals und später der ernste Rusticus dachte. Man fragt sich, was sich der warmherzige Kaiser dachte ...«[134]

Für eine erschöpfende Antwort sind aber weitere Informationen aus dem zeitgeschichtlichen Umfeld erforderlich. Der Hinweis auf Marc Aurels »Selbstbetrachtungen«, die auch Birley als Erklärung heranzieht, genügt nicht, weil die Aussagen zu vage sind. Selbst eine Statistik, die auf der einen Seite Verfolgungen als Ausbrüche der Volkswut, auf der andern gezielte Maßnahmen gewisser Provinzstatthalter und sonstiger Behörden notiert, würde keine unmittelbare Klärung herbeiführen. Denn die Frage bleibt bestehen: Gibt es einschlägige Entscheidungen und Weisungen des Kaisers, den Christen nachzustellen und ihnen den Prozeß zu machen?

Summiert man alle Nachrichten über christenfeindliche Aktionen nach dem Regierungsantritt Marc Aurels (161) und folgt man ihrem Auftreten bis 180, dem Todesjahr des Kaisers, so kann man zwei deutlich voneinander geschiedene Verfolgungswellen erkennen:

*1. Phase: ab 161 bis 167/168*

- schwere Verfolgungen in Asien (Eusebius, KG 4,14,10–15,1)
- Tod des Bischofs Polykarp (4,15,1–46)
- »... andere Märtyrer« aus Philadelphia (4,15,45)
- Tod eines gewissen Germanicus (4,15,5)
- Tod des Phrygiers Quintus (4,15,7)
- »... andere Märtyrer« aus Smyrna, darunter namentlich genannt ein gewisser Metrodoros (4,15,46)
- Martyrium des Pionios (4,15,47)
- Hinweis des Eusebius auf seine eigene »Sammlung der Martyrien«, die eine große Anzahl von Namen und Aktionen enthalten haben muß (4,15,47)
- Tod des Karpos, Popylos und der Agathonike aus Pergamon (4,15,48)
- Martyrium des Justin in Rom (4,16,1)
- Martyrium des Publius, Bischof von Athen (4,23,2)
- Schreiben des Bischofs Melito von Sardes an Marc Aurel, in dem er sich über die Verfolgung der Christen von Asien beklagt (4,26,5–11)

*2. Phase: nach 170 bis 177*

- »Zehntausende« von Märtyrern (5, Einleitung)
- Massaker von Lugdunum im Jahre 177 (5,1,1–63)

Es würde zu weit führen, hier den quellenkritischen Diskurs über Datierungsprobleme der genannten Martyrien auszubreiten; der interessierte Leser sei besonders auf die Untersuchung von Paul Keresztes verwiesen.[135] Die Angaben des Eusebius in seiner »Kirchengeschichte« werden ergänzt durch die sogenannten »Märtyrerakten« über Pionios, Justin und seine Gefährten sowie die Märtyrer von Pergamon. Über diese Fälle berichtet Eusebius nur kurz.[136]

Aus den Berichten geht hervor, daß es in den ersten Regierungsjahren sowie um das 17. Jahr der Regentschaft Marc Aurels unter den Christen Angst und Unruhe gegeben hat, und niemand kann vernünftigerweise bezweifeln, daß die beschriebenen christenfeindlichen Ausschreitungen, Verfolgungen und Einzelmartyrien während der Herrschaft des »warmherzigsten« Kaisers stattfanden.

Warum aber diese deutliche Zäsur?

Daß in beiden Phasen hinter den Ausschreitungen Haß und Gewalttätigkeiten der Bevölkerung standen, spielt eine Rolle, hilft aber nicht weiter. Christen (und Juden) in den Ostprovinzen und in Gallien wurden zur Zielscheibe der Volkswut. Liest man die Berichte des Eusebius, so spürt man deutlich den alarmierenden Ton, mit dem er beide Wellen hervorhebt.

Im Prozeß gegen Justin hieß es: »Zur Zeit der ungläubigen Verteidiger des Götzendienstes wurden gottlose Gesetze gegen die gottesfürchtigen Christen in Stadt und Land erlassen, um sie zu zwingen, den eitlen Götzen Opfer darzubringen.« Auch die »Vita des Aberkios«, der vermutlich Ende des 2. Jahrhunderts Bischof von Hierapolis in Phrygien war, spricht gleich zu Anfang von einem Edikt Marc Aurels, das im ganzen Reich Opfer für die Götter befahl. Aus dem Kontext geht hervor, daß es während der Zeit des Partherkrieges erlassen wurde, er setzt es in die Nähe des 16. Geburtstages von Marc Aurels Tochter Lucilla (geb. 148). Folglich könnte es 164 beschlossen worden sein.

Auch andere »Akten« nennen kaiserliche Dekrete, die das Opfer für die Götter forderten. Schließlich erwähnt Orosius[137] in seiner »Historia adversus paganos« (»Wider die Heiden«) ein solches Edikt und verknüpft es mit dem Partherkrieg.[138]

Einige Berichte sind gewiß mit legendenhaften Zügen durchsetzt, doch es kann kein Zufall sein, daß die darin beschriebenen Vorgänge in den Anfangsjahren der Regierung Marc Aurels zu lokalisieren sind. Summiert man dies mit den ausführlichen Darstellungen und biographischen Splittern bei Eusebius und beachtet seine alarmierenden Bemerkungen über außergewöhnliche christenfeindliche Ausschreitungen, dann bleibt nur diese zwingende Schlußfolgerung: es muß damals ein kaiserliches Edikt gegeben haben, das die besonders intensive Götterverehrung im ganzen Imperium befahl.

Nur die »Akten« zum Prozeß des Justin erwecken den Eindruck, als ob es speziell gegen die Christen gerichtet sei. Das ist kein Widerspruch! Für den christlichen Chronisten war der Erlaß im Ergebnis christenfeindlich, da es keine Alternative gab. Herausgefunden werden muß aber noch der konkrete Anlaß, der zu einer so folgenschweren religionspolitischen Maßnahme der Zentrale führte.

Man kann in der Biographie Marc Aurels einen der tragischsten Lebensläufe der Geschichte sehen. Es gibt kaum einen zweiten Herrscher, der Platons Ideal der Einheit von König und Philosoph so nahe kam. Und es gibt keinen zweiten, der wie Marc Aurel unter dem Konflikt gelitten hat, die Maximen der Staatsräson gegen die der Ethik abwägen zu müssen. Seine »Selbstbetrachtungen« sind ein ununterbrochener, qualvoller Versuch, mit den Gegebenheiten der Welt, wie sie ist, und den hohen Normen seines stoischen Humanismus ins reine zu kommen. Es waren ja nicht mehr die Zeiten des Augustus, als das Reich in gesicherten Grenzen lebte und die Bevölkerung aller Stände den inneren Frieden nach jahrzehntelangem Bürgerkrieg zu erhalten suchte.

Marc Aurels Regierungszeit ist erfüllt von harten Abwehrkämpfen im Osten und an der Donau, die den Einsatz aller Kräfte erforderten und nur dank der zähen Ausdauer des pflichtbewußten Herrschers durchgestanden werden konnten. Die geringe Zahl der Streitkräfte, ihre Verteilung über weitgedehnte Grenzen und das Fehlen von Eingreifreserven führten zu wiederholten tiefen Einbrüchen ins Reichsgebiet:

- 162 Die Parther überrennen die syrische Front und werden erst 165 im Gegenstoß bis Ktesiphon zurückgeworfen.
- 166 Die Markomannen dringen über Raetien und Noricum bis Oberitalien vor und räumen nur unter langwierigen, an die Substanz gehenden Kämpfen bis etwa 170 die Gebiete südlich der Donau.
- 170 Die Kostoboken verwüsten große Teile Griechenlands, die Bastarner brandschatzen Kleinasien.
- 171 Die römische Gegenoffensive beginnt in die Weiten Böhmens und Mährens. Ziel ist die Schaffung zweier neuer Grenzprovinzen: Markomannia und Sarmatia.
- 175 Unterbrechung der großräumigen Operationen: Der Usurpator Avidius Cassius[139] muß liquidiert und eine Revolte in Ägypten niedergeschlagen werden.
- 178 Ausbruch des 2. Markomannenkrieges. Tod des Kaisers am 17. März 180 im Feldlager bei Wien.

Die Bewältigung der Aufgaben, die hier in wenigen Sätzen und Daten notiert sind, verlangte eine schier unvorstellbare Willenskraft, um den Bestand des Reiches zu sichern. Doch als ob das Schicksal noch nicht zufrieden sei mit solch apokalyptischen Prüfungen, wurden fast alle Provinzen des Reiches von der Geißel der antiken Menschheit heimgesucht, der Pest!

Kaum war 165/166 der Partherkrieg beendet, da überzog die tödliche Epidemie das gesamte Reichsgebiet. In der »Historia Augusta« (Kaisergeschichte) heißt es: »So furchtbar hauste die Pest, daß die Leichen auf Fuhrwerken und Lastwagen hinausgeschafft werden mußten ... Viele Tausende hat die Pest hinweggerafft und auch viele aus der Oberschicht, deren angesehensten Mitgliedern Antoninus [= Marc Aurel] Standbilder setzen ließ.«[140]

Diese Epidemie nimmt unter den Katastrophen des Altertums eine herausragende Stellung ein. Sie wurde mit der großen Pest in Athen, die Thukydides beschreibt, verglichen. Niebuhr schrieb vor 150 Jahren: »Diese Seuche muß mit ungeheurer Kraft gewütet haben, und sie riß unzählige Opfer mit sich. Da die Herrschaft des Marc Aurel in so vielen Dingen einen Wendepunkt bedeutet, an erster Stelle in Literatur und Kunst, zweifle ich nicht, daß diese Krise durch die Seuche heraufbeschworen wurde ... Die antike Welt hat sich niemals wieder von dem Schlag erholt, der unter Marc Aurel mit der Pest über sie hereinbrach.«[141]

Ähnlich heißt es 1910 bei dem großen Gelehrten Otto Seeck, einem Schüler Mommsens: »Schon im Jahre 162 hatte in Asien eine Pest gewütet, die sich von einem Sommer in den andern hinüberschleppte und ganz epidemisch zu werden schien. Während des Partherkrieges hatten die Römer schwer darunter zu leiden gehabt; als dann nach Beendigung desselben die Truppen, welche von Rhein und Donau an den Euphrat marschiert waren, in ihre alten Standquartiere zurückkehrten, brachten sie die Keime der Ansteckung mit und verbreiteten sie über den ganzen Westen. In Rom begann die Seuche 167 und dauerte mit kurzen Unterbrechungen zwanzig Jahre lang. Die Sterblichkeit war so groß, daß manche Dörfer und Städte aller Einwohner beraubt wurden ... Das Reich soll über die Hälfte seiner Bevölkerung verloren haben und von den Heeren nur ein dürftiger Rest übriggeblieben sein.«[142]

Seeck sieht hier den Keim für die spätere Überlegenheit der germanischen Völker.

Mit dem feineren Rüstzeug der Quelleninterpretation und Kritik unserer Tage wird man allerdings nicht ohne weiteres so gewaltige Folgerungen ziehen. Wenn man Seeck folgen würde, dann wären mindestens 25 Millionen Menschen ums Leben gekommen!

Es ließ sich bis heute auch nicht feststellen, um welche besondere Krankheit es sich handelte; den Alten galten alle epidemischen Seuchen als »Pest«. Kurt Pollak, ein Medizinhistoriker, nimmt an, es sei keine echte Pest, sondern eine Pocken- und Fleckfieberepidemie gewesen.[143]

Der amerikanische Historiker James F. Gilliam hat alles erreichbare Material – also antike Berichte zeitgenössischer Autoren, Inschriften, statistische Angaben zum Beispiel über Truppenstärken, Münzen und bestimmte Maßnahmen Marc Aurels während der Donaufeldzüge – kritisch gesichtet und kommt zu diesem Ergebnis:

»... wird ganz klar, daß es unter Marc Aurel eine große und verheerende Epidemie gegeben hat. Wahrscheinlich verursachte sie mehr Todesfälle als jede andere Epidemie im Römischen Reich vor der Mitte des 3. Jahrhunderts ... Es kommt im wesentlichen darauf an, wie viele Menschen während der Pest unter Marc Aurel starben. Sie ist in ihrer Wirkung mit dem Schwarzen Tod verglichen worden. Darüber wissen wir sehr viel mehr, obwohl man sich über seine Ausdehnung und seine Folgen noch streitet. Eine Schätzung – niedriger als viele andere – läuft darauf hinaus, daß etwa 20 Prozent der Bevölkerung Englands innerhalb der drei Jahre von 1348 bis 1350 starben und daß um 1400 die Bevölkerung auf die Hälfte zusammengeschmolzen war. Können wir mit Recht annehmen, daß auch nur annähernd 20 Prozent der Bevölkerung des Römischen Reiches in drei Jahren oder in der ganzen Zeit der Herrschaft des Marc Aurel auf Grund der Pest zugrunde gingen? 1 Prozent würde schon – bei einer niedrigen Schätzung der Gesamtbevölkerung – mindestens 500000 Tote bedeuten; und 2 Prozent eine Million Tote. Ich sehe keine Notwendigkeit und kein Quellenzeugnis, das uns zwingt anzunehmen, daß es mehr waren.«[144]

Schon eine Million Pesttote würden völlig genügen, um das normale Leben einer Zivilisation empfindlich und langfristig zu stören, doch damals kommt die permanente Bedrohung von außen hinzu – ein Forscher spricht vom »Nahostproblem« Roms.[145]

Uns interessiert in diesem Zusammenhang ja nicht wie Niebuhr, Seeck, Gilliam und andere die Frage nach den Ursachen des Niedergangs Roms, sondern das Motiv Marc Aurels, das ihn in den mittleren bis späten sechziger Jahren zu einem strengen religionspolitischen Edikt veranlaßt hat.

Nun bringt die »Historia Augusta« unmittelbar vor der Meldung der Pest diesen Satz: »So groß war die Furcht vor dem Markomannenkrieg, daß Antoninus [= Marc Aurel] von überallher Priester berief, fremdartige religiöse Zeremonien vollzog und Rom auf alle Weise entsühnte; unter Aufschub der Abreise nach dem Kriegsschauplatz nahm er demgemäß auch nach römischem Brauch sieben Tage hindurch feierliche Götterbewirtungen vor.« Dann folgt unvermittelt: »So furchtbar hauste die Pest, daß die Leichen auf Fuhrwerken und Lastwagen hinausgeschafft werden mußten ...«[146]

Die »Göttermahle« haben wir schon bei Nero kennengelernt. Zur Erinnerung: Die »lectisternia« waren griechischer Herkunft, in Rom seit 399 v. Chr. auf Geheiß der Sibyllinischen Bücher veranstaltet. An diesem Mahl nahmen die Statuen der Götter auf Prunkbetten, die der weiblichen Gottheiten auf Sesseln teil und wurden symbolisch mit Opferspeisen bewirtet.[147]

Die oben erwähnte »Vita des Aberkios«[148] schildert Einzelheiten solcher religiösen Feiern in Hierapolis, die um die gleiche Zeit im Anschluß an das Edikt des Marc Aurel stattfanden. Dieses Edikt galt zweifellos für das ganze Reichsgebiet und befahl die öffentliche Veranstaltung von Tieropfern, Trankopfern und Feiern für die Götter. Im Mittelpunkt der Begehungen stand Apollo (der die Pest schickt), daneben erbat man von Herakles (dem Bezwinger des Todes), Artemis (Schwester des Apoll), Aphrodite (Spenderin des Lebens) und anderen Gottheiten Hilfe und Segen.

Für die 1. Phase der Aurelischen Verfolgungen ist also dieses Fazit zulässig!

1. Auf Grund der Angaben aus den »Akten« Justins, aus der »Vita des Aberkios« und aus den verstreuten Mitteilungen bei Eusebius muß zwischen 161 und 168 ein religionspolitisches Edikt verkündet worden sein, das Opfer befahl, um die erzürnten Götter zu besänftigen.

2. Stellt man dies Material in den Zusammenhang der Ereignisse aus den letzten Jahren der gemeinsamen Regierung von Marc Aurel und Lucius Verus – einige Quellen lassen diese Folgerung zu –, dann präzisiert sich die Datierung auf die Jahre zwischen 166 bis 168.

3. Zur eskalierenden Germanengefahr kam die verheerende Epidemie, die damals ihren Höhepunkt erreichte und die gesamte Bevölkerung des Reiches in Schrecken versetzte. Der ausschlaggebende Grund für das Edikt war also die Pest!

Marc Aurels Edikt aus den Jahren 166/168 richtete sich also überhaupt nicht gegen die Christen, aber es hatte zwangsläufig Pressionen im Gefolge, da die Gläubigen den Forderungen nicht nachkamen.

Vor dem Hintergrund des epidemischen Massensterbens wird aber auch verständlich, daß die nichtchristliche Bevölkerung hysterisch reagierte und die Christen beschuldigte, durch ihr »atheistisches« Verhalten den Zorn der Götter hervorgerufen zu haben – wie umgekehrt die Christen ihnen den gleichen Vorwurf zurückgaben.

Gewiß wird es Christen gegeben haben, die an den »lectisternia« für Apollo und andere Götter teilnahmen, doch die Mehrheit lehnte dies wohl ab, und ein Fernbleiben von den Sühnefeiern mußte auffallen – wie es in kommunistischen Systemen ja heute auch auffällt, kultischen Feiern der Partei fernzubleiben.

Da aber gerade prominente Christen wie die Bischöfe Polykarp und Sagaris[149] oder Justin offen ihre Ablehnung des mythisch-mystischen Staatskults bekundeten, war es logisch, sie an den Pranger zu stellen und sie samt ihrer kultfeindlichen Glaubensgemeinschaft zur Rechenschaft zu ziehen. Was dabei im einzelnen für eine Pogromstimmung aufkam, können wir uns von fern vorstellen, wenn wir an frühneuzeitliche Hexenprozesse denken.

Was führte aber zehn Jahre später zu einer zweiten Verfolgungswelle? Sie zu erklären ist offenbar noch viel schwieriger. Wir können ja nicht ohne weiteres die gleichen Voraussetzungen annehmen.

Der Zeitpunkt ihres Beginns – oder Höhepunktes – ist ziemlich klar, denn Eusebius spricht vom 17. Regierungsjahr des Kaisers, als man erneut die Christen »in allen Ländern« in Bedrängnis brachte.

Auffallend häufen sich gegen Ende des 2. Jahrhunderts die »Apologien«, also die Rechtfertigungs- und Verteidigungsschriften an die Herrscher. Paul Keresztes meint dazu: »Die ungewöhnlich starke Aktivität christlicher Apologeten um das Jahr 177 ist eines der auffallendsten und bedeutsamsten Kennzeichen dieses Zeitabschnitts.«[150]

Die bekanntesten Beispiele:

- »Apologie« des Bischofs Melito von Sardes an Marc Aurel zwischen 169 und 177
- »Apologie« des Bischofs Apollinarios von Hierapolis an Marc Aurel nach 167, wahrscheinlich zwischen 174 und 176
- »Apologie« des Miltiades an Marc Aurel und seinen Sohn und Mitregenten Commodus zwischen 177 und 180
- »Apologie« des Syrers Bardesanes an Marc Aurel um oder kurz nach 177
- Eine »Bittschrift« des Atheners Athenagoras an Marc Aurel und Commodus 177

Die Apologien des Justin liegen früher, die erste datiert man heute in die fünfziger, die zweite in die frühen sechziger Jahre. Die erste befaßt sich mit den normalen Schwierigkeiten der Christen, die zweite mit der Hinrichtung einiger Christen in Rom. Es gibt noch die Apologien des Aristides[151] und des Quadratus[152], die viel über die Christenfeindlichkeit in Asien und Griechenland erkennen lassen.

Über die Schrift des Melito heißt es bei Eusebius:[153] »In seiner Schrift an den Kaiser [Marc Aurel] berichtet Melito von manchen Angriffen, die unter seiner Regierung gegen uns gemacht wurden. Er schreibt:

›Jetzt wird auf unerhörte Weise das Geschlecht der Gottesfürchtigen durch neue [!] für Asien erlassene Gesetze aufgescheucht, verfolgt. Freche Denunzianten und nach fremden Gütern gierige Menschen benützen die Erlasse, um offen auf Raub auszugehen und solche, die nichts Böses getan haben, Tag und Nacht auszuplündern ... Geschieht dies alles auf deinen Befehl hin, so soll es recht sein. Denn ein gerechter Fürst wird niemals ungerechte Verordnungen erlassen. Und gerne nehmen wir die Ehre eines solchen Todes hin. Doch tragen wir dir die eine Bitte vor, daß du erst, nachdem du die Urheber dieser Streitsucht [Ironie! gemeint sind die Christen] kennengelernt hast, urteilst, ob sie die Todesstrafe oder ein gesichertes Leben verdienen. Wenn aber der Erlaß und diese neue Verordnung, die man nicht einmal gegen barbarische Völker anwenden sollte, nicht von dir ausgegangen sind, dann bitten wir dich um so inständiger, du mögest uns, da man uns offen beraubt, nicht im Stich lassen.«

Dann folgt der berühmte, grandiose Appell an die historische Vernunft des Herrschers, vorgetragen im Bewußtsein, daß das Christentum eine nicht mehr zu beseitigende Faktizität der Geschichte ist:

»Unsere Lehre [im Text steht ›philosophia‹!] erwachte dereinst kräftig im Schoße von Barbaren, reifte unter der ruhmreichen Regierung deines Vorgängers Augustus unter deinen Völkern zur Blüte und brachte vor allem deiner Regierung Glück und Segen. Von da ab nämlich erhob sich die römische Macht zu Größe und Glanz. Ihr ersehnter Herrscher bist du und wirst du sein mit deinem Sohne [Commodus], sofern du diese Lehre, welche zugleich mit dem Reiche groß geworden ist, mit Augustus ihren Anfang genommen hatte und von deinen Vorfahren wie die übrigen Religionen geachtet wurde, beschützest. Daß unsere Lehre zugleich mit dem Reiche, das glücklich begonnen hatte, zu dessen Wohl erblühte, ergibt sich am deutlichsten daraus, daß ihm von den Zeiten des Augustus an nichts Schlimmes widerfahren ist, daß es im Gegenteil – wie es aller Wunsch ist – lauter Glanz und Ruhm geerntet hat. Die einzigen Kaiser, welche, von böswilligen Menschen verführt, unsere Religion in üblen Ruf zu bringen suchten, waren Nero und Domitian; sie sind die Ursache jener unwahren Denunziationen, die bezüglich der Christen in unbegreiflicher Weise zur Gewohnheit geworden sind. Deine frommen Väter haben allerdings die Torheit jener wieder gutgemacht, indem sie wiederholt die vielen, welche bezüglich der Christen unerhörte Methoden anzuwenden sich erkühnten, in Reskripten zurechtwiesen ...« Es folgen Beispiele, wo Hadrian und Antoninus zugunsten der Christen eingriffen. Das Schreiben schließt mit den Worten: »Da du von den Christen die gleiche Meinung wie dieser Kaiser, ja eine noch gütigere und verständigere Vorstellung hast, sind wir von dir erst recht überzeugt, daß du alle unsre Bitten gewährest.«

Allem Anschein nach haben Bittschriften wie diese nicht den erhofften Erfolg gehabt. Um so demütigender mußte das gegenwärtige Schicksal empfunden werden: vom Pöbel gejagt, verfolgt, beraubt, vor Gericht gezerrt, mißhandelt, gefoltert, hingerichtet; wilden Bestien zum Fraß vorgeworfen!

Was aber sind das für »neue Dekrete«, was für »neue Verordnungen« in Asien?

Die wissenschaftliche Literatur, die sich mit der Aufhellung und Lösung der Frage beschäftigt, bringt seit hundert Jahren immer neue Deutungsversuche hervor, und es ist noch kein Ende abzusehen, daß man die gültige Antwort gefunden hätte. Zur Zeit lassen sich diese Positionen der Forschung ausmachen:

– Melito meint lokale Dekrete eines fanatischen Statthalters, der den Wünschen eines christenfeindlichen Pöbels nachgibt. Dagegen spricht die Ausbreitung der Unruhen über das ganze Reich (vgl. Lugdunum).[154]

– Einer oder mehrere Provinzlandtage Asiens haben mit besonderen Gesetzen den Christen den Krieg erklärt.[155]

Dagegen: Warum sollten sich außerasiatische Gemeinden der Aktion anschließen?

– Es hat ein besonderes kaiserliches Dekret gegeben, das sich nach einer zeitgenössischen Quelle gegen »Schreckensprediger« jedweder Ideologie richtete; es ließ sich leicht gegen Christen anwenden. Einwand: Die ausgedehnten Verfolgungen im Reich sind damit nicht zu erklären.[156]

Nun hat kürzlich Paul Keresztes eine überraschende, ja verblüffende Lösung vorgeschlagen: Im Jahre 1888 wurden bei Ausgrabungen in Italica (in der spanischen Provinz Baetica) Fragmente aus der Rede gefunden, die ein römischer Senator am Ort vorgetragen hatte. Der Inhalt korrespondierte mit einem ähnlichen Fund aus Sardes (in der Provinz Asia) mit den Resten einer Rede, die Marc Aurel gehalten hatte. In beiden archäologischen Zeugnissen geht es um ein »senatus consultum de pretiis gladiatorum minuendis«, einen »Senatsbeschluß über die Herabsetzung der Preise von Gladiatoren«!

Paul Keresztes schreibt: »Beide Zeugnisse beweisen, wie die Kaiser und der Senat versuchten, die Lasten zu verringern, die durch die Schauspiele in den Amphitheatern gewissen Bevölkerungsschichten aufgebürdet wurden. Diese Senatssitzung muß zu Beginn des Jahres 177 stattgefunden haben, und das dabei beschlossene »senatus consultum« gestattete den Provinzen des Reiches, Gladiatoren billiger zu erwerben. Dieser Beschluß enthält drei deutliche Hinweise auf die »Tres Galliae« [die drei gallischen Provinzen]: Es schafft für sie ein zusätzliches Privileg, das es den Priestern des Kaiserkultes ermöglicht, zum Tode verurteilte Menschen billig zu erwerben und als Gladiatoren zu verwenden.«[157]

Die Zusammenhänge leuchten ein, wenn wir etwa an das Geschehen von Lugdunum denken: die vom Pöbel gehetzten Christen wurden ohne viel Federlesens »ad bestias« verurteilt.

Gladiatoren waren immer knapp. Christen waren eine leichte Beute. Es war dafür gesorgt, daß verurteilte Christen für die Circusspiele zur Verfügung standen – zu Spottpreisen.

Es ist durchaus möglich, daß die christenfeindlichen Aktionen der

Veröffentlichung des Senatsbeschlusses zuvorkamen. Aber gewiß konnte das Edikt einen psychologischen Anstoß für eine Aktion des Pöbels gegen die Christen liefern.

Dazu kommt die neue Gefährdung durch den Druck germanischer Stämme sowie die alarmierende Meldung von der Revolte des Avidius Cassius im Osten. Die Pest breitet sich erneut in einer zweiten Welle aus. Dies alles mußte den Kaiser bewegen, seine Zuflucht in der Religion zu suchen. Es ging um die Hilfe und die Loyalität der Völker des Ostens und der gallischen Provinzen. So stimmte Marc Aurel, um die Bevölkerung zu beruhigen, den Maßnahmen des »senatus consultum de pretiis gladiatorum minuendis« zu – gegen seine innere Überzeugung.

Der Kaiser dürfte sehr bald von den unmenschlichen Ausschreitungen in Lugdunum und anderswo gehört haben. Er wird sie streng verurteilt und die zuständigen Beamten zur Verantwortung gezogen haben. Es ist in diesem Zusammenhang wichtig festzuhalten, daß Marc Aurel von den späteren christlichen Chronisten nie unter die großen Christenverfolger gerechnet wurde. Und dies: Nach 177, dem Massaker von Lyon, ist es – soweit wir wissen – während seiner Regierungszeit nie wieder zu irgendwelchen christenfeindlichen Exzessen im Reich gekommen. (Der Prozeß gegen die Christen von Scili im Jahre 180 fand nach seinem Tode statt.)

Die Frage, ob Marc Aurel ein Christenverfolger war, erfordert eine differenzierte Antwort:

1. Es besteht kein Zweifel, daß der Kaiser als tief religiös und ethisch empfindender Mensch es verabscheute, Menschen wegen ihres Glaubens zu verfolgen oder gar zu töten. Im andern Fall wären seine »Selbstbetrachtungen« ein gigantischer Selbstbetrug!

2. Es besteht ebensowenig kein Zweifel, daß Marc Aurel sich selbstverständlich an die Reskripte und Richtlinien Trajans und Hadrians gehalten hat, wonach den Christen ein ordentlicher Prozeß zustand, mit der Auflage, anonymen Anklagen nicht nachzugehen.

3. So sind die beiden Verfolgungen zwischen 161 und 180 das unbeabsichtigte und indirekte Resultat von Dekreten der Zentralregierung, als es darum ging, dem Reich in kritischer Lage Frieden zu verschaffen. Vorurteile des in archaischen Blutmythen verhafteten Volkes (vgl. Caesars Bemerkung!) und existentielle Unsicherheit (Pest! Krieg!) schlugen in mörderische Aggressionen um.

# Verteidigung, Propaganda, Angriff: Die Apologeten

Mit dem Tode des Marc Aurel geht eine Epoche zu Ende. Man wird sie später das Silberne Zeitalter nennen. Nicht nur Wissenschaft und Kunst – wie Niebuhr betonte – stehen an einer Wende; es setzt eine hundertjährige Reichskrise ein, an deren Ende Rom nicht mehr das ist, was es war. Zwischen Commodus und Diocletian, im Zeitraum von 180 bis 284, zählen wir – die Usurpatoren inbegriffen – die Namen von 63 »Kaisern«. Mehrmals führen die zunehmend anarchischen Thronstreitigkeiten zu Drei- und Vierkaiserjahren, und nur wenigen Machthabern gelingt es, sich so lange zu halten, daß sie gestaltend in die Geschicke Roms und des Reiches eingreifen können.

Die Krise ist gekennzeichnet von erneuten Einbrüchen der Westgermanen, von Erfolgen der Perser im Osten, durch vorübergehende Bildung von Sonderreichen und vom unaufhaltsamen Verfall der Wirtschaft und Währung:

192 Ermordung des Commodus

193 Vierkaiserjahr: Pertinax, Didius Iulianus, Pescennius Niger, Septimius Severus. Erst Septimius, dem Sproß einer punischen Familie, gelingt es, alle Nebenbuhler um die Macht auszuschalten und eine neue Dynastie zu gründen, die er durch eine fiktive Adoption an Marc Aurel anzuschließen und zu legitimieren sucht.

211 Ihm folgt sein Sohn Caracalla. Er läßt seinen Bruder Geta in den Armen der Mutter ermorden. Auf dem Feldzug gegen die Parther wird er von seinem Gardepraefecten Macrinus erschlagen.

218 Dem weiblichen Clan der Familie gelingt es, den erst vierzehnjährigen Elegabal, einen Neffen Caracallas, auf den Thron zu bringen. Auch er wird 222 von der Garde beseitigt.

222 Der ebenfalls erst vierzehnjährige Vetter Elagabals, Severus Alexander, erhält den Purpur. Er fällt 235 einer Heeresmeuterei in Mainz zum Opfer.

Nach 235 lösen sich in schneller Folge die Befehlshaber einzelner Heeresgruppen ab, man kann dreißig solcher »Soldatenkaiser« aufzählen.

Das Heer ist nun der einzige Machtfaktor im Reich. Lediglich einigen Herrschern illyrischer Herkunft gelingt es auf Grund hoher militärischer Fähigkeiten, den äußeren Gefahren mühsam und um den Preis von Frontverkürzungen zu begegnen: Decius (249 bis 251), Gallienus (253 bis 268), Claudius Goticus (268 bis 270), Aurelian (270 bis 275) und Probus (276 bis 282). Von ihnen starb keiner eines natürlichen Todes: Decius fiel in der Schlacht bei Abrittus (Dobrudscha) gegen die in Moesien eingefallenen Ostgoten; Gallienus wurde ermordet; Claudius starb an der Pest; Aurelian wurde auf einem Zug gegen die Perser ermordet, Probus von meuternden Truppen. Keiner von ihnen hatte Zeit und Gelegenheit, längerfristig den Weg des Imperiums zu bestimmen. Sie – wie alle übrigen – schlugen sich ununterbrochen mit eigenen oder fremden Truppen. Lediglich bei Gallienus, Aurelian und Probus kündigen sich Erfolge für den Wiederaufstieg des Imperiums an.

Auch im Innern kommt es zu tiefgreifenden Veränderungen. Rom ist zwar weiterhin Hauptstadt des Reiches und Mitte des Erdkreises, aber das Recht, römischer Bürger zu sein, bleibt kein Privileg einer bevorzugten italischen Gruppe. Caracalla verleiht 212 in der »Constitutio Antoniniana« fast allen freien Reichsangehörigen das volle römische Bürgerrecht. Dahinter steht der Gedanke, daß sich ein so weiträumiges Gebilde wie das Römische Reich gegen die äußeren Feinde nur halten kann, wenn ein bewußtes Reichsgefühl seine Einwohner miteinander verbindet. Das bedeutet auch, daß die Provinzen und Italien endgültig gleichgestellt sind. Aus den Bürgern sind nun Untertanen geworden. Im übrigen blieb die überkommene soziale Schichtung bestehen, ja es gibt Anzeichen, daß sie sich verhärtete. Zur Oberschicht der »honestiores« (das heißt der »in mehr Ehren Stehenden«, der »Vornehmeren«) gehören Senatoren, Ritter, Gemeinderäte, aber auch verdiente Veteranen und Soldaten; alle übrigen sind »humiliores« (die »Niedrigeren«), das niedere Volk, die breite Masse der Landarbeiter und städtischen Handwerker, Krämer und kleinen Händler.

Verständlich, daß mit solcher Zentralisierung die befohlene Verehrung mehrerer oder eines besonderen Reichsgottes einherging. Alle Untertanen sollten die angestrebte – oder behauptete – innere Geschlossenheit des Reiches auch als religiöse Verpflichtung empfinden. Wie immer, wenn es an Substanz mangelt, wurde versucht, die Untertanen von Staats wegen zu religiösen Handlungen zu zwingen. So befahl Decius im Jahre 250 in einer Verordnung, daß jeder Bürger vor den Bildern eines beliebigen Gottes oder der Statue des Kaisers zu opfern, vom Opferfleisch zu essen und sich eine staatliche Bescheinigung von der zuständigen Kommission über den Vollzug der Handlung zu beschaffen habe. Wir kommen darauf zurück.

Auf der andern Seite macht sich Aberglaube breit, überkommene Inhalte und Formen des Kultes erstarren in Konventionen. Geister und Gespenster, Zauber, Traumglaube und Astrologie dringen durch alle Fasern der verunsicherten Gesellschaft. Die Lüfte sind voll Wunder, Spuk, bösen oder guten Geistern; man geht nicht mehr zum Arzt, sondern zum Beschwörer der geheimnisvollen Mächte.

Die offiziellen Staatskulte leben natürlich fort. Caracalla nennt die Verehrung der capitolinischen Götter allein als Voraussetzung und Zweck zur Erteilung des Bürgerrechts. Haruspizin,[158] Augurenweisheit, Orakel und Riten halten sich in dem brodelnden Durcheinander religiöser Strömungen. Wenn sie auch zur Form oder gar zu einer Sensation für Neugierige werden: Die Mitglieder der hohen Priesterkollegien in Rom und anderswo lesen die Gebete ab, die sie nicht mehr verstehen.

Erst recht vollzieht sich der Siegeszug der Erlösungsreligionen weiter. Der Triumph des Auferstehungsglaubens zeigt sich im ganzen Westen durch das Nachlassen der Totenverbrennung; die Leichen werden beigesetzt.

Das Judentum ist nun vollends aus dem Kampf der Geister ausgeschieden, auch für die Ägypter ist die beste Zeit vorüber. Isis und Sarapis waren so sehr die Götter des besitzenden Bürgertums geworden, daß dessen Schwinden auch für sie einen Rückschlag bedeutete. Elagabal mit seinem alleinherrschenden Gott von Emesa blieb für die Ausbreitung syrischer Kulte lediglich Episode. Um so siegreicher erhebt sich nun Mithras.[159] Er dringt in die höchsten Sphären, denn Commodus, Caracalla und Gordianus haben sich für ihn interessiert wie auch Semiten und Bürgertum. Mithras ist der eigentliche Soldatengott! Wo Militär liegt, häufen sich die Mithräen, am Rhein, an der Donau, am afrikanischen Limes.

Die reifste Frucht des vielgestaltigen Baumes neuer Erkenntnisse ist der Neuplatonismus: Die Welt ist kein Jammertal, sondern stoffliche, gewordene Idee des Höchsten! Freilich ist sie ein Durchgangsort; die Seele wird zu ihrem Ursprung zurückkehren, nicht durch Glauben, sondern durch Philosophie und Tugend. Askese ist gut, doch soll sie aus freiem Willen betrieben werden; Tempelbesuch und Opfer sind wirkungs- und belanglos. Gallienus wird seine pragmatischen Folgerungen daraus ziehen.

Dieser Zeitgeist kommt der Ausbreitung des Christentums entgegen. In der lateinischen Welt faßt es vor allem in Nordafrika Fuß; Ende des 2. Jahrhunderts zählen wir dort 200 Bischöfe. In Ägypten breitet es sich nun auf dem flachen Lande aus, in Italien und den europäischen Provinzen dagegen vor allem in den Städten.

Damals bekommt das Wort »paganus«, Landbewohner, einen neuen

Sinn, wird aus christlicher Sicht Synonym für »Heide« (vgl. des Orosius »Historia adversus paganos«). Am Rhein und in Spanien etablieren sich neue Gemeinden, die Donaugebiete sperren sich noch, in Dakien und auch in Britannien ist es nicht nachweisbar.

Obwohl die Schwerpunkte der Missionsarbeit nach wie vor in den Städten liegen, behält die dort ansässige Oberschicht noch Distanz. Zwar wurde und wird immer wieder versucht, für diese Zeit, die Mitte des 2. Jahrhunderts, einen großen Einbruch ins Establishment nachzuweisen, doch bleibt dies die Ausnahme, auch wenn in Rom reiche Freigelassene wie die Aurelier eine christliche Gruft besitzen, die Mätresse des Commodus Christin ist oder hier und da christliche Priester stadtbekannte Personen sind, mit gesellschaftlichen Beziehungen zur Oberschicht.

Wenn auch in Rom der künstlerische Schmuck der Katakomben soviel wert ist wie der von Kultanlagen anderer Religionen, so sollte man vorsichtig mit Folgerungen sein: noch die ärmste Gemeinde wird durch gemeinsames Finanzieren einen höchst prächtigen Eindruck ihrer kirchlichen Reputation erwecken wollen, wie ja auch später die Pläne zum Bau gigantischer gotischer Kathedralen entschieden über die wirtschaftlichen Möglichkeiten der Gemeinden in Köln, Ulm oder Reims hinausgingen.

Das Christentum blieb bis ins 4. Jahrhundert städtische Religion. Alle frühen Sprengel sind Stadtgemeinden. Die westliche Provinzbevölkerung, weithin aus Bauern bestehend, spricht weder Latein noch Griechisch, die Kultsprache der neuen Religion. Hinzu kommt die natürlich-konservative Haltung des Landmanns, die bis in unsere Tage nicht alles ohne weiteres übernimmt, was aus den urbanen Zentren als das jeweilige Nonplusultra menschlichen Fortschritts propagiert wird.

Daß die Oberschicht sich sperrte, liegt vor allem an den immer noch wirksamen Maximen ihrer Erziehung: die sprachliche Roheit der religiösen Texte der Christen (die wir wiederum als großen Reiz empfinden nach Luthers Übersetzung) – diese »primitiven« Formen und Metaphern mußten das Feingefühl jedes gebildeten Menschen verletzen, der mit der Sprache und der Dialektik eines Demosthenes und Cicero aufgewachsen war. In Rom wie in Griechenland wurde der sprachlichen Form eine ungleich größere Bedeutung beigelegt als heute, wo wir dabei sind, unser sprachliches Erbe zu verschludern. Die Karriere eines antiken Politikers steht und fällt mit seiner Fähigkeit zu reden!

Und unterschätzen wir es nicht: Die mythischen Vorstellungen einer – wenn auch von Skeptikern und Nihilisten belächelten – Götterwelt geben weiterhin den sicheren Rahmen eines Großteils der den Staat tragenden Schichten und großen Familien.

Wie konnte man gleich den Christen in Apollo, Diana, Athene, Zeus-Jupiter, Herakles und anderen einen bösen Dämon sehen, wo doch allenthalben ihre Statuen und Gemälde die besseren Häuser, die Straßen und Plätze bevölkerten? Mochten sich auch die besserwisserischen Aufklärer in Traktat, Komödie und Satire über das nach ihrer Meinung einfältige Bedürfnis nach anthropomorpher Spiegelung in übermenschlichen Mächten lustig machen, die alten senatorischen Familien blieben »heidnisch« bis ins 4. und 5. Jahrhundert.

Natürlich wird es Abweichungen gegeben haben, aber das Hauptgewicht des Christentums basierte auf den unteren und mittleren Schichten der Städte, bei Handwerkern und Schreibern, Krämern und Kaufleuten. Es konnte sogar vorkommen, daß das Urteil der Gläubigen über den sozialen Aufstieg der eigenen Religion geteilt war; denn neben der stolzen Befriedigung darüber steht die leise Klage, daß man Grundbesitzer und Leute, die Viergespanne haben, in den Gemeinden findet. In Syrien nahmen manche Kreise Anstoß daran, daß Christen in der Lage und bereit waren, für ihre Kirche ansehnliche Stiftungen zu machen – wie ihre Ahnen für die Tempel der Götter.

Wenn wir auch keine Zahlen über den prozentualen Anteil der Christen an der Gesamtbevölkerung besitzen, so spiegelt sich ihre wachsende Bedeutung doch darin, daß die Gegenseite sich anschickt, den Abwehrkampf zunehmend mit den unblutigen Mitteln der Sprache zu führen. Es sind keineswegs nur Pamphlete, die da hin- und hergeschleudert werden; es beginnt eine ernsthafte Auseinandersetzung auf literarischer, und das heißt: auf geistiger Ebene.

Erste Anzeichen von Interesse finden wir schon in den »Akten« eines Prozesses, der noch unter Commodus geführt wurde, als sich der vornehme Römer Apollonius zu verantworten hatte. Die Antworten des Märtyrers, die ihn als gebildeten Mann ausweisen, stammen ohne Zweifel aus den amtlichen »acta praefectoria«. Harnack nannte sie die »vornehmste Apologie des Christentums, die wir aus dem Altertum besitzen«. Neben dem Prozeß gegen die Märtyrer von Scili (180) handelt es sich um den einzigen größeren bekannten Fall aus der Regierungszeit des Commodus.

Bemerkenswerterweise kommt es während des Prozesses zu einem regelrechten Dialog zwischen dem vorsitzenden Richter Perennis und dem angeklagten Christen, wobei davon auszugehen ist, daß die Aufzeichnung nur das Wichtigste festgehalten hat. In Form einer Gerichtsrede wendet sich der Bericht an einen möglichst großen Leserkreis, ist sie doch populär und unter Verzicht auf akademische Rhetorik abgefaßt.

Nach der üblichen Eröffnung kommt es zu lebendiger Rede und Ge-

genrede auf vergleichsweise hohem Niveau, das die Formen wahrt und den Gegner achtet. Perennis gibt Apollonius Bedenkzeit und läßt ihn nach drei Tagen wieder vorführen. Apollonius bleibt bei seiner Weigerung. Dann fährt Perennis[160] fort:

»›Es ist da ein Senatsbeschluß, und mit Rücksicht auf diesen gebe ich dir einen guten Rat: Ändere deine Meinung, neige anbetend dein Angesicht vor den Göttern, so, wie wir Menschen alle sie ehrfürchtig anbeten. Komm zurück zu unserer Anschauung vom Leben! Das ist besser, als elend umzukommen. Ich nehme an, der Senatsbeschluß ist dir nicht unbekannt?‹

Apollonius: ›Ich kenne den Senatsbeschluß wohl, Perennis. Aber ich bin nicht gottgläubig geworden, um jetzt wiederum Idole anzubeten, die von Menschenhänden geformt wurden. Niemals für alle Zukunft bete ich etwas an, das aus Gold oder Silber, aus Erz oder Eisen gemacht ist, diese hölzernen oder steinernen Götterbilder mit ihren trügerischen Namen ...‹

Perennis: ›Apollonius, der Senatsbeschluß lautet klar: Christen dürfen nicht sein!‹

Apollonius: ›Aber das Gesetz Gottes kann nicht gebeugt werden von einem Menschengesetz. Und je öfter man ohne Recht und ohne Urteil Menschen tötet, die an den einen Gott glauben und nie etwas Gesetzwidriges getan haben, um so zahlreicher wird diese Schar von Gott gemacht. Möchtest du doch auch, Perennis, es einsehen, daß Gott für Kaiser und Senatoren und Machthaber, für Reiche und für Bettler, für Freie und Sklaven, für hohe Herren und für den kleinen Mann, für Philosophen und für Nichtwisser einen einzigen Tod bestimmt hat, den Tod für alle. Und nach dem Tode wird gerechtes Gericht abgehalten über alle Menschen. Aber es ist ein Unterschied zwischen Sterben und Sterben. Bei uns, die wir die Schüler des Logos sind, stirbt man jeden Tag: man stirbt den Lüsten ab, indem man die Begierde des Fleisches durch Enthaltsamkeit im Zügel hält, im ernsten Bestreben, einzig nach Gottes Gebot zu leben ...‹

Perennis: ›Nach diesen weisen Darlegungen, Apollonius, müßtest du also mit wahrem Vergnügen sterben?‹

Apollonius: ›Ich lebe gerne, Perennis. Aber so, daß ich den Tod nicht fürchte aus Verliebtheit ins Leben. Leben, ja: es gibt nichts Köstlicheres, aber ich meine das ewige Leben, die Unsterblichkeit einer Seele, die in diesem zeitlichen Leben gut gelebt hat.‹

Perennis: ›Was du da sagst, geht über meinen Verstand. Du proklamierst wie ein Gesetzeslehrer, aber ich komme da nicht mehr mit!‹

Apollonius: ›Was habe ich doch großes Mitleid mit dir, der du so unempfindlich bist gegen die Schönheit der Gnade ...‹

Da warf ein kynischer Philosoph [der anscheinend unter der Zuhörerschaft war] dazwischen:

›Apollonius, jetzt machst du dich selber zum Gespött! Du beginnst zu schwätzen und meinst noch, so dunkel und tiefsinnig wie Heraklit gesprochen zu haben!‹

Apollonius: ›Ich habe beten gelernt und nicht spotten! Aber die Heuchelei, die in dir steckt, offenbart mir deutlich, wie herzensblind du bist, mehr als alle langen und unnützen Reden, die du halten könntest. Wahrhaftig, den Toren muß die Wahrheit immer als Spott vorkommen!‹

Perennis: ›Auch wir sind überzeugt davon, daß der Logos der Gottheit Seelen und Leiber der guten Menschen gezeugt hat und daß er redet und lehrt, was immer der Gottheit gefällt.‹

Apollonius: ›Dieser Logos aber ist unser Erlöser Jesus Christus, der als Mensch im Lande Iudaea geboren ward. Er war vollkommen gerecht und erfüllt mit göttlicher Weisheit. In seiner Menschenliebe hat er uns gelehrt, wer der Gott des Weltalls ist, hat uns das Ideal der Tugendübung zu einem heiligen Leben gezeigt und sich dabei der Fassungskraft unseres Menschengeistes angepaßt. Und durch seinen Tod hat er der Gewalt der Sünde ein Ende bereitet . . .‹«

Es folgen nun Beispiele dafür, wie die »Gerechten«, auch große Philosophen wie Sokrates, den »Ungerechten stets im Wege sind«. Selbst wenn ihr Glaube ein Irrtum sei: ». . . mit stolzer Freude würden wir dennoch diesen ›Irrtum‹ umfangen . . .«

»Darauf Perennis: ›Bis jetzt habe ich gemeint, dich von diesen deinen Lehrmeinungen abzubringen, Apollonius, und dich zu unserer Götterverehrung zu bekehren[!].‹

Apollonius: ›Und ich, Proconsul, habe gehofft, es könnten dir diese Religionsgespräche vielleicht etwas nützen, oder es möchten wohl die Augen deiner Seele erleuchtet werden von meiner Verteidigungsrede, damit dein Herz Frucht treibe. Ich habe gehofft, du würdest nun Gott, den Schöpfer des Alls, anbeten, von nun an Tag für Tag ihm allein deine Gebete emporsenden und die unblutige Opfergabe der Almosen und der Nächstenliebe.‹

Perennis: ›Am liebsten würde ich dich freigeben, Apollonius. Aber das verbietet das Gesetz des Allherrschers Commodus. Ich will wenigstens human sein in der Zumessung der Todesart.‹

Und er verurteilte ihn zur Enthauptung.

Apollonius: ›Ich danke meinem Gott für dieses dein Urteil.‹«[161]

Anklage und Verteidigung des Christentums blieben nicht auf die Szenerie der Gerichte beschränkt. Gewandte Vertreter beider Seiten beginnen den Kampf mit der Feder. Auf christlicher Seite gehen die Apologeten nach Zurückweisung der Vorwürfe zunehmend zum Angriff über; die Sprache wird selbstsicherer, die Diktion härter.

Nachdem wir schon sporadisch aus einigen Apologien zitiert haben, um Details anschaulicher zu machen, wollen wir nun die Besonderheiten dieser Literatur des erstarkenden Christentums in Augenschein nehmen. In seiner weithin beachteten »Geistesgeschichte der christlichen Antike« ordnet Carl Schneider diese Schriften ein unter dem Aspekt »Propagandaliteratur« und charakterisiert sie so:

»Es wird oft übersehen, daß der antike Mensch der Wirkung des Buches ebenso unterliegt und vom Buch ebenso abhängig werden kann wie der moderne. Daher ist auch die Wirkung der literarischen Propaganda groß gewesen.

Leider kennen wir von der Propagandaliteratur der spätantiken Religionen nur wenig. Vieles ist verlorengegangen oder vernichtet worden. Nur über eine Literaturform, die besonders der philosophischen Propaganda im besten Sinne diente, wissen wir mehr, über die *Apologie*. Herausgewachsen aus der Verteidigungsrede des Angeklagten vor Gericht wurde sie vom Rechtswesen losgelöst und ein philosophisch-religiöser Literaturtyp. Er diente dem Christentum, solange es angeklagt und verfolgt war, zunächst als Verteidigungsmittel, noch in der Verfolgungszeit aber auch schon als Mittel des propagandistischen Angriffs.«[162]

Es ist durch den späteren Sieg des Christentums bedingt, daß wir von der Gegenseite kaum noch apologetisches Material besitzen; die Sieger zeigten wenig Interesse daran, »heidnische« Belege aus der Zeit blutigster Verfolgung zu archivieren, zumal gewisse Vorwürfe auch später noch brisanten Zündstoff enthielten: ist die Geschichte der Kirche doch von Anfang an auch belastet durch die Auseinandersetzung mit häretischen Gruppen im eigenen Hause – und dies bis heute.

Folgt man der historischen Entwicklung, so läßt sich ein Prozeß von der Rechtfertigungs- und Verteidigungsschrift zum angriffslustigen Plädoyer ausmachen. Erstere haben wir schon hier und dort in den »Akten« der Christenprozesse kennengelernt, sehr deutlich, als Apollonius das Wort führte. »Originell ist in ihnen nichts«, meint Schneider, »beachtenswert aber das starke christliche Sendungsbewußtsein.«[163]

Die Propaganda bleibt, etwa bei Justin, allgemein gegen Philosophie und Volksreligion gerichtet, aber das kann bewußte Geheimhaltung sein; mußte doch stets mit gehässiger Verdrehung und böswilliger Falschdeutung der Glaubensinhalte gerechnet werden. So bleibt die Argumentation in beiden Apologien des Justin auf einer allgemeinen Linie unverfänglicher Selbstdarstellung und bei aller Betonung der christlichen Vorzüge im Ton stets nobel.

Hier ein Beispiel, das auf den Kern der Vorwürfe eingeht, das Verhältnis der Christen gegenüber dem Kaiser:

»Abgaben und Steuern entrichten wir an die von Euch Kaisern uns vorgesetzten Beamten nach bestem Können. Denn so hat es uns Christus gelehrt ... Daher beten wir zwar Gott allein an, in allen andern Stücken aber leisten wir Euch freudigen Gehorsam, weil wir Euch als Kaiser und Herrscher aller Menschen anerkennen. Und wir beten, daß Ihr stets nicht nur im Besitz der Kaiserherrschaft, sondern auch vernunftgemäßer Einsicht befunden werdet. Wenn Ihr dagegen Euch um uns, die wir so beten und dies alles freimütig darlegen, nicht kümmert, so werden nicht wir den Schaden davon haben. Denn wir glauben, ja, wir sind fest davon überzeugt, daß jeder Mensch nach dem Maß seines sittlichen Tuns im ewigen Feuer seine Strafe erhalten wird, wie er nach dem Ausmaß der ihm von Gott verliehenen Gaben zur Rechenschaft gezogen wird.«[164]

So versucht Justin über vierzig Seiten alle christenfeindlichen Argumente und wahnwitzigen Behauptungen zu entkräften, schildert auch kurz den Ablauf eines sonntäglichen Gottesdienstes, wobei er eine Beschreibung der frühchristlichen Eucharistiefeier gibt, um den Wahnsinn der »Thyestischen Mahlzeiten« aus der Welt zu schaffen:

»... Dieses Mahl selbst wird von uns Danksagung (Eucharistie) genannt; daran darf niemand teilnehmen als, wer an die Wahrheit unserer Lehre glaubt ... Denn nicht wie gemeines Brot oder gemeines Getränk nehmen wir es ein, sondern wie Jesus Christus, unser Erlöser, bei seiner Fleischwerdung durch Gottes Vernunft (logos) um unserer Erlösung willen Fleisch und Blut erhalten hat, so ist jenes durch ein von ihm selbst herrührendes Gebetswort unter Danksagung geweihte Mahl, das durch seinen Übergang in unser Fleisch und Blut diese nährt, wie wir gelehrt worden sind, Fleisch und Blut jenes fleischgewordenen Jesus.«[165]

Wir sehen den Empfänger des Schreibens vor uns, wie er – gleich Perennis gegenüber Apollonius – erstaunt über solche Riten und Inhalte den Kopf schüttelt: Stellen wie diese sind es bekanntlich, die bis zum heutigen Tag jeden nichtchristlichen Verstand zum prinzipiellen Widerstand reizen, wobei es sich keineswegs um Atheisten handeln muß.

Freilich fehlt es auch nicht an Würdigungen aus nichtchristlichem Munde. Der große Galen, Grieche aus Pergamon, der im Rom des Marc Aurel als kaiserlicher Leibarzt wirkte – er begleitete den Kaiser auf den Donaufeldzügen und untersuchte die Pest –, vergleicht in seiner Zusammenfassung von Platons »Staat« die Lebensführung der Christen mit der eines Philosophen:

»Denn ihre Verachtung gegenüber dem Tode steht uns täglich [!]

klar vor Augen und gleichermaßen ihre strenge Zucht im Geschlechtsleben ... und es zählen zu ihnen auch Personen, die in Selbstzucht und Selbstkontrolle, was Essen und Trinken angeht, und in kühner Einhaltung von Gerechtigkeit einen Grad erreicht haben, der nicht unter dem des echten Philosophen steht.«[166]

Wohlwollende Wertungen dieser Art mag es öfter gegeben haben, doch sie berühren nicht das eigentliche Problem, zielen schon gar nicht auf eine Aufwertung des christlichen Status in der Gesellschaft. Der Arzt Galen ist berührt von der allgemein menschlichen Seite; er findet kein Wort zur Verfolgung. Die Christen interessieren ihn nur anekdotisch und am Rande.

Eine der wenigen antichristlichen Schriften von hohem Niveau, die wenigstens fragmentarisch überliefert wurde, ist »Das wahre Wort« des Platonikers Celsus (um 178). Soweit bekannt, ist er der erste, der das Christentum literarisch bekämpft hat. Daß wir die Hauptpunkte seiner Argumentation noch besitzen, danken wir der großangelegten Widerlegung »Contra Celsum« (Gegen Celsus) des Origines, geschrieben um 250 in acht Büchern, worin er längere Passagen des Philosophen zitiert. Aus ihnen ist die Schrift des Celsus einigermaßen rekonstruierbar.

Celsus' Kenntnis der christlichen wie der jüdischen Religion ist beachtlich, er ist auch mit den jüdischen Bekämpfern des Christentums vertraut. Seine Schrift ist ebenso Apologie wie Invektive (Schmährede). Sie wird nun dadurch besonders interessant, daß Origines Punkt für Punkt den Angriffen Paroli bietet, so daß ein materialreicher und in der Form glänzender Disput entsteht, wenn auch des Origines Gegenargumentation nicht immer schlagkräftig genug erscheint. Dafür einige Beispiele:

»Celsus macht die Bemerkung, ›die Christen verdanken die Kraft, die sie zu haben scheinen, der Anrufung und Beschwörung gewisser Dämonen ...‹

Er weist damit wohl verblümt auf diejenigen hin, die (bei uns) die bösen Geister beschwören und austreiben. Es ist dies offenbar eine Verleumdung unseres Glaubens. Denn die Christen ›... verdanken die Kraft, die sie zu haben scheinen, *nicht* Beschwörungen‹, sondern der Anrufung des Namens Jesu zugleich mit der Verkündigung der Geschichten von ihm.

Hierauf läßt Celsus einen Juden auftreten, der sich mit Jesus selbst unterredet und ihn, wie er meint, wegen vieler Dinge zur Rechenschaft zieht. Zuerst wirft er ihm vor, ›... daß er aus einem jüdischen Dorf und von einer einheimischen armen Handarbeiterin stamme‹. – Er sagt dann, ›diese sei von ihrem Manne, der seines Zeichens ein Zimmermann gewesen, verstoßen worden, als des Ehebruchs schuldig‹.

Weiter bringt er vor, ›von ihrem Manne verstoßen und unstet und unehrlich umherirrend‹, hätte sie den Jesus heimlich geboren. Dieser habe aus Armut sich nach Ägypten als Tagelöhner verdungen und dort sich an einigen Zauberkräften versucht, auf die die Ägypter stolz seien; er sei dann auch zurückgekehrt und habe sich viel auf diese Kräfte eingebildet und sich ihretwegen öffentlich als Gott erklärt ...

Er [Celsus] fragt: ›Wodurch seid ihr uns gewonnen worden? Etwa, weil er [Jesus] vorausgesagt hat, daß er nach seinem Tode auferstehen werde? ... Wohlan, nun wollen wir auch glauben, daß euch dies gesagt worden sei. Aber wie viele andere vollbringen nicht solche Wunderdinge, um ihre einfältigen Zuhörer zu überzeugen und aus der Verführung Vorteil zu ziehen? [Es folgen Beispiele, unter anderem von Orpheus und einem Sklaven des Pythagoras.] ... Aber jene Frage muß man prüfen, ob einmal jemand, der in Wahrheit gestorben war, mit demselben Leibe auferstanden ist. Oder meint ihr, was von den anderen erzählt wird, das sei Fabel und gelte auch dafür, von euch dagegen sei der Ausgang des Schauspiels schicklich oder glaubwürdig erfunden worden, nämlich sein Ausruf am Pfahl, als er verschied, und das Erdbeben und die Finsternis? Daß er nun, der lebend selbst sich nicht helfen konnte, als Toter auferstanden ist und die Merkmale seiner Strafe zeigte und die Hände, wie sie durchbohrt waren, wer hat dies gesehen? Ein halbrasendes Weib, wie ihr sagt, und vielleicht noch ein anderer von derselben Gaunerbande, der entweder die Anlage zu solchen Träumen in sich trug und, ein Opfer irregeleiteter Phantasie, sich nach Belieben ein solches Trugbild schuf, wie dies schon Tausenden begegnet ist, oder der, was ich lieber glauben möchte, die andern Menschen mit dieser Gaukelei in Erstaunen setzen und durch solche Lüge andern Schwindlern einen Anhalt geben wollte ...‹«

Celsus ist, soviel wir wissen, der erste Nichtchrist, der mit natürlichem Scharfsinn und geschulter Logik dem christlichen Offenbarungsanspruch den Kampf ansagt. Alle späteren Zweifler, Skeptiker oder Gegner werden sich auf ihn berufen. Des Origines Entgegnung ist geschickt, wenn er auch nicht auf alle Punkte Celsus' eingeht:

»Alle diese Helden, von denen die verschiedenen Ortssagen erzählen, konnten sich ganz nach Belieben aus den Augen der Menschen heimlich wegstehlen und, wenn es ihnen gefiel, zu denen zurückkehren, die sie verlassen hatten. Jesus aber wurde von allen Juden gekreuzigt, und sein Leib wurde im Angesicht des ganzen Volkes vom Kreuze herabgenommen ... Die völlige Hingabe der Jünger an seine Lehre, deren Bekenntnis bei den damaligen Zeitverhältnissen mit den größten Gefahren verbunden war, ist nach meinem Dafürhalten ein klarer und augenscheinlicher Beweis seiner Auferstehung.«

An anderer Stelle kommt Celsus auf die Anhängerschaft der Christen zu sprechen:

»Im Anfang bildeten sie ein kleines Häuflein und waren eines Sinnes; seitdem sie aber zu einer Menge angewachsen sind, entstehen wiederum unter ihnen Spaltungen und Parteien, und ein jeder will sich seinen eigenen Anhang schaffen; denn danach trachten sie von Anfang an.« An anderer Stelle heißt es: »Er sagt, ›daß solche Anordnungen von ihnen getroffen werden: Kein Gebildeter komme heran, kein Weiser, kein Verständiger; solche Eigenschaften würden [bei uns] für Übel angesehen. Sondern wenn einer ungelehrt, wenn einer unvernünftig, wenn einer ungebildet, wenn einer töricht ist, der solle getrost kommen. Indem sie solche Leute von vorneherein als würdig ihres Gottes bezeichnen, wollen sie offenbar nur die einfältigen, gemeinen und stumpfsinnigen Menschen und nur Sklaven, Weiber und Kinder überreden und vermögen dies auch ...‹«

Über die Menschwerdung Gottes: »Was hat denn ein solches Herabkommen des Gottes für einen Sinn? Etwa, damit er die Zustände bei den Menschen kennenlerne? Weiß er denn nicht alles? Er weiß es also, bessert es aber nicht, und es ist ihm nicht möglich, es mit göttlicher Macht zu bessern.« Oder dies: »Also, jetzt, nach so langer Zeit, ist es Gott eingefallen, das Leben der Menschen zu richten; früher aber hat er sich nicht darum bekümmert.«

Dagegen Origenes: »Wir sagen also nicht zu einem jeden, der zu uns kommt: ›Glaube zuerst, daß derjenige, den ich dir zeige, Gottes Sohn ist‹, sondern wir bringen an jeden Hörer die christliche Lehre so heran, wie es seinem Charakter und seiner Fassungskraft passend ist ... Es gibt solche, die nichts weiter können, als sich zum Glauben hinwenden, und diesen verkündigen wir nur den Glauben; auf andre aber suchen wir nach Kräften mit Beweisen durch Frage und Antwort einzuwirken.«

Dann rührt Celsus an den wunden Punkt, als er individuelle Glaubensvorstellung und Gesellschaft in Beziehung setzt:

»Wenn die einen diesen [Christus] verkündigen, die anderen aber einen andern, alle aber mit der gleichen Aufforderung bei der Hand sind: ›Glaube, wenn du gerettet werden willst, oder packe dich fort‹ – was werden dann die tun, die in Wahrheit gerettet werden wollen? Werden sie etwa Würfel nehmen, um zu erforschen, wohin sie sich wenden und wem sie sich anschließen sollen? ... Handelten nämlich alle so wie du, so wird nichts im Wege stehen, daß er [der Kaiser] allein und einsam übrigbleibt, die Herrschaft auf Erden aber den gesetzlosesten und wildesten Barbaren zufällt und daß weder von deiner Gottesverehrung noch von der wahren Weisheit unter den Menschen ferner eine Kunde übrigbleibt.«

Des Origines Antwort zeigt ganz den Standpunkt, der bis in die Neuzeit galt: Christentum als Ordnungsfaktor der Gesellschaft! Sie beweist aber auch, daß beide, der kritische Philosoph und der Apologet, in diesem entscheidenden Punkt aneinander vorbeireden:

»Handelten nämlich, wie Celsus sagt, alle so wie wir, so werden natürlich auch die Barbaren, die sich dem Worte Gottes zugewandt haben, ganz gesetzlich und gesittet sein. Dann wird auch alle andere Gottesverehrung aufgehoben werden, die christliche aber wird allein die Herrschaft haben; diese wird deshalb einst allein herrschen, da die christliche Lehre immerfort mehr Seelen gewinnt.«[167]

Aus jeder Zeile des Origines spricht die unerschütterliche Haltung des kämpferischen Christen. Dennoch bleiben seine Argumente für den heutigen kritischen Kopf unbefriedigend, zumal die Angriffe des Platonikers Celsus nichts von ihrer Durchschlagskraft verloren haben.

Origines, selbst ein platonisch geschulter Dogmatiker, geriet freilich später in Mißkredit: seine Lehre von der Präexistenz der Seele, von der Ewigkeit der Welt, von der Wiederbringung aller Dinge waren mit der offiziellen Lehre nicht in Einklang zu bringen. Aber das berührt uns hier weniger als der glückliche Umstand, daß er in der Erwiderung »Gegen Celsus« dessen Argumenten Schritt für Schritt folgt – und uns damit zugleich dessen Schrift in ihren Hauptgedanken erhalten geblieben ist – was uns in vieler Hinsicht ebenso wichtig ist.

Des Origines Auseinandersetzung mit der Kritik eines platonischen Philosophen war – gemessen an seinem Hauptwerk – eine ehrenvolle Nebenbeschäftigung. Ganz anders liegen die Verhältnisse bei einem Autor, der erst in vorgerückten Jahren zum Christentum übertrat, von dessen Lebensumständen wir nur wissen, daß er dem Beruf eines Anwalts nachging: Minucius Felix.

Seine Apologie – wenn sein Büchlein »Octavius« mit diesem Terminus zu fassen ist – kann man als Kabinettstück des gesamten Genres bezeichnen.

Hier das Wenige, was über den Autor bekannt ist: Aus dem »Octavius« ergibt sich, daß er vermutlich Afrikaner war und eine umfassende Bildung genossen hat, der er gute Belesenheit in der griechischen und römischen Literatur verdankte. Mit seinem Studien- und Berufsgenossen Octavius Ianuarius verband ihn eine enge Freundschaft. Beide hatten während ihrer Anwaltstätigkeit mannigfach Gelegenheit, sich an Verhandlungen gegen Christen zu beteiligen, so daß sie schließlich für deren Sache gewonnen wurden.

Als Octavius zum Christentum übertrat, folgte ihm der Freund. Minucius wohnte zur Zeit der Handlung in Rom, wo Octavius ihn besuchte. Die Unterredung, die den Inhalt der Schrift bildet, findet in

Ostia statt. »Er war damals in Geschäften und auch, um mich zu sehen, nach Rom gekommen.«

Ein ganz neuer, gelöster Ton wird angeschlagen, wenn Minucius mit feinster, durchgefeilter Sprache jedes religiöse und rhetorische Pathos vermeidet und eine liebevolle Ausformung im kleinen anstrebt. Bernhard Kytzler, der den Text zweisprachig herausgegeben hat, findet viele begeisterte Worte:

»Die Sprache des Dialogs ist von eigentümlichem Reiz. Sie hält sich im allgemeinen von Archaisierungstendenzen frei und orientiert sich vor allem an Ciceros Werken ... Seine Naturschilderungen atmen Frische und Anschaulichkeit, die Worte über das Wesen der Freundschaft bewegen in ihrer Wärme und Eindringlichkeit den Leser ... Die Anteilnahme des Lesers wird nicht nur durch die meisterliche sprachliche Ausformung der Sätze, sondern auch durch viele andere, allenthalben begegnende Schönheiten der Darstellung neu gewonnen und gefesselt ... [Minucius] hat den kleinen Rahmen seiner Verteidigungsschrift für das Christentum in den freiwillig gewählten Grenzen mit Geschick und Geschmack auszufüllen verstanden. Sie ist in ihrer Art formvollendet und entläßt den Leser in der gleichen Gemütsstimmung, in der die Teilnehmer des Dialogs voneinander scheiden: in jener gelösten Heiterkeit des Herzens, die als Erbe antiken Geistes gerade in den besten Seelen der Christenheit in neuer, verwandelter Prägung lebendig gewesen ist.«[168]

Der Dialog beginnt wie eine Cicero-Imitation, doch klingt schon in der personalen und landschaftlichen Rahmenschilderung ein poetischer Ton an, der, fern aller gekünstelten Staffage, einmalig in dieser Zeit ist:

»Der eine und andere Tag war vergangen. In häufigem Beisammensein hatten wir die erste überschwengliche Sehnsucht gestillt und uns alles erzählt, was wir infolge der Trennung voneinander nicht wußten. Da bekamen wir Lust, nach Ostia zu reisen. Das reizvolle Städtchen würde mir in angenehmer Weise die nötige Kur bieten, um schädliche Säfte in meinem Körper auszutrocknen; ohnehin entlasteten mich die Weinleseferien in meiner juristischen Tätigkeit. Auch war es eben die Zeit, da nach den Tagen der sommerlichen Hitze der Herbst allmählich milderes Klima brachte.

Im morgendlichen Zwielicht schlugen wir den Weg zum Meere ein, um am Strand spazierenzugehen. Ein leichter Wind erfrischte mit sanftem Wehen alle Glieder, und mit Hochgenuß drückten wir unsere Spuren in den weich nachgebenden Sand ... [sie gelangen aus der Stadt an den Strand] ... Leise Wellen überspülten hier glättend den äußeren Rand des Sandes, als ob sie uns eine Promenade ebnen wollten; das Meer schlug zwar nicht mit weißgrau schäumenden Fluten gegen das

Land, doch hatten wir unser Vergnügen am leichten Gekräusel der Wellen, da ja das Meer auch bei ruhiger See etwas in Bewegung ist.

Wir nahmen unsern Weg direkt am Rande des Wassers, das abwechselnd bald herantrieb und mit seinen Fluten unsere Füße überspülte, bald auf seiner Spur zurückwich und seine Wasser wieder in sich aufnahm. So kamen wir allmählich und geruhsam am Strande des in sanften Kurven geschwungenen Gestades voran und verkürzten uns den Weg mit Erzählungen . . .«[169]

Man hat einen Freund getroffen, Caecilius, und läßt sich schließlich auf einem Felsen am Meer nieder. Eine scheinbar belanglos hingeworfene Bemerkung wird Anlaß eines langen Streitgespräches über die Christen. Dabei spielt der Autor die Rolle des Moderators, während Octavius den Pro- und Caecilius den Contrapart übernimmt.

Was der Nichtchrist nun an Vorwürfen aneinanderreiht, ist eine Summe aller verqueren Vorstellungen, die sich das 3. Jahrhundert von den Christen macht:

Wie können sich ungebildete und unkultivierte Menschen wie die Christen herausnehmen, im Besitz der »Wahrheit« zu sein, wo doch »alles Wissen im Bereich des Menschen unsicher und zweifelhaft ist und eigentlich immer in der Schwebe bleibt!« Eine Ordnung der Welt sei nicht festzustellen, von einer göttlichen Vorsehung nichts zu bemerken: »Sterben nicht alle Menschen ohne Unterschied, wenn eine Seuche die Gegend verpestet? Fallen im Wüten des Krieges nicht gerade die Besten?«

Nach weiteren Beispielen: »Darum: Entweder ist die Wahrheit nicht sicher erkennbar, sie bleibt verschleiert und entstellt, oder – was wahrscheinlicher ist – blinder Zufall, bar jeder Gesetzmäßigkeit, herrscht im unsteten Wechsel der Geschehnisse.«

Daraus leitet Caecilius ab, daß es bei der allgemeinen Unsicherheit dieser Dinge das beste sei, die von den Vätern überlieferten Kultformen zu bewahren: »Und da über das Dasein der unsterblichen Götter, mag ihr Wesen und Ursprung auch ungewiß sein, bei allen Völkern völlige Übereinstimmung herrscht, kann ich es nicht billigen, wenn jemand in einer Art von atheistischem Aufklärungswahn sich so weit vermißt, daß er danach trachtet, unsere althergebrachte, Nutzen stiftende, heilbringende Religion zu vernichten oder zu schwächen.«

Dann der direkte Angriff:

»Ist es nicht kläglich, wenn Leute aus einer kläglichen, verbotenen, hoffnungslosen Rotte Sturm laufen gegen die Götter? Aus der untersten Hefe des Volkes sammeln sich da die Ungebildeten und die leichtgläubigen Weiber, die wegen der Beeinflußbarkeit ihres Geschlechtes ohnedies auf alles hereinfallen; sie sind eine gemeine Verschwörerbande, die sich in nächtlichen Zusammenkünften, bei Feierlichkeiten mit Fasten und menschenunwürdiger Speise nicht im Kult, sondern im Verbrechen verbrüdert.

Eine obskure, lichtscheue Gesellschaft, stumm in der Öffentlichkeit, in Winkeln geschwätzig! Tempel verachten sie, als ob es Gräber wären, vor Götterbildern speien sie aus, verlachen die heiligen Opfer! Selbst bemitleidenswert, schauen sie mitleidig auf unsere Priester herab! Selbst halbnackt, verachten sie Ämter und Würden!

O diese unfaßliche Dummheit! Diese unglaubliche Frechheit! Sie achten gegenwärtige Foltern für nichts, weil sie ungewisse zukünftige fürchten; weil sie Angst haben, nach dem Tode zu sterben, fürchten sie jetzt das Sterben nicht!

... Und wenn es heißt, im Mittelpunkt ihrer Zeremonien stehe ein für seine Verbrechen mit dem Tode bestrafter Mensch samt den Kreuzeshölzern, dann wird damit diesen verlorenen, verbrecherischen Menschen eben das als Heiligtum zugeschrieben, was zu ihnen paßt: sie verehren, was ihnen selbst gebührt.«

Es folgen nun die unglaublichen Gerüchte über die Initiationsriten, die wir zu Anfang schon kennenlernten; es heißt, sie beteten die Genitalien ihres Oberpriesters an, sie begingen Kindesmord bei ihren »Thyestischen Mahlzeiten«; bei ihren Kultmahlen käme es zu sexuellen Exzessen und ödipodischen Verbindungen.

Dann kommt der Auferstehungsglaube an die Reihe: »Dem ganzen Erdkreis, ja dem Weltall mit all seinen Gestirnen drohen sie einen Brand an, allen Dingen wollen sie den Untergang bereiten ... Du träumst von der Unsterblichkeit nach dem Tode ... Erkennst du nicht, wie vergänglich du bist? ... Seht doch das, was euch droht: Zwangsdelikte, Strafen, Foltern; Kreuze, aber nicht zum Anbeten, sondern zum Erleiden! ... Wo bleibt da dieser Gott, der den Auferstehenden helfen kann, den Lebenden aber nicht?«

Er wettert gegen das zurückgezogene, enthaltsame Leben der Christen: »Ihr haltet euch von allen Vergnügungen fern, auch von den anständigsten. Ihr besucht keine Schauspiele, nehmt an den Festzügen nicht teil, verschmäht die öffentlichen Speisungen (lectisternia); ihr verabscheut die Spiele zu Ehren der Götter, das Opferfleisch und den Opferwein der Altäre. So sehr fürchtet ihr das Dasein der Götter, deren Dasein ihr doch leugnet. Ihr schmückt euch das Haupt nicht mit Blumen, pflegt euren Körper nicht mit wohlriechenden Essenzen; Spezereien werden bei euch nur für die Toten aufgewendet, und Kränze habt ihr nicht einmal für eure Gräber übrig. Ihr bläßlichen, verschreckten Gestalten, ihr seid nur Erbarmen wert – aber das Erbarmen unserer Götter!«

Nach weiteren abwertenden Beispielen zieht Caecilius dies Fazit: Man solle unlösbare Fragen auf sich beruhen lassen »und sich nicht kühn und keck auf die eine oder andere Ansicht festlegen, da doch so viele große Männer bei bloßen Mutmaßungen stehengeblieben sind; denn sonst mache sich entweder ein Altweiberglaube breit oder aber die Religiosität geht gänzlich zugrunde!«

Die Antwort des Christen Octavius ist etwa dreimal so lang wie die Anklage des Caecilius. Äußerst geschickt läßt der Autor den Christen gelassen und verbindlich antworten. So wird Caecilius mit »mein Natalis« oder »mein Bruder« angeredet.

Die Verteidigungsrede des Octavius besteht aus zwei Teilen. Im ersten Hauptteil wird den vorgebrachten Argumenten und Vorwürfen Paroli geboten:

– Armut sei kein Hindernis auf dem Weg zur Gotteserkenntnis;
– allen Menschen sei die Erkenntnisfähigkeit Gottes eingeboren;
– die Ordnung des Kosmos setze einen Schöpfergott voraus;
– in einem Analogieschluß wird dessen apriorische Existenz bewiesen:

»Da es über die Vorsehung keinen Zweifel gibt, meinst du vielleicht, noch fragen zu müssen, ob das himmlische Reich durch die Macht eines einzelnen regiert werde oder durch den Willen vieler. Das ist nicht schwierig zu klären, wenn man die irdischen Reiche betrachtet, die jedenfalls ihre Urbilder im Himmel haben.«

Es folgen dazu Beispiele aus Tier- und Menschenwelt bis hin zu philosophischen Systemen, an deren Spitze Platon steht – dann die Folgerung:

»Die Meinungen sämtlicher Philosophen von Rang habe ich dargelegt; alle haben den einen Gott, wenn auch mit vielerlei Namen, gelehrt. Ja, man könnte meinen, die Christen wären die Philosophen von heute – oder die Philosophen wären damals Christen gewesen!«

Nach dieser mehr grundsätzlichen Erwiderung geht Octavius zum Angriff über und nimmt sich Punkt für Punkt die herkömmlichen Gottesvorstellungen des Mythos vor. So interessant alle diese Gedanken sind – sie führen uns zu weit vom Thema; uns beschäftigt ja mehr die Gegenseite. Nur dies noch: Alle Vorwürfe, die Caecilius gegen die moralischen Verfehlungen äußerte, werden nicht nur als von bösen Dämonen erfundene und verstreute Lügen zurückgewiesen; Octavius dreht den Spieß um: »Eure Geschichte und eure Tragödien prunken von Inzesten – und ihr lest und hört das mit Vergnügen! Ihr verehrt ja auch blutschänderische Gottheiten!«

Schließlich tauchen noch leidenschaftlich programmatische Sätze auf: »Für die Überheblichkeit der Philosophen haben wir nur Verachtung ... Wir tragen unsere Weisheit nicht im äußeren Gehaben zur

Schau, sondern hegen sie im Herzen. Wir reden nicht von großen Dingen, wir leben sie!«

Danach meldet sich der Autor Minucius wieder zu Wort und findet zum tusculanischen Erzählton und zum Rahmen des Anfangs zurück:

»Octavius hatte geendet. Wir waren überwältigt und schwiegen. Unsere Mienen zeigten noch eine ganze Weile angespannte Aufmerksamkeit. Ich für mein Teil war von der größten Bewunderung hingerissen. Hatte er doch Dinge, die leichter zu fühlen als zu formulieren sind, mit Beweisen, Beispielen und Zitaten aus der Literatur zu bekräftigen vermocht und so die Übelwollenden mit ihren eigenen Waffen, den Pfeilen der Philosophie, zurückgeschlagen. Ja, er hatte die Wahrheit nicht nur leicht faßlich, sondern geradezu anziehend darzustellen gewußt ...«

Caecilius aber ruft aus: »Ich muß meinen Octavius von ganzem Herzen beglückwünschen, aber ebenso auch mich selbst! Ich warte nicht mehr auf den Schiedsspruch [des Minucius]: Wir haben beide gesiegt! ... Denn wie er über mich gesiegt hat, so triumphiere ich über meinen Irrtum! ... Ich gebe nach in der Frage des Gottesbeweises und schließe mich ihm auch in bezug auf die Unbescholtenheit seiner Glaubensgemeinschaft an; sie soll nun auch die meine sein.«

Ein Happy-End! Detailfragen sollen am folgenden Tag erörtert werden: »Heute neigt sich die Sonne schon zum Untergang.«

Minucius hat das letzte Wort: »So gingen wir froh und heiteren Herzens auseinander. Caecilius freute sich, weil er zum Glauben gelangt war, Octavius, weil er gesiegt hatte, ich selbst war glücklich über die Bekehrung des einen und den Sieg des andern.«

Der »Octavius« des Minucius Felix ist die einzige Apologie, die in der so lebendigen Form des Dialogs geschrieben ist. Das hat in der Forschung schon früh die Frage aufgeworfen, ob sich dahinter nicht eine große Disputation zweier bekannter Zeitgenossen verberge; man dachte zum Beispiel an eine christenfeindliche Invektive Frontos,[170] des hochgelehrten Erziehers von Marc Aurel, oder an andere bekannte Größen.[171] Vieles spricht dafür, unter anderem »der warme, von spürbarer persönlicher Anteilnahme getragene Ton der Einleitung wie auch das Lob des Octavius aufgrund der vorgetragenen Apologie«.[172] Doch wird man dies nie beweisen können.

Das Büchlein freilich mit so lieblos pauschalem Urteil abzuwerten, wie es sich das weitverbreitete »Tusculum-Lexikon« anmaßt, zielt vorbei an seinem einmaligen Rang als literarisches wie religiöses Kleinod; handelt es sich doch um die nobelste Darstellung des religionspolitischen Konfliktes: »Alles Christlich-Dogmatische bleibt farblos, der Verfasser steht auf der Höhe der philosophischen und rhetorischen Bildung seiner Zeit.« Das ist überheblich vereinfacht.

Der »Octavius« gehört zu den aktiven christlichen Schriften, die uns auch heute noch anrühren; er ist fein, logisch und nobel in der Argumentation, ausgewogen in der Form; Sprache und Stil sind geleitet von ästhetischen Normen. So spricht er heute wie damals besonders subtile Zeitgenossen an, die stets beide Seiten der Medaille im Auge haben, und Minucius selbst muß ein solcher Mensch gewesen sein, sonst hätte er nicht so schreiben können.

Mit anderen Worten: »Octavius« ist keine revolutionäre Schrift, eher eine kritische Bestandsaufnahme. Darum sind es meist auch kontemplative Naturen, die ihn mögen. Weltverbesserer meiden ihn.

Ganz anders eine Streitschrift, die die gleichen Argumente aufgreift, aber von der Bestandsaufnahme und Rechtfertigung zum kompromißlosen Angriff übergeht – die berühmteste Verteidigungsschrift der christlichen Antike: das »Apologeticum« des Tertullian. Ein Plädoyer, an dem sich die Geister scheiden mußten!

Schon die Form schafft von vornherein Klarheit. Die Schrift ist als prozessuale Verteidigungsrede angelegt und wendet sich an die Provinzstatthalter, denen das Urteil in den Christenprozessen zusteht.

Gleich im ersten Satz wird das ungerechte Verfahren der Prozesse verurteilt, das ja den Angeklagten keinen Verteidiger an die Seite stellt:

»Wenn es euch nicht erlaubt ist, Statthalter des römischen Reiches, an freier und hochgelegter Stelle, ja beinahe am Gipfelpunkt der Stadt als Vorsitzende bei Gericht offen zu prüfen und vor aller Augen zu untersuchen, was es in Wahrheit mit der Sache der Christen auf sich hat; wenn bei diesem einen Fall euer Richteramt sich fürchtet oder sich schämt, unter Wahrung der Gerechtigkeit die Untersuchung öffentlich zu führen; wenn schließlich, wie es kürzlich geschehen ist, die allzusehr auf Prozesse im Palastinnern bedachte feindselige Gesinnung gegen unsere Gemeinschaft ihr die Verteidigung verwehrt – dann möge es der Wahrheit erlaubt sein, wenigstens auf dem verborgenen Weg einer stummen Schrift an euer Ohr zu dringen.«[173]

Von diesem ersten Satz an zieht Tertullian den Leser in den Bann seiner Argumentation und Sprache, deren Reiz unter anderem darin besteht, daß er lateinische Neuschöpfungen erfindet, um seine drängenden Gedanken anschaulich auszudrücken. Nie langweilt er, da man hinter jedem Satz das leidenschaftliche Engagement des Autors spürt: »Stets weiß er die Seite einer Sache ins Licht zu rücken, die für seine Ziele am meisten ergibt«, so Carl Becker in der Einführung, »niemals zählt er ermüdend Einzelheiten auf, sondern er greift gern ein zentrales Beispiel heraus, beweist an ihm mit allen Künsten der Dialektik und Rhetorik seine These und ist damit der Erörterung aller ähnlichen Erscheinungen überhoben. Mit scharfem Blick dringt er zu den verborgenen Hintergründen des heidnischen Denkens und Fühlens vor und entlarvt dessen Widersinn ... Tertullian übernimmt die Rolle eines Verteidigers im Gerichtsverfahren gegen die Christen und kleidet deshalb jede Erörterung in juristische Form, selbst wenn einzelnen Fragen damit Gewalt angetan wird.«[174]

So brandmarkt er etwa in den Eingangskapiteln die Ungerechtigkeit, mit der man Menschen einzig um ihres Christennamens willen verfolgt:

»Dies ist daher der erste Vorwurf, den wir vor euch erheben: die Ungerechtigkeit des Hasses gegen den Christennamen! Diese Ungerechtigkeit wird durch eben diejenige Begründung bezeugt und unterstrichen, die sie zu entschuldigen scheint, nämlich durch die Unkenntnis. Denn was ist ungerechter, als daß Menschen etwas hassen, was sie nicht kennen, selbst wenn es den Haß verdiente?«[175]

Oder: »Wenn schließlich sicher ist, daß wir die größten Verbrecher sind, warum werden wir dann von euch selbst anders behandelt als unseresgleichen, das heißt: die übrigen Verbrecher, da doch dem gleichen Verbrechen auch die gleiche Behandlung zuteil werden müßte? Wenn all das, was von uns behauptet wird, von anderen behauptet wird, treten sie selbst als Redner auf und mieten sich einen Anwalt zum Nachweis ihrer Unschuld ... Den Christen allein aber wird dies nicht zugestanden.«[176]

Äußerst geschickt geht er dann auf die derzeitige Rechtslage ein, die besagt, daß es nach dem Gesetz überhaupt keine Christen geben und man sich mit ihnen auf keine Diskussion einlassen dürfe:

»Wenn ihr brutal die Bestimmung erlaßt: ›Es ist nicht erlaubt, daß ihr da seid!‹ und dies ohne die Möglichkeit einer freundlicheren Neubehandlung von vorneherein fortsetzt, dann bekennt ihr euch zur Gewalt und zu einer ungerechten Zwingherrschaft ...[177] Gesetze empfiehlt weder die Zahl ihrer Jahre noch das Ansehen ihrer Schöpfer, sondern allein ihre Gerechtigkeit, und deshalb werden sie, wenn sie als ungerecht erkannt sind, mit Recht verurteilt, mögen sie auch selbst verurteilen. Inwiefern nennen wir sie ungerecht? Mehr noch: Wenn sie einen Namen bestrafen, sogar verrückt! Wenn aber Taten, warum bestrafen sie Taten auf den bloßen Namen hin, während sie sonst gegen sie nur einschreiten, wenn sie durch einen begangenen Frevel, nicht durch einen Namen erwiesen sind?«

Bei der folgenden Argumentation sieht man die (fiktive) Gerichtsszene plastisch vor sich:

»Angenommen, ich bin ein Blutschänder – warum forschen sie dem nicht nach? Oder ein Kindsmörder – warum foltern sie das nicht aus mir heraus? Oder ich vergehe mich gegen die Götter, gegen die Kaiser – warum hört man mich nicht an, da ich mich doch zu rechtfertigen weiß?! Kein Gesetz verbietet, das zu erörtern, was es zu begehen verbietet ... Verdächtig aber ist ein Gesetz, das sich nicht verantworten lassen will, unverantwortlich jedoch ist es, wenn es ohne Verantwortung Herrschaft ausübt!«[178]

Schon diese Einführung ist eine Attacke! Sie stellt die fragwürdige Methode der Verfahren bloß als scheinheiliges Agieren mit dem »Namen« als Delikt und greift die juristische Grundlage en face an. Dann folgt die eigentliche Verteidigung, die den Leser unwiderstehlich in ihren Bann schlägt, »als eine einzige stürmische und dabei doch beherrschte Bewegung« (Carl Becker).

Die großen Abschnitte des Hauptteils setzen sich mit all den bekannten Vorwürfen, Verdächtigungen, Verunglimpfungen, Gerüchten, kurz: mit dem Rufmord auseinander, der den Christen seit Nero ein normales Leben unmöglich macht. Sie wenden sich besonders gegen die angeblich insgeheim oder offen begangenen Verbrechen, darunter die beiden Hauptvorwürfe des Gottesfrevels und der Majestätsverletzung. Den Schlußteil bildet eine Abgrenzung zwischen Christentum und Philosophie, die die Wesensverschiedenheit herausarbeitet. Wenn schon jede Übersetzung, verglichen mit dem Original, ein Verlust ist, so sind erst recht aus dem Zusammenhang gerissene Zitate eines Werkes vom Rang des »Apologeticums« Tertullians ein Vergehen an Absicht, Ethos und ästhetischem Wollen des Autors, wofür es nur eine Entschuldigung gibt: die Neugier des heutigen Lesers zu wecken, sein Interesse auf Dinge zu lenken, die nur scheinbar als tote Sedimente einer vergangenen Epoche unter dem Schutt der Jahrhunderte ruhen; es gibt keine zweite Streitschrift der Antike, die in so leidenschaftlicher Sprache einen Totalangriff auf die scheinbar rechtmäßige, gottgewollte Ordnung des Überkommenen unternimmt, deren satte Statik sie als brüchig und gefährlich erkannt hat. Man braucht nur »Christentum« und »Christen« gegen Namen von bekämpften Minderheiten späterer Jahrhunderte auszutauschen, um die zeitlos gültige Berechtigung der Klagen und Anklagen zu erkennen.

Dies vorausgeschickt, greifen wir einige Passagen heraus. Da finden wir im 7. Kapitel eine Sezierung des »Gerüchtes«, deren analytische Gedankenschärfe unübertrefflich ist:

»Die Natur des Gerüchtes ist allen bekannt. Bei euch heißt es: ›Das Gerücht – ein Übel, geschwinder als alle andern.‹ Warum ist das Gerücht ein Übel? Weil es geschwind ist? Weil es etwas kundgibt? Oder aber weil es meistens lügt? Denn nicht einmal dann, wenn es etwas Wahres berichtet, ist es frei vom Makel der Lüge, da es von der Wahrheit etwas wegnimmt, etwas hinzufügt, etwas verändert. Und dann ist es ja doch sein Los, daß es nur, wenn es lügt, Bestand hat, und nur so lange lebt es, wie es keinen Beweis erbracht hat. Denn hat es diesen einmal erbracht, hört sein Dasein auf, und als verrichte es nur den Dienst eines Boten, übermittelt es die Tatsache; und von da an hält man sich an die Tatsache, spricht man von der Tatsache. Niemand sagt dann beispielsweise: ›Das, heißt es, *sei* in Rom geschehen‹ oder ›Es geht das Gerücht, der und der *habe* eine Provinz bekommen‹, sondern: ›Der und der *hat* eine Provinz bekommen‹ und ›Das *ist* in Rom geschehen‹.

Das Gerücht, ein Wort für das Ungewisse, hat keinen Raum, wo Gewißheit herrscht ... Jeder kann es sich klarmachen: wie weit ein Gerücht auch verbreitet sein, mit welcher Beharrlichkeit es auch vertreten werden mag – es muß doch einmal von einem einzigen Urheber ausgegangen sein. Von da rankt es sich allmählich empor, wird in Zungen und Ohren eingepfropft, und auf diese Weise breitet der Fehler im Samenkörnchen Dunkel über all die weiteren Gerüchte, so daß niemand mehr darüber nachdenkt, ob nicht jener erste Mund eine Lüge gesät hat ...

Begreiflich also, daß so lange Zeit nur das Gerücht um die Verbrechen der Christen weiß. Dies nun laßt ihr als Angeber gegen uns auftreten, obwohl es doch, was es einst ausgestreut hat und in solch langem Zeitraum zur festen Meinung hat werden lassen, bis heute nicht zu beweisen vermochte.«[179]

Zum Vorwurf, die Christen verehrten keine Götter:

»›Ihr erweist den Göttern keine Ehren‹, werft ihr uns vor, ›und für die Kaiser bringt ihr keine Opfer dar.‹ Es ist nur folgerichtig, daß wir für andere ebensowenig opfern wie für uns selbst, wenn wir die Götter nicht einmal verehren. Daher werden wir der Religions- und Majestätsverletzung angeklagt. Das ist das Schwerste, vielmehr: das ist es überhaupt, was man uns vorwirft, und es verdient gewiß untersucht zu werden – vorausgesetzt, daß nicht Voreingenommenheit auf dem Richterstuhl sitzt!

Eure Götter zu verehren unterlassen wir von dem Augenblick an, in dem wir erkennen, daß sie keine Götter sind. Das also müßtet ihr von uns verlangen, euch zu beweisen, daß sie keine Götter sind und deshalb auch nicht verehrt zu werden brauchen; denn nur dann müßten sie verehrt werden, wenn sie Götter wären ...

›Aber für uns‹, erklärt ihr, ›sind es Götter.‹ – Wir erheben Einspruch und richten ihn über euch hinweg an euer Gewissen; dieses mag über uns richten, dieses uns verurteilen, falls es leugnen kann, daß alle diese eure Götter einmal Menschen gewesen sind. Falls es dies ebenfalls bestreiten sollte, wird es durch seine eigenen Dokumente aus alter Zeit widerlegt werden ... Beweise liefern bis zum heutigen Tag die Städte, in denen diese Götter geboren sind, und die Gegenden, in denen sie

Spuren ihres Wirkens hinterlassen haben und in denen sogar ihr Grab gezeigt wird ...«[180]

Dies wird an zahlreichen Beispielen exemplifiziert.

Einmal heißt es – und die intellektuelle Ironie ist unüberhörbar: »Wenn es also jemanden gibt, der zu Göttern macht, komme ich nicht umhin, die Gründe zu prüfen, warum er aus Menschen Götter gemacht hat, und ich finde keine anderen, als daß jener große Gott für seine göttlichen Aufgaben Diener und Helfer gebraucht hat. – Erstens ist es unwürdig, daß er jemandes Hilfe bedurft hätte, und obendrein der eines Verstorbenen, da es seiner würdiger gewesen wäre, wenn er von Anfang an jemanden zum Gott gemacht hätte, weil er sonst eines Tages die Hilfe eines Verstorbenen brauchen würde.«[181]

Er macht sich über den Larenkult lustig:

»Eure Hausgötter, die ihr Laren nennt, behandelt ihr mit Hausherrngewalt und verpfändet sie, verkauft sie, verwandelt sie [durch Umschmelzen] bald aus einem Saturn in eine Bratpfanne, bald aus einer Minerva in eine Schöpfkelle, je nachdem wie einer im Laufe seiner langen Verehrung zerstoßen und zerbeult worden ist, je nachdem wie er die Belange des Haushalts als eine heiligere Gottheit zu verspüren bekam.«[182]

Nachdem Tertullian an zahlreichen Beispielen die naiv anthropomorphe Vorstellungswelt der Mythen in Frage gestellt und lächerlich gemacht hat, wendet er sich dem zweiten Hauptpunkt der Anklage zu:

»Gekommen sind wir also zum zweiten Anklagepunkt: Frevel gegen die noch erhabenere Majestät – denn mit noch größerer Furcht und noch schlauerer Ängstlichkeit achtet ihr den Kaiser als selbst den olympischen Jupiter. Und mit Recht, wenn ihr gescheit seid! Denn wer von allen Lebenden, er sei wer immer, ist nicht mächtiger als ein Toter? Aber selbst das tut ihr weniger aus vernünftiger Überlegung als aus Rücksicht auf die gegenwärtige Macht ...«[183]

Aber die Christen beten ja für das Wohlergehen des Kaisers: »Wer aber ist mehr Feind und Verfolger der Christen als der, um dessen Majestät willen wir als Verbrecher angeklagt werden? Aber auch klar und ausdrücklich heißt es: ›Betet für die Könige und für die Herrscher und für die Mächtigen, auf daß für euch alles ruhig und still sei.‹ – Denn wenn das Reich erschüttert wird, werden mit der Erschütterung seiner übrigen Glieder sicherlich auch wir – mögen wir auch den Unruhen fernzustehen scheinen – mit von dem Unglück betroffen werden.«[184]

Und plötzlich erhalten wir einen Einblick in die eschatologischen Vorstellungen der Christen dieses Jahrhunderts – zwischen den Zeilen steht es wie eine Drohung: »Es gibt noch eine andere, eine höhere Notwendigkeit für uns, für die Kaiser zu beten, ebenso für den Bestand des

Reiches überhaupt und die Macht der Römer: wir wissen, daß die gewaltige Katastrophe, die dem Erdkreis droht, ja daß das Ende der Welt, das entsetzliche Leiden heraufbeschwört, nur durch die dem römischen Reich gewährte Frist [!] aufgehalten wird. Daher wollen wir dies nicht erleben, und indem wir um Aufschub beten, tragen wir zum Fortbestande Roms bei.«[185]

Gegen Ende faßt er das Absurde der gegnerischen Vorwürfe in der berühmten Stelle zusammen:

»Wenn der Tiber die Mauern überflutet, wenn der Nil die Felder nicht überflutet, wenn der Himmel sich nicht rührt, wenn die Erde sich bewegt, wenn eine Hungersnot, wenn eine Seuche wütet, gleich schreit man: ›Die Christen vor den Löwen!‹ (›Christianos ad leonem!‹)«[186]

Die Rede schließt mit der Feststellung, daß das Foltern, Martern, Kreuzigen, Töten keineswegs die Verbreitung des Glaubens behindern könne; noch so ausgeklügelte Grausamkeit bewirke nichts, denn: »Zahlreicher werden wir, so oft wir von euch niedergemäht werden: ein Same ist das Blut der Christen ... Feindschaft trennt Göttliches und Menschliches: wenn ihr uns verurteilt, werden wir von Gott freigesprochen!«[187]

Wer war dieser Mann, der es wagte, mit bis dahin unerhörter Schärfe des Gedankens und beißender Ironie die üble antichristliche Rechtspraxis zu attackieren, der die Vorwürfe des Atheismus in gesteigerter Form zurückgab und so die Schwachstellen der Gegenseite offenlegte?

Über das Leben des Quintus Septimius Florens Tertullianus, wie er mit vollem Namen hieß, ist nicht viel mehr bekannt als das, was er, verstreut über sein Werk, sporadisch erwähnt. Und die Alten scheinen nicht viel mehr darüber gewußt zu haben. Das Bekannte ist mit wenigen Worten gesagt: Er wurde um 160 in Karthago als Sohn eines nichtchristlichen Centurio geboren und durchlief den üblichen Bildungsweg durch die Schule des »grammaticus«[188] und Rhetors. Der Unterrichtsstoff wird – schon ganz im heutigen Sinne – als »Schulwissen« angeboten, das heißt, man fußt nicht mehr auf den Originalen der Dichter und Philosophen, sondern füttert die Heranwachsenden mit Auszügen und Kompendien. Dennoch war es für einen weltoffenen, neugierigen, unruhigen Geist, der auf die größeren Zusammenhänge versessen ist, das geeignetste Instrumentarium, um möglichst schnell vom Breitenwissen in die entscheidenderen Tiefen vorzustoßen. Gerade das »Apologeticum« beweist, wie er die Künste der Rhetorik souverän beherrscht und mit ihnen, zum Nutzen seiner Ziele, spielend umgeht.

Er wird früh Anwalt, geht nach Rom, wirkt als Advokat auf dem Forum. Die Frage, ob er mit dem zur gleichen Zeit lebenden römischen Juristen Tertullianus identisch ist, bleibt nach wie vor umstritten. Doch spricht aus seinem gesamten Werk, nicht zuletzt aus dem »Apologeticum«, eine große, praxisnahe Kenntnis der juristischen Sphäre.

Über die Gründe und den Zeitpunkt seines Übertritts zum Christentum hat er selbst nirgends gesprochen oder geschrieben. Da es ihn aber bald nach dem Übertritt dazu gedrängt hat, als Verteidiger des neuen Glaubens aufzutreten, dürfte der Wechsel in den frühen oder mittleren neunziger Jahren anzusetzen sein.

In diesem Zusammenhang ist ein Aspekt wichtig, auf den besonders Carl Becker, ein großer Kenner Tertullians, hingewiesen hat: »Abgesehen von dem Unterschied in der Lehre – die Christen glauben an den bereits erschienenen Messias, während die Juden dieses Ereignis leugnen – ist die innere Situation der christlichen Apologeten eine andere als die der jüdischen. Während die Juden wie in ihr Volk so auch in ihren Glauben hineingeboren wurden, sind die christlichen Schriftsteller als Heiden [oder als Juden] aufgewachsen und haben erst im reifen Alter den Weg zum Christentum gefunden. Die Auseinandersetzung mit dem Heidentum wird damit zu einem tiefen persönlichen Anliegen – sie haben es nicht nur mit einem unbarmherzigen Feind zu tun, sondern zugleich mit ihrer Herkunft und einem Stück ihres eigenen Lebens. Ihr innerer Zwiespalt offenbart es am deutlichsten, sobald sie auf die Philosophie zu sprechen kommen, mit der der heidnische Bildungsgang sie in engste Berührung gebracht hat. Während die einen in überreizter und überspitzter Polemik sie restlos verwerfen, sehen die anderen eine Möglichkeit der Vereinigung und tragen den Titel Philosoph auch nach ihrer Bekehrung . . .«[189]

Von Tertullian sind 31 Werke erhalten, deren zeitliche Einordnung auf Grund ihres zum Teil verwahrlosten Zustandes sehr schwierig ist. Auch der sprachliche Zugang ist nicht einfach, denn Tertullian schreibt unklassisches Latein in einem ganz und gar eigenwilligen persönlichen Stil, der sich eine brauchbare christliche Terminologie erst bilden muß.

Ohne uns in Einzelheiten zu verlieren, hier ein notwendiger Überblick. Inhaltlich gliedern sich seine Schriften in drei Gruppen:

1. Apologetische Werke, darunter die Vorstudie »Ad nationes« (An die Heiden), die zugleich als Entwurf für das wohl 197 entstandene »Apologeticum« angesehen werden kann. Ebenfalls bis heute ungeklärt ist, ob dem »Apologeticum« gegenüber dem »Octavius« Priorität zukommt; wenn ja, wäre es die älteste erhaltene lateinische Schrift eines christlichen Autors.[190]

2. Dogmatisch-polemische Schriften zur Bekämpfung der Irrlehre: die Kirche als rechtmäßige Besitzerin von Schrift und Apostelüberlieferung bestreitet den Häretikern jedes Recht auf Schriftauslegung.

3. Paränetische Werke (das heißt, ermahnende; von Paränese = Er-

mahnungsschrift oder -rede, Mahnpredigt) zu Einzelfragen der kirchlichen Praxis wie Taufe, Buße, Fasten, Gebet, Ehe, Frauenputz, Theater oder Kriegsdienst.

Besonders in den paränetischen Schriften, aber vereinzelt schon im »Apologeticum«, fällt Tertullians strenge, kompromißlose und zunehmend rigoristische Haltung auf, die etwa die zweite Ehe als Sünde verwirft, die Vergebbarkeit schwerer Sünden durch die Kirche leugnet und deren Laxheit leidenschaftlich geißelt.

Man muß es wohl im Zusammenhang mit seiner Hinwendung zum Montanismus sehen: Diese im 2. Jahrhundert von Kleinasien ausgehende Bewegung, die ihren Namen von ihrem Urheber Montanus hat, suchte die urchristlichen Zustände zu bewahren. Die Gemeinde sollte von Charismatikern und nicht durch eine bischöfliche Monarchie geleitet werden. Man ging sogar so weit, die Ehe überhaupt abzulehnen. Am stärksten aber fällt das Festhalten an der unmittelbaren Naherwartung Christi auf.

Es ist sehr schwierig, von einer Entstehungszeit des Montanismus auszugehen, da alle diese Merkmale sich naturgemäß auch in der frühen Kirche finden, die vom Urchristentum herkommt; nur haben hier mittlerweile Entwicklungen stattgefunden, die die Montanisten rückgängig machen wollten. Tertullian jedenfalls wurde der führende Montanist seiner Zeit; doch schon Märtyrerberichte wie die von Lugdunum – mit ihrem Drängen zum Martyrium – sind vom Montanismus beeinflußt.

Tertullians Übertritt zum Montanismus dürfte zwischen 202 und 207 liegen, wobei es ohnehin schwer zu erklären ist, wie dieser so vom Verstand geprägte Mensch es über sich brachte, in eine schismatische Gemeinschaft einzutreten: »Ich schäme mich nicht des Irrtums«, schreibt er später, »von dem ich freigekommen bin, weil die Befreiung mich beglückt, weil ich erkenne, daß ich besser und keuscher geworden bin. Keinem bringt Weiterschreiten Schande.«[191]

Wann er starb, wissen wir nicht. Ungeachtet dessen ist sein Werk, besonders die Apologie, ein »Gipfelpunkt der altchristlichen Literatur des Abendlandes«.[192]

# Trügerische Ruhe

Die vier Jahrzehnte der Severer-Dynastie (193 bis 235) und die Jahre danach bis zum Regierungsantritt des Decius (249) sind insgesamt für die Christen eine Zeit der Ruhe. Das scheint zunächst verwirrend; finden doch gerade in diesem Zeitraum große Veränderungen in Gesellschaft, Wirtschaft, Religion, Kultur statt: Nationalitäten und Klassen beugen sich dem Untertanenstaat, die Religionen haben sich dem absoluten Herrscherkult unterzuordnen. Noch erstaunlicher ist, daß es gerade unter solchen Regenten, die absolut skrupellos jeden politischen Gegner vernichten und nicht vor Mord im eigenen Hause zurückschrecken, eben nicht jene Exzesse gegeben hat, wie wir sie unter der Regentschaft Marc Aurels kennenlernten. Ein Widerspruch?

Zunächst dies: Die strafrechtliche Kompetenz lag bis auf weiteres beim Provinzstatthalter. Als oberste Verwaltungsinstanz ist er Gerichtsherr und höchster Polizeibeamter in einer Person. In seinen Entschließungen steht er stark unter dem Einfluß der jeweiligen Volksstimmung. Beim Urteilsspruch wie bei der Bemessung der Strafe kann die Entscheidung getroffen werden nach römischem Recht, aber auch nach Provinzialrecht oder auf Grund bloßer Polizeivorschriften. Die kaiserlichen Bescheide geben sich lediglich als Direktiven allgemein rechtlicher und administrativer Art; sie sind – wie das trajanische Reskript an Plinius – Mandate an die Statthalter, keine eigentlichen Verfolgungsedikte.[193] Wir haben es auf den letzten achzig Seiten immer deutlicher empfunden: Der Christenprozeß ist etwas ganz Eigenartiges im römischen Rechtswesen, er läßt sich nicht restlos einordnen.

Dabei muß aber die Entwicklung des römischen Rechts bedacht werden, die sich über Jahrhunderte vom Gemeindestaat am Tiber zum Reichsstaat vollzog: Unter dem Einfluß der Stoa[194] dringt in der frühen Kaiserzeit der Humanitätsgedanke in großer Breite in alle Verhältnisse des römischen Lebens ein. Das Nationalrecht der Einzelvölker wandelt sich im Weltreich mit seinem Völkergemisch zum »ius gentium«, einem Weltbürgerrecht; das harte, strenge römische Recht (»ius strictum«)

schreitet voran zur menschenfreundlichen »ars aequi et boni«, eine römische Wendung, die etwa bedeutet: Grundsatz von Recht und Billigkeit (»aequi bonique aliquid facere« = etwas als recht und billig anerkennen lassen, sich etwas gern gefallen lassen). Es gründet sich auf »utilitas« (Nutzen, Wohl, Glück) und »aequitas« (Rechtsgleichheit, Unparteilichkeit) und wird so zum natürlichen Menschenrecht. Das schlägt sich auch in den Christenprozessen nieder; sie sind – man muß es objektiv sehen! – die Ausdrucksformen einer humanen Jurisdiktion, die alle Härten und Möglichkeiten der Rechtsbeugung zu beseitigen sich ernstlich bemüht. Die Kaiser selbst sind juristisch aufs höchste interessiert: Hadrian schafft für Italien das neue Institut der zivilrechtlichen »iuridici« (Zivilrichter); Antoninus Pius ließ Präzedenzfälle sammeln, deren Rechtssätze vom Prinzip der Billigkeit und Autorität noch lange wirksam sind; Marc Aurel bringt über der Untersuchung einzelner Rechtsfälle oft ganze Tage zu. Es ist die Zeit der großen Rechtslehrer. Ihre Repräsentanten wie Papinian[195] und Domitius Ulpianus[196] nehmen in ihren Ediktensammlungen für die Provinzstatthalter auch die kaiserlichen Reskripte über die Christen auf. Kurz, die Christenfrage war in der Verwaltungstätigkeit zu einer schwierigen Materie geworden!

Nun sahen wir aber, daß in der Praxis Schindluder getrieben wurde mit den von humanem Geist getragenen Allgemeinbestimmungen. Das Verfahren, in der Hauptsache ein Feststellungsverfahren, stand stark unter dem Eindruck der großen Masse; der Gerichtsherr wird zum ausführenden Organ tumultuarischer Volksmengen. Die Schriften der Apologeten schreiben die Hauptschuld an den harten Urteilen vorab der Willkür der obersten Beamten zu; Tertullian richtete sein Plädoyer direkt an die Statthalter, sozusagen an die juristische Basis, weil er wußte, daß die Zentrale in Fragen der praktischen Durchführung nicht kompetent war.

Andererseits mußte gerade den Provinzmagistraten, die an der »inneren Front« Ruhe, Ordnung, Funktionieren von Handel, Wandel und Wirtschaft zu gewährleisten hatten, das Verhalten der Christen nicht nur unbegreiflich, sondern boshaft vorkommen. Zu den alten Beschuldigungen traten neue: Verweigerung des Götteropfers, unfreundliches Fernbleiben von den öffentlichen religiösen Festen, von den Totenopfern und Totenmahlen, zu denen sich die Verwandten und Freunde alljährlich am Grabe ihrer Verstorbenen zusammenfanden. Dazu endlich der große substantielle Konflikt, hervorgerufen durch die Verweigerung des Kaiserkultes und Kaiseropfers; wird beides doch in immer stärkerem Maße Sinnbild und Würdigung der durch die Herrscher herbeigeführten Segnungen der »pax« (Friede) und »felicitas« (glückliches Gedeihen).

Wir müssen uns bewußt machen, daß römische Kaisergeschichte eben nicht nur eine permanente Chronique scandaleuse der Hofburg mit Intrigen, Orgien, Meuchelmord ist, sondern daß die millionenstarken Massen des Reiches ganz andere Dinge interessierten als die kaiserlichen Chronisten etwa der »Historia Augusta«. Die Kaiserverehrung wird jetzt so recht volkstümlich, sie schlägt tiefe, feste Wurzeln, nun auch in der Westhälfte des Reiches – von wo sie später an das mittelalterliche und neuzeitliche Europa weitergegeben wurde!

Der Volksmund – und er ist ja nichts anderes als das Medium der schweigenden Mehrheit – nennt die Christen mit Fug und Recht »inimici imperatoris« (Feinde des Kaisers), »hostes publici« (Feinde der öffentlichen Ordnung, des Staates), »hostes religionis« (Gegner der Gottesverehrung, der Religion).

Hinzu kommt die bisweilen überhebliche Art der Christen im Umgang mit Andersgläubigen – ein Pferdefuß, den diese Religion bis heute nicht los wurde: Die Christen allein besitzen die höhere Weisheit! Ihre Gottesverehrung ist die Philosophie aller Philosophie! Schädlinge im Staate sind nach dem Urteil des Volkes die Christen! Sie gefährden, besonders in Zeiten von Krieg, Pest und Hunger, das Gemeinwohl! Sie sind gottlos! Das Volk will seine Götter rächen. – Leben hier zwei Völker nebeneinander?

Jaques Moreau schreibt dazu:

»Die übertrieben heftige Weigerung, sich enger an den Staat anzuschließen, mußte, auch wenn die Mehrheit der Christen nichts mit ihr zu tun hatte, das Mißtrauen der Behörden und all derer wecken, denen an der Erhaltung des Reiches lag. Tertullian hatte gut reden, wenn er behauptete, daß die Christen ebenso wie die Heiden an der Bewahrung des Regimes interessiert seien, das sie gegen die Barbaren schütze; man kann ihm seine eigenen Worte entgegenhalten: ›Der Christ ist ein Fremdling in dieser Welt; er ist ein Bürger des himmlischen Jerusalems.‹ «[197]

Ausgerechnet in einer Zeit, in der die Verantwortungsbewußten mit allen Mitteln versuchten, die Bewohner des Reiches um ihr Oberhaupt zu sammeln – in dieser Zeit gefällt sich der montanistische Zweig des Christentums geradezu in seiner Weigerung, das, was des Kaisers ist, anzuerkennen, und in seiner Gleichgültigkeit dem Staat gegenüber. Der Historiker Cassius Dio läßt Maecenas im Hinblick auf den zukünftigen Augustus sprechen: »Bemühe auch du dich, die Gottheit nach den Gesetzen des Vaterlandes zu verehren, und zwinge die anderen, sie zu verehren. Verabscheue und verachte jene, die auf dem Gebiet der Religion dazu neigen, fremde Gebräuche anzunehmen, und das nicht nur wegen der Götter – wer sie verachtet, hat vor nichts Ehrfurcht –, sondern weil diejenigen, die sich empören und religiöse Neuerungen einführen, viele Menschen zu fremden Gesetzen verleiten. Daraus entstehen dann Verschwörungen, Revolutionen, unerlaubte Verbindungen – kurz, alles, was sich mit der Monarchie nicht verträgt. Dulde daher weder Atheismus noch Magie.«[198]

Diese Worte des Cassius Dio, Anfang des 3. Jahrhunderts geschrieben, klingen wohl wie eine Antwort auf die Drohungen Tertullians: »Wenn wir aber als offene Feinde, nicht nur als heimliche Rächer auftreten wollten, fehlte es uns dann an Truppen- und Heeresmacht? Meint ihr, zahlreicher seien die Mauren, die Markomannen und selbst die Parther oder all die anderen, bei all ihrer Größe dennoch an *einem* Ort und in ihre Grenzen gebundene Völker, als Menschen des ganzen Erdkreises? Gestern sind wir erschienen, und schon haben wir alles, was euer ist, überflutet, Städte und Inseln, Garnisonen, Gemeinden, Ortschaften, ja Heerlager, Stadtbezirke und Dekurien,[199] Palast, Senat und Forum; gelassen haben wir euch allein die Tempel. Zu welchem Kriege wären wir nicht imstande, nicht bereit, selbst bei ungleicher Truppenzahl – wir, die wir so bereitwillig uns morden lassen –, wäre nicht in unserer Lehre eher erlaubt sich zu töten, als töten zu lassen?«[200]

Jüngst veranschaulichte der glückliche Fund einer außergewöhnlichen Sonnenuhr auf dem römischen Marsfeld – heute die Altstadt Roms –, was denn »Kaiserkult« im alltäglichen Umgang bedeutete. Josef Schmitz van Vorst, Rom-Korrespondent einer großen deutschen Tageszeitung,[201] hat den kultischen Bezug mit der Herausstellung des Augustus als Friedensbringer an den Details des Solariums treffend und anschaulich beschrieben:

»Die Funde lassen das System der Sonnenuhr des Augustus, ihre Ausdehnung und auch ihre Bedeutung erkennen. Im Nordteil des Campus Martius [Marsfeld] haben wir uns eine weite Fläche vorzustellen, westlich vom Tiber und östlich von der Via Flaminia, der heutigen Via del Corso, begrenzt, die nach Norden im spitzen Winkel aufeinander zulaufen, ohne sich freilich zu berühren, mit Baumgruppen von Hainen an den Rändern sowie von einer Hügelkette umfangen, die bis zum Flußufer reichte. An der Stelle, an der sich Straße und Fluß am nächsten kamen, lag das Mausoleum des Augustus. Es ist fünfzehn Jahre vor dem Solarium und der Ara Pacis,[202] dem Friedensaltar, errichtet worden.

Die Ara Pacis, 27 Meter vom Gnomon (dem Schattenwerfer, einem 30 Meter hohen Obelisken) entfernt, kommt ihm so nahe, daß das Liniennetz des Solariums über sie hinausgeht. Beide sind nicht nur gleichzeitig errichtet (am 30. Januar 9 v.Chr. eingeweiht), sondern in ihrer Symbolik aufeinander bezogen; die Ara feierte die Erfolge des Kaisers im Westen (Gallien, Spanien), der Obelisk die im Osten. Das Liniensystem der Uhr, auf das die Sonnenbewegungen über die Gnomonspitze übertragen wurden, gleicht einem Riesenschwalbenschwanz. Die Schattenlänge für die Sommersonnenwende beträgt nur 9½ Meter, die für die Wintersonnenwende etwas über 65 Meter. Das Zifferblatt hatte einen Umfang von der Hälfte des Petersplatzes. Eine der Überraschungen [für die Ausgräber] bestand darin, daß die Äquinoktienlinie [Linie der Tag- und Nachtgleiche], eine Gerade genau in der Ost-West-Achse, durch die Mitte der Ara hindurchlief. Der Friedensaltar befand sich wohlgemerkt nicht an der heutigen Stelle in unmittelbarer Nachbarschaft des Mausoleums, sondern beim Palazzo Fiano in der Nähe des Corso.

An den Herbstäquinoktien, dem Beginn des Zeichens der Waage, ist der Geburtstag des Augustus (23. September) und neun Monate vorher, zum Zeitpunkt der Wintersonnenwende, dem Beginn des Zeichens des Steinbocks, sein Empfängnistag. Auf diese beiden Tage ist die Gesamtanlage abgestellt. Am Geburtstag des Kaisers wandert der Schatten vom Morgen bis zum Abend etwa 150 Meter weit die schnurgerade Äquinoktienlinie entlang, genau zur Mitte der Ara Pacis, und macht demonstrativ sichtbar, daß Augustus »natus ad pacem« (geboren zum Frieden) ist. Der Schatten kommt von der Kugel, Symbol der Herrschaft über die Welt, die jetzt befriedigt ist ... An der Wendelinie des Steinbocks, der Empfängnislinie des Kaisers, beginnt die Sonne wieder zu steigen. Mit Augustus beginnt also wieder ein neuer Tag, ein neues Jahr, eine neue Ära des Friedens, der Fülle und Glückseligkeit.«

Diese Sonnenuhr ist eines der schönsten Beispiele dafür, wie dem antiken Menschen kosmisches Geschehen und menschliches Geschick in der Gestalt des guten Herrschers eins werden. Wenn auch nicht alle Besucher und Betrachter der Anlage die mathematisch-astronomischen Zusammenhänge verstanden haben, so war doch das geheimnisvolle Spiel und Ineinander zwischen Licht, Schatten und den personal bezogenen Bauwerken der anschauliche Beweis für die göttliche Vorsehung.

Wenn auch kaum einer der folgenden Kaiser den Rang und die Bewunderung des Augustus erreichte – die Differenz zwischen Person und Amt war oft zu groß –, so ist »DER KAISER« für die fünfzig Millionen Reichsangehörigen doch nach wie vor Symbol und Garant des inneren Friedens und Wohlergehens.

Es bleibt also die Frage: Wie ist es zu erklären, daß die Christen unter den Severern weithin in Ruhe gelassen wurden, wo sie doch die kultische, gottgleiche Hoheit des Herrschers leugnen?

Mit den Severern begann der Aufstieg des Orients im Römischen Reich. Die Herrscher dieser Dynastie brachten dem Christentum teil-

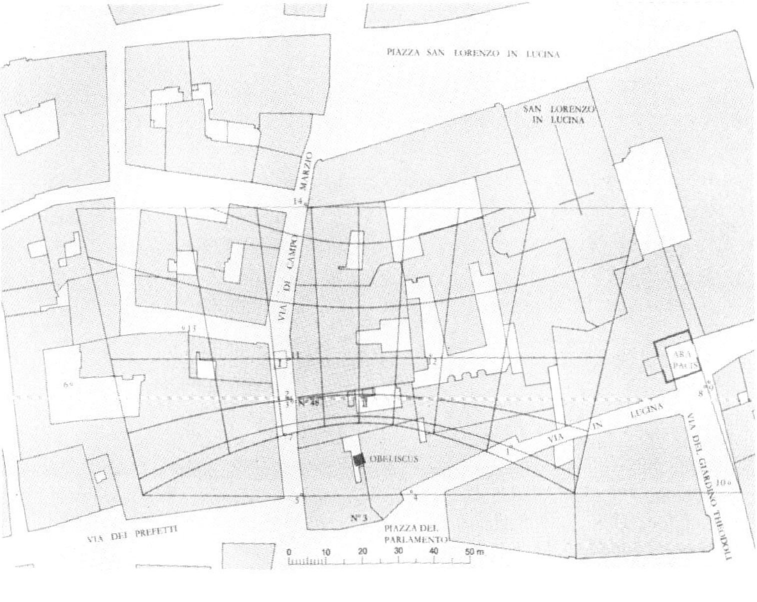


*Abb. oben:* Während der Freilegung der Sonnenuhr

*Abb. unten:* Moderne Bebauung, Solarium Augusti (in der im Sommer 1980 bestätigten Ausdehnung) und Ara Pacis Augustae; Grabungen Sommer 1979 (I) und Winter 1979/Sommer 1980 (II) sowie Bohrungen Sommer 1980 (1–14) weise eine gewisse Duldung, ja persönliches Interesse entgegen. Septimius Severus (193 bis 211) hatte Christen in seiner Umgebung und gab seinem ältesten Sohn eine christliche Amme. Severus Alexander (222 bis 235) verehrte im Lararium seines Palastes unter anderen Heroen auch Christus. Er zog den christlichen Gelehrten Iulius Africanus heran; seine Mutter berief den großen Origines nach Antiochia zu Vorträgen über die christliche Religion.

Es ist eine Zeit des Synkretismus, der Vermischung verschiedener Religionen und Konfessionen. Freilich hängt es von den historischen Perspektiven ab, ob man diese Entwicklung bedauert oder als Fortschritt empfindet. Allenthalben geht altrömisches Denken verloren, kommt es zu einer friedlichen Durchdringung mit den älteren Kulturelementen des hellenisierten Orients. Überall eine Steigerung und Vertiefung des religiösen Lebens; den einen gibt die Philosophie den Lebensinhalt, andere suchen ihn bei fremden Göttern. Man wünscht sich eine persönlich zugängliche Gottheit, der man seine privaten Nöte anvertrauen kann. Dieser individuelle Gott ist zugleich höchster Weltschöpfer, ihm gesellen sich Scharen guter oder böser Dämonen bei.

Je stärker der Staat sich zentralisiert, die Klassen nivelliert, um so mehr wächst der Hang nach einer individuellen, ganz intimen Beziehung zu den Schicksalsmächten. »Katharsis«, Reinheit und Heiligkeit der Seele, und »pietas«, Frömmigkeit, sind das neue Lebensziel. Sie treten an die Stelle des alten Sittlichkeitsideals der »virtus Romana« und werden sichere Bürgschaften für das Jenseits mit der Aussicht auf eine bessere Welt, Belohnung des Guten und Ahndung des Bösen. Nirgends sonst zeigt sich dieser Umschwung vom Mythos zur Mystik deutlicher als in der schwindenden Bedeutung der Orakelstätten des Apollo zu Delphi und anderswo; der apollinische Tag neigt sich dem Abend zu.

Wir besitzen ein einzigartiges Dokument des religiösen Umschwungs in der »Lebensbeschreibung des Apollonius von Tyana«, die der Rhetor Flavius Philostratos (der Zweite) im Auftrage von Severus' Gattin Iulia Domna (gest. 217) verfaßt hat. Apollonius, ein Neupythagoreer des 1. Jahrhunderts (er starb in der Regierungszeit Nervas), hatte den ernsten und offenbar eindrucksvollen Versuch gemacht, das Leben des Pythagoras nachzuleben. Sein Biograph Philostratos beschreibt sein Leben und Wirken so, wie es zu dieser Zeit, Anfang des 3. Jahrhunderts, gesehen sein wollte: Apollonius macht weite Reisen (Indien, Ägypten), zieht dann, eine Schar Jünger im Gefolge, Reinheit lehrend, weissagend und Wunder vollbringend, durch die Lande. Er versteht die Sprachen aller Völker und die Sprache der Vögel; er geht, wie die indischen Bramahnen, durch die Lüfte, er fährt nach seinem Tode gen Himmel auf. Wichtig für uns: die Niederschrift zu diesem Zeitpunkt und die offensichtliche Parallele zu Christus, die später den Eusebius in einer eigenen Schrift ernstlich gegen diese Gleichsetzung Stellung nehmen ließ.

Ein Beispiel aus der Vita des Apollonius:

»... Auch folgendes ist eine Wundertat des Apollonius. Ein Mädchen im heiratsfähigen Alter war verstorben – so glaubte man wenigstens –, und der Bräutigam folgte ihrer Bahre und jammerte, wie man es so tut bei einer nicht zustande gekommenen Hochzeit; mit ihm trauerte auch Rom, denn das Mädchen stammte aus einem consularischen Hause.

Und Apollonius kam hinzu zu ihrem Kummer und sprach:

›Setzt die Bahre nieder, ich werde euch aufhören machen zu weinen.‹ Zugleich fragte er nach ihrem Namen.

Die Menge glaubte, er werde eine Rede halten, wie die Leichenreden sind, die zu Trauer und Wehklagen bewegen.

Er aber berührte sie nur und sagte einige unverständliche Worte dazu und erweckte so das Mädchen von einem vermeintlichen Tode. Und das Mädchen gab Worte von sich und kehrte in das Haus ihres Vaters zurück, wie Alkestis, als sie von Herakles zum Leben zurückgerufen war ...«[203]

Allenthalben beobachten wir eine Vergeistigung und Mystifizierung der antiken Religion, eine Fortentwicklung zu Monotheismus und Erlösungsglaube, eine Hinwendung zum Jenseits. Aber ebenso nähert sich das Christentum der philosophisch-religiösen Gedankenwelt. Clemens von Alexandria[204] betont die Notwendigkeit des *Wissens* neben dem Glauben; seine Sitten- und Anstandsregeln sind, genau besehen, Vorschriften aus der platonischen Philosophie:

»Das gleiche ist es, wenn Plato im ›Staat‹ von dem Gerechten sagt, er werde glücklich sein, auch wenn er gefoltert wird und ihm beide Augen ausgestochen werden. Für den Erleuchteten also ist die letzte Entscheidung nicht durch äußeres Schicksal begründet, sondern es hängt von ihm selbst ab, ob er glücklich und selig und ein königlicher Freund Gottes ist ...«[205]

Diese alexandrinischen Gelehrten schreiben für die Gebildeten der ganzen Welt. Schickte der römisch-republikanische Bildungsbürger seinen Sohn nach Athen oder Rhodos, um ihn mit den damals die Geister bewegenden Lehren der Akademie oder Stoa vertraut zu machen, so nun in die alexandrinischen Schulen, die Nichtchristen und Christen gleichermaßen anzogen.

Dieser merkwürdige geistige Prozeß schafft eine Atmosphäre des Sichverstehens, der Duldung – und beim Staate ein vorsichtig wägendes Gewährenlassen.

Für die christliche Kirche war es eine so ruhige Zeit der Entwicklung, daß man die Ära der Verfolgungen für endgültig abgeschlossen, als einen historischen Irrtum der Vergangenheit betrachtete.

Genau in diesem Zusammenhang muß man eine religionspolitische Order des Septimius Severus sehen; auf einer Reise in Palaestina, die er im Jahre 202 machte, verbot er den jüdischen Proselytismus, das heißt die Werbung und Bekehrung für den israelitischen Glauben – und traf bezüglich des Christentums die gleiche Maßnahme: »Den Übertritt zum Judentum verbot er bei strenger Strafe; ein gleiches verfügte er auch hinsichtlich der Christen.«[206]

Was war der Sinn dieser Order? – Möglicherweise verfolgten Septimius und seine Ratgeber drei Ziele:

1. Von der alten Praxis, daß die Statthalter strafrechtlich gegen denunzierte Christen vorgingen, sollte nicht abgegangen werden.

2. Davon abgesehen, daß das Christentum zwar nach wie vor »religio illicita« (unerlaubte Religion) war, schob man im übrigen und notgedrungen »Unkenntnis« vor und war nur gewillt, unter dem Druck der Volksmenge und auf Grund von Denunziationen dritter vorzugehen.

3. Die zwar juristisch verneinte, aber faktisch vorhandene Freiheit der Christen sollte überwacht werden, indem man durch das Verbot der Werbung und Bekehrung eine Abkapselung der Christen auf sich selbst zu erreichen suchte.

Dieses Edikt richtete sich besonders gegen die stärksten und eifrig missionierenden Gemeinden Nordafrikas, wo allen voran Alexandria ein Mittelpunkt unermüdlicher christlicher Propaganda war. Dort, aber auch in Karthago, wurde die Überwachung rigoroser gehandhabt: in Alexandria hatte sich eine Schule für christliche Philosophie etabliert, die versuchte, griechisches Gedankengut mit den Lehren der Kirche zu verbinden. Sie ist allem Anschein nach sofort unter behördliche Aufsicht gestellt worden, denn Clemens, ihr Vorsteher, mußte nach Kappadokien fliehen.

Origines wurde trotz seiner Jugend Nachfolger des Clemens,[207] war aber ebenfalls längere Zeit gefährdet und mußte aus der Schar seiner Schüler sechs sterben sehen; auch sein Vater wurde enthauptet.

Es waren turbulente Jahre für den jungen Mann; Eusebius berichtet: »Als sein Vater den Märtyrertod gestorben war, blieb er, noch nicht siebzehn Jahre alt, mit seiner Mutter und seinen sechs jüngeren Geschwistern als Waise zurück. Da das große Vermögen des Vaters der kaiserlichen Schatzkammer zufiel, mußte er mit seinen Angehörigen an den lebensnotwendigen Dingen Mangel leiden. Allein Gott würdigte ihn seiner Fürsorge. Er fand Aufnahme und Unterhalt bei einer sehr reichen und vornehmen Frau ...[208]

... Origines stand im 18. Lebensjahr, als er Vorsteher der Katechetenschule wurde. Hier erzielte er zur Zeit der Verfolgungen des Aquilas, des Statthalters von Alexandria, große Erfolge und erwarb sich durch seine Freundlichkeit und seine Gefälligkeit, die er gegen alle heiligen Märtyrer, unbekannte und bekannte, bewies, bei allen Gläubigen einen sehr gefeierten Namen. Er stand nämlich den heiligen Märtyrern nicht nur zur Seite, solange sie noch im Gefängnis waren und das Endurteil noch nicht über sie gesprochen war, sondern auch nachher, wenn sie zum Tode geführt wurden, freimütig und geradewegs den Gefahren entgegengehend. Er wäre auch, wenn er so mutig zu den Märtyrern trat und sie offen und frei mit einem Kusse begrüßte, oftmals von dem herumstehenden wütenden Pöbel gesteinigt worden, wenn er nicht ein für allemal unter dem Schutze der göttlichen Rechten gestanden und so stets auf wunderbare Weise entkommen wäre ...[209]

Die Ungläubigen setzten ihm in einer Weise zu, daß sie sich zusammenrotteten und mit Soldaten das Haus umstellten, in dem er wohnte, wegen der Menge [der Schüler], die von ihm in der heiligen Religion unterrichtet wurde. Die Verfolgung entbrannte gegen ihn von Tag zu Tag mehr, so daß er in der ganzen Stadt keinen Platz mehr fand, immer wieder die Wohnung wechseln mußte und überall vertrieben wurde ...«[210]

Eusebius nennt noch weitere Märtyrer, darunter ein junges Mädchen Potamiaena, das mit seiner Mutter den Märtyrertod erlitt, aber noch vor ihrer Hinrichtung einen Soldaten bekehrte, der dann ebenfalls umkam. Unklar bleibt, ob einige andere Martyrien, die Eusebius in diesem Zusammenhang nennt, mit dem Proselytenerlaß des Septimius in ursächlicher Verbindung stehen.

Das gilt auch für den Bericht über Qualen und Tod der Perpetua und Felicitas, die 203 in Karthago das Martyrium auf sich nahmen. Die authentischen Akten des Falles stellen einen Höhepunkt der hagiographischen Literatur dar, einer Gattung, die sich mit der Erforschung und Beschreibung von Heiligenleben befaßt.

Man nimmt heute allgemein an, daß Tertullian hier die Feder führte, denn Vorwort und Schluß verraten deutlich montanistische Tendenzen. Auch im fortlaufenden Text spielen prophetische Visionen eine erhebliche Rolle. Vor allem aber: Alle Angeklagten begrüßen den Tod als eine Befreiung aus dem irdischen Jammertal.

Der ergreifende Bericht wurde noch zur Zeit des Augustinus (354 bis 430) am Gedächtnistage der Märtyrer in der Kirche von Hippo verlesen.

Erschütternd ist die Szene – Perpetua berichtet selbst darüber –, als der Vater vergebens versucht, ihre Standfestigkeit zu brechen:

»... Als wir noch – sagt sie – mit den Häschern zusammen waren und mein Vater in seiner Liebe nicht aufhörte, mir zuzureden, um mich zum Abfall zu bringen, da sagte ich:

›Siehst du dieses Gefäß hier, ein Krüglein oder was es ist?‹

Er antwortete: ›Ich sehe es.‹

Darauf sagte ich: ›Kann man es wohl anders nennen, als was es ist?‹

Und er sagte: ›Nein.‹

›So kann ich mich auch nicht anders nennen, als was ich bin, eine Christin.‹

Der Vater, durch diese Worte aufgebracht, stürzte sich auf mich, um mir die Augen auszureißen; aber er quälte mich nur und ging davon, überwunden wie seine Teufelsredekünste. Da habe ich dann in den wenigen Tagen, wo ich den Vater los war, dem Herrn gedankt und mich durch seine Abwesenheit erholt. In dieser Frist von wenigen Tagen wurden wir getauft...

... Nach einigen Tagen wurden wir in den Kerker gesteckt, und ich entsetzte mich, da ich noch nie eine solche Finsternis erfahren hatte. O schrecklicher Tag! Eine schreckliche Hitze; denn in ganzen Haufen wurden die Leute von den Soldaten hineingeworfen, und zuletzt quälte mich auch noch die Sorge um mein Kind daselbst [ein Knabe von zwei Jahren]. Da haben die guten Diakonen Tertius und Pomponius, die uns dienten, mit Geld erreicht, daß wir für einige Stunden an einer besseren Stelle des Kerkers uns erfrischen konnten.

Da gingen alle aus dem Kerker und erholten sich. Ich säugte mein schon halb verschmachtetes Kind, um das besorgt ich meine Mutter tröstete, meinen Bruder aber stärkte und ihm den Sohn empfahl; ich litt schwer, weil ich sie meinetwegen leiden sah. Solche Ängste habe ich viele Tage ausgestanden, erreichte aber, daß das Kind in meiner Pflege im Kerker blieb. Es erholte sich, und ich fühlte mich erleichtert durch die Mühe und die Sorge um das Kind. Das Gefängnis wurde mir auf einmal zum Palaste, so daß ich dort lieber als woanders sein wollte...

... Nach einigen Tagen ging das Gerücht, wir sollten verhört werden. Es kam aber aus der Stadt mein Vater, ganz vom Gram verzehrt; er stieg zu mir hinauf, um mich zu Fall zu bringen.

Er sagte: ›Tochter, erbarme dich meiner grauen Haare, erbarme dich deines Vaters, wenn du mich noch für wert hältst, dein Vater zu heißen! Wenn ich dich mit diesen Händen zu solcher Blüte des Alters aufgezogen habe, so gib mich nicht dem Spotte der Menschen preis! Blicke auf deine Brüder, blicke auf deine Mutter, blicke auf dein Kind, das nach deinem Tode nicht wird fortleben können! Beuge deinen Sinn, richte uns nicht alle zugrunde, denn keiner von uns wird freimütig reden, wenn dir etwas Schlimmes zustößt.‹

Das sagte er in seiner väterlichen Liebe. Er küßte mir die Hände, warf sich zu meinen Füßen nieder und nannte mich unter Tränen nicht mehr Tochter, sondern Frau. Mich schmerzte das Schicksal meines Vaters, daß er allein von meiner ganzen Familie sich über meine Leiden nicht freuen würde ...«

Der zweite Teil des Berichtes schildert das Martyrium der Felicitas, die im 8. Monat schwanger war. Man ließ sie erst gebären, »da es nicht gestattet ist, Schwangere hinzurichten«.

Das Ende: »Für die Frauen aber hatte der Teufel eine sehr wilde Kuh bestimmt, die gegen die Gewohnheit hierfür herbeigeschafft worden war, damit auch die Bestie desselben Geschlechts wäre.

Sie wurden also entkleidet und mit Netzen umhüllt vorgeführt. Das Volk aber schauerte, da es in der einen ein zartes Mädchen, in der anderen eine junge Mutter mit noch milchtropfenden Brüsten sah. Darum wurden sie zurückgerufen und mit losen Gewändern bekleidet.

Zuerst wurde Perpetua hingeworfen und fiel auf die Lenden. Sie setzte sich aufrecht und zog ihr Kleid, das an der Seite zerrissen war, zurück zur Umhüllung ihres Oberschenkels, mehr um ihre Scham als um ihren Schmerz besorgt. Darauf flocht sie mit einer Nadel ihre Haare in einem Bund zusammen, denn es war ungeziemend, daß eine Märtyrerin mit fliegenden Haaren litt, damit es nicht schien, als ob sie bei ihrer Verherrlichung trauere. So stand sie auf, und als sie die Felicitas am Boden liegend sah, trat sie zu ihr hin, reichte ihr die Hand und hob sie auf ...«[211]

Zusammen mit anderen wurden beide am Ende der bestialischen Schau von Gladiatoren getötet. Perpetua starb im Alter von achtzehn Jahren.

Wie oft und wie lange das Gesetz des Septimius Severus zur Anwendung kam, wissen wir nicht; jedenfalls berührte es nicht die strafrechtlichen Kompetenzen der Statthalter, Christen in herkömmlicher Weise den Prozeß zu machen. Die Heftigkeit der Verfolgung in Karthago mag durch den afrikanischen Rigorismus bedingt sein, wie wir ihn in Tertullians Schriften vertreten sehen.

Zehn Jahre später veröffentlichte Caracalla die berühmte, vieldiskutierte »Constitutio Antoniniana«. Caracalla, eine Karikatur seines Vaters, war einer der verworfensten römischen Kaiser. Der Spitzname stammt wohl von der keltischen Bezeichnung eines Mantels, den er in Rom einführte; sein voller Name lautete Marcus Aurelius Antoninus.

Nach dem Tode seines Vaters Septimius Severus übernahm er am 4. Februar 211 die Herrschaft. Trotz mütterlicher Versöhnungsversuche ließ er im Februar des folgenden Jahres seinen Bruder Geta ermorden und an seinen wahren wie vermeintlichen Gegnern ein grausames

Strafgericht vollziehen, wobei laut Cassius Dio 20000 Menschen getötet worden sein sollen.[212] Ein zweiter Alexander wollte der rohe, auf eine verwöhnte Soldateska gestützte Gewaltherrscher werden und es dem großen Makedonen mit der Eroberung des Partherreiches gleichtun.

Die Constitutio muß also im Zusammenhang mit solchen Weltherrschaftsideen gesehen werden; Caracalla veröffentlichte sie am 11. Juli 212, also nur fünf Monate nach der Beseitigung des Bruders.

Die Meinungen über Ziel und Wirkung dieses epochalen Gesetzes sind und bleiben umstritten. Alfred Heuß schreibt:

»Für den Gesamtzustand des Reiches wurde es bedeutsam, daß mit der allgemeinen Verteilung des römischen Bürgerrechts durch Caracalla 212 n. Chr. dieser Politik [der Bewahrung alter Abstufungen und Formen der Reichszugehörigkeit] der Boden entzogen wurde und damit an die Stelle des differenzierten Systems die Schablone eines hinsichtlich des Bürgerrechts einförmigen Untertanenverbandes trat. Nicht zufällig bezeichnet diese Zeit den Übergang in eine andere Epoche und den Beginn einer Krise, welche den ersten zwei Jahrhunderten der Kaiserzeit den definitiven Abschied erteilte. Die berühmte Verordnung ist freilich mehr als Symptom dafür zu nehmen, daß man der bisherigen Regierung nicht mehr bedurfte und diese ihre Lebenskraft und Notwendigkeit eingebüßt hatte ...«[213]

Hans Georg Pflaum in der Propyläen-Weltgeschichte: »Der wahre Grund für die Gleichstellung aller Einwohner dürfte nicht die Menschenfreundlichkeit Caracallas gewesen, sondern dem Historiker Cassius Dio zufolge eher auf finanzielle Schwierigkeiten zurückzuführen sein. Man hoffte auf die Erhöhung des Aufkommens bestimmter Steuern, nachdem die Zahlungspflicht auf die bisher davon ausgenommenen Nichtbürger erweitert worden war ...«[214]

Hermann Bengtson: »Die berühmte Constitutio, die wahrscheinlich auf die Kaiserin Iulia Domna und die großen Juristen zurückzuführen ist, war im übrigen nicht völlig revolutionär ... [Es folgt der Hinweis auf die gesteigerten Steuereinnahmen; dann:] Von diesem finanziellen Gesichtspunkt verlautet aber im Papyrus [mit dem Text des Ediktes] nichts, die Urkunde führt vielmehr juristische und religiöse Gründe an: der Kaiser will den römischen Göttern neue Verehrer zuführen ...«[215]

Es scheint immer noch gültig zu sein, was Ernst Kornemann 1939 dazu sagte:

»Die Alleinregierung Karakallas brachte im Innern die Entwicklung zur völligen Gleichheit zum endgültigen Abschluß durch jenen berühmten Erlaß vom Jahre 212, durch den alle Reichsangehörigen bis auf einen geringen Bodensatz der sogenannten Deditizier[216] ins römische Bürgerrecht aufgenommen wurden, neben religiösen Motiven sicher nicht ohne fiskalischen Hintergrund, da die Bürger der Erbschaftssteuer unterworfen waren [und die Nichtbürger nicht]. Seit dem Eintritt Gesamtitaliens in den Bürgerverband [nach dem Bundesgenossenkrieg 91 bis 88 v.Chr.] war dies das größte Ereignis. Es bereitete den Übergang des Staates, der staatsrechtlich nun endlich *ein* Reich, aber keineswegs ein Einheitsstaat geworden war, aus dem Prinzipat in die nächste Regierungsform, den Dominat,[217] vor. Nirgendwo war unterhalb des nun auch im Militärlager vergotteten Kaisers noch irgendeine Sonderstellung für Einzelne oder ganze Stände ...«[218]

Wenn bereits die Interpretation der Constitutio unter allgemein politisch-wirtschaftlichem Aspekt Schwierigkeiten bereitet, dann erst recht, wenn nach ihren Einflüssen auf die Stellung der Christen gefragt wird. Daß hier bedeutungsvolle Zusammenhänge bestehen, liegt auf der Hand:

1. Möglicherweise konnten auf Grund des Edikts den staatlich anerkannten Kulten neue Anhänger gewonnen werden, um der weithin vorhandenen Lethargie und dem Phlegma gegenüber den alten Staatskulten Einhalt zu gebieten; das Edikt ordnete ja ausdrücklich an, eine allgemeine Supplicatio (Buß- und Betfest) zu den unsterblichen Göttern abzuhalten.

2. Vorstellbar wäre auch, daß die Zulassung so vieler Reichsbewohner zum Bürgerrecht geradewegs zu einer großangelegten Christenverfolgung führte, da das Bekenntnis zum Christentum nur für Vollbürger, die wegen Majestätsbeleidigung verurteilt werden konnten, als ein Verbrechen galt; gegen Nichtbürger (peregrini = Fremde) konnte nur auf dem Wege eines normalen kriminellen Verfahrens vorgegangen werden.

3. Mit der Ausdehnung des Bürgerrechts entfiel das bislang geltende Vorrecht, direkt an den Kaiser zu appellieren, weil es nun kein Privileg mehr sein konnte, wenn alle Reichsbewohner Vollbürger waren.

Jaques Moreau zieht den Schluß: »In jedem Fall schloß die Constitutio Antoniniana die Christen nicht ausdrücklich aus der nationalen Gemeinschaft aus; die Lage der Kirche hat sich also nach 212 in keiner Weise verschlechtert, ganz im Gegenteil. Nicht vor der Verfolgung durch Decius im Jahre 250 bekamen die Christen die Folgen der im Jahre 212 geschaffenen Situation zu spüren.«[219]

Andere Forscher sehen in der Constitutio geradezu eine Stärkung der Stellung des Christentums.[220]

Viel entscheidender war, daß die Nachfolger Caracallas mit anderen Dingen beschäftigt waren. Macrinus (Marcus Opellius Severus), seit 212 »praefectus praetorio«[221] Caracallas, entschloß sich aus Notwehr zu dessen Ermordung, worauf ihn die Soldaten am 11. April 217 zum

Kaiser ausriefen. Es gelang ihm, noch im Frühjahr 218 mit den Parthern ein Stillhalteabkommen zu treffen, ehe er – auf Betreiben der Iulia Maesa, Schwester der Iulia Domna und Großmutter der Kaiser Elagabal und Severus Alexander – am 8. Juni 218 ermordet wurde.

Das folgende vierjährige Regime des Knaben Elagabal (218–222), des »Hohen Priesters des Baal von Emesa« (= Gott des Berges, weithin als Sonnengott verehrt), war gekennzeichnet durch exzentrische Orgien, orientalische Kultriten, charakterliche Unreife – und die Herrschaft seiner Großmutter. Das nahm die Armee auf Dauer nicht hin; Elagabal wurde der Wut der Soldaten geopfert und zusammen mit seiner Mutter Iulia Soaemias am 11. März 222 in Rom erschlagen.

»Nach der Ermordung des Varius Heliogabalus bestieg den Thron zum Heil des Menschengeschlechts Aurelius Alexander . . .«[222] So lautet der erste Satz der Historia Augusta über den Nachfolger. Es war nicht schwierig, nach dem würdelosen, verweichlichten Syrer den »edlen und guten« Kaiser Alexander Severus mit allen Tugenden zu schmücken, da der Vorgänger den Thron in Verruch gebracht hatte. Und wieder hatte eine Frau die Zügel in der Hand: Alexanders Mutter Iulia Mammaea, Schwester der Iulia Soaemias, Nichte der Iulia Domna. Sie war es, die den hervorragenden Juristen Ulpian zum Gardepraefecten und wichtigsten Ratgeber machte. An ihrem Hof, der völlig orientalisiert und dem Synkretismus ergeben war, gab es keine Vorurteile gegenüber dem Christentum. In der Historia Augusta heißt es:

»Den Juden ließ er [Alexander] ihre Sonderrechte, die Christen ließ er in Frieden . . .[223] In den Morgenstunden nahm er seine Andacht in seiner Hauskapelle (lararium); dort hatte er sowohl die vergöttlichten Kaiser, aber nur eine Auswahl der besten, als auch besonders ehrwürdige Geister, darunter den Apollonius [von Tyana] und – laut einem zeitgenössischen Autor – Christus, Abraham und Orpheus und die übrigen ihresgleichen im Bilde mit seinen Ahnenporträts beisammen . . .[224] Für Christus wollte er einen Tempel bauen und ihn unter die Götter aufnehmen . . .[225] Als die Christen einen bisher öffentlichen Platz in Besitz genommen hatten, den aber die Garköche [das heißt deren Genossenschaft] für sich beanspruchten, erteilte Alexander [nach einem Rechtsstreit] den schriftlichen Bescheid, daß dort auf irgendeine Weise Gottesdienst abgehalten werde, als daß der Platz an die Garköche falle.«[226]

Offenbar war es zu einem Rechtsstreit zwischen der römischen Christengemeinde und den »Garköchen«, den Wirten der Stadt Rom, gekommen, in dessen Verlauf die Christen Roms vom Kaiser als eigene Korporation anerkannt wurden.

Weiter heißt es: »Häufig führte er einen Spruch im Munde, den er einmal von Juden oder Christen vernommen und sich eingeprägt hatte;

er lautete: ›Was du nicht willst, daß man dir tu', das füg' auch keinem andern zu!‹ – Dieser Spruch war so sehr nach seinem Herzen, daß er ihn auch im Palast und in den öffentlichen Gebäuden anbringen ließ.«[227]

Im übrigen gab Alexander die religiösen Träumereien seines Vorgängers und Vetters auf. Dennoch – dessen überspannte Machtpolitik wurde ihm zum Verhängnis. Alexander, ein gutmütiger junger Mensch, dem alles Soldatische fremd war, konnte mit der schwelenden Unruhe in der Armee nicht fertig werden. Deshalb gelang es ihm nicht zu verhindern, daß der Freund und väterliche Ratgeber Ulpian von Praetorianern ermordet wurde (228).

Im Osten kam es durch den Untergang des Partherreiches, das die Errichtung des neupersischen Staates zur Folge hatte, zu bedrohlichen Verwicklungen. 232 begann der römische Abwehrkampf. Die Armeen in Mesopotamien und Ägypten meuterten. Trotz erfolgloser Offensive konnte wenigstens die Front gehalten werden. Ab 233 drohten im Westen neue Germaneneinfälle und erforderten die Rückführung großer Armeegruppen. Als Alexander mit den Alamannen verhandeln wollte, gegen die sein General Maximinus Thrax seit 234 Kriegsvorbereitungen traf, wurde er mit seiner Mutter von den Truppen erschlagen.

Mit Alexander erlosch (235) die Dynastie der Severer, die fünfzig Jahre lang die Geschicke des Reiches bestimmt hatte.

Maximinus Thrax aber wurde noch vor Beginn des Alamannenfeldzugs im März 235 zum Kaiser ausgerufen. Treffend meint ein Forscher zu Alexander: »Alexander Severus, ein Mann, der für den Frieden geboren war, wurde vom Schicksal verurteilt, Krieg zu führen.«[228]

Es ist bequem, über den nachfolgenden Maximinus Thrax (235 bis 238) den Stab zu brechen. Dieser kraftstrotzende Naturmensch aus gotisch-alanischem Blute, ein thrakischer Bauernsohn von den Ufern der Donau, ist kein Römer von altem Schlag, sondern ein Koloß, den die Historia Augusta zu einer Mischung aus Gargantua und Hercules geformt hat. Vom Leibwächter steigt er in einer unerhörten Karriere die militärische Laufbahn aufwärts, findet sich nun unversehens auf dem Kaiserthron wieder. Er ist der erste römische Purpurträger, der nie zuvor ein öffentliches Amt bekleidet hat. Wie Marius ist er ungebildet, schlägt er alles über den militärischen Leisten: »Wo ham Se jedient . . .?« – Doch er versteht sein Handwerk: binnen kurzem stellt er die Ordnung im Heer wieder her und sichert die wankenden Grenzen, und das war wahrhaftig bedeutungsvoller als das Hantieren der Vorgänger mit synkretistischen Träumereien. Denn solchen Haudegen verdankt Rom, daß der Untergang des Reiches um Jahrzehnte hinausgeschoben wurde!

Die Truppe erzählt sich an den Lagerfeuern Wunderdinge von ihm: er ist ihnen ein Riese wie Antäus, ein Faustkämpfer wie Milon, ein bacchantischer Zecher, der alle unter den Tisch säuft, ein Esser wie Polyphem. Er verachtet alle, die im Kriege nichts taugen, darunter an erster Stelle seine Vorgänger, diese verweichlichten Knaben und jene, die sie begünstigt haben, Senat, Nobilität und all diese Privilegierten, die hinter der Front ihre Schäfchen ins trockene brachten, während Männer wie er ihren Kopf hinhielten und sich die Glieder zerhacken ließen.

Dieser Troupier ist auch unter dem Purpurmantel der gemeine Soldat; die Legionäre, die ihn auf den Thron setzten, bleiben seine Kameraden. Das Lager ist seine Welt, Rom hat er nie betreten. Stößt er auf Widerstand, so bricht er ihn mit den schnellen Mitteln des militärischen Standrechts. Er fackelt nicht lange. Dem Senat, auf dessen wohlwollende Bestätigung er pfeift, schickt er einen seiner Offiziere als Stadtpraefecten. »Soldatenkaiser« par excellence, gilt seine erste Sorge immer und überall der Truppe. So verwendet er die gewaltigen Summen, die für den Unterhalt des römischen Proletariats und die Ausrichtung der Spiele bereitliegen, zur besseren Verpflegung und Entlohnung seiner Soldaten. Tempelschätze, Götterbilder, Weihegeschenke, alles was wie Gold oder Silber glitzert, wandert in die Schmelztiegel der Münzanstalten.

Wenn dieser amusische, unpolitische, unreligiöse Gewaltmensch gegen die Christen einschritt, muß er Gründe gehabt haben!

Bei Eusebius heißt es: »Nachdem der römische Kaiser Alexander 13 Jahre lang die Herrschaft innegehabt hatte, folgte ihm Kaiser Maximinus. Da dieser ungehalten darüber war, daß die Familie Alexanders mehrere Gläubige zählte, ordnete er eine Verfolgung an, befahl jedoch, nur die Führer der Kirche als die Urheber der christlichen Lehre hinrichten zu lassen. Damals verfaßte Origines eine Schrift ›Ermahnung zum Martyrium‹ und widmete sie Ambrosius und Protoktet, einem Presbyter der Gemeinde in Caesarea. Denn für beide war die Lage während der Verfolgung nicht wenig gefahrvoll geworden. Doch zeichneten sich, wie berichtet wird, beide Männer während derselben durch ihr Bekenntnis aus. Indes regierte Maximinus nicht länger als drei Jahre ...«[229]

(Ambrosius war ein reicher Mann in Alexandrien – vielleicht Hofbeamter –, der durch Origines dazu bewogen wurde, sich der Gnosis[230] ab- und dem Christentum zuzuwenden. Er starb vor Origines.)

Freilich kann bezweifelt werden, daß es allein Groll gegen den Hof Alexanders war, der den Haudegen zu einem Schlag gegen die Christen bewog; zweifellos war es der Haß des Soldaten gegen alle, die sich hinter der Front befanden – und zu ihnen gehörten die Christen. War die Aktion auch nur von kurzer Dauer, so führte Maximinus nach bewährter militärischer Art einen schnellen, harten Offensivschlag, der zudem die Schläue des Barbaren zeigt: »... befahl er jedoch, nur die Führer der Kirche hinrichten zu lassen ...« – So konnte er die Kirche vernichtender treffen, als in einer großaufgezogenen, zeitraubenden Aktion Tausende von Gläubigen aufspüren, verurteilen und töten zu lassen. Schon dies zeigt, daß sein Vorgehen allein privaten Rachegelüsten entsprang und nicht von langer Dauer gewesen sein kann. Maximinus' cholerisches Temperament fand beim ersten Schlag schon Genugtuung – denn der oben erwähnte Ambrosius lebte noch bis 248.

Aus Rom wurden der Papst Pontian und der Gegenpapst Hippolyt nach Sardinien verbannt. Lediglich in Kappadokien kam es zu einer größeren Verfolgung, allerdings in Zusammenhang mit einem dortigen Erdbeben und auf Betreiben der lokalen Behörden mit Unterstützung des fanatischen Statthalters Serenianus durchgeführt. So war es – außerhalb Roms – also wieder die Volkswut, die sich mit den bekannten Vorwürfen gegen die Christen wandte.

Die Naturkatastrophe empfanden die Provinzbewohner als eine fatale Strafe der Götter, doch die anschließende, aus heiterem Himmel hereinbrechende Verfolgung unter den dortigen Christen rief eine ähnliche Panik hervor: »Das Unglück war um so furchtbarer«, schreibt Cyprian (ca. 200 bis 258, Bischof von Karthago), »als es völlig unerwartet und plötzlich nach einer langen, weit zurückreichenden Friedensperiode ausbrach.«[231]

Cyprian gibt damit eine weitverbreitete Meinung der Christen wieder: nach der severischen Dynastie galten die Zeiten der Verfolgung für abgeschlossen; die Blutzeugen gehörten bereits einer Epoche an, die weit zurück lag – so wie wir Heutigen die Schrecken des Zweiten Weltkrieges bereits als grausig unterhaltsame Lektüre oder Film angeboten bekommen. Und ähnlich wie heute jene, die noch durch das Inferno der Schlachten und Bombardements gegangen sind und den Terror der totalitären Regime am eigenen Leib erlebt haben, so klagt damals Origines über die Vergeßlichkeit der Menschen: »Damals war zweifellos die Zahl der Glaubenstreuen noch klein, aber sie waren treu und schritten auf dem harten und steinigen Pfad empor, der zum Leben führt.«[232] Im gleichen Atemzug wirft er den Christen seiner Zeit Verweichlichung und Verkalkung vor.

Des Maximinus plötzlicher Zugriff blieb Episode; die von ihm brutal unterdrückte Nobilität empörte sich, und in den blutigen Wirren, die mehrere Gegenkaiser auf die Bühne brachten – wir haben ein Sechskaiserjahr! –, wurde Maximinus am 10. Mai 238 ermordet. Kurz nacheinander folgten die drei Gordiane;[233] der dritte konnte sich bis 244 halten, fiel aber während des sehr erfolgreichen Feldzugs gegen Schapur I. von Persien einem Mordanschlag seines Praetorianerpraefecten Philippus Arabs zum Opfer.

Philippus, Sohn eines Araberscheichs, wird von einigen zeitgenössischen Autoren nachgesagt, er sei in seinem Herzen Christ gewesen;[234] fest steht, daß er, ähnlich den Severern, eine tolerante Religionspolitik verfolgte, und es ist durchaus möglich, daß er insgeheim Christ war. Offenbar konnte ein römischer Kaiser sich zu der Zeit noch nicht offen zum Christentum bekennen. Daß er dahin tendierte, lassen aber mehrere Nachrichten vermuten: er gestattete dem Papst Fabian, die sterblichen Reste seines Vorgängers Pontian nach Rom überführen zu lassen; er betraute Bischöfe mit Verwaltungsaufgaben; er ernannte mit Fulvius Aemilianus einen Mann zum Consul, der erwiesenermaßen Christ war.

Die erstaunlichste Geschichte bringt Eusebius: »Wie man erzählt [!], hatte Philippus den Wunsch, als Christ bei der Ostervigil mit der Volksmenge an den Gebeten der Kirche teilnehmen zu dürfen, wurde aber von dem damaligen Bischof nicht eher zugelassen, als bis er seine Sünden bekannt und sich den Sündern, welche am Büßerplatz standen, beigesellt hatte; sonst, wenn er dies nicht getan, hätte er ihn wegen seiner vielen Sünden nie aufgenommen. Philippus soll bereitwillig gehorcht und durch seine Tat die Echtheit und Aufrichtigkeit seiner gottesfürchtigen Gesinnung bewiesen haben.«[235]

Obwohl der heilige Chrysostomos[236] versichert, dies habe sich in Antiochia unter dem Bischof Babylas tatsächlich zugetragen, bleibt es fraglich, ob Philippus Arabs Christ war, zumal er im Jahre 248 ganz nach dem hergebrachten altrömischen Ritus die Tausendjahrfeier der Stadt Rom beging und in einer religiösen Kundgebung machtvoll betonte, daß Glück und Glaube dieser Generation im gottgleichen Kaiser begründet liegen.

Ob er nun Opportunist, Taktiker, verkappter Christ oder nüchterner Realpolitiker war – das kann bei der kargen Quellenlage nach über siebzehn Jahrhunderten nicht eindeutig entschieden werden. Vielleicht war er dies alles zusammen. – Für die Christen aber zählte nur eins: Er tolerierte sie nicht nur, er beschützte sie!

Philippus Arabs muß im Laufe seiner Amtszeit zunehmend resigniert haben vor dem nicht zu bändigenden Führungschaos, das allerorten die anarchischen Grenzarmeen hervorriefen. Zwar war es ihm gelungen, mit den Persern einen ehrenhaften Frieden zu schließen, doch entmutigt durch Revolten, die in allen Teilen des Reiches ausbrachen, glaubte er sich nicht stark genug, dem Ansturm germanischer Horden am Limes begegnen zu können. Er beschloß abzudanken. Schon stand ein

General bereit, die Lücke zu füllen und die Verteidigung des Reiches zu übernehmen. Zuvor aber wurde der Kaiser durch die gleiche Armee erschlagen, die ihn einst im Osten zum Imperator ausgerufen hatte – und diesen Befehl erteilte im Jahre 249 Decius. Damit beginnt auch für die Christen eine neue Phase der Verfolgungen ...

# »Der blutdürstige Tiger, der unbarmherzige Decius . . .«[237]

Fajum, altägyptisch »P-jom« (das Meer), ist heute die Bezeichnung für eine Landsenke unter dem Niveau des Meeresspiegels, die durch einen Nilarm (Bahr-Jussuf) bewässert wird und als überdimensionale Oase weit nach Westen in die Libysche Wüste hineinragt. Mehr noch als der fruchtbare Stromgürtel ist diese rings von Sand umgebene Wasserinsel ein Geschenk des Nils.

Herodot (484 bis 425 v. Chr.) machte während seiner ägyptischen Reise einen Abstecher zum Moirissee, wie er damals hieß, und berichtete, daß man zu seiner Zeit noch den Gott der Krokodile in einem unter König Amenemhet III. (12. Dynastie, 1839 bis 1791 v. Chr.) erbauten Labyrinth im See verehrte:[238]

»Das Wasser des Sees ist kein Quellwasser – denn die dortige Gegend ist ganz und gar wasserlos –, sondern es ist aus dem Nil durch einen Kanal hineingeleitet. Es fließt sechs Monate in den See hinein und sechs Monate [während der Nilschwemme] wieder aus dem See hinaus. Wenn es herausfließt, dann bringt es in diesen sechs Monaten durch die Fischerei je Tag ein Silbertalent in den königlichen Schatz. Wenn aber das Wasser in ihn hineinströmt, nur zwanzig Minen.«

Amenemhet III. ließ wohl auch diese ersten Entwässerungsanlagen errichten, und für viele Pharaonen nach ihm war das Fajum beliebt als sportliches Zentrum für Vogeljagd und Fischfang.

Verwaltungszentrum der Region war schon früh die Stadt Šd.t, das spätere Krokodeilopolis bzw. Arsinoe (Arsinoitōnpolis), südlich des Sees am Zufluß des Bahr-Jussuf gelegen. Ptolemaios II. (285 bis 246 v. Chr.) setzte die Trockenlegungs- und Kultivierungsarbeiten der Pharaonen fort und legte am Ufer des verkleinerten Sees Siedlungen für seine griechischen Söldner und Veteranen an: Dime, Karanis, Tebtynis, Theadelphia, Medinet Madi und andere. Seit Augustus gehörte die Region zur kaiserlichen Provinz Ägypten.

Mitte Juni des Jahres 250 n. Chr. kam Aufregung unter die graeco-ägyptische Bevölkerung dieser Dörfer und Städtchen. Sie kommen!

Man hat sie schon in Dime und Arsinoe gesehen. Heute ist Alexandru-Nesos an der Reihe. Im Schatten der Palmen hat man auf dem Dorfplatz Tische, Bänke und einen Altar aufgebaut; barfüßige, halbnackte Kinder verfolgen neugierig das Geschehen. Gestern ist der Herold durch die Gassen gezogen: Jeder Bürger – und alle Einwohner sind Bürger! – hat sich heute am Dorfplatz bei den Beamten des Kaisers einzufinden! Man wird genau Buch führen und die Anwesenheit feststellen! Wer nicht erscheint, macht sich strafbar, er verstößt gegen das Gebot des Kaisers! Jeder Reichsbürger hat den Göttern und dem Kaiser öffentlich, vor einer amtlichen Kommission, Spenden und Opfer darzubringen, vom Opferfleisch und dem Opferwein zu kosten und sich anschließend den Vollzug der Handlung schriftlich bestätigen zu lassen!

So ist heute ganz Alexandru auf den Beinen. Auch Hintersassen aus umliegenden Dörfern trotten durch die Hitze des Junitages herbei.

Nur wenige, die schon einmal außerhalb des Fajum weilten, kennen die Zusammenhänge. Soviel wissen alle: Es ist Aufgabe der Kommission, die Opfer vorzubereiten, zu beaufsichtigen und den Säumigen und Verweigerern mit härtester Strafe zu drohen.

An der Ecke des Platzes stehen einige Männer beisammen und stellen Mutmaßungen darüber an, ob die Christen des Ortes dem Edikt Folge leisten werden. Jeder kennt ja jeden.

Nun beginnt die Kommission mit ihrer Arbeit; es sind Aurelius Syros, Aurelius Serenus und ein Schreiber. Der städtische Rat von Arsinoe hat die Männer gewählt, dann wurden sie vom ersten Regierungsbeamten des Gaues, dem Strategen, offiziell ernannt und genauestens über ihre Aufgabe instruiert.

Ihre Autorität erstreckt sich nur auf die Bewohner von Alexandru und den umliegenden Dörfern.

Neben den Altar hat man mittlerweile eine transportable Statue gesetzt – eine Leihgabe aus Arsinoe –, die den Genius des Kaisers vorstellt. Weihrauchkörner, Wein und Opferfleisch liegen bereit.

Ein Wink! Die erste Gruppe tritt vor. Der Schreiber greift zu einer vorformulierten Eingabe auf Papyros, winkt das Familienoberhaupt heran:

»Name?«

»Aurelius Diogenes, Sohn des Satabus.«

»Wohnort?«

»Ich stamme aus dem Dorfe Alexandru-Nesos ... Es liegt ganz in der Nähe ...«

»Jaja, schon gut ...« Der Schreiber sucht in einer Rolle den Namen, nickt und hakt ihn ab. Dann, ohne aufzublicken:

»Alter?«

»72 Jahre.«

»Besondere Kennzeichen? ... Tritt näher!«

Der Schreiber erhebt sich, kommt um den Tisch herum, nimmt Gesicht, Hände und Statur des Alten in Augenschein.

»Aha! Narbe an der rechten Augenbraue.«

»Ja, das passierte, als ich ...«

»Schon gut! Schon gut! Das interessiert uns nicht! Willst du dem Genius des Kaisers opfern?«

»Aber ja!«

»Dann komm!«

Mit geschäftsmäßiger Routine des unbeteiligten Bürokraten erläutert er dem Alten das Zeremoniell: Weihrauchkörner werden als Vorspende auf den Feuerherd gestreut, einige Tropfen Wein auf den Altar gegossen, den Rest trinkt der Opfernde aus dem Becher; dann kostet er vom Opferfleisch. Der Schreiber ermahnt ihn, für das Wohl des Kaisers und den Segen der Götter zu beten. Der alte Mann tut, wie ihm geheißen, er ist ganz bei der Sache.

Ebenso werden nach ihm alle Familienmitglieder namentlich kontrolliert, instruiert und beim Opfer beobachtet. Am Ende der Handlung fertigt der Schreiber jedem Teilnehmer ein Duplikat der Urkunde an. Die Originale kommen ins statthalterliche Archiv. (Sie wurden später zu Rollen zusammengefügt und so Anfang unseres Jahrhunderts gefunden.) An anderen Orten erhalten die Bittsteller das Original zurück; es trägt den Bestätigungsvermerk der Kommission. Hier nun der authentische Wortlaut eines solchen »libellum«:

»An die zur Kontrolle der Opfer gewählte Kommission des Dorfes Alexandru-Nesos.

Von Aurelius Diogenes, dem Sohne des Satabus aus dem Dorfe Alexandru-Nesos, ungefähr 72 Jahre alt, eine Narbe an der rechten Augenbraue.

Ich habe immer geopfert den Göttern, und jetzt in eurer Gegenwart habe ich gemäß den Verordnungen geopfert und Trankopfer gespendet und von dem Opferfleisch genossen, und ich bitte euch, dies unten zu bescheinigen.

Gehabt euch wohl!

Ich Aurelius Diogenes habe die Eingabe gemacht.

Ich Aurelius Syros sah dich opfern mit dem Sohne.

Im 1. Jahr des Kaisers Caesar Gaius Messius Quintus Traianus Decius Pius Felix Augustus am 2. Epeiph [= 26. Juni 250].«[239]

Auf einigen anderen Libelli finden sich am oberen Rand merkwürdige Schriftspuren, die als Regierungssignat gedeutet werden können, so daß wir ein für die Aufbewahrung im Archiv bestimmtes Original vor uns hätten. Die in den Archiven zu Rollen vereinigten Aktenstücke trugen in der Tat solche Nummern am Kopf der Urkunden. Der mit dem Attest der Kommission versehene Schein diente dem Bürger dann als Visum für die Zukunft. Der Bürger hat seine loyale Haltung gegenüber Kaiser, Staat und Reichsgöttern bewiesen. Er ist Persona grata!

Alle Libelli folgen im Wortlaut dem oben zitierten Schema. Dieser Wortlaut kehrt stereotyp in allen aufgefundenen Libelli – es sind an die fünfzig – wieder; das zeigt, daß die Anordnung zum Opfer für den ganzen Verwaltungsbezirk zentral herausgegeben wurde. In den übrigen Provinzen des Reiches wird es ähnlich gewesen sein, wenn auch zu verschiedenen Zeitpunkten.

Der Herausgeber und Übersetzer der ägyptischen Libelli, der gelehrte Bischof von Ermland, Augustinus Bludau, fragte 1931:

»Sind die Inhaber der Libelli als abtrünnige Christen oder als Heiden anzusprechen, welche durch Darbringung des Opfers ihre Zugehörigkeit zur alten Staatsreligion dem kaiserlichen Befehl gemäß bekunden und bezeugen wollten? Die Beantwortung dieser Frage hängt zum großen Teil von jener anderen ab, ob das sogenannte Verfolgungsedikt des Kaisers Decius als allgemeines Opferedikt aufzufassen ist, das alle Untertanen des Reiches aufforderte und verpflichtete, den Göttern der Staatsreligion ihre Verehrung durch ein besonders vorgeschriebenes Opfer zu bezeugen, oder ob es nur die Christen zur Rückkehr zur Religion und zur Götterverehrung des römischen Staates nötigen wollte.«[240]

Die Urteile über diesen Kaiser, der von 249 bis 251 das Reich regierte, sind sehr unterschiedlich; dies liegt vor allem daran, daß seine Vita in der Historia Augusta verloren ist. Wir müssen sein Bild aus zahlreichen Mosaiksteinchen zusammensetzen und sind am Ende doch nicht sicher, ob es die passenden an der richtigen Stelle sind, zumal große weiße Flecken stehenbleiben, die zu vervollständigen ein Akt der historischen Phantasie und Analogie bleibt.

Die Kirche (wie auch Origines) betrachtet ihn als den »blutdürstigen Tiger, den unbarmherzigen Decius«, unter dem die Christen eine der fürchterlichsten Verfolgungen haben erleiden müssen. Der Historiker muß differenzieren!

Als Quintus Messius Traianus Decius die Macht hat, steht er im 55. Lebensjahr (geb. um 195). Er ist kein jugendlicher Heißsporn, der momentanen Eingebungen folgt, sondern ein gestandener Offizier, der eine von unbarmherziger Härte gekennzeichnete Karriere in der Truppe hinter sich hat; ein Mann, der immer in vorderster Front gekämpft hat – und dort auch sein Leben lassen wird –, ein Statthalter, der die Schwachstellen der Grenzen kennt, der vor allem das militärisch Mögliche von illusionären Traumzielen zu unterscheiden weiß.

Vor allem aber dies: Decius ist der erste aus der Reihe pannonisch-illyrischer Kaiser, der ganz erfüllt ist von jenen Werten, Tugenden, Normen, die Rom einst groß gemacht haben. Freilich darf man ihm nicht einfach andere Nachfolger aus dieser Provinz, die einfache Soldaten waren, an die Seite stellen; seine Familie hat sicher große Landgüter gehabt, und seine Frau kam aus einer vornehmen italischen Familie. Er absolvierte nicht nur die normale soldatische Laufbahn, sondern stieg schnell auf in senatorische Kreise und errang die höchsten Würden: er war Consul und »praefectus urbi« (Gouverneur der Stadt Rom).

Die inneren und äußeren Verhältnisse, die Decius bei seinem Regierungsantritt vorfindet, sind nicht nur schwierig – sie sind katastrophal! An der Donau dringen germanische Völkerschaften immer wieder in die Grenzprovinzen ein. Verheerend, verwüstend, brandschatzend, plündernd dringen Gotenscharen bis an die Mauern der moesischen Städte. Im Innern unablässige Thronkämpfe und Anarchie! In vierzehn Jahren sieben Kaiser! Launen und Willkür von Armeeführern bestimmen die Geschicke des Reiches, seiner Bürger, seiner Kaiser. Ein Alptraum, der die Reichsdämmerung ankündigt! Von neuem schlägt die Pest zu, Erdbeben und Hungersnöte im Gefolge.

Nach Ausweis der Münzen wollte Decius ein friedliches Regiment führen, doch schon im Herbst 249 setzte durch seinen allgemeinen Opferbefehl die große Christenverfolgung ein.

Alfred Heuß spricht in diesem Zusammenhang von der »Ideologisierung der Politik« und holt weit aus: »Wenn die Anarchie des dritten Jahrhunderts sich als eine Auflösung des Reiches darstellt, deren ausführendes Werkzeug das römische Heer in seiner Unfähigkeit, ein wirkliches Programm aufzustellen und durchzuführen, war, so ist das die eine Seite des Phänomens, und zwar diejenige, welche die Trostlosigkeit und Verfahrenheit des ganzen Umstandes erklärt ... Die Kaiserwürde konnte sich beim besten Willen nicht darin erfüllen, ausführendes Organ der jeweiligen Tagesinteressen von diesem oder jenem Armeekorps zu sein ... Die meisten [Usurpatoren] blieben auf der Strecke, bevor sie im Sattel saßen, und kamen zu Fall, entweder im Kampf mit ihren Rivalen oder weil sie mit ihren eigenen Anhängern nicht fertig wurden, oder beides verquickte sich, indem der äußere Mißerfolg einen entsprechenden Rückschlag für die Position im Heer mit sich brachte.«[241]

Auffällig ist, daß die Kaiser, die gegen das übermächtige Verhängnis in die Schranken traten, fast alle in den Reihen der pannonisch-illyrischen Donauarmee großgeworden waren. Es handelte sich durchweg um Männer, die aus Landschaften und Familien stammten, die erst im Laufe der letzten fünfzig Jahre romanisiert worden waren. Und wie so oft in schwierigen Zeiten bringen solche Außenseiter den Schwung und die Überzeugungskraft derer mit, die nicht mit den Sünden der Väter belastet sind. Dieses Phänomen zeigt sich ebenso im religiösen Bereich der Neubekehrten, wie die Beispiele von Tertullian, Minucius Felix oder Origines belegen. Ja es scheint eine historische Regel zu sein, daß immer dann, wenn das politische, militärische oder religiöse Establishment resigniert, gefangen im Netz erstarrter Normen und phantasieloser Stagnation – daß ihm vom Rande her neue, unverbrauchte Kräfte zuwachsen, die man dort nicht vermutet hatte. Alle Revolutionen beweisen dies.

Diese pannonisch-illyrischen Offiziere provinzialer Herkunft leben und handeln im starken Bewußtsein ihres Römertums – eines Römertums freilich, das es realiter nicht mehr gibt. Decius und einige seiner Nachfolger sind ein exzellentes Beispiel dafür, wie überzeugter Konservatismus, gepaart mit exekutiver Macht, sehr wohl als Barriere der allgemeinen Auflösung erfolgreich in den Weg gestellt werden kann.

Für Decius und seine Freunde war es unantastbare Maxime, daß die Vergangenheit die Maßstäbe für eine neue Ordnung der Gegenwart abzugeben habe. Daß es in der Welt nicht mehr so zuging, wie es nach den Berichten der Dichter und Historiker früher zugegangen – darin lag die Wurzel des gegenwärtigen Übels!

Es ist billig, sich über solch vergleichsweise naive Denkschemen zu mokieren; ist doch schon ein Größerer mit seiner sittlichen Restauration gescheitert: Augustus. »Dieser Traditionalismus«, so Alfred Heuß, »war recht brauchbar, wenn er daran ging, die verlotterte Disziplin wiederherzustellen.«[242]

Gewiß, eine solchermaßen von altrömischem Korpsgeist durchdrungene Donauarmee bei der Stange zu halten, konnte gelingen; betrachtete man sich doch ohnehin als militärische Elite und Garant sicherer Ostgrenzen. War aber mit den Mitteln soldatischer Disziplin die aus dem Gleichgewicht geratene Gesellschaft der Nationen, Religionen, Sprachen zur Räson zu bringen? War nicht gerade das Gefühl für ein gemeinsames Handeln in Verantwortung bei den übrigen Grenzarmeen und ihren Befehlshabern verlorengegangen, die den Staat nur noch als Rahmen ihrer egoistischen, kleinkarierten Machtgelüste betrachteten? Und die Zivilisten?! Was hatte ihnen denn – so murrten die Bauern, Händler, Handwerker der Provinzen – das Bürgerrecht Caracallas gebracht außer höheren Steuern?

Dennoch muß Decius zutiefst überzeugt gewesen sein, den richtigen Weg beschritten zu haben. Eines seiner Porträts zeigt uns ein abgezehrtes Gesicht mit skeptisch gehobenem, energischem Blick. Schlaflose Nächte und körperliche Strapazen haben ihre Spuren hinterlassen:

Ränder unter den Augen, die Stirn von tiefen Sorgenfalten durchfurcht; ein Gesicht, das die Mitte hält zwischen Bauer, Asket und Soldat, dem des jüngeren Cato in seiner Kompromißlosigkeit nicht unähnlich. Ein Mann, der nicht auf Äußerlichkeiten achtet. Um den nicht sehr energischen Mund (freilich wurden Teile ergänzt!) spielt ein tristes, wissendes Lächeln. Ein Gesicht ohne Eitelkeit, ganz ohne herrscherliche Pose. Jede Spur von Hybris fehlt. Suchten wir den Ausdruck kaiserlichen Selbstbewußtseins, dann spricht es aus den großen, wissenden Augen, die zugleich nach innen und außen schauen.

Zu diesem melancholischen Gesicht will der »blutdürstige Tiger« nicht so recht passen. War er ein Romantiker, der sich an einer längst unwirklich gewordenen Vergangenheit orientierte, dessen Politik sich nur in der negativen Abgrenzung gegenüber den tatsächlichen Mächten der Gegenwart äußerte?

Aus seiner Sicht – und sie war ihm in jahrzehntelangen Erfahrungen als Offizier, Grenzbefehlshaber und hoher Magistrat zugewachsen – konnte der äußere Feind auf Dauer nur bezwungen werden, wenn im Innern das Gefühl für die gemeinsame Bedrohung geweckt und zu tätigem Handeln für die gemeinsame Aufgabe sublimiert wurde. Das geht bei ihm einher mit vornehmer prosenatorischer Haltung, die in den Mitgliedern dieses hohen Hauses mehr als nur auf ihren Pfründen hokkende Honoratioren sieht.

Schon lange muß ihn der Gedanke beherrscht haben, durch Vertiefung des Kaiserkultes die Gegensätze auszugleichen: der Herrscherkult mußte das Mittel sein, die Rolle des Kaisers als einzigen Friedensgaranten, ja als »Erlöser« allen Reichsbewohnern endgültig klarzumachen.

Damit war programmatisch dem Christengott der Kampf angesagt. Das Bekenntnis zum alten Glauben verdichtete sich gleichzeitig immer mehr zur Fürbitte für den Herrscher und sein Haus. Somit war der Kampf zwischen dem himmlischen und dem irdischen Erlöser von vorneherein einkalkuliert. Kampf? – Ja, denn was er in die Wege leitet, gleicht einem religiösen, inneren Feldzug! Und dieser wurde gleich nach der Thronbesteigung eröffnet.

Wie Maximinus Thrax zehn Jahre zuvor führt er den ersten Schlag gegen die Führer der größten Christengemeinden, setzt er den römischen Bischof Fabianus gefangen und läßt ihn am 20. Januar 250 hinrichten. Sein Stuhl durfte nicht neu besetzt werden. Ab März nahm dann der Druck gegen die christlichen Gemeinden zu; Decius setzte den gesamten Staatsapparat ein, um die Christen tödlich zu treffen. Und darin liegt der Unterschied zu allen vorangegangenen Verfolgungen: diesmal geht man nach bis in Einzelheiten ausgearbeiteten Plänen vor, plötzlich finden alle Statthalter strikte Anweisungen vor.

Vom Wortlaut her war es kein besonderes Gesetz gegen die Christen, doch in der Zielsetzung richtete es sich unmißverständlich gegen sie. Das Edikt befahl allen Untertanen, an einem allgemeinen Bittopfer teilzunehmen, eben jener Supplikation, mit der wir dieses Kapitel in Alexandru-Nesos begannen.

Die Methode ist ebenso einfach wie wirksam: kein Register hielt ja die Namen der Christen gesondert fest, sie mußten also beim Antritt zum Opfer Farbe bekennen. Sie wurden vor die Alternative gestellt, entweder durch Opferung ihrem Glauben zu entsagen oder bei hartnäckiger Weigerung der Exekution zu verfallen.

Allerdings waren differenzierte Maßregeln empfohlen worden: Todesstrafe für alle sich weigernden Kleriker, für die breite Masse der Christen eine mildere Behandlung – beides ein geschickter Zug, um die Gläubigen von ihren Führern zu trennen!

An jedem größeren Ort wurde eine Kommission eingesetzt, die darüber zu wachen und Buch zu führen hatte, daß die vorgeschriebenen Zeremonien ausgeführt wurden. Die Kommissare hatten den Vollzug ihrer übergeordneten Bezirksstelle, diese den Kanzleien der Statthalter und diese der kaiserlichen Kanzlei zu melden. Jeder gemeldete Einwohner erhielt nach vollzogenem Opfer einen Ausweis mit bestätigendem Vermerk.

Nun zeigt eine alte Erfahrung, daß programmatische Gesetze mit ideologischer Zielsetzung stets Möglichkeiten bieten, sie zu unterlaufen. Eine bloße Geste genügte ja – und die Bittsteller erhielten ihr Attest. Das war vielleicht miteinkalkulierte Raffinesse: Die Behörden zeigten allgemeines Entgegenkommen; das Fleischopfer wurde nicht überall strikt verlangt, teilweise reichte es bereits aus, daß einige Christen Weihrauchkörner vor den Altar warfen, um ihren guten Willen zu beweisen. Es gibt Belege dafür (vgl. unten), daß Christen, die nicht geopfert hatten, gegen Entrichtung einer Geldsumme die Libelli, also die Opferbescheinigungen, erhielten.

Dennoch ergaben sich für Abertausende gläubige Christen ungeheure Gewissenskonflikte, und die Zahl der Abtrünnigen stieg erheblich. Als später viele wieder zu ihrem Glauben zurückfanden, entstanden für die Kirchenführung theologische Probleme. Zunächst aber der ebenso anschauliche wie erschütternde Bericht des Bischofs Dionysios von Alexandria, den Eusebius in Ausschnitten wiedergibt. Dionysios konnte sich selbst durch Flucht der Verfolgung entziehen – wie einige andere Bischöfe auch; er war Nachfolger des Heraklas in der Leitung der alexandrinischen kirchlichen Hochschule und folgte ihm 247/248 auch als Bischof im Amt. Er lebte noch bis 265.

In seinem Brief an den Bischof Fabius von Antiochia berichtet Dionysios über die christenfeindlichen Aktionen unter Decius in Alexandria:

»Bei uns nahm die Verfolgung nicht erst mit dem kaiserlichen Edikt ihren Anfang. Sie hatte bereits ein ganzes Jahr vorher begonnen. Irgendein unserer Stadt Unheil kündender Dichter hatte zuvor schon die heidnischen Massen gegen uns aufgewiegelt und aufgehetzt, indem er den einheimischen Aberglauben in ihnen neu entflammte. Durch ihn gereizt, benützten sie jede Gelegenheit zu Ausschreitungen. Diesen Dämonendienst – die Lust, uns zu ermorden – hielten sie allein für Gottesdienst. Zuerst ergriffen sie einen alten Mann namens Metras und verlangten von ihm, daß er Gott lästere. Da er ihnen nicht gehorchte, schlugen sie ihn mit Prügeln, stachen ihm mit spitzigen Röhrchen ins Gesicht und in die Augen, führten ihn zur Stadt hinaus und steinigten ihn. Sodann führten sie eine gläubige Frau namens Quinta zum Götzentempel und suchten sie zum Götzendienst zu zwingen. Da sie mit Abscheu widerstrebte, banden sie dieselbe an den Füßen, schleiften sie durch die ganze Stadt über das rauhe Steinpflaster, so daß sie sich an den rauhen Steinen [die Glieder] aufschlug, geißelten sie, führten sie an denselben Platz und steinigten sie.

Sodann stürzten sie alle zusammen auf die Häuser der Gläubigen. Jeder drang bei dem, den er in seiner Nachbarschaft kannte, ein und plünderte und raubte. Die wertvollen Sachen nahmen sie für sich, die unbedeutenderen und die Holzgegenstände zerstreuten und verbrannten sie auf den Straßen. Wie in einer von Feinden eroberten Stadt sah es durch ihr Treiben aus. Die Brüder aber wichen aus und zogen sich zurück und ertrugen die Plünderung ihres Eigentums mit Freuden gleich denen, welchen Paulus das Zeugnis gegeben hat.[243]

Wohl keiner hat bis zu dieser Zeit den Herrn verleugnet; es müßte denn sein, daß es einer war, der allein ihnen in die Hände fiel. Als aber Revolution und Bürgerkrieg über diese Bösewichter hereinbrachen [im Zusammenhang mit Thronstreitigkeiten], wandten sie die Grausamkeit, die sie an uns verübt hatten, gegen sich selbst. Einige Zeit konnten wir etwas aufatmen, da es jenen an Zeit gebrach, ihren Unmut an uns zu kühlen. Doch gar bald erhielten wir Nachricht, daß es in der kaiserlichen Regierung, die uns so gut gesinnt war, einen Wechsel [zu Decius] gegeben habe. Die Furcht vor dem, was uns drohte, steigerte sich gewaltig. Schon war auch das Verfolgungsedikt erschienen. Es glich fast der beinahe schrecklichsten Weissagung unseres Herrn, daß es, wenn es möglich wäre, auch den Auserwählten zum Anstoß gereichen würde.

Alle waren bestürzt. Von den Vornehmeren fanden sich auf der Stelle viele aus Furcht ein [vor den Opferkommissionen], während die Beamten von ihrer beruflichen Tätigkeit weggeholt wurden; andere von ihnen ließen sich von ihren Freunden [zu den Opfern] hinzerren.

Namentlich aufgerufen, traten sie zu den unreinen und unheiligen Opfern, die einen allerdings bleich und zitternd, gerade als wollten sie nicht opfern, sondern als sollten sie selbst den Götzen geopfert und geschlachtet werden, so daß sie von der umherstehenden Menge verspottet wurden und ihre Feigheit sowohl zum Sterben als zum Opfern offen an den Tag trat. Andere gingen bereitwilliger zu den Altären und behaupteten verwegen, sie seien früher gar nicht Christen gewesen. An ihnen bewahrheitete sich vollauf die Prophezeiung des Herrn: sie werden kaum gerettet werden.

Von den übrigen [das heißt von den Nichtvornehmen] folgten die einen diesen, die anderen jenen. Andere aber flohen. Wieder andere wurden verhaftet. Von diesen ließen sich einige fesseln und einsperren, einige sogar auf mehrere Tage; dann aber, noch ehe sie vor den Richterstuhl geführt wurden, schwuren sie [den Glauben] ab. Einige der Gefangenen sagten sich erst, nachdem sie ein gewisses Maß von Martern ertragen hatten, angesichts weiterer Qualen vom Glauben los.

Die starken und heiligen Säulen des Herrn dagegen wurden, da der Herr sie stärkte und da sie eine Kraft und Ausdauer erhielten, die ihrem starken Glauben geziemend entsprachen, bewundernswerte Zeugen seines Reiches. Der erste unter ihnen war Iulian, ein an Fußgicht leidender Mann, der weder stehen noch gehen konnte. Er wurde mit seinen beiden Trägern [vor Gericht] zitiert, von welchen der eine sofort den Glauben verleugnete. Der andere Träger jedoch namens Kronion sowie der bejahrte Iulian bekannten den Herrn, worauf sie durch die ganze Stadt, von der ihr wißt, wie groß sie ist, hoch oben auf Kamelen sitzend, gegeißelt wurden, um schließlich, von der ganzen Menge umringt, in ungelöschtem Kalk verbrannt zu werden. Ein Soldat namens Besas, der ihnen auf dem Todeswege zur Seite ging und den Rohlingen entgegentrat, wurde auf das Geschrei dieser Leute hin als kühnster Kämpfer Gottes, der sich auch im schwersten Kampf für den Glauben auszeichnete, vorgeführt und enthauptet ...«

Nach weiteren Beispielen heldenhaften Bekennermutes:

»Ein ganzer Trupp Soldaten, und mit ihnen der bejahrte Theophilus, hatte sich vor dem Gerichtsgebäude aufgestellt. Da nun jemand als Christ verhört wurde und bereits daran war, seinen Glauben zu verleugnen, knirschten diese Soldaten, welche dabeistanden, mit den Zähnen, nickten ihm zu, erhoben die Hände und gaben Zeichen mit dem ganzen Körper. Dadurch zogen sie die Aufmerksamkeit aller auf sich. Doch ehe noch andere sie ergriffen, eilten sie, ihnen zuvorkommend, vor den Richterstuhl, sich als Christen bekennend, so daß den Statthalter und sein Kollegium Schrecken erfaßte ...« Auch sie wurden hingerichtet. Dann erwähnt Dionysios Einzelheiten der Aktion auf dem umgebenden Lande:

»Noch sehr viele andere wurden von den Heiden in den Städten und Dörfern zu Tode gemartert. Beispielshalber will ich einen derselben erwähnen: Ischyrion diente als Verwalter gegen Bezahlung einem Beamten. Sein Lohnherr befahl ihm zu opfern. Da er nicht gehorchte, beschimpfte er ihn, und da er standhaft blieb, mißhandelte er ihn. Und als er weiterhin beharrte, nahm er eine lange Stange, stieß sie ihm durch Bauch und Eingeweide und tötete ihn.

Soll ich noch von der großen Zahl jener sprechen, welche in den Wüsten und in den Bergen umherirrten und durch Hunger und Durst, durch Kälte und Krankheiten, durch Räuber und wilde Tiere zugrunde gingen?

Die Überlebenden sind Zeugen ihrer Auserwählung und ihres Sieges. Einen einzigen Fall will ich als Beispiel anführen. Chäremon, ein hochbetagter Greis, war Bischof der Stadt Nilus. Dieser war mit seiner Frau in das Arabische Gebirge geflohen und nicht mehr zurückgekehrt. Und trotz vielen Suchens vermochten sie die Brüder weder lebendig noch tot zu Gesicht zu bekommen. Viele wurden in demselben Arabischen Gebirge von den wilden Sarazenen zu Sklaven gemacht. Einige derselben konnten mit Mühe gegen hohe Geldsummen losgekauft werden, bei anderen aber war es bis heute noch nicht möglich. Nicht zwecklos berichte ich darüber, mein Bruder, sondern damit du wissest, wie viele und furchtbare Drangsale uns betroffen. Allerdings dürften diejenigen, welche noch mehr heimgesucht worden sind, noch mehr darüber wissen.«[244]

Trotz der eben geschilderten Greuel, die an das Massaker von Lyon erinnern, bleibt zu konstatieren: Die Verfolgung des Decius war kaum blutiger als einige der vorausgegangenen, und von einer Vernichtung des Christentums konnte keine Rede sein; mit der Sachlichkeit des Wissenschaftlers stellt Josef Vogt lapidar fest: »Das Ganze war ein dem Stil des Jahrhunderts entsprechender Versuch, durch kollektive Frömmigkeit die Gnade der Götter zu verewigen.«[245] Das klingt gewiß in den Augen der Opfer wie ein zynischer Hohn – und ist doch die treffende Wertung. Was die Aktion für die Zeitgenossen so fürchterlich machte, war die unerbittliche Konsequenz, mit der sie geplant, und die bürokratische Hartnäckigkeit, mit der sie durchgeführt wurde. Was Wunder, daß die Gläubigen in Massen abfielen. Viele von ihnen hatten mittlerweile hohe Ämter in Verwaltung und Militär inne – es klang im Bericht des Dionysios an –, sie waren wohlhabende Mitglieder des Establishments geworden. Nun sollten sie dies alles verlieren?

Mit Geld ließ sich vieles erreichen; aber durfte die Kirche diese Abtrünnigen wieder in ihren Schoß aufnehmen? Oder sollte man differenzieren, einen Unterschied machen zwischen denen, die lediglich Weihrauch auf den Altar gestreut hatten, um ihre loyale Haltung gegenüber Kaiser und Reich zu bekennen – und jenen, die tatsächlich geopfert und die kultischen Gebetsformeln nachgesprochen, die ihren Glauben »gelästert« hatten, wie man damals sagte?

Leidenschaftliche Diskussionen brachen darüber aus. Cyprian von Karthago gab sich alle Mühe, die Frage vernünftig und tolerant zu lösen:

»Wenn einer von einer Krankheit befallen ist«, schreibt er an den Amtsbruder Antonianus, Bischof in Numidien, »so kommt man ihm in der Gefahr zu Hilfe. Nachdem das aber einmal geschehen und den vom Tode Bedrohten der Friede erteilt ist, können wir sie doch nicht erstikken oder erwürgen oder gewaltsam und eigenhändig zum Tode befördern, als ob jene, die den Frieden erhalten haben, unbedingt sterben müßten, weil eben nur Sterbenden der Friede erteilt wird ...

Wenn also einem nach Empfang des Friedens von Gott eine weitere Lebensfrist geschenkt wird, so darf niemand daraus den Bischöfen einen Vorwurf machen, nachdem ein für allemal beschlossen ist, den Brüdern in Todesgefahr zu Hilfe zu kommen. Glaube auch nicht, teuerster Bruder, daß man die Inhaber von Opferzeugnissen (libelli), wie manche meinen, den Opfernden gleichstellen müsse. Sogar bei denen, die geopfert haben, liegen die Verhältnisse und Umstände oft ganz verschieden. Man darf nicht einen, der sofort freiwillig zu dem gottlosen Opfer eilte, dem gleichstellen, der nach langem Ringen und Kämpfen nur notgedrungen zu dieser unseligen Tat schritt. Und ebensowenig einen, der sich und alle die Seinen preisgab, mit jenem, der als einzelner für alle die Gefahr auf sich nahm und seine Gattin, seine Kinder sowie sein ganzes Haus durch eine Abmachung auf seine alleinige Verantwortung beschützte ...

Welch unerbittliche Strenge, welch bittere Härte ist es, die Empfänger von Opferzeugnissen mit denen auf eine Stufe zu stellen, die wirklich geopfert haben! ... Erfährt nun ein solcher, der sich durch ein Opferzeugnis befleckt hat, aus unseren [bischöflichen] Ermahnungen, er hätte auch das nicht tun dürfen und sein Gewissen sei befleckt, wenn auch seine Hand rein sei und seinen Mund keine todbringende Speise berührt und befleckt habe, dann weint und jammert er auf unsere Belehrung hin und wird sich erst jetzt seines Vergehens bewußt und beteuert, nachdem er weniger durch seine Schuld als durch seinen Irrtum auf Abwege geraten ist, er sei nun für die Zukunft gerüstet und kampfbereit.

Weisen wir die Buße solcher Leute zurück, die bestimmt glauben, ihre Schuld sei nur gering, so fallen sie auf die Lockung des Teufels sofort samt Frau und Kindern, die sie unversehrt erhalten haben, den Ketzern oder den Abtrünnigen zu . . .

Deshalb, teuerster Bruder, wurde beschlossen, die Inhaber von Opferzeugnissen nach sorgfältiger Prüfung der Einzelheiten einstweilen wieder [zur Gemeinschaft] zuzulassen . . .«[246]

Mittlerweile traten die Goten im Osten zu einer neuen Großoffensive an, die die Anwesenheit des Kaisers auf dem Kriegsschauplatz notwendig machte. Damit war den Verfolgungen die straffe Führung genommen, und gegen Ende 250 hörten sie ganz auf.

Decius selbst fiel 251 auf dem Schlachtfeld bei Abrittus in der Dobrudscha zusammen mit seinem ältesten Sohn Herennius. Sein jüngerer Sohn und Mitherrscher Hostilianus regierte noch kurze Zeit, wurde dann ebenfalls beseitigt.

Decius war der erste römische Kaiser, der auf dem Schlachtfeld sein Leben verlor.

Andreas Alföldi zieht in seinen »Studien zur Geschichte der Weltkrise des 3. Jahrhunderts« dieses strenge Fazit über Decius: »Seine Verwaltung hat keinen Erfolg gehabt. Gegenkaiser erhoben sich gegen ihn nacheinander in Gallien, in Rom und im Osten. Als Feldherr hat er versagt und dadurch die folgenden schrecklichen Invasionen der Germanen ermöglicht und herausgefordert. Sein Vorgehen gegen die Kirche war nicht geeignet, diese zu brechen, nur Blut zu vergießen und Unheil zu stiften. Und doch ersehen wir aus seinem Handeln den eisernen Willen, der auch aus seinen Bildnissen strahlt. Aus dem Feldzug gegen das Christentum, aus dem Ausharren nach seinen Mißerfolgen gegen Cniva [den Heerkönig der angreifenden Goten], aus seinem Heldentod hebt sich gleichsam eine beachtenswerte Energie hervor. Zweifellos nicht ohne Grund hat man ihn *reparator disciplinae militaris* [Wiederhersteller der militärischen Disziplin] genannt. Seine Willenskraft, seine aufrichtige Loyalität gegenüber dem Senat und sein Tod haben seine Gestalt verklärt und seiner konservativ-römischen Konzeption wie seinen politischen Methoden ein kräftiges Weiterleben gesichert.«[247]

Cyprian aber konnte schreiben: »Den Frieden, geliebte Brüder, seht ihr der Kirche wiedergegeben, und dank der göttlichen Hilfe und Rache [!] ist unsere Sicherheit wiederhergestellt . . .«[248]

Aber für wie lange?

# »Zucht und Sitte müssen bewahrt werden!«[249] Die Valerianische Verfolgung

Der Zeitabschnitt, dem wir uns nun zuwenden, ist wohl der verworrenste der römischen Geschichte. Erst in unserem Jahrhundert sollte es der Forschung gelingen, die spätrömische Überlieferung, wie sie uns mit der Vita des Valerianus und seines Sohnes Gallienus in der Historia Augusta entgegentritt, als tendenziös verfälschend zu entlarven.

Dafür einige Beispiele: »Während sich Gallienus mit Tändeleien abgab und der Schwelgerei frönte und den Staat nicht anders als Kinder beim Königsspiel regierte ...« – Nach dem Bericht über Einfälle von Goten und Skythen: »Nur mit Erröten kann ich die Worte anführen, in welchen Gallienus während dieser Begebenheiten über die Unfälle des Menschengeschlechts gleichsam scherzend sich äußerte. Auf die Nachricht vom Abfalle Ägyptens soll er entgegnet haben: ›Wie? Kämen wir denn nicht ohne ägyptisches Linnen aus?‹ ... Als Gallien verlorenging, soll er lächelnd gesagt haben: ›Droht denn dem Staate Gefahr, wenn wir keine Tücher aus Arebatum [Arras] haben?‹ ...«

Oder: »Den Gallienus vermochten indessen die Unfälle des Staates kaum aus seiner Untätigkeit zu erwecken ...« Kurz darauf: »Dieses ist der kurze Lebensabriß des Gallienus, eines Menschen, der nur seinem Bauche, seinen Lüsten lebend, Tage und Nächte beim Genuß des Weins und der Wollust zubrachte ...«[250]

Dazu Andreas Alföldi, dem die Aufhellung dieser Epoche zu verdanken ist: »Niemals wurde das historische Bild eines Kaisers so verzerrt wie das des Gallienus. Schon in seinem Leben, als man in Verzweiflung nach den Ursachen der furchtbaren Schicksalsschläge fragte, suchte die Kurzsichtigkeit der Menschheit natürlich in ihm den Sündenbock, weil er das Steuerruder des Reiches hielt.«[251]

Furchtbare Schicksalsschläge – hier zieht der antike Autor allerdings eine treffende Summe, wenn er heftige Erdbeben, eine viele Tage anhaltende Finsternis, »Donnerschläge aus dem Innern der Erde« nennt: »... bei diesem Erdbeben wurden viele Gebäude nebst ihren Bewohnern verschlungen, und viele Menschen starben vor Schrecken. Am meisten litten die Städte Asiens darunter. Auch zu Rom und in Libyen fanden Erdstöße statt. An sehr vielen Orten entstanden Erdklüfte, und in den Öffnungen zeigte sich Salzwasser. Auch das Meer verschlang viele Städte. Man suchte daher die Götter zu versöhnen, zog die Sibyllinischen Bücher zu Rate und brachte Jupiter dem Retter die darin beschriebenen Opfer dar. Denn es war außerdem noch eine so heftige Pest in Rom und in den Städten Achaias [Griechenlands] ausgebrochen, daß an einem Tage 5000 Menschen starben. Bei diesem Wüten des Schicksals, da hier Erdbeben, dort Erdrutsche, an mehreren Orten auch die Pest die Römerwelt verwüsteten, da [Kaiser] Valerianus [von den Persern] gefangen, Gallien größtenteils in fremden Händen war, Odenatus [von Palmyra] mit Krieg drohte, Aureolus Illyricum bedrängte und Aemilianus sich Ägyptens bemächtigt hatte, fielen die Goten über Thrakien her, verheerten Makedonien und belagerten Thessaloniki. Nirgends war Ruhe, aus der nur einigermaßen ein Strahl von Rettung sich gezeigt hätte . . .«

Und an all dem – so die Historia Augusta – ist Kaiser Gallienus schuld: »Und dies alles war eine Folge der Verachtung, die den Gallienus getroffen, einen äußerst schwelgerischen und, wenn er nichts zu befürchten hatte, zu jeder Schandtat bereiten Menschen.«

Um es gleich hier richtigzustellen: Gallienus war in allem das Gegenteil – ein genialer Mensch! Eine derartig blindwütige Einseitigkeit in der Charakterisierung erscheint von vorneherein schon fragwürdig.

Nach allem, was wir bei ähnlichen Katastrophen unter Marc Aurels Regentschaft hörten, wäre nun eigentlich eine großangelegte Christenverfolgung durch Gallienus zu erwarten; doch die Quellen, zumal die christlichen, schweigen darüber. Auch das schürt unsere Zweifel am überzeichneten negativen Bild des Kaisers. – Ganz anders liegen die Verhältnisse unter seinem Vater Valerianus.

Ihm gelang es, aus den Wirren, die nach Decius' unerwartetem Tod (251) allenthalben ausbrachen, als Sieger hervorzugehen und den Thron mit Hilfe seiner Truppen zu gewinnen.

Von seiner Laufbahn ist nur wenig bekannt. Publius Licinius Valerianus Augustus (geb. um 190) war von vornehmer, altadliger Herkunft, was schon der Name verrät. »Er stieg«, so die »Kaisergeschichte«, »nachdem er vorher Censor gewesen und alle damaligen Staatsämter stufenweise durchlaufen hatte, auf den höchsten Gipfel menschlicher Größe, indem er nach siebzig ruhmvoll durchlebten Jahren des hohen Ruhmes teilhaftig wurde, daß er, nachdem er alle Ehrenstellen und Würden mit Auszeichnung bekleidet hatte, zum Kaiser gewählt wurde.«[252]

Das ist stark geschönt, denn in Wahrheit hoben ihn die Truppen auf den Schild, die er gegen seinen Vorgänger Aemilius Aemilianus ins Feld führte – wie überhaupt der Autor seiner Vita ihn als positiv überzeichnetes Pendant seinem Sohn Gallienus gegenüberstellt, während nach heutiger Kenntnis das Gegenteil zutrifft.

In Italien standen sich damals mehrere Armeen gegenüber. Den Aemilius, Sieger über Trebonianus Gallus (251 bis 253), ermordeten seine eigenen Soldaten. Im Herbst 253 zog Valerianus nach Rom und ergriff unverzüglich Maßnahmen zur Beendigung der inneren Wirren wie zur Sicherung der Grenzen. Seinen Sohn Gallienus ernannte er zum Mitregenten und militärischen Oberbefehlshaber im Westen, er selbst übernahm die Verteidigung des Ostens.

Das alles macht zunächst den Eindruck einer zupackenden Persönlichkeit; aber es erwies sich als Strohfeuer. Man hatte ihn falsch eingeschätzt: er stand damals als Dreiundsechzigjähriger am Ende einer glänzenden Karriere; unter Decius hatte er, während dessen Abwesenheit, einen Teil der Reichsgeschäfte in Rom geführt. Man erwartete Großes von ihm! Und er wäre vielleicht auch als ein zweiter Antoninus Pius in die Geschichte eingegangen, hätte er in ruhigeren Zeiten sich ganz den magistralen und friedvollen Aufgaben widmen können. Gewiß war er ein exzellenter Verwaltungsfachmann, aber kein Stratege und Feldherr – und der wurde gebraucht!

Hinzu kommt sein Alter, denn wie alle Bürokraten neigte er zu Unbeweglichkeit und Starrsinn. »Er bemühte sich auch anfänglich«, so Alföldi, »Ordnung zu schaffen, und es scheint auch, daß er ein guter Administrator gewesen ist; die ganze Strategie der Christenverfolgung weist auf einen geschickten Politiker ... Acht Jahre hat er im Orient nur gegen die Christen Erfolge aufweisen können; gegen die Germanen und Perser haben ihn seine Unentschlossenheit und Schlaffheit in keinem Augenblick aufkommen lassen, bis er durch dieselbe Zaghaftigkeit und Impotenz in die Hände Sapors[253] [von Persien] fiel.«[254]

Harte Worte! Aber dahinter steht eine jahrzehntelange Auswertung der kargen Quellen. Die Forschung stützt sich hierbei vor allem auf eine subtile Deutung der zeitgenössischen Münzen.[255]

Dabei verliefen die ersten Jahre nach Valerianus' Machtübernahme für die Kirche durchaus friedlich, wie wir aus einem Brief des Dionysios von Alexandria erfahren, den Eusebius zitiert:

»In der Geschichte des Valerianus muß man sich über das eine wie über das andere wundern, insbesondere aber die Art und Weise seines früheren Verhaltens ins Auge fassen, wie gütig und freundlich er gegen die Männer Gottes war. Denn keiner der früheren Kaiser war gegen sie so wohlwollend und loyal, auch jene nicht, die offen Christen gewesen sein sollen. Valerianus begegnete ihnen, wie man wußte, am Anfange [seiner Regierung] sehr vertrauensvoll und freundlich; sein ganzes Haus [das heißt die Hofburg] war voll von Gläubigen, es war eine Gemeinde Gottes.«[256]

Diese Stelle des Briefes steht freilich in Widerspruch zu den Nachrichten im zweiten Teil des Schreibens. Dionysios schildert da hanebüchene Dinge:

»Der Lehrer und oberste Führer der ägyptischen Magier [Macrianus] aber überredete Valerianus, sich davon [das heißt von seiner christenfreundlichen Haltung] loszusagen, und hieß ihn die reinen und heiligen Männer töten und verfolgen. Denn diese bekämpften und verhinderten ihre gar schmutzigen und abscheulichen Beschwörungen. Es gibt und gab nämlich Christen, welche die Kraft haben, durch ihre Gegenwart und ihren Blick und durch bloßes Anhauchen und ein Wort die Pläne der frevelhaften Dämonen zu vereiteln. Dafür riet er Valerianus, unreine Weihungen, unsaubere Zaubereien und Gott mißfällige Opfer vorzunehmen, unglückliche Kinder zu schlachten, Kinder bedauernswerter Eltern zu opfern, die Eingeweide Neugeborener zu durchforschen, die Gebilde Gottes [die Kinder] zu zerschneiden und zu zerhacken, als ob das ihnen Glück bringen sollte. Macrianus hat also den Dämonen herrliche Dankopfer um der erhofften [eigenen] Regierung dargebracht. Obwohl er früher der Gesamtabrechnung der kaiserlichen Finanzen vorgestanden haben soll, dachte er weder vernünftig noch an die Gesamtheit . . .«

Nach einigen frommen Reminiszenzen heißt es dann: »Valerianus ließ sich von diesem Menschen zu solchen Taten verführen. Dadurch setzte er sich dem Hohn und dem Spotte aus . . . Macrianus strebte in toller Gier nach der Herrschaft, deren er nicht würdig war.«[257]

Interessant ist, daß der große alexandrinische Bischof hier gegenüber einem Nichtchristen jene wahnwitzigen Vorwürfe erhebt, mit denen bislang die Christen verunglimpft wurden. Und natürlich sind es die gleichen märchenhaften, böswilligen Verdächtigungen, die jeder realen Grundlage entbehren.

Im übrigen aber reiht er hier Dinge und Kausalitäten in einer Weise aneinander, die den Valerianus entlasten sollen. Äußerst geschickt schiebt er dem späteren Usurpator Macrianus alle Verantwortung der bald darauf einsetzenden Verfolgung zu, um das Andenken an Valerianus als den Vater des kirchenfreundlichen Gallienus rein zu halten. Die Darstellung ist also tendenziös! So müssen auch die übrigen Mitteilungen mit Skepsis bewertet werden: daß Valerian ein halber Christ gewesen sein soll, daß Macrianus ein sadistischer Kindsmörder gewesen, der die Kleinen zum Zwecke seiner Zauberpraktiken ermordete; ja sogar die Bezeichnung »Erzmagier von Ägypten« ist kein Titel einer offiziellen Priesterwürde, sondern Spottname für den – so Dionysios – Ritualmörder.[258]

Anders verhält es sich mit dem Hinweis auf des Macrianus Stellung als »procurator summarum rationum«, also des »Hauptverwalters der Finanzen«: »Die technische Abwicklung der Maßnahmen«, schreibt Alföldi, »die gegen die Christen ins Werk gesetzt wurden, erforderten einen gewaltigen Apparat, der am ehesten von der Finanzverwaltung dargeboten werden konnte.«[259] Das heißt, daß man bequem – wie schon unter Decius – die Bevölkerung anhand der Steuerlisten kontrollieren konnte.

In diesem Zusammenhang muß man den Entschluß Valerianus' sehen, die Praxis des Decius im Jahre 257 wieder aufzugreifen und eine großangelegte Aktion gegen die Christen zu starten: die Finanzen waren zerrüttet, die Staatskasse leer; bis August 257 hatte Valerianus eine Reihe schrecklicher Schlappen durch Perser, Boranen und Pontusgermanen einstecken müssen. Die Finanzkrise eskalierte von Jahr zu Jahr: unter Decius sank der Feingehalt des Silbers von 50 Prozent auf 40 Prozent, unter Valerianus auf 16 Prozent bis 14 Prozent, unter seinem Sohn Gallienus schließlich auf 2 Prozent.[260] An allen Reichsgrenzen drohten Feinde; zum erstenmal fielen die Franken auf breiter Front in Gallien ein und brandschatzten das Land bis in den Süden, vereinzelte Trupps zogen weiter nach Spanien, ja bis nach Nordafrika. Die Goten setzten nach Kleinasien über. Das neupersische Reich unter Schapur griff nach Westen aus, nahm Antiochia in Besitz, verhöhnte Rom mit der Einsetzung eines Marionettenkaisers.

Es muß damals eine Art Weltuntergangsstimmung aufgekommen sein, als die Zentrale nicht mehr in der Lage war, die Grenzprovinzen zu schützen. So gab sich Gallien einen eigenen Kaiser, Postumus. Valerianus' Sohn Gallienus tat im Westen sein Bestes, konnte aber nicht verhindern, daß die Rhein- und Donaulinie unter dem Ansturm der Germanen zusammenbrach, daß germanische Wellen über die Alpen bis nach Italien fluteten. Trotzdem spricht Cyprianus, der die Hofkreise gut kannte, bei allen nun einsetzenden christenfeindlichen Verfügungen von der Urheberschaft Valerianus', obwohl Gallienus im Westen herrschte.

Was Wunder, daß man sich bei dieser katastrophalen Lage wieder an die Christen hielt, sowohl um den verunsicherten Massen ein Ventil ihrer Ängste und Aggressionen zu schaffen, als auch um das mittlerweile reich angesammelte Kirchengut zu konfiszieren – als verzweifeltes Mittel, der eskalierenden Inflation Einhalt zu gebieten, waren doch die Einkünfte aus Gallien und dem Osten abgeschnitten.

So gehen kurz hintereinander zwei kaiserliche Edikte an die Statthalter der noch loyalen Provinzen ab. Durch Briefe des Dionysios und des Cyprianus wie durch einzelne Märtyrerakten sind wir darüber gut unterrichtet; daraus wird sichtbar, daß des Valerianus Vorgehen entschieden schärfer als das des Decius ist; andererseits zeigt sich nun eine neue, sehr selbstbewußte Abwehr auf seiten der Christen.

Das erste Edikt von 257 verlangte von Bischöfen, Presbytern und Diakonen, den Staatsgöttern das öffentlich zu vollziehende Opfer darzubringen. Das zweite Edikt aus dem folgenden Jahr verschärfte die Maßnahmen, was aus einem Brief Cyprians an den Bischof Successus detailliert hervorgeht:

»Valerianus hat an den Senat die Verordnung erlassen, die Bischöfe, Presbyter und Diakone sollten sofort hingerichtet werden, die Senatoren aber und die angesehenen Männer und römischen Ritter sollten ihrer Würde und ihrer Güter verlustig gehen, und wenn sie auch nach der Einziehung ihres Vermögens noch weiter Christen blieben, sollten sie gleichfalls mit dem Tode bestraft werden. Vornehme Frauen solle man unter Verlust ihrer Güter in die Verbannung schicken, alle kaiserlichen Beamten jedoch, die schon früher das Bekenntnis abgelegt hätten oder es jetzt noch ablegten, solle man absetzen und gefesselt samt den Akten auf die kaiserlichen Besitzungen bringen lassen. Kaiser Valerianus hat seiner Verfügung auch noch eine Abschrift des Briefes beigefügt, den er unseretwegen an die Statthalter der Provinzen gerichtet hat. Täglich hoffen wir auf das Eintreffen dieses Schreibens, indem wir kraft unserer Glaubensstärke aufrecht stehen, bereit, das Leiden zu ertragen ... Wisset aber, daß Papst Sixtus II. am 6. August [258] auf einem Friedhof, zusammen mit vier Diakonen, hingerichtet worden ist. Aber diese Verfolgung setzen die Praefekten in Rom noch täglich fort, und alle, die ihnen angezeigt werden, werden mit dem Tode bestraft und ihre Güter vom Staat eingezogen.«[261]

Wie unter Decius begann es mit der Gefangennahme und Ausschaltung der leitenden Persönlichkeiten, doch dann griff man zu einer neuen Taktik: die Masse der Gläubigen wurde nicht mehr zur Verantwortung gezogen, aber es war bei Todesstrafe verboten, Versammlungen zum Zweck religiöser Erbauung und Stärkung abzuhalten.

Völlig neu war das Verbot, die unterirdischen Grabstätten (Coemeterien) zu betreten oder gar als gottesdienstliche Räume zu benutzen. Alföldi dazu: »Es schützte sie hier nicht nur die abergläubische Furcht vor den Toten, sondern auch die menschenfreundliche Schonung der Behörden. Denn wenn es auch nicht zugelassen werden konnte, daß die ›Atheisten‹ Begräbnisvereine konstituierten und darin legitime Zusammenkünfte veranstalteten, hat man in bezug auf das Vorhandensein christlicher Gräberanlagen ein Auge zugedrückt. Und wenn auch die engen Korridore der Katakomben zur Abhaltung normaler Gottesdienste nicht geeignet gewesen sind, entstanden im 3. Jahrhundert um die Labyrinthe herum Kapellen und Versammlungsräume und Betriebe [fabricae]; in diesen Mittelpunkten des sozialen Lebens und der Administration der Kirche wurden dann auch in Rom der Papst Xystus [= Sixtus II., 257 bis 258] und seine Diakone ebenso wie viele andere Priester und Laien festgenommen und dann mit dem Tode bestraft.«[262]

Wie wir aus Cyprians Brief wissen, verfielen Senatoren, Ritter und hohe Beamte der Acht, sie verloren Stellung, Vermögen und Leben, wenn sie die Opferhandlung den Staatsgöttern verweigerten.

Der Streit der Gelehrten geht nun darum, ob es mehr um die fiskalischen Interessen der vom Finanzminister Macrianus beratenen Regierung oder um die Beseitigung der christlichen Führungsschicht ging – nun, man schlug zwei Fliegen mit einer Klappe.

Es fällt auf, daß führende Persönlichkeiten der Kirche wie Dionysios und Cyprianus trotz standhaften Bekenntnisses nicht gleich ihr Leben verloren, sondern anfangs lediglich deportiert oder verbannt wurden. Aber es war nur eine Galgenfrist.

Das zweite Edikt, das Cyprian beschreibt, schlug um so härter zu, denn es bot nur noch die Alternative: Gebet zu den Göttern oder Tod. Ihm ist dann auch Cyprianus zum Opfer gefallen, während Dionysios sich der Hinrichtung durch Flucht entziehen konnte.

Auch Cyprianus war zunächst geflohen, rang sich dann aber zu dem todesmutigen Entschluß durch, umzukehren und sich in der Öffentlichkeit zu zeigen. In einem Brief an seine Gemeinde von Karthago heißt es:

»Als uns, teuerste Brüder, die Kunde zukam, es seien Häscher abgesandt, um mich nach Utica zu überführen, und der Rat meiner nächsten Freunde dahin ging, ich solle eine Zeitlang unsere Gärten [die als Versteck dienten] verlassen, da stimmte ich ihnen bei, zumal noch ein triftiger Grund dazukam. Denn für einen Bischof ziemt es sich, in der Stadt, in der er der Kirche des Herrn vorsteht, auch den Herrn zu bekennen und das gesamte Volk durch das Bekenntnis des anwesenden Vorstehers zu verherrlichen ... Übrigens würde auch die Ehre unserer so ruhmvollen Kirche beeinträchtigt, wenn ich, der Bischof und Vorsteher einer andern Kirche, mir in Utica wegen meines Bekenntnisses das Urteil sprechen ließe und von dort aus als Märtyrer zum Herrn ginge, während ich doch für mich wie für euch in ständigem Gebet darum flehe und sehnlichst wünsche und mich verpflichtet fühle, bei euch zu bekennen und dort zu leiden und von dort zum Herrn zu gehen. So warten wir denn hier in einem abgeschiedenen Versteck die Rückkehr des Proconsuls nach Karthago ab, um von ihm zu hören, was die Kaiser

[Valerianus und Gallienus] bezüglich der christlichen Laien und Bischöfe [in dem zweiten Edikt] angeordnet haben, und um das zu sagen, was der Herr zur [gegebenen] Stunde gesagt haben will . . .«[263]

Cyprians Ansehen war bei der eigenen Gemeinde und darüber hinaus so groß, daß der Proconsul Galerius Maximus nicht länger zögerte, gemäß den Bestimmungen des kaiserlichen Ediktes zu handeln. Mitte September 258 kam es zur entscheidenden Verhandlung. Die authentischen Akten des Prozesses sind überliefert; der Bericht schildert zunächst die vorausgegangenen Ereignisse vor dem Tribunal des Aspasius Paternus und leitet dann über zum Tribunal des Galerius Maximus:

»In dem Jahre, als Kaiser Valerianus zum vierten Male und Gallienus zum dritten Male Consuln waren, am 30. August, sagte zu Karthago im Verhörlokale der Proconsul Paternus zum Bischof Cyprianus:

›Die geheiligten Kaiser Valerianus und Gallienus haben gnädigst ein Schreiben an mich gerichtet des Inhalts, daß diejenigen, welche die römische Religion nicht üben, doch die römischen Gebräuche anerkennen sollen. Ich frage dich daher nach deinem Namen, was antwortest du mir?‹

Der Bischof Cyprianus antwortete: ›Ich bin Christ und Bischof. Ich kenne keine anderen Götter als den einen und wahren Gott, der Himmel und Erde und das Meer und alles, was darin ist, gemacht hat. Diesem Gotte dienen wir Christen, zu ihm beten wir Tag und Nacht für uns und für alle Menschen, auch für das Wohl der Kaiser.‹

Der Proconsul Paternus sagte: ›Verharrst du also in dieser Gesinnung?‹

Der Bischof Cyprianus antwortete: ›Eine gute Gesinnung, die Gott anerkennt, ist unabänderlich.‹

Der Proconsul Paternus sagte: ›Wirst du also nach dem Gebot des Valerianus und Gallienus als Verbannter nach der Stadt Kurubis gehen?‹

Der Bischof Cyprianus antwortete: ›Ich gehe.‹

Paternus sagte: ›Nicht nur über die Bischöfe, sondern auch über die Priester haben die Kaiser mir zu schreiben geruht; ich möchte daher von dir erfahren, welche Priester sich in dieser Stadt befinden.‹

Der Bischof Cyprianus antwortete: ›In euren Gesetzen habt ihr gut und heilsam die Angeberei verboten. Darum wird auch von mir keiner denunziert und verraten werden.‹

Der Proconsul sagte: ›Ich halte heute an dieser Stelle Untersuchung!‹

Cyprianus entgegnete: ›Da unsere Lehre verbietet, daß sich einer selbst melde, und da dies auch deiner Auffassung entgegen ist, so können sie sich nicht selbst stellen; aber wenn du sie aufsuchst, wirst du sie finden.‹

Paternus darauf: ›Ich werde sie finden.‹ – Und fügte hinzu: ›Sie [die Kaiser] haben euch geboten, es sollen nicht an bestimmten Orten Zusammenkünfte stattfinden und man solle nicht in die Coemeterien gehen. Wer also dieses so heilsame Gebot nicht beachtet, soll mit dem Tode bestraft werden.‹

Der Bischof Cyprianus entgegnete: ›Tu, was dir geboten ist.‹

Darauf befahl der Proconsul Paternus, den heiligen Bischof Cyprianus in die Verbannung abzuführen.

Als er dort lange geweilt hatte, folgte auf den Proconsul Aspasius Paternus der Proconsul Galerius Maximus, der den heiligen Bischof Cyprianus aus der Verbannung zurückrufen und sich vorstellen ließ.

Als nun Cyprianus, der von Gott erwählte heilige Märtyrer, aus der Stadt Kurubis, in die er nach dem Befehl des vormaligen Proconsuls Aspasius Paternus verwiesen worden war, zurückkehrte, blieb er auf heiliges Geheiß [Gottes] in seinen Gärten [vgl. den Brief des Cyprianus] und erwartete dort täglich, daß er aufgesucht werde, wie es ihm offenbart worden war.

Als er dort weilte, kamen plötzlich am 13. September unter dem Consulate des Tuscus und Bassus [das heißt im Jahre 258] zwei Offiziere zu ihm, der eine ein Adjutant des Proconsuls Galerius Maximus, der andere von der berittenen Garde dieses Offiziers. Sie nahmen ihn in ihren Wagen, setzten ihn in die Mitte und führten ihn nach Sexti [in die Villa des Proconsuls, benannt wohl nach dem sechsten Meilenstein], wohin sich Galerius Maximus zur Wiederherstellung seiner Gesundheit zurückgezogen hatte. Der Proconsul befahl darum auch [wegen seines schlechten Befindens?], den Cyprianus für den folgenden Tag bereitzuhalten.

Bis dahin wurde Cyprianus zu dem Offizier und Adjutanten des erlauchten Proconsuls Galerius Maximus gebracht und blieb in dessen Hause in einem Dorfe, welches Saturni heißt, zwischen Venerea und Salutaria. Dort kam eine ganze Schar von Brüdern zusammen. Als der heilige Cyprianus dies erfuhr, befahl er, die Mädchen zu bewachen, weil alle im Dorfe vor der Tür des Hauses des Offiziers blieben.

Am folgenden Tage, dem 14. September, kam früh viel Volk in Sexti zusammen nach der Anordnung des Proconsuls Galerius Maximus. Und er ließ am gleichen Tage den Cyprianus vor sich führen, als er im Vorhofe Sauciolum zu Gericht saß. Als er gebracht worden war, sagte der Proconsul zu ihm:

›Bist du Thascius Cyprianus?‹

Der Bischof antwortete: ›Das bin ich.‹

Der Proconsul fragte: ›Du hast dich Menschen von gotteslästerlichem Sinn zum Papas [das heißt zum Oberhirten] hingegeben?‹

Cyprianus antwortete: ›Ja.‹

Der Proconsul sagte: ›Die geheiligten Kaiser haben dir befohlen zu opfern!‹

Cyprianus sagte: ›Das tu ich nicht.‹

Darauf Galerius Maximus: ›Überlege es dir!‹

Der Bischof antwortete: ›Tu, was deine Pflicht ist; in einer so gerechten Sache ist nichts zu überlegen.‹

Nachdem Galerius Maximus sich mit seinen Räten besprochen hatte, fällte er mit Widerwillen [!] das Urteil etwa in folgendem Wortlaut:

›Du hast mit verbrecherischem Sinn gelebt, hast viele Menschen in deine große Verschwörung hineingezogen und hast dich zum Feinde der römischen Götter und der heiligen Gesetze gemacht; auch haben dich die frommen und geheiligten Fürsten, die Kaiser Valerianus und Gallienus und der erlauchte Caesar Valerianus [zweiter Sohn des Gallienus][264] nicht zur Gemeinschaft ihrer Religionsbräuche zurückführen können. Darum soll an dir, weil du der eigentliche Urheber der gemeinsten Verbrechen bist und andere zu Schandtaten verführt hast, ein Exempel statuiert werden zur Warnung für diejenigen, die du zu deinen Mitverschworenen gemacht hast. Um den Preis deines Blutes sollen Zucht und Sitte (disciplina) gewahrt werden. Wir geben Befehl, daß Thascius Cyprianus durch das Schwert hingerichtet werde! . . .«

Noch am gleichen Tage wird Cyprianus enthauptet. Der Bericht hebt die gefaßte Haltung des Bischofs hervor, der sich selbst die Augen verbindet und vor dem letzten Hieb Sorge trägt, daß der Henker 25 Goldstücke zur Entlohnung erhält: »Sein Leib aber wurde wegen der Neugierde der Heiden in der Nähe hingelegt. Von dort ist er bei Nacht erhoben und mit Wachslichtern und Fackeln zu der Begräbnisstätte des Procurators Macrobius Candidianus, die am Wege von Mappalia bei den Fischteichen ist, unter Gebet und in großer Feierlichkeit überführt worden. Wenige Tage danach ist der Proconsul Galerius Maximus gestorben.«

Zwei Details des Berichtes geben Aufschluß über die Modalitäten des kaiserlichen Ediktes; gleich zu Anfang zitiert der Proconsul Maternus aus dem Schreiben der Kaiser: es sei des Inhalts, »daß diejenigen, welche die römische Religion nicht üben, doch die römischen Bräuche anerkennen sollen . . .« Dahinter scheint sich zeitweise die Erkenntnis durchgesetzt zu haben, daß man die überzeugten Christen eben nicht mit Gewalt von ihrem Glauben abhalten könne. Diese Einsicht scheint Folgerungen aus dem gezogen zu haben, was schon die Apologeten des 2. Jahrhunderts immer wieder konstatierten, wenn etwa Theophilos, 6. Bischof von Antiochia, um 180 schrieb:

»Also will ich lieber dem Kaiser Ehre erweisen, nicht dadurch, daß ich ihn anbete, sondern dadurch, daß ich für ihn bete; ... denn er ist nicht Gott, sondern ein geschaffener Mensch, von Gott bestellt, nicht um angebetet zu werden, sondern um ein gerechter Richter zu sein. Es ist ihm nämlich von Gott gleichsam die Verwaltung anvertraut worden ... Ehre den Kaiser durch Liebe gegen ihn, sei ihm untertan, bete für ihn! Dadurch erfüllst du den Willen Gottes!«[265]

Die zweite Stelle, nun schon den entscheidenden Prozeß unter Galerius Maximus behandelnd, zeigt deutlich die Verschärfung der kaiserlichen Auffassung: »Um den Preis deines Blutes sollen Zucht und Sitte (disciplina) gewahrt werden!« Hier stoßen wir auf das, was später »Law and order«, »Ruhe ist die erste Bürgerpflicht!« genannt werden wird: »Wehe denen«, kommentiert Moreau die Stelle, » – und das gilt bis auf unsere Tage –, die im Krieg oder in Zeiten politischer Krisen nicht das von den jeweiligen Machthabern vorgeschriebene Leben führen!«[266]

Waren Umfang und Wucht der Valerianischen Verfolgung bei weitem größer, rigoroser, vernichtender als bei der Aktion des Decius, so traf man die Christen diesmal nicht unvorbereitet. Die einzelnen Gemeinden zeigten sich gerüstet, selbst die Hinrichtungen ihrer Führer vermochten sie nicht wankend zu machen. Sichtbaren Ausdruck findet diese neuerstarkte Haltung nach der Krise des ersten Drittels des Jahrhunderts im Bewahren der Reliquien von Blutzeugen: man hütet etwa in Karthago Mund- und Handtücher, die das Blut Cyprians aufnahmen; die Gräber der Hingerichteten werden Orte der Verehrung und inneren Aufrüstung. Die grausamsten Martern der Gläubigen bewirken bei den Überlebenden das Gegenteil dessen, was die Behörden bezweckten, wenn etwa zu Utica dreihundert Bekenner in ungelöschten Kalk geworfen wurden.[267] Zahlreich sind die Nachrichten über Einzelschicksale; nun sind auch besonders viele Frauen darunter.[268]

Die Gemeinden korrespondieren eifrig miteinander, schildern sich die schrecklichen Vorkommnisse, machen sich Mut. In einem Brief römischer Bekenner an Cyprianus heißt es:

»Wir haben, lieber Bruder Cyprian, große Freude, großen Trost und große Erquickung empfunden, besonders weil du auch das ruhmvolle Sterben oder, besser gesagt, die Unsterblichkeit der Märtyrer mit herrlichen und wohlverdienten Lobeserhebungen gefeiert hast ... Mit unseren eigenen Augen haben wir sie gewissermaßen auf ihrem Weg zum Himmel begleitet ... Denn welch höheren Ruhm oder welch höheres Glück könnte irgendeinem Menschen zuteil werden als das: Sogar inmitten der Henkersknechte unerschrocken Gott den Herrn zu bekennen, unter den mannigfachen und ausgesuchten Qualen der wütenden Macht der Welt trotz Folterung, Peinigung und Zerfleischung des Leibes mit dem schon entweichenden, aber dennoch ungebrochenen Geist

Christus zu bekennen, die Welt zu verlassen, von den Menschen sich zu trennen, um unter die Engel zu treten ... den menschlichen und göttlichen Gesetzen nicht im Widerspruch mit dem Glauben zu gehorchen, die Wahrheit mit lauter Stimme öffentlich zu bezeugen, sogar den allgemein gefürchteten Tod selbst im Tode zu überwinden, gerade durch das Sterben selbst im Tode zu überwinden, gerade durch das Sterben Unsterblichkeit zu erlangen . . .«[269]

Da geschah etwas Ungeheuerliches! Der Autor der Historia Augusta nennt es fatalistisch ein »unvermeidliches Verhängnis«: im Jahre 260 geriet Kaiser Valerianus während des Perserfeldzuges in die Hände der Feinde. »Sapor, aufgeblasen durch seinen glorreichen Sieg, behandelte ihn auf eine minder ehrenvolle Weise, als es sich gebührte, mit Stolz und Übermut, und sprach mit dem Beherrscher der Römer wie mit einem verächtlichen Sklaven.«[270]

Erinnerungen an Marcus Licinius Crassus wurden wach, als im Westen bekannt wurde, wie der Barbar mit der Leiche des Kaisers umging. Sie soll angeblich ausgestopft, rot angestrichen und öffentlich ausgestellt worden sein. Ähnliches war dem Crassus widerfahren, nachdem er gegen die Parther 53 v. Chr. Schlacht und Leben verlor.

Es muß ein Schock gewesen sein, der durch nichts mehr zu überbieten war: Der Nachfolger eines Augustus, im geheiligten Amt des Beherrschers urbis et orbis, für den eben noch die gesamte Reichsbevölkerung gebetet hatte, gestürzt, in den Schmutz gezerrt, verhöhnt! Der Eindruck seines Todes war für Nichtchristen wie Christen von mystischer Bedeutung; für die Christen war es die Rache Gottes, die den großen »persecutor« (Verfolger) ereilte, für die übrigen ein Zeichen der Götter, an denen man sich versündigt zu haben glaubte. Das fatale Ereignis stürzte das Reich in eine Krise, für die es bislang keine Parallele gab. Wie Valerians Sohn Gallienus mit ihr fertig wurde, gehört zu den großen Leistungen dieses verkannten Herrschers. Die Christen aber konnten aufatmen und beteten inständig, der Sohn und Nachfolger möge sie nicht haftbar machen.

# Toleranz oder Taktik? Die Religionspolitik des Gallienus

Dem schmählichen Ende Valerians folgte ein Jahrzehnt der Katastrophen, wie es Rom bisher noch nicht kennengelernt hatte, gehört diese Zeit doch zu einer der dunkelsten Epochen der Geschichte. Die Historia Augusta spricht metaphorisch von der Zeit der »Dreißig Tyrannen«. Doch mitten in diesem Chaos versucht ein Mann, das Steuerruder zu halten: Valerians Sohn Gallienus.

Daß die »Kaisergeschichte« sein Bild boshaft verzeichnete, sahen wir bereits; doch auch sonst ist es sehr schwierig, Ordnung in die verworrene Chronologie seiner Regierungsjahre zu bringen, zumal für einige die Fakten gänzlich fehlen. Doch nach dem, was wir sicher wissen, dürfte es kaum einen zweiten römischen Kaiser gegeben haben, der von den apokalyptischen Ereignissen seiner Zeit so gefordert wurde, der sich dennoch durch keinen Schicksalsschlag entmutigen ließ – er verlor kurz nacheinander den Vater und zwei Söhne –, der zugleich in engem Kontakt mit den großen Geistern der Epoche stand, zumal mit Plotin, dem Schöpfer des Neuplatonismus, mit dem ihn enge Freundschaft verband. Gallienus war eine ungemein vielseitige, hochbegabte Persönlichkeit, in einigen Zügen Hadrian verwandt, in anderen Caesar und Julianus Apostata – eine schillernde Figur, die von den Zeitgenossen nicht verstanden wurde.

Hier die wichtigsten Ereignisse seiner Regentschaft: im Jahre 218 bei Mailand geboren, ernannte ihn sein Vater, nachdem er in Raetien Mitte 253 zum Kaiser ausgerufen worden war, zum Mitregenten. Gallienus hielt sich damals in Rom auf.

Zur gleichen Zeit brachen im Osten die Perser ein, was Valerians Anwesenheit auf dem Kriegsschauplatz notwendig machte. So übertrug er dem 35jährigen Gallienus das Oberkommando über die Truppen in Europa, die in harten Abwehrkämpfen gegen Markomannen und Goten standen. Über Rhein und Donau drangen immer neue Scharen ins Reichsgebiet ein.

In diesen Jahren, von 254 bis 259, wurde Gallienus ganz von der militärischen Aufgabe gefordert, und er sammelte wichtige Erfahrungen auf verschiedenen Schlachtfeldern, die ihn später zu einer grundlegenden Heeresreform bewegen sollten.

Diese Abwehrkämpfe forderten das Letzte von ihm; er eilt von Front zu Front, versucht mit eiserner Energie, die heranflutenden Massen zum Stehen zu bringen. Von der Donau hastet er an den Rhein, wo er Gallien erfolgreich gegen den Einbruch der Alamannen schützt und sich mit dem Beinamen Germanicus feiern läßt. Spätere Münzen nennen ihn »restitutor Galliarum«.

Im Norden setzen die Franken über den Strom. Er wirft sich ihnen entgegen. Da kommt die Meldung, die Karpen seien in Dakien eingefallen! Er muß die alamannische Front verdünnen – prompt überrennen sie Raetien und stoßen über die Alpen bis nach Mailand vor. Dort kann er sie 258/259 vernichtend schlagen.

Zur gleichen Zeit erhebt sich Anfang 258 in Pannonien der Statthalter Ingenuus, doch wird die Empörung von dem treuen General Aureolus niedergeschlagen.

Im Sommer strebt Regalianus – ebenfalls in Pannonien – nach dem Purpur, wird dann ebenfalls von Aureolus geschlagen.

Zwei Jahre vorher (256) hatte Gallienus seinen älteren Sohn Cornelius Valerianus zum Caesar erhoben und ihn, als er selbst nach Pannonien ging, zum Stellvertreter bestimmt; zugleich hatte er das westliche Oberkommando dem Postumus zugeteilt. Als nun Gallienus den Ingenuus bekämpfte, ließ sich Postumus, Statthalter einer der germanischen Provinzen, zum Kaiser ausrufen und ermordete bei der Einnahme Kölns des Gallienus Sohn Saloninus; der ältere Sohn Valerianus war bereits in der ersten Hälfte des Jahres 258 gestorben.

Diese gefährliche Entwicklung, mit sich häufenden Rebellionen der Provinzfeldherrn, steht wahrscheinlich in Zusammenhang mit der wachsenden Entfremdung zwischen Gallienus und seinem kaiserlichen Vater Valerianus; denn als dieser in persische Gefangenschaft geriet, schwang sich Postumus zum Herrscher eines gallischen Sonderreiches auf und konnte sich in dieser Stellung bis 268 halten, wobei er seinen Machtbereich bis nach Britannien und Spanien ausdehnte. Gallienus vermochte nichts dagegen zu unternehmen, da er durch einen großen Goteneinfall in Pannonien gebunden war. Dann folgte das furchtbare Jahr 260, und die Zustände wurden anarchisch: Die Perser drangen dem fliehenden römischen Ostheer nach, verheerten Städte und Dörfer an ihrem Wege. Blühende Kulturstätten in Syrien, Kappadokien und Kilikien wurden barbarisch zerstört.

Hier spielt Macrianus, der »Erzmagier von Ägypten«, der einst Valerian zu seiner Christenverfolgung bewog, eine unheilvolle Rolle. Während des Perserfeldzugs für die gesamte Organisation zuständig, verriet er Valerian an die Perser. Den ihm von der Truppe dargebotenen Purpur lehnte er freilich ab und erklärte seine beiden Söhne Macrianus (II.) und Quietus zu Kaisern. Sie konnten sich bis Ende 261 behaupten.

Während Quietus im Orient blieb, zog der jüngere Macrianus mit seinem Vater nach Europa, wurde aber in Illyricum von dem wackeren Aureolus gestellt und besiegt, worauf die unterlegenen Truppen Vater und Sohn ermordeten.

Zur gleichen Zeit rebellierte in Ägypten der Statthalter Aemilianus, doch konnte sich Gallienus auch hier durch den ihm ergebenen General Theodotus behaupten. Kurz darauf (262) mußte in Byzanz eine weitere Revolte niedergeschlagen werden.

Doch nicht genug damit: Valerians Gefangennahme und Tod hatten im Osten eine weitere Sondermacht sich etablieren lassen; Odaenathus, Fürst von Palmyra in Syrien, nutzte die Gunst der Stunde, kassierte riesige Gebiete aus der östlichen Konkursmasse und wurde faktisch selbständig. In der Erkenntnis, daß dieser ehrgeizige Territorialfürst einen Front- und Pufferstaat gegen die Perser aufbaute und die Ostgrenze im eigenen Interesse verteidigte, stattete Gallienus ihn mit dem großsprecherischen Titel »corrector totius Orientis« (Ordner des ganzen Orients) aus, während der Fürst selbst sich bald schon »König der Könige« nannte – ein von Gallienus wohlgeduldeter Affront gegenüber dem persischen Monarchen. Gallienus mußte ihn gewähren lassen, denn für den Fortbestand des Reiches war dieser selbsternannte Satellit trotz allem von entscheidender Bedeutung; hielt doch Odaenathus die Perser in Schach, setzte außerdem den Herrschaftsansprüchen von Quietus, dem zweiten Sohn des Macrianus, ein Ende. Sein Einfluß reichte nun über ganz Arabien, Mesopotamien, Syrien und Kilikien. Wahrscheinlich wurde er während eines Feldzugs gegen die in Kleinasien eingedrungenen Goten ermordet. Die Herrschaft übernahm (266/267) seine Gemahlin Zenobia.

Etwa um 263 dürfte Gallienus seine große Heeresreform durchgeführt haben. Die Neuerung bestand in der Aufstellung selbständiger Reiterverbände aus Illyrern und Mauren, um den persischen Kavallerieattacken Paroli bieten zu können.

Aber hinter dieser Maßnahme verbirgt sich mehr. Gallienus reformierte zugleich mit kühler Vorurteilslosigkeit die bislang gültigen Verwaltungsprinzipien des Reiches. Die Notwendigkeit dazu ergab sich aus »der Einsicht«, so Alfred Heuß, »daß die Grundlagen des Augusteischen Prinzipats durch die Entwicklung seit Commodus weggeschwemmt wären und es infolgedessen keinen Sinn mehr hätte, noch weiter so zu tun, als wenn in der tatsächlichen Verfassung des Römischen Reiches der Senat und die alte Reichsaristokratie noch ein Gewicht besäßen. Ohne Rücksicht auf sein persönliches Prestige zog er daraus kalten Blutes die Folgerung für die Reichsordnung ...«[271]

Im einzelnen hieß das: Senatoren wurden von hohen Kommandostellen ausgeschlossen; die alte Aristokratie besaß nun keine erbliche Autorität mehr; der Aufstieg verdienter Soldaten aus dem Mannschaftsstand bis in die obersten Ränge war nicht nur möglich, sondern wurde gefördert. Die Kluft zwischen dem ganz nach elitären Prinzipien erzogenen Senatsadel und dem durch zigtausende Germanen, Afrikaner, Araber barbarisierten Heer sollte so überwunden werden. Die Legionskommandos, früher selbstverständliche Aufgabe senatorischer Legaten, gingen nun an die Ritter.[272]

Noch einmal Alfred Heuß zu den weitreichenden Folgen: »Die Neuerung hatte eine wahrscheinlich unbeabsichtigte Konsequenz von verfassungsrechtlich eminentem Ausmaß: Der Statthalter, bis dahin immer Höchstkommandierender der in seiner Provinz stehenden Truppen, wurde nach dem Verlust des Kommandos zum reinen Zivilgouverneur, einfach aufgrund der sachlichen Konsequenz einer rein politischen Maßnahme. Damit war jedoch nichts Geringeres als die fundamentale Änderung eines uralten römischen Rechtsgrundsatzes vorgenommen worden, nämlich die Trennung von Zivil- und Militärgewalt, eine Einrichtung, die es während der ganzen römischen Geschichte noch nicht gegeben hatte ...«[273]

Diese Reform kam in den Augen der erzkonservativen römischen Senatoren einer Revolution von oben gleich, und hier liegen die Gründe für die spätere Verdammung durch die senatsorientierten Schreiber der Historia Augusta. Erst nach diesen reinigenden Maßnahmen trat Gallienus zum Kampf gegen Postumus an. Die Auseinandersetzungen zogen sich bis 265 hin, und obschon an den übrigen inneren Fronten immer wieder Usurpationen unterdrückt werden mußten, gelang es Gallienus, etwa ab 263 Ordnung und Sicherheit im Reich einigermaßen sicherzustellen. Von geschichtsentscheidender Bedeutung erwies sich die Bevorzugung von Illyrern für die hohen Kommandostellen. Auch Diocletian begann hier seine Karriere.

Freilich blieb die äußere Bedrohung bestehen. Immer und immer wieder brachen gotische und sarmatische Stämme über die Grenzen und stießen plündernd, brennend, mordend bis Kleinasien und Griechenland vor. Odaenathus von Palmyra hielt die Perser in Schach, bis er 267 ermordet wurde. Ein Heer des Gallienus, das unter Heraclianus das Sonderreich von Palmyra beseitigen sollte, wurde aufgerieben. Der Kaiser selbst war auf dem Balkan durch den Einfall der Heruler gefordert.

Postumus, obwohl mehrfach besiegt, behauptete sich wie ein Stehaufmännchen in Gallien. Ähnlich dem Odaenathus blieb er fähig, die Rheingrenze zu schützen. Längst hatte er sich einen eigenen Senat zugelegt, setzte er eigene Provinzstatthalter ein und gab dem daniederliegenden Wirtschaftsleben neuen Aufschwung. Gallienus konnte diese autarken Selbstherrlichkeiten auf Dauer nicht hinnehmen, wollte er nicht seine kaiserliche Reputation, die er in Augustus begründet sah, verspielen. Was er im einzelnen in den Jahren 263 bis 267 betrieb, ist nicht bekannt. Jedenfalls schickte er den bislang treuen und erfolgreichen Aureolus, einen Daker niederer Herkunft, der ihm zuvor schon die Usurpatoren Macrianus und Ingenuus niedergeworfen hatte, gegen Postumus. Des Kaisers Vertrauen in den Daker war so groß, daß er ihn in all den Jahren an die Spitze der neuen Elitekavallerie gestellt hatte.

Doch nur zögernd greift Aureolus den Postumus an und läßt es zu, daß er mit starken Kräften in der Poebene erscheint. Er hat vor, sich mit dem Herrn Galliens zu verbrüdern. So lauten jedenfalls die Nachrichten, die mit berittenen Boten zu Gallienus fliegen. Der Kaiser reagiert schnell und erscheint am Ort des Verrats. Da kommt es zu einer Rebellion der Offiziere um Claudius, den späteren Kaiser, und nach schändlichem Verrat fällt Gallienus durch Mörderhand. Aureolus und Postumus überleben ihn nicht lange. Als Postumus seinen Truppen während der Auseinandersetzung mit Claudius II. die Plünderung von Mainz untersagt, schicken ihn die Marodeure in den Hades.

So schwierig – weil verwirrend – eine Zusammenfassung dieser sich überschlagenden Ereignisse um Gallienus ist, so war sie doch notwendig, um eine Vorstellung von diesen anarchischen Jahren zu geben, die die Basis des Imperiums erschütterten. Nimmt man all diese zentrifugalen, zerstörerischen Kräfte zusammen mit den eingangs erwähnten Erdbeben und Seuchen in den Blick, so grenzt es an ein Wunder, daß Gallienus die Trümmer des zerbröckelnden Reiches nicht nur zusammenzuhalten, sondern so zu festigen vermochte, daß Rom wenige Jahrzehnte später wieder den Gipfel als unangefochtene Ordnungs- und Weltmacht erreichte.

Nur auf den ersten Blick kann es als Schwäche erscheinen, wenn er im Osten Odaenathus, in Gallien Postumus gewähren ließ, ja lassen mußte; vielmehr waltete hier das nüchterne realpolitische Kalkül des großen Pragmatikers, der Politik stets als die Kunst des Machbaren betrieb. Und dies gilt gerade bei der Bewältigung der inneren Probleme des von Stürmen geschüttelten Reichsorganismus. Jaques Moreau hat es auf die treffende Formel gebracht: »Die gleiche Taktik, mit der er die Grenzen des Reiches zu schützen versuchte, wandte er in seiner Religionspolitik an.«[274]

Gleich nach dem Verschwinden seines Vaters vollzieht Gallienus in der Christenfrage eine totale Wendung. Bei Eusebius lesen wir:

»... geriet Valerianus in die Knechtschaft der Barbaren, und sein Sohn wurde Alleinherrscher. Seine Regierung war besonnener. Er stellte sofort durch Edikte die Verfolgung gegen uns ein und verordnete in einem Reskript, daß die Vorsteher des Wortes ihren gewohnten Verpflichtungen frei [!] nachgehen könnten.«

Dann nennt er den Wortlaut des Dokuments, das als offizielles Schreiben des Kaisers an Dionysios von Alexandria und andere ägyptische Bischöfe nach der Wiederinbesitznahme Ägyptens geschickt wurde:

»Ich habe Befehl gegeben, daß die Wohltat meines Gnadenerlasses über die ganze Welt sich erstrecken solle. Demzufolge sind die geweihten Stätten [der Kirche] wieder zurückzugeben, und möget auch ihr euch der Verordnung meines Reskriptes erfreuen, so daß euch niemand weiter belästige. Das, was euch danach rechtlich erlaubt ist zu tun, ist von mir bereits vor einiger Zeit huldvoll verfügt worden. Darum wird auch Aurelius Quirinius, der Großschatzmeister, über die von mir erlassene Verordnung wachen.«[275]

In einem zweiten Schreiben »an die übrigen Bischöfe«[276] erstattete er den Christen die ihnen von Valerianus entzogenen Begräbnisstätten, die Coemeterien, zurück.

Wie die Reformen des Gallienus auf militärischem und magistralem Gebiet war dieses religionspolitische »Toleranzedikt« von fundamentaler Bedeutung für das weitere Miteinander von Christen und römischem Staat:

– Der Zustand, der vor der Valerianischen Verfolgung gegolten hatte, war wieder hergestellt und die Kirche als eigenständiger kultischer Verband anerkannt.

– Die Bischöfe wurden nun vom Staat als Repräsentanten ihrer kultischen Organisation betrachtet, die bevollmächtigt waren, in ihrem Namen von den konfiszierten Gütern Besitz zu ergreifen. Die Kirche wurde legitime Eigentümerin der Begräbnis- und Kultstätten.

– Der kaiserliche Erlaß gab dem christlichen Kult und seinen Anhängern Freiheit und Sicherheit. Daß der Kaiser auf eine Bittschrift von Bischöfen reagiert, erweist schon deren Behandlung als Personen, die einen Rechtsanspruch besitzen; und die Tatsache, daß er das Kirchengut zurückgibt, weiht dieses zum rechtmäßigen Eigentum nach römischen Begriffen.[277]

Aus dem Blickwinkel des folgenden Jahrhunderts, wie auch nach den vorausgegangenen Pressionen, waren diese Entscheidungen des Jahres 260 eine Schicksalswende, und man darf sehr wohl von einem Sieg des

Christentums sprechen. Kurz zuvor hatte Dionysios noch den rechtlosen Zustand beschrieben:

»... Verurteilungen, Konfiskationen, Ächtungen, Güterberaubungen, Ehrverlust ... Ertragen von Drohungen, Beschimpfungen, Gefahren, Verfolgungen, Irrsale, Bedrängnisse und mannigfache Kränkungen. Solche Leiden widerfuhren mir unter Decius und widerfahren mir noch jetzt unter [dem Usurpator] Aemilianus.«[278]

Nun aber verherrlicht Dionysios die siegreiche Alleinherrschaft des Gallienus im Gegensatz zu den ruchlosen Vorgängern und nennt ihn »unsern frommen und gottgefälligen Kaiser«:[279]

»Gallienus aber, alter und neuer Kaiser zugleich, wurde einstimmig ausgerufen und anerkannt. An ihm erfüllte sich das Wort, das zum Propheten Isaias [Jes. 42,9] gesprochen ward: ›Siehe, was von Anfang an war, ist gekommen, und neu ist, was nunmehr aufgehen wird.‹

Gleichwie die Wolke unter Strahlen der Sonne hinzieht und diese auf einige Zeit verdeckt und verdunkelt und an ihrer Stelle erscheint, dann aber, wenn die Wolke vorbeigezogen ist und sich aufgelöst hat, die Sonne, die schon zuvor aufgegangen, von neuem aufgeht und scheint, so stellte und drängte sich Macrianus vor die bestehende Herrschaft des Gallienus. Er aber ist nicht mehr Kaiser, ist es doch überhaupt nie gewesen. Jener aber ist es, gleichwie er es vordem war. Da das Reich gleichsam das Alter abgelegt und sich von dem früheren sündhaften Zustand gereinigt, blüht es nunmehr jugendfrisch auf, wird weithin gesehen und gehört und breitet sich überallhin aus.«[280]

Tatsächlich sicherte das Gallienische Edikt den Christen eine über vierzigjährige Friedenszeit; die Kirchenorganisation machte große Fortschritte, allenthalben wurden große Gotteshäuser gebaut, der magistrale Verkehr mit den Behörden begann, sich zu normalisieren. Doch damit ist noch nicht erklärt, was Gallienus letztlich bewogen hat, der Verfolgungspolitik seiner Vorgänger plötzlich zu entsagen und mit der traditionell christenfeindlichen Einstellung zu brechen.

Erinnern wir uns: Bis zu diesem Zeitpunkt galt der christliche Kult als »nefaria conspiratio« (verbrecherische Verschwörung); die »confessio nominis« (Bekenntnis des Christennamens) genügte, um als »hostis publicus« (Feind der öffentlichen Ordnung) hingerichtet zu werden. Alföldi meint dazu: »Daß er die Bewegung in ihrem Einfluß auf die römischen Traditionen nicht für gefährlich hielt und darin keine Gefahr für das Reich erblickte, wird man bei diesem hochbegabten Menschen nicht annehmen wollen. Denn die Forschung der letzten Jahrzehnte hat erwiesen, daß er nicht der fahrige Wüstling gewesen ist, zu welchem er bei den spätrömischen Geschichtsschreibern umgeprägt wurde ... «

Angenommen, seine Toleranz sei Lässigkeit und Unfähigkeit gewesen, so konnte dies nur in Unkenntnis der neueren profanhistorischen Ergebnisse geschrieben werden.[281]

Ganz im Gegenteil haben die Perspektiven, die durch Gallienus zum erstenmal erkannt wurden, der ferneren Zukunft den Weg vorgezeichnet. Auch hier muß er schon erkannt haben, daß zur Heilung des Christenproblems nicht der Chirurg, sondern der Internist berufen war.[282]

Man kann noch weitergehen und die Erlasse des Gallienus unter sozialpolitischem Aspekt betrachten, denn sie bilden die erste Voraussetzung für Constantins Toleranzedikt von Mailand (313). Des Kaisers Handeln wird aber erst recht verständlich, wenn wir es als Ausdruck jener späthellenistischen Weltanschauung verstehen, die damals noch einmal weite Kreise der Gebildeten bewegte.

Neben dem Mystizismus der eleusinischen Geheimlehre, des Isis- und Mithras-Kultes trat der Neuplatonismus als letzte große geistige Herausforderung gegen das Christentum an. Plotin, das Haupt der Richtung, war mit Gallienus eng befreundet.

Weltanschauungen philosophischer Schulen waren – und sind! – eine Art Religionsersatz für die religiösen Skeptiker. Doch konnten in einem Zeitalter, das sich in permanenter Bedrohung wußte, weder ausgesprochene Diesseitslehren wie der Epikureismus noch ein rein moralischer Glaube wie die Stoa das neue Verlangen nach einem Übersinnlichen, eben dem Meta-Physischen, befriedigen.

Die Sehnsucht nach einer besseren jenseitigen Welt wuchs – und wächst – in dem Maße, wie die weltlichen Gegebenheiten verunsichert wurden. Dieses Phänomen zeigt sich in allen Epochen, sobald überkommene Formen und Normen zu leeren Hüllen erstarren: wie Bühnenwände eines alten Stückes, die man vergessen hat wegzuräumen; das Publikum wendet sich enttäuscht ab, es ist ungewiß, wann die Aufführung des nächsten Stückes in neuer Ausstattung beginnt; man experimentiert eine Weile mit Versatzstücken und Zitaten aus älteren Inszenierungen. So war die Situation, bevor das Christentum als neue Haupt- und Staatsaktion die Szene ganz ausfüllt und beherrscht. Enttäuschung und Angst vor den übermächtig gewordenen Fährnissen der Welt ist Voraussetzung der Verinnerlichung, jeder ist sich selbst der nächste; unbewußte Ängste motivieren das Individuum, die Grenze zwischen Philosophie und Religion zu verwischen; eine große Erwartungshaltung macht sich breit. Und plötzlich spürt ein betroffener, begabter Zeitgenosse den Drang, diese Irr- und Wirrsale aufzuarbeiten, die Bedingtheiten zu suchen, in ein System zu bringen und die anderen werbend in die eigene Gedankenwelt einzubeziehen. – So geschehen bei den Eklektikern des 3. Jahrhunderts, die aus dem Erbe, das Größere hinterlassen, das herausgriffen, was ihren Zielen entsprach.

Ernst von Aster hat diesen Prozeß – der sich danach öfters wiederholen sollte – prägnant in seiner Philosophiegeschichte zusammengefaßt: »Verständlicherweise ist es der Pythagoreismus und Platonismus, auf den man zurückgreift. Charakteristisch für die entstehende Metaphysik ist erstens ein zur Stoa und zum Epikureismus in Gegensatz tretender Dualismus zwischen Gott und Materie, Gutem und Bösem in der Welt; zweitens eine Dämonologie, die die Kluft zwischen Mensch und Gott mit allerhand Geisterwesen verschiedenen Ranges ausfüllt; drittens die Annahme der Seelenwanderung; viertens die Lehre, daß die Natur eben von geistigen Kräften beherrscht wird; endlich damit die Tendenz zu einer magischen Naturerklärung und -beherrschung, denn Magie bedeutet die Beeinflussung der seelischen Kräfte in der Natur durch die seelischen Kräfte des Menschen. Damit ändert sich der Erkenntnisbegriff: Erkennen ist nicht Schließen und Wahrnehmen, sondern geistiges Schauen und seelisches Einfühlen. Endlich und vor allem: das Sokratesideal, das Ideal voller Bewußtheit, Klarheit und Selbstkontrolle, der in sich abgeschlossenen, harmonischen, bewußten Persönlichkeit, macht einem anderen Ideal Platz, dem Pythagorasideal, dem Ideal des Menschen, der im Grunde mehr ist als Mensch, der mit den Wurzeln seines Wesens in die Tiefe der Dinge, ja ins Transzendente ragt, dem sich Welten eröffnen, die den gewöhnlichen Menschen verschlossen sind . . .«[283]

Dieser Neuplatonismus zieht in vielerlei Spielarten die Intellektuellen des 3. Jahrhunderts an und kann sich bis ins 6. Jahrhundert behaupten. In ihm treffen sich noch einmal alle Blüten der vorausgegangenen Schulen, und es entsteht eine »Anthologie« im höchsten Sinne. Alles, was aus platonischer, auch aristotelischer, stoischer, pythagoreischer Lehre brauchbar erschien, wurde – mit Ausnahme des Epikureismus – zu einem großen Gedankengebäude vereint.

Legendärer Begründer der Richtung war Ammonios Sakkas (175 bis 242), zu dessen Schülern Plotinos und Origines gehörten. Eigentlicher Vollender wurde Plotin. Er betrachtete sich – wie der Name der Lehre sagt – nicht als Schöpfer eines neuen Systems, sondern nur als treuen Schüler und Ausleger Platons. Trotzdem geht er über die platonische Lehre weit hinaus. Einiges ist über sein Leben bekannt durch die Biographie seines Anhängers Porphyrios (um 232 bis 304).

Plotin wurde 204/205 in Ägypten geboren, wollte später weder seine Eltern noch Vaterstadt und Geburtszeit nennen. In Alexandria saß er zu Füßen des legendenumwobenen Sakkas, dessen Schüler er vierzehn Jahre lang blieb und den er – analog zu Platon – als seinen Sokrates betrachtete. Er war so sehr auf Vergeistigung bedacht, daß er »aussah, als ob er sich schäme, in einem Körper zu stecken«, wie Porphyrios notierte. Nach dem Tode seines Lehrers Sakkas gründete er 244 in Rom eine eigene Schule, der er bis 268 vorstand; er starb zwei Jahre später.

Durch den Adel seiner Persönlichkeit wie durch den begeisterten Schwung seiner Lehre gewann er großen Zulauf und allseitige Verehrung, besonders die Gunst Gallienus' und seiner Gemahlin, so daß er zeitweise daran dachte, eine Philosophenstadt Platonopolis in Campanien zu gründen.

Plotin war ebenso Dialektiker wie Mystiker. Sein Ziel war, die Seele, die sich durch ihr Herabsteigen von Gott entfernt hat, wieder zur Einswerdung mit ihm hinaufzuführen. Dies ist nur in der Ekstase möglich; Erkenntnis ist nur eine Vorstufe dazu. Das »Nichtseiende« ist das »Böse«, die absolute Verneinung des »Einen Urwesens«. Dieses »All-Eine« entläßt aus sich durch Ausstrahlung den Weltgeist. Der Nous setzt die Weltseele aus sich heraus; er faßt die gesamte Ideenwelt in sich, deren trügerisches Abbild die Sinnenwelt ist. »Nicht lebende Religion«, so Alföldi, »sondern dogmatische Gebundenheit an ererbte Wendungen spiegelt sich in der Mysterienweisheit des Plotinos wider.«

Plotin vertritt eine ganz und gar aristokratische, elitäre Lehre, deren Weisheit nur Auserwählten zugänglich ist. Die Massen müssen sich mit der bildhaften Theologie der Mythen, eben der Volksreligion, zufriedengeben. Wie Polybios 450 Jahre vorher, will Plotin diesen Polytheismus um jeden Preis für die unwissende Menge aufrechterhalten: die Staatsgötter gewährleisten als tatsächlich wirksame Gottwesen die Ordnung der Welt; der Durchschnittsmensch hat freilich kein Recht, die Politik zu verachten, wie er sich auch dem Staat und seinen Gesetzen unterwerfen muß – nur der Erleuchtete darf diese weltlichen Normen gering achten, ohne sie dabei in Frage zu stellen. Wie alle nichtchristlichen Apologeten verteidigt Plotin Staat und Kaiser und die Religion der Väter, denn dies beugt anarchischer Revolution vor.

Von hier aus werden die Argumente gegen das Christentum gereicht: wer die griechischen Lehren von der Entstehung und Ordnung der Welt verachtet, wer sie unter dem Vorwand einer göttlichen Offenbarung umstürzen will, der ist ein barbarischer Anarchist. Plotins Schüler Porphyrios über Origines, den er gekannt hat: »Origines aber irrte, obwohl er als Grieche unter Griechen erzogen wurde, zu barbarischer [!] Dreistigkeit ab.«[284]

Nach allem, was wir über Plotin wissen, war er ein sanfter und allem Gewalttätigen abgeneigter Mann. Und Milde – etwas Subtileres als Toleranz – zeichnet einen wahrhaft aufgeklärten Humanisten aus. Daher die berechtigte Frage, inwieweit Plotin, gewissermaßen eine Art philosophischer Beichtvater und Seelsorger, mäßigenden Einfluß auf Kaiser Gallienus ausübte.

So einfach liegen die Dinge nicht. Trotz des Gallienus Toleranzedikt blieb ja die alte Rechtsnorm gültig, daß das Christentum »religio illicita« zu sein hatte, und Eusebius bringt Beispiele, daß auch weiterhin in Einzelfällen auf Anzeige hin Verurteilungen »wegen des Namens« stattfanden. Gallienus hatte nur die Taktik geändert, der Kampf sollte mit unblutigen Mitteln auf ganzer Front geführt werden. Und dazu konnten Plotin und seine platonisierenden Freunde einen fundamentalen Beitrag leisten. Die Gebildeten sollen sich auf die Philosophie stützen, die Menge in den Mysterien ihre Erlösung suchen und finden. – Diese Vorstellung werden wir ein Jahrhundert später bei Iulianus Apostata wiederfinden.

Im übrigen ist die Frage, ob der Neuplatonismus mäßigenden Einfluß auf Gallienus ausübte, falsch gestellt. Dem aufgeklärten Kaiser ging es niemals um die staatliche Anerkennung des christlichen Kultes, den er seinem Wesen nach ablehnte. Ihm lag mehr daran, diese geistverwirrende Lehre mit vernunftgemäßen Mitteln abzuwehren, und die Waffen dazu konnte nur die hellenistische Philosophie liefern. Gallienus muß sich als Spätgeborenen empfunden haben, auf dessen Schultern das geistige Erbe der humanistischen Kultur Griechenlands und Roms lag. Ganz in diesem Sinne schrieb der Philosoph und Theologe David Friedrich Strauß (1808 bis 1874): »Die geschichtlichen Stellen, wo Romantik und Romantiker aufkommen können, sind solche Epochen, wo einer altgewordenen Bildung eine neue gegenübersteht. Auf solchen Markscheiden der Weltgeschichte werden Menschen, in denen Gefühl und Einbildungskraft das klare Denken überwiegen, Seelen von mehr Wärme als Helle, sich immer rückwärts zum Alten kehren.«[285]

Und Alföldi, dem wir wie keinem zweiten Forscher die Aufhellung dieser dunklen Jahrzehnte verdanken, faßt seine Studien über Gallienus so zusammen: »Allerdings hat dieser Versuch einer Neubelebung der alten Kultur eine reelle, historische Berechtigung im Kampfe gegen die neuen, feindlichen Lebensformen des Christentums. Als Vorbild schwebte dem Gallienus eigentlich Augustus vor, doch reichten die noch lebenden Fäden der Kultur nicht zu der römisch-aristokratischen Weltauffassung der goldenen Zeit der italischen Bildung, sondern allein zu dem griechischen Humanismus der Antoninenzeit zurück, nur damit konnte sich die alte Zivilisation wappnen . . .«[286]

Solche Überlegungen dürften freilich der Menge der Christen, all den braven Leuten, die von ihrer Hände Arbeit ihr karges Leben bestritten, absolut ferngelegen haben. Für sie zählte nur dies: Man ließ sie in Ruhe! Und diese Friedenszeit sollte vierzig Jahre währen, unterbrochen von Aktionen Aurelians. Für die Kirche war es ein wichtiger Abschnitt der Stärkung, Organisation und Ausbreitung.

# Die große Wende
# Soziale Hintergründe der Auseinandersetzung im 3. Jahrhundert

Bevor es am Ende dieses geprüften Jahrhunderts zum letzten, entscheidenden Kampf zwischen dem alten Staat und der neuen Religion kommt, sollten wir einen Blick hinter die vordergründigen Personen des großen Dramas werfen, uns zugleich aber bewußt machen, daß uns nur das scharf Konturierte und Großflächige ins Auge fällt. Es ist sehr schwierig, über das Leben der Menschen dieser Zeit in den verschiedenen gesellschaftlichen Gruppen und Schichten, also über das, was wir heute den sozialen Hintergrund nennen, definitive Aussagen zu machen. Die Zeitgenossen haben uns zuliebe keine Statistiken geführt, sie hatten andere Probleme; daher fehlen meßbare Zahlen. Folglich kann zum Beispiel heute niemand sagen, wie groß denn um das Jahr 250 die Zahl der Christen in Rom war: 3000 ... 5000 ... 20 000 ... ?

Ebensowenig dürfen verallgemeinernde Folgerungen über ihre Staatsverdrossenheit oder ihr staatliches Engagement gezogen werden. Überhaupt »die Christen« – es hat sie damals ebensowenig gegeben wie »die Römer«! Ganz abgesehen von konfessionellen Besonderheiten – Beispiel: Montanismus – sind christliche Gruppen auch durch Herkunft, Umwelt, Sprache, Bildung, wirtschaftliche und geographische Gegebenheiten ihres Lebensraumes verschieden; ein aus Persien stammender christlicher Sklave wird andere Vorstellungen haben als ein christlicher römischer Senator.

Soziale Unterschiede blieben auch weiterhin zwischen den Gläubigen bestehen, doch es fehlte der akademische Hochmut etwa der Neuplatoniker: »Schuhmacher und Fischer sind nicht besser als Bordellbesitzer.« – Cyprian dagegen: »Das Herrengebet kann jeder lernen.« Oder Origines: »Wir sind verpflichtet, auch den Ungebildeten zu bilden und den Unreinen zur Reinheit zu erziehen!«[287]

Der Handwerker wird seiner Arbeit nicht entfremdet, sondern in seinem Wert bestätigt und versittlicht. Hier liegt der Grund für den ungeheuren Zulauf aus dieser Schicht, was wiederum Christengegner wie Celsus zu beißender Kritik veranlaßt: »Wir sehen aber jetzt auch, wie in den Häusern Textilhandwerker, Schuster, Walker, die ungebildetsten und unkultiviertesten Menschen, zwar vor Älteren und Gebildeteren nichts zu sagen wagen, wenn sie aber allein mit ihren Kindern und einigen hysterischen Frauen sind, alles mögliche Wunderbare erzählen.«[288]

So ist es auch zu erklären, daß die Ausbreitung unter der Aristokratie nur geringe Fortschritte machte. Die Lehre war in den Anfangsjahren unnachgiebiger als später, und es sollte noch Jahrhunderte dauern, bis sie allen alles bedeutete. Es gab eine Übergangszeit, in der man noch lange in beiden Welten lebte und dachte.

Die Verbreitung und Etablierung des Christentums entwickelte sich regional wie gesellschaftlich sehr unterschiedlich.

Nehmen wir die Landbevölkerung! Von einem endgültigen Sieg der neuen Lehre darf erst gesprochen werden, nachdem die Bauern Christen wurden. Welche Schwierigkeiten sich den Missionaren entgegenstellten, können wir von fern nachempfinden, wenn wir die zermürbende Arbeit der Mönche im nordöstlichen Frankenreich während des 7. und 8. Jahrhunderts zum Vergleich heranziehen. Um einen Bauern von der besseren Qualität neuer Ideologien zu überzeugen, bedarf es einer anderen Sprache und handfesterer Argumente als bei einer städtischen Zuhörerschaft.

Der Glaubensbote, der aufs Land ging, hatte sich den dortigen Denk- und Lebensformen anzupassen. Das konnte so weit gehen, daß um 400 ein Missionar in Gallien das Christentum als die Religion empfiehlt, die in der Stadt verehrt werde, weil sie am billigsten sei.[289]

Dabei ist zu beachten, daß die Wirtschaft des Imperiums landwirtschaftlich ausgerichtet war und die Mehrheit der Bevölkerung aus Bauern bestand; 90 Prozent aller Steuern erbringt das Land. Der Reichtum der Oberklasse stammt aus den abgeschöpften Pachtbeträgen. Trotz des numerischen Übergewichts waren die Ansichten der Bauern politisch völlig belanglos. Im Zuge der anarchischen Wirren des 3. Jahrhunderts verelenden ganze Landstriche, der Münzverkehr wird teilweise durch Naturalien abgelöst. Als die Bauern hier und da Christen werden, hilft ihnen die neue Religion mit dem Versprechen einer Entschädigung im Jenseits, um die erbärmlichen Verhältnisse hier auf Erden zu ertragen.

Aber nicht alle nehmen die Pressionen und Demütigungen, das Elend, das Aussaugen und Requirieren passiv hin. In den Provinzen Gallia und Africa kommt es wiederholt zu Aufständen. Zum erstenmal in der Geschichte ist es christliches Gedankengut, das Postulat der Menschenwürde, Freiheit und Gerechtigkeit, das das Selbstgefühl sozial und wirtschaftlich benachteiligter Gruppen steigert und verarmte

Kleinbauern, verschuldete Pächter, verelendete Landarbeiter im Namen des christlichen Ethos, vor dem alle Menschen gleich sind, auch gegen nun schon reich gewordene Kleriker vereint.

Bauern müssen schon bis aufs äußerste gereizt sein, ehe sie sich zusammentun, um mit der Waffe in der Hand ihre Rechte zu fordern. Ihre konservative Grundhaltung, geprägt vom Umgang mit den Kräften der Natur, ist aufs Hegen und Pflegen, auf Vorsorge und Bewahrung ausgerichtet, nicht auf intellektuellen Umsturz. Daher ihre Treue gegenüber ererbten Väternormen, seien sie rechtlicher, politischer oder religiöser Art.

Was aber ist mit dem rasenden Mob der großen Städte, auf dessen Konto immer wieder die wahnwitzigsten Verfolgungs- und Vernichtungsorgien gingen? Sie waren zwar auch Abkömmlinge von Bauern, aber seit Generationen Städter – ohne den inneren Halt und die Gelassenheit ihrer Väter. Man hat sich darum angewöhnt, den abschätzigen Terminus Proletariat für diese geworfenen Menschen in allen Epochen der Geschichte zu gebrauchen, mit der zunehmend einfältigen Erklärung – sie ist faktisch korrekt –, daß der Name (proles) besagt, daß ihr ganzer Reichtum in der großen Zahl ihrer Kinder bestehe, was zur Folge hatte, sich diese Menschen als eine Art Abschaum der Gesellschaft vorzustellen: ohne Würde, ohne Stolz, in zerlumptem Habit, schmutzig, stinkend, amusisch und unreligiös, dem Alkohol verfallen – alles in allem eine Rückprojektion des modernen Stadtstreichers, nur ins Unüberschaubare, darum Unheimliche der millionenfachen Menge potenziert.

Das ist, wie so oft, bequeme, von Vorurteilen geprägte Vereinfachung! Diese Leute, die »Menge«, »Masse«, das »Proletariat«, der »Pöbel«, die »Plebs«, der »Mob«, sie bestehen keineswegs aus Müßiggängern, die sich auf Staatskosten durchfüttern lassen. Die Vielzahl der Bezeichnungen – und sie sind alle mehr oder weniger moderne, abwertende Begriffe – beweist nur, daß sie aus dem Vokabular der gesicherten bürgerlichen Existenz stammt.

Man hat seinen festen Platz in seiner Familie, in seiner Sippe, in seinem Stadtviertel; man spricht einen Dialekt mit Lokalkolorit; man ehrt die Götter, hat seinen besonderen Gott oder *den* Gott der Christen und vertraut dem göttlichen Wirken; man stellt frische Blumen vor die Heiligenhäuschen der Unsterblichen an den Straßenkreuzungen; man geht regelmäßig in die Thermen, besucht die zahlreichen öffentlichen Festveranstaltungen, die Rennen, die Kämpfe, die Theater.

Freilich – und das ist der entscheidende Punkt – hat man gegenüber dem Landmann ein ungeschriebenes Vorrecht: man braust temperamentvoll auf, wenn dieser karge, doch nie langweilige Alltag durch »die da oben« gestört wird, und beißende Witze machen nicht vor der sonst sakrosankten Person des Kaisers halt, denn man repräsentiert den uralten populus, »das Volk«, aus dem dieser weltbeherrschende Staat einmal hervorgegangen ist. Dieses unnachahmliche Selbstbewußtsein kann leicht in einer Art heroischer Gerührtheit seinen Ausdruck finden, wenn die Großen ihnen nach dem Munde reden, sie mit Brot und Spielen füttern, was sie zugleich mit der Selbstverständlichkeit einer Primadonna beanspruchen und hinnehmen.

All diese Bäcker, Faßbinder, Totengräber, Schmiede, Töpfer, Schlosser, Gärtner, Fleischer, Viehhändler, Hundezüchter, Gemüsefrauen, Bauarbeiter, Barbiere, Indigofärber, Prostituierten, Mattenflechter, Näherinnen, Maler und Fuhrunternehmer, die weder lesen noch schreiben können, besitzen eine sehr hohe Vorstellung von ihrem eigenen Wert und ihrer Stellung in der Gesamtheit der Stadt. Paradox dabei ist, daß ihr wirtschaftlicher Wert in keinem Verhältnis zum Anspruch steht. Gegenüber den Bauern ist das Proletariat an Zahl weit unterlegen, seine steuerliche Leistung nicht der Rede wert. Für den Staat insgesamt sind diese Leute bedeutungslos, spielen allenfalls als Arbeiter in den großen Manufakturen, den Waffen- und Kleiderfabriken eine Rolle, seit die Sklavenzahlen bei mangelndem Angebot auf dem Markt zurückgehen. Trotzdem haben sie die Möglichkeit, ihren Ansichten, Wünschen und Forderungen Gehör zu verschaffen, mit lauthals skandierten Slogans im Theater und bei öffentlichen Veranstaltungen. Und wird ihren Wünschen nicht entsprochen, kommt es zu Aufruhr.

Das Dilemma für die Obrigkeit ist, daß Rom wie andere Großstädte keine Polizei im modernen Sinne kennt. Dadurch können Revolten in kurzer Zeit ein gefährliches Ausmaß annehmen. Letzte Rettung für die Praefecten und Decurionen[290] bleibt dann der Einsatz von Truppen; in jeder Großstadt liegen besondere Einheiten in den Kasernen.

Betrachtet man die zahlreichen Erhebungen in Rom und anderen Städten wie Alexandria, Antiochia, Karthago oder Lugdunum, so ist immer wieder festzustellen, daß die Massen über einen Einfluß auf die große Politik verfügen, der ihnen, gemessen an ihrem Beitrag für die Existenz des Ganzen, in keiner Weise zusteht und also ungerechtfertigt ist. Unter dem Aspekt der inneren Sicherheit wird aber verständlich, daß der Armee als Garant der öffentlichen Ordnung ein bedeutender Rang zukommt – freilich nur solange, wie die Befehlsverhältnisse klar sind; daß dies in den Jahrzehnten, die wir durchstreifen, nicht immer der Fall ist, haben wir immer wieder feststellen müssen.

Ende des 3. Jahrhunderts rekrutiert sich die bewaffnete Macht Roms aus drei Quellen: aus den Söhnen dienender Soldaten und Veteranen, aus den Söhnen verarmter Bauern und Landleute und aus den Söhnen der in den Grenzprovinzen ansässig gewordenen Barbaren. In Zusammenhang mit der restaurativen Innenpolitik des Decius wurde bereits festgestellt, daß die Nord- und Nordostarmee, besonders die im Donauraum stationierte Truppe, von altrömischem Geist durchdrungen war, und dies korrespondiert eng mit den historischen und archäologischen Forschungsergebnissen, aus denen hervorgeht, daß diese Truppen nicht oder kaum vom christlichen Kult berührt worden waren. Die in Ägypten und anderen afrikanischen Regionen stationierten Einheiten verehren schon weithin den Christengott. So heißt es aus dem Jahre 298 über Kriegsdienstverweigerer: »Es gibt christliche Soldaten, die in den Armeen unserer Herren Diocletian und Maximian, Constantius und Maximian dienen . . .«[291]

Daraus geht hervor, daß das Delikt der Kriegsdienstverweigerung aus christlichen Motiven in dieser Region in Einzelfällen durchaus Thema statthalterlicher Untersuchungen war, wie auch das andere, daß Christen in ihrer militärischen Dienstpflicht keinen Gegensatz zu den Geboten des Glaubens sahen. Auf keinen Fall darf man daraus schließen, daß der größere Teil dieser Truppen bereits christlich war; es handelt sich hier um eine geschickt taktierende Stellungnahme der Provinzexekutive mit dem Ziel, die christliche Minderheit bei der Stange zu halten. Noch zur Zeit Constantins und der Schlacht an der Milvischen Brücke (312) kann es nur wenige Christen in seiner Armee gegeben haben, als er sich entschloß, das ☧ auf die Schilde malen zu lassen. Wäre die Mehrzahl christlich gewesen, hätte er es nicht nötig gehabt.

Gallien und Illyrien, die Hauptrekrutierungsgebiete, waren mit ihren abgelegenen Landschaften weiterhin dem Christentum abgeneigt. Das erkennen wir an einer kleinen Fußnote der Quellen. Der übliche Ruf der Soldaten vor der Schlacht an den Kaiser lautete: »Auguste Constantine, *dei* te nobis servent!« – »Mögen die Götter dir durch uns zu Diensten sein!« Der Satz wurde durch den christlichen Theodosius in seinem Codex abgeändert in: »*Deus* te nobis servet!«

War die Armee ein starkes Machtmittel der »heidnischen« Seite?

Versuchen wir uns in die Lage der einrückenden jungen Leute zu versetzen: Sie verhielten sich, wenn sie als Rekruten nachrückten, zunächst eher passiv in allen Glaubensfragen. Sie paßten sich der gerade vorherrschenden Richtung an, waren religiös indifferent.

Das ist erstaunlich, wenn wir an ihre konservative Prägung auf dem altgläubigen Lande denken, wo sie, wie ihre Väter, im Geiste der alten Mythen und Kulte erzogen waren. Doch nun wurden sie abrupt aus dieser gesicherten Umgebung gerissen und in eine fremde Welt versetzt, in der ihnen zunächst alles ungewohnt, verwirrend und verunsichernd erschien. Waren die Väter bereits Soldaten, dann wuchsen sie rasch in die am Ort gepflegte neue Religion hinein; und dies gilt gleichermaßen für den Fall, wenn diese bereits Christen waren.

Hinzu kommt, daß das Christentum gerade auf Soldaten eine besondere Faszination ausgeübt hat. Schon die Evangelien sind voll von Beispielen dafür: Jesus hilft heilend dem Unteroffizier der römischen Auxiliartruppe; es gibt den »Hauptmann am Kreuz« und seine seligpreisende Aussage; und schließlich erscheint Christus in der Johannes-Apokalypse auf dem Streitroß mit blankem Schwert, durch Blut watend.

Die Zeiten ändern sich, aber die Soldaten bleiben dieselben, weil die Nähe des Todes sie schlechthin in die Grenzsituation stellt, die sie nach dem Sinn des Ganzen fragen läßt; abgestuft nach dem individuellen Vermögen, schwebt diese geistige Herausforderung gleichermaßen über dem Denken, Planen und Tun des gebildeten Offiziers wie über dem schlichten Gemüt des einfachen Legionärs. So ist bei aller Beweglichkeit – man transportiert sie öfters von einem Kulturraum in den andern – im Denken und Vorstellen der Truppe ein konstantes Element. Schon bald sind Militärkolonien für die Ausbreitung des Glaubens von entscheidender Bedeutung.

Natürlich gibt es die Schattenseite, die plündernden, mordenden, brandschatzenden Horden; und die Komödien sind voll beständigen Spotts über die Derbheit des Legionärs. Da er, gerade in existenzbedrohenden Zeiten, an der vordersten Front steht, zeigt er die natürlichen Schwächen des Homo sapiens und seiner wölfischen Natur am deutlichsten. Doch ähnlich dem Bauern – und es sind ja Bauernsöhne – ist der Soldat von konservativer Frömmigkeit. Er trägt seine Mythen und Mysterien in die äußersten Gebiete des Imperiums, und viele seiner Götter sind alles andere als martialische Kolosse; gerade weil er täglichen Umgang mit den Greueln des Krieges hat, wird er von tiefer Sehnsucht nach dem großen Weltfrieden beherrscht. Wie will man sonst seine Neigung zum Christentum erklären, die gerade aus zahlreichen Berichten über die Martyrien von Soldaten deutlich wird?

So wie der Soldat in den pazifistischen Gedanken des Christentums keinen Widerspruch zu seinem Beruf sah, so nahmen die meisten geistigen Führer und Repräsentanten des Christentums keinen Anstoß am Vorhandensein und den Aufgaben des Militärs. Gerade die Apologeten reden und schreiben immer wieder von »Kampf«, »Sieg«, von den »Streitern« für die christliche Sache. Eine Ausnahme bildet Origines, der den Krieg grundsätzlich als menschliche Sünde ablehnt.[292]

Die gleiche Auffassung finden wir bei dem Nichtchristen Plutarch: »Denn nur um des Gelderwerbs willen entstehen alle Kriege.«[293]

Keineswegs ist es so, wie in oberflächlichen Darstellungen häufig zu lesen ist, daß der zum Christentum übergetretene Römer, Grieche, Syrer, Afrikaner den Dienst mit der Waffe grundsätzlich ablehnt. Von großem Einfluß waren in diesem Zusammenhang die Aussagen des Alten Testaments; Augustinus zog sie hundert Jahre später als gottgegebene Exempel heran: »Glaube nicht, es könne niemand Gott gefallen, der Kriegsdienst leistet. Solchen leistete doch auch David, dem der Herr ein so herrliches Zeugnis gibt ... Wenn du [= der römische Offizier Bonifatius, an den der Brief gerichtet ist] dich also zur Schlacht rüstest, so bedenke vor allem, daß auch deine körperliche Kraft ein Geschenk Gottes ist. So wirst du dich daran erinnern, daß die Gabe Gottes nicht gegen Gott verwendet werden darf ... Der Wille muß den Frieden im Auge haben, der Krieg darf nur die Folge einer Notwendigkeit sein, dann wird uns Gott von der Not befreien und uns im Frieden bewahren. Denn man sucht nicht den Frieden, damit Krieg entstehe, sondern der Friede erreicht werde. Sei also auch im Krieg friedfertig, daß du durch deinen Sieg den Besiegten den Vorteil des Friedens verschaffest ...«[294]

Und im »Gottesstaat« heißt es unter dem Aspekt der Alleinwirksamkeit Gottes, daß er »auch bei den Kriegen, wenn das Menschengeschlecht durch dieses Mittel gebessert und gezüchtigt werden muß, Anfang, Fortgang und Ende leitet«.[295]

Solche selbstsicheren Aussagen über den Krieg wirken heute wie »Märchen« (Jaspers) angesichts der Tatsachen des letzten Weltkriegs und der Perspektiven eines atomaren Zusammenstoßes der Großmächte. Karl Jaspers, selbst ein großer Bewunderer Augustins, stellt das »Soldatische« nicht von jeher in Frage, wenn er mit Blick auf die Geschichte sagt: »Das Soldatische besteht nicht an sich, sondern ist eingebettet in einen politischen Willen. Soll es nicht entleert werden, verlangt es eine Substanz, wofür das Wagnis [des Lebens] geleistet wird in der Gemeinschaft des Opferwillens zur Lebensbehauptung. Ohne dies ›wofür‹ sinkt das Soldatentum ab in Söldnertum.«[296] Es macht nachdenklich, wie sich hier Gedanken des Existenzphilosophen mit denen des christlichen Dogmatikers treffen.

Gerade der Soldat fand im Christentum die Geborgenheit im Leben und Sterben und die Aussicht auf das wahre Sein nach dem Tode in einer Weise, wie sie ihm keine andere Religion der Zeit geben konnte. Hinzu kam die aufrüttelnde Wirkung der christlichen Märtyrer; immer waren ja bei den Tumulten, Prozessen, Folterungen und Hinrichtungen Truppen anwesend (vgl. Alexandria und Lugdunum), Männer, denen es unfaßbar erscheinen mußte zu sehen, wie da vor aller Augen geschundene Menschen ihres Glaubens wegen tapfer in den Tod gingen.

Vielfältig ist die gegenseitige Beeinflussung von christlicher und soldatischer Welt: »Als Soldat«, so Carl Schneider, »darf sich der Christ nicht um seine Privatangelegenheiten sorgen, sondern muß ›unermüdlich seinen Dienst tun‹, ›tapfer sein‹, auch auf dem ›Schlachtfeld des Martyriums‹ ›aushalten‹, seinen ›Eid‹ über seine Familie setzen, auch im größten Leid ›männlich‹ bleiben; eiserne ›Disziplin‹ ist nötig, ihr müssen sich alle ohne Ausnahme beugen. ›Feigheit‹, ›Fahnenflucht‹ und jedes ›Paktieren mit dem Feind‹ sind ausgeschlossen. Zum Dienst gehört die ›Wache‹, das heißt Beten und Fasten. Das Gebet ist die wichtigste ›Waffe‹, das Evangelium die ›Trompete‹ und das Kreuz das ›Feldzeichen‹ des christlichen Heeres, zusätzliche ›Waffen‹ sind die christlichen Tugenden.«[297]

Nicht zu unterschätzen für die Ausbreitung des neuen Glaubens ist das Wirken der Kaufleute, die auf den Fernstraßen weit in der Welt herumkamen, dabei auf die verschiedensten Religionen stießen, Vergleiche anstellen konnten und das Geschehene und Gehörte andernorts weitergaben. Gleiches gilt für die Seefahrer. War der Soldat den von Menschen verursachten Schicksalsschlägen preisgegeben, so der Schiffer den unberechenbaren, lebensbedrohenden Launen der Natur, so daß er in besonderem Maße des Schutzes göttlicher Kräfte bedurfte.

Das Schiff ist zudem seit jeher das wohl anschaulichste Symbol für das Getriebensein des menschlichen Lebens im unüberschaubaren Raum; und so gehen schon früh nautische Metaphern aus der Welt des Seemanns in die christliche Literatur ein: die Kirche ist das Schiff, der Bischof der Steuermann, der Glaube der Anker, das Kreuz der Mast, die Arche Modell göttlicher Vorsehung. Schließlich wird der zentrale Hauptraum des Gotteshauses zum »Schiff«.

Die Ursachen dafür, daß der *Senat* und altadlige Familien im Zuge der chaotischen Entwicklung des 3. Jahrhunderts als Ordnungskräfte an Bedeutung verloren, reichen weit zurück – gewissermaßen bis zu den Gracchen, deren soziales Engagement die dramatische und blutige Auseinandersetzung zwischen Popularen und Optimaten gegen Ende der Republik einleitete. Wir müßten die Ereignisse mit wechselnden Siegen und Niederlagen auf beiden Seiten über das Jahrhundert der Revolution verfolgen bis zu Augustus' Balanceakt zwischen alten und neuen Kräften, der dann unter seinen egozentrischen Nachfolgern nicht aufrechterhalten werden konnte. Das ausgeklügelte System degenerierte zur Militärmonarchie in diesem so entscheidenden 3. Jahrhundert, das für das Reich wie für die folgenden Epochen eine so wichtige Zäsur bedeutet; denn nun hat der altrömischen Elite endgültig die Stunde geschlagen. Die Versammlung der Väter gleicht einem Wachsfigurenkabinett großer Namen, und ihr elitärer Anspruch ist Schall und Rauch, auch wenn es noch nicht alle Dummköpfe unter ihnen wissen und die Klügeren es nicht wahrhaben wollen. Der Senat spielt und besetzt von nun ab nur noch regionale Nebenrollen, etwa die Praefectur von Rom oder die Proconsulate von Africa und Kleinasien. Die Reichsverwaltung geht zunehmend in die Hände des geistig beweglicheren und wirtschaftlich unabhängigeren Ritterstandes über; und diese Schicht, bestehend aus jungen Aufsteigern provinzialer Herkunft, stellt die Beamtenhierarchie.

Der Absolutismus der Militärmonarchie bringt zum erstenmal in der Geschichte ein Phänomen hervor, das alle späteren Staaten übernommen haben und das heute mehr denn je die Voraussetzung für sinnvolles Funktionieren der Staaten ist: den Aufstieg der Juristen als magistrale Fachleute. Bei ihrem Aufstieg spielen Wissen und Loyalität eine gleichwertige Rolle – Wissen um das juridische Netz der Verwaltungsbestimmungen und Loyalität gegenüber der Führung. Sie sind so unentbehrlich geworden, daß wir sie unter mehreren Herrschern agieren sehen, die durch gewaltsame Beseitigung ihrer Vorgänger den Purpur erreichten. Ohne sie geht nichts mehr; sie repräsentieren die Bürokratie und bewältigen sie; sie müssen sich in der mittlerweile unüberschaubar gewordenen Masse der Gesetze des Gewohnheitsrechts auskennen, sie haben in Zweifelsfällen sehr schnell die Präzedenzfälle zu orten; sie beginnen, oft aus eigenem Antrieb, das juristische Erbe der Vergangenheit zu sichten, zu ordnen, zu klassifizieren, so daß in Kürze das größte gesetzliche Vorhaben der Antike in Angriff genommen werden kann: der Codex Iustinianus, der zum Vorbild für die Staaten des Abendlandes wurde.

In all diesen gesellschaftlichen Gruppen beginnt das Christentum allmählich Fuß zu fassen. Es übernimmt dabei vieles an organisatorischen Formen und Symbolen aus der Welt, von der es bekämpft wird, und ändert sich: es wird römisch. Schon um die Wende zum 4. Jahrhundert sind die meisten führenden Männer des Ostens Christen. Sie sind aus dem geistig beweglichen Mittelstand aufgestiegen.

Dagegen wird im Westen das Denken noch weithin beherrscht von tradierten altrömischen Normen, zumal sich die altgläubige Aristokratie mehr und mehr auf die Verwaltung regionaler Zentren zurückzieht, denn es bleibt ihr keine andere Wahl. Und hier kann sie noch mit dem ganzen Gewicht ihrer Patronate dem Einbruch des Irrationalen gegensteuern.

Die »heidnische« Opposition des Ostens dagegen argumentiert akademisch; ihre Führer sind »hellenistische« Professoren. Hochburgen der Gegenpropaganda sind die alten Universitätsstädte, an der Spitze Athen. Aber ihr Widerstand ist unorganisiert, er erschöpft sich im Rhetorischen, in gestelzten Pamphleten und bleibt dadurch unwirksam. Es fehlen die charismatischen Führer.

Umgekehrt ist das Wirken der Christen im Westen politisch noch ohne Bedeutung, die Armee bleibt antichristlich, der Senat ebenso. Die bislang einigermaßen stabile Gesellschaft ist seit Mitte des 3. Jahrhunderts erschüttert, die Bevölkerung zusammengeschmolzen in der Folge von Kriegen, Hungersnöten, Epidemien, Anarchie. Gleichzeitig steigt der Bedarf an Männern für die Grenzarmeen, doch die Lücken können nicht mehr mit Reichsbürgern gefüllt werden. Außerdem ist die Grundlage des Steuersystems bedroht, fähige Verwalter verlassen die unrentablen Betriebe. Um das Chaos irgendwie in den Griff zu bekommen, bläht sich die Verwaltung zu einem gigantischen bürokratischen Popanz auf. Die Folge: totale Staatsverdrossenheit allenthalben.

Lag hier eine Chance für die Kirche? In zunehmendem Maße zog sie die fruchtbarsten Geister an. Ihre expandierende, konsolidierende, das heißt Gemeinschaft schaffende hierarchische Organisation bot Spielraum für Initiativen, Führungstalent, Ehrgeiz. Die Bistümer wachsen heran zu Zentren freiwilliger Organisationen. Sie beginnen, ihre Gemeinden und einzelnen Mitglieder gegen schmarotzende Staatsbeamte zu verteidigen. Bisweilen meint man, eine Vorform gewerkschaftlicher Verbände vor sich zu haben.

Hatte unter diesem Aspekt Gibbon recht, wenn er den Aufstieg des Christentums in einen kausalen Zusammenhang mit dem Untergang des römischen Imperiums brachte? Uns scheint, er vereinfachte ein sehr kompliziertes Problem. Trotzdem stimmt, was Arnaldo Momigliano, ein Kritiker Gibbons, schrieb: »Obwohl der Staat versuchte, alles unter Kontrolle zu halten, vermochte er nicht, die Konkurrenz der Kirche zu verhindern oder zu unterdrücken. In der Tat konnte sich jemand der Autorität des Staates entziehen, wenn er sich der Kirche in die Arme warf.«[298]

In diesem Sichfernhalten gegenüber staatlichen Ansprüchen lag gewiß ein Teil zerstörerischer Kraft, wie denn immer die Passivität eines gewichtigen Teiles der Gesellschaft sich in bedrohlichen Zeiten zum Schaden des Ganzen auswirkt, zumal wenn dieser Sektor von Jahr zu Jahr an Zahl, Gewicht und Einfluß zunimmt. Die im Glauben verschworene Gemeinschaft entzog dem bewaffneten Dienst mancherorts Freiwillige und den Stadtverwaltungen begabte junge Leute, lockte auch gerade Naturen von sittlichem Adel in die Nachfolge Christi, die – und darin ganz Ausdruck der die Gegenwart verneinenden Haltung – als notwendiger Rückzug aus dieser furchtbaren Welt verstanden wurde.

Es ist auch die hohe Zeit der Eremiten und des beginnenden Mönchtums, das die Vita contemplativa über die Vita activa stellt. Die Ehelosigkeit, die man nun mit religiösem Nimbus umgibt, greift in großem

Umfang um sich. Und natürlich gibt es Gruppen, die die Unvereinbarkeit des Kriegsdienstes mit dem christlichen Glauben feststellen, wobei sie sich darauf berufen, daß Christus selbst, als er den Petrus sein Schwert einstecken hieß, deutlich seinen Willen kundgab, daß jeder Krieger seine Waffen niederlegen solle. Es gibt Äußerungen alexandrinischer Kirchenlehrer, die vom Freiwilligendienst in der Armee abraten und feierlich versichern, daß es dem Christen nicht anstehe, Waffen zu tragen. Auch gebe es keine Ausnahme gegenüber dem Gebot »Du sollst nicht töten!«

Daß es sehr wohl Ausnahmen geben könne, sollte wenig später Augustin darlegen; Voraussetzung sei, daß der Staat den Christen nicht zu Gottlosigkeit und Ungerechtigkeit zwinge. Wir kennen die Stelle bereits.

Wir wollen diesen knappen, aber notwendigen Exkurs, der die Problematik verdeutlichen sollte, wie schwierig es nach wie vor ist, über dieses fatale 3. Jahrhundert ein bündiges Urteil zu finden, mit den Worten eines Betroffenen schließen – eines Mannes, dem die Geschichte seines Landes zur humanen Verpflichtung wurde, der sich in immer neuen Anläufen bemühte, sie so darzustellen, daß sie dem Zeitgenossen, der gerade die Schrecken des 1. Weltkriegs hinter sich hatte, einsichtig, nachvollziehbar und zur Mahnerin für das Hier und Heute werden sollte: Gugliermo Ferrero (1871 bis 1942). Als Gegner des Faschismus mußte er 1930 Italien verlassen, verbrachte den Rest seines Lebens in der Schweiz, als freier Historiker und Soziologe forschend und lehrend. In seiner großartigen Studie »Der Untergang der Zivilisation des Altertums« (deutsch 1922) hatte er schon vorher geschrieben:

»Man sucht vergeblich in der ganzen Geschichte des Menschengeschlechts nach einer Tragödie, die sich mit dieser vergleichen ließe. Ein Jahrtausend hindurch hatte die antike Zivilisation unablässig daran gearbeitet, den Idealstaat zu schaffen, der, auf Weisheit, Menschlichkeit, Edelmut, auf Freiheit und Recht gegründet, der Schönheit, Wahrheit und Tugend in der Welt zum Siege verhelfen sollte. Für ihn hatte man in Griechenland wie in Rom, und zwar im republikanischen wie im kaiserlichen Rom, geschwärmt. Krieger und Staatsmänner, Philosophen und Redner, Dichter und Künstler hatten ihre beste Kraft, ein Jahrhundert um das andere, dieser Riesenaufgabe gewidmet. Ein Aristides und Perikles, Scipio und Augustus, Plato und Aristoteles, Demosthenes und Cicero, Homer und Vergil, Horaz und Tacitus, Vespasian und Marc Aurel hatten die Mauersteine zu diesem einzigartigen Werke zusammengetragen. Und diese herrliche Schöpfung so vieler Jahrhunderte und so vieler auserlesener Geister sollte im 3. Jahrhundert unserer Zeitrechnung mit dem Umsturz alles Bestehenden und wahrhaft chaotischen Zuständen endigen – ein furchtbares Schauspiel, wie es die Welt noch nicht gesehen; sie sollte enden mit dem gewalttätigen, sich über alle sittlichen Bedenken hinwegsetzenden Despotismus der rohen Gewalt, der jede höhere Weihe fehlt, und mit der Zerstörung des so überaus kunstvollen Gebäudes der alten Zivilisation ...

Trotzdem gab es noch eine Macht, die nicht verzagte. Als die ganze Lebensauffassung, auf der die antike Welt aufgebaut war, Schiffbruch erlitt, da trat das Christentum auf den Plan mit einer Revolutionierung der Geister von einer Kühnheit, Eigenart und Großartigkeit, die in der Geschichte ihresgleichen sucht. Vom völlig entgegengesetzten Standpunkt aus versicherte es, daß der Umstand, ob ein Staat gut oder schlecht, gerecht oder ungerecht, weise oder töricht sei, lediglich für die Regierenden, die für das Böse, das geschieht, Verantwortlichen von Bedeutung sei, aber keineswegs für die Regierten, für die, die unter den Ungerechtigkeiten der Mächtigen zu leiden haben. Der höchste Lebenszweck besteht in der religiösen und sittlichen Vervollkommnung des einzelnen Menschen; zu diesem Ziel kann jeder, der sich redlich müht, gelangen, mögen die Regierenden und ihre Einrichtungen sein, wie sie wollen, gut oder schlecht. Der Mensch hat nur einen wirklichen Herrn über sich, Gott ...«[299]

# »Restitutor Orbis« schafft einen Präzedenzfall: Aurelian und die Kirche

Nach allem, was wir, dem Gang der Ereignisse folgend, zusammengetragen haben, ergibt sich für die Lage der Kirche gegen Ende des 3. Jahrhunderts der Eindruck einer gefestigten Position. Die kirchlichen Führer konnten sich und ihren Gemeinden versichern, trotz mancher Verluste vielerorts neues Terrain gewonnen, alle Angriffe abgewehrt und ihre Lage insgesamt verbessert zu haben.

Dennoch – die rechtliche Stellung blieb unklar, die Kompromisse und das Entgegenkommen standen sozusagen zwischen den Zeilen, nach wie vor war die Kirche *religio illicita.* Dies zeigte sich immer wieder bei Einzelaktionen wie jener gegen den Offizier Marinus im palaestinensischen Caesarea.

Eusebius berichtet: »Während damals [das heißt zur Zeit nach Gallienus] die Kirchen überall Frieden hatten, wurde zu Caesarea in Palaestina Marinus, durch Geburt und Reichtum ein angesehener Mann, wegen seines Bekenntnisses zu Christus enthauptet. Der Anlaß dazu war folgender:

Es gibt bei den Römern eine gewisse Auszeichnung, die Weinrebe. Wer sie besitzt, sagt man, werde Hauptmann. Da eine Stelle frei war, sollte Marinus infolge des Ranges, den er einnahm, auf sie befördert werden. Als er schon daran war, die Würde zu erlangen, trat ein anderer Bewerber vor den Richterstuhl mit der Beschuldigung, Marinus dürfe nach den alten Gesetzen das römische Amt nicht übernehmen, da er Christ sei und den Kaisern nicht opfere. Vielmehr gebühre *ihm* die Stelle.

Auf diese Vorstellung hin fragte der Richter Achaeus den Marinus zunächst nach seiner Überzeugung. Als er sah, daß derselbe auf seinem christlichen Bekenntnis verharrte, gab er ihm drei Stunden Bedenkzeit. Beim Verlassen des Gerichtshofes nahm ihn nun Theoteknus, der dortige Bischof, beiseite, besprach sich mit ihm und führte ihn an der Hand in die Kirche. Dort ließ er ihn unmittelbar vor das Heilige treten, schlug seinen Mantel etwas zurück, wies auf das Schwert, mit dem er umgürtet war, und zugleich auf das Buch der heiligen Evangelien, das er ge-

genüberlegte, und befahl ihm, zwischen beiden frei zu wählen. Ohne Besinnen streckte Marinus seine Rechte aus und griff nach der Heiligen Schrift. Theoteknus aber sprach zu ihm: ›Halte nun fest an Gott, halte fest! ...‹ Kaum hatte Marinus die Kirche verlassen, rief ihn ein Herold vor Gericht; denn die Frist war abgelaufen. Vor dem Richter bekannte er mit noch größerem Mute seinen Glauben, worauf er sofort so, wie er war, auf den Richtplatz abgeführt wurde und zu seiner Vollendung kam.«[300]

Die Episode zeigt, daß es ohne weiteres möglich war, als Christ in der Armee Karriere zu machen. Zweifellos wäre es auch dem Marinus gelungen, hätte ihn der Konkurrent nicht angezeigt. Die rechtliche Praxis scheint zu lauten: Wo kein Kläger ist, ist auch kein Richter. Umgekehrt belegt die blutige Anekdote, daß ein Christ keine Skrupel hat, sich um eine freie höhere Offiziersstelle zu bewerben. Demnach bedeutete Gallienus' Zugeständnis Waffenstillstand; nicht mehr, aber auch nicht weniger. Seltsam erscheint dabei der Auftritt des Bischofs, der sich außerhalb des juristischen Geschehens befindet und sich unbehelligt bewegen kann. Mit gleicher Selbstverständlichkeit erfahren wir, daß die Gläubigen eine Kirche besitzen und sie nach Gutdünken betreten und verlassen können.

Die gesamte Situation ähnelt auf frappierende Weise dem Dilemma unserer Tage in einigen westlichen Demokratien, in denen Unschlüssigkeit darüber herrscht, wie denn mit Kommunisten im Staatsdienst zu verfahren sei. Von der Lage der heutigen Christen in totalitären Systemen marxistischer oder faschistischer Prägung ganz zu schweigen!

Zur gleichen Zeit, als es in Einzelfällen zu Prozeß und Hinrichtung kommt, finden andernorts Bischofssynoden statt. Die Kirche hat sich schon so weit etabliert, daß sie sich drängenden theologischen Fragen – und das heißt meistens: Richtungskämpfen zwischen gegensätzlich argumentierenden Gruppen – zuwenden kann. Diese Zusammenkünfte haben stets das Ergebnis, daß die unterlegene Seite der Ketzerei beschuldigt wird; so geschehen mit Paulus von Samosata, Bischof von Antiochia, da – so Eusebius – ». . . dieser niedrige und unwürdige Auffassungen über Christus hatte und im Gegensatz zur kirchlichen Lehre behauptete, er [Christus] sei seiner Natur nach ein gewöhnlicher Mensch gewesen«.[301]

Das christologische Problem sollte die Dogmatiker noch lange beschäftigen – doch gehören diese theologischen Richtungskämpfe nicht hierher.

Die Synode faßte 268 Beschluß, Paulus müsse sein Amt niederlegen und dem gewählten Nachfolger Domnus den Platz, »das Haus« freimachen – Paulus aber weigerte sich.

»Da also Paulus um keinen Preis das Haus der Kirche räumen wollte, wandte man sich an Kaiser Aurelian, der durchaus billig in der Sache entschied, indem er befahl [!], denjenigen das Haus zu übergeben, mit welchen die Bischöfe Italiens und Roms in schriftlichem Verkehr stünden. Somit wurde der erwähnte Mann zu seiner größten Schande von der weltlichen Macht aus der Kirche vertrieben.«[302]

Hier greift also zum erstenmal ein römischer Kaiser direkt in einen innerkirchlichen Streitfall ein und ordnet – befiehlt! – die Verhältnisse.

Das ist insofern erstaunlich, als wir gleich von antichristlichen Ambitionen Aurelians zu berichten haben. Darum muß Eusebius hinzufügen:

»So stellte sich um jene Zeit Aurelianus zu uns. Doch im weiteren Verlauf seiner Regierung änderte er seine Gesinnung gegen uns und ließ sich jetzt durch gewisse Berater zu einer Verfolgung gegen uns bewegen. Allenthalben wurde viel darüber gesprochen.«[303]

Auch für uns Grund, dem Gesinnungswandel, wenn es denn einer war, nachzuspüren. Doch zunächst ein Blick auf die politischen und militärischen Ereignisse seit 270, dem Regierungsantritt Aurelians.

Wie so viele Caesaren nach Gallienus hatte auch Aurelian unter einem großen Pragmatiker Karriere gemacht. Seinem Vorgänger, dem von der Historia Augusta hochgelobten Claudius II. Gothicus, gelang es 268, die nach Oberitalien vorgedrungenen Alamannen zu besiegen. Vergeblich versuchte er, das gallische Teilreich zurückzugewinnen. Zur Vertreibung der Goten zog er in die Donauprovinzen, schlug sie – daher sein Ehrenname »Gothicus« – entscheidend 269 bei Naissus, starb aber, noch mit der Neuordnung der dortigen Verhältnisse beschäftigt, Anfang 270 zu Sirmium an der Pest. Die Regentschaft übernahm mit Zustimmung des Senats sein jüngerer Bruder Quintillus.

Doch wieder spielten die Donaulegionen nicht mit. Sie erhoben im April 270 den Oberbefehlshaber der Reiterei, Lucius Domitius Aurelianus, zum Kaiser. Claudius hatte ihn wohlwollend gefördert, weil er an der Beseitigung des Gallienus beteiligt war. Daraufhin räumte Quintillus kampflos das Feld.

Aurelian erweckte zunächst den Eindruck, als würde er die Auflösung des Reiches hinnehmen: Vaballathus von Palmyra (267 bis 272), Sohn der Zenobia und des Odaenathus, beherrschte Syrien, Ägypten, Arabien und den Großteil Kleinasiens, allerdings unter der Vormundschaft seiner Mutter Zenobia, da er minderjährig war.

Aurelian ließ das Nahostproblem in der Schwebe, um als erstes gegen die über die Donau eingebrochenen Juthungen vorzugehen, denen er eine schwere Niederlage beibrachte. Kurz darauf schlug er die Sarmaten zurück, sicherte und befriedete das südlich der Donau (im heutigen Bayern) gelegene Raetien und auf dem Balkan Pannonien. Nach kurzem Aufenthalt in Rom mußte er noch im Herbst 270 einem erneuten Vandaleneinfall in Pannonien entgegentreten. Wenige Monate später eilte er nach Norditalien, muß aber von den dort eingebrochenen Juthungen und Alanen bei Placentia eine schwere Niederlage einstekken. Sie hatte katastrophale Auswirkung auf die Reichsmoral, wie die Historia Augusta notiert: ». . . eine so große Niederlage, daß sich beinahe das Reich auflöste.« Der Grund wirkt fadenscheinig: »Ursache dieser Gefahr war die Treulosigkeit und Verschlagenheit der Barbaren . . .«[304] Sie, die in offener Feldschlacht unterlegen sein mußten, zogen sich in die umgebenden Wälder zurück und überfielen von dort das römische Heer.

Dennoch gelingt es Aurelian, die Germanen nach Norden abzudrängen. Doch nun gärt es in Rom. Eine ihm feindliche Clique unter Führung der Münzmeister beginnt eine Revolte. »Nach Beendigung des Kampfes«, so die Historia Augusta, «eilte Aurelian, schnell und aufbrausend, wie er von Natur aus war, voll Zorn und dürstend nach Rache, wozu ihn die zu Rom ausgebrochenen heftigen Unruhen spornten, nach dieser Stadt. Hier machte dieser sonst so treffliche Regent seine Herrschaft auf das strengste geltend, ließ die Urheber der Unruhen hinrichten und schaffte da unter Strömen von Blut Ruhe, wo dieselbe durch gelindere Mittel hätte hergestellt werden können . . . Statt ihn zu lieben, begann man jetzt den trefflichen Führer zu fürchten.«[305]

Dies eine Variante zu Tiberius' verächtlicher Äußerung: »Sollen sie mich hassen, wenn sie mich nur achten!«[306] Und nicht: »fürchten«.

Freilich ist solch offensichtlich beabsichtigte Affinität gesucht, und sie trifft wahrhaftig bei diesem Haudegen nicht den Kern; kann man doch eher Alexander oder Caesar zum Vergleich heranziehen; er hatte schließlich eine ungleich schwierigere Ausgangsposition.

In den nächsten Jahren gelingt es Aurelian unter gewaltigen Anstrengungen, die Reichseinheit wiederherzustellen. Mit und Nachwelt erkennen bald auch diese Leistung an und nennen ihn »restitutor orbis«, den Wiederhersteller des Erdkreises.

Zunächst aber macht er sich daran, Rom neu zu befestigen, und zwar mit der gewaltigen Mauer, die noch heute seinen Namen trägt. Der große Rom-Kenner Bergengruen nennt sie ein Werk, »das nur mit der Chinesischen Mauer verglichen werden kann . . . Der Bau der Stadtmauern bezeugt Sorge, nicht aber eine schon hilflose Furcht vor den Barbaren und ihren Invasionen. Eher möchte man in dem gigantischen Unternehmen den Ausdruck einer wohl bestrittenen, jedoch ungebrochenen Kraft, einer immer noch währenden altrömischen Gesinnung erblicken und die Fortwirkung eines großen städtebegründenden und städtebehütenden Willens.«[307]

Zwischen 271 und 273 ringt er das Reich von Palmyra nieder, kann dadurch auch Ägypten, die Kornkammer des Imperiums, der Zentrale wieder unmittelbar unterstellen; ebenso führt er ein Jahr später das gallische Teilreich unter römische Oberhoheit zurück.

Aus dem neuen Selbstbewußtsein militärischer Erfolge und des imperialen Aufschwungs wächst die Idee einer adäquaten Götterordnung. Auf dem Feldzug gegen Palmyra lernt er die überragende Gestalt des syrischen Sonnengottes kennen. Sie fasziniert ihn so sehr, daß er sie als Sol Invictus (Unbesiegbare Sonne) an die Spitze des römischen Pantheons stellt.

Alle Maßnahmen dienen dem Ziel, Rom wieder zur Herrin des Erdkreises und den Herrscher zum sichtbar thronenden Heilbringer des neuen Weltfriedens zu erheben. Unter diesem Anspruch müssen all seine Pläne, Handlungen und Ziele gesehen werden, auch seine Stellungnahme zum Fall des von der Kirche abgesetzten Bischofs Paulus in Antiochia.

Indem Aurelian entschied, daß das Haus »denen gehöre, die mit den Bischöfen der christlichen Lehre in Rom und Italien korrespondieren«, erkannte er implicite die römische Organisation der Kirche an.

Keineswegs ist daraus zu schließen, der Kaiser habe die Angelegenheit aus mangelndem Interesse einfach einem auswärtigen und unpar teiischen Schiedsgericht übergeben wollen.[308] Dahinter steht vielmehr der Absolutheitsanspruch eines Herrschers, der sich mit »Dominus et deus« anreden läßt, der unzweideutig darauf hinweist, daß sogar die katholische Kirche, wenn sie nun schon nicht zu liquidieren ist, von der kaiserlichen Macht abhängt.

Der Kirche blieb nichts anderes übrig – und sie tat es gern –, als sich diesem Entscheid zu beugen. Doch damit war ein in die Zukunft wirkender Präzedenzfall geschaffen, der es kaiserlichen Behörden ermöglichte, sich auch bei späteren Anlässen in Angelegenheiten der Kirche zu mischen.

Fest steht allerdings nicht, ob Aurelian die Verehrung des Sol Invictus zur verpflichtenden Reichsreligion machen wollte. Wenn ja, dann hätte er in Konsequenz dieses Anspruches die Christen verfolgen müssen; und nach dem wenigen, was wir von seinen weiteren Plänen wissen oder ahnen, wäre es mit Sicherheit dazu gekommen. Kurz vor seinem Tode – er wurde während der Vorbereitungen zu einem Perserzug auf dem Wege nach Byzanz Opfer eines Komplotts, das sein Sekretär Eros angezettelt hatte – zog er diesbezügliche Maßnahmen in Betracht und bereitete in seiner Kanzlei die Verfolgung der Christen vor; das entsprechende Edikt war bereits ausgearbeitet. Eusebius weiß:

»Als er eben im Begriffe war und – wie man fast sagen könnte – die

Unterschrift unter das gegen uns gerichtete Dekret setzte, da ereilte ihn die göttliche Gerechtigkeit, faßte ihn sozusagen am Arme und hielt ihn von seinem Vorhaben zurück, allen deutlich zu erkennen gebend, daß die weltlichen Fürsten niemals leichtes Spiel wider die Kirchen Christi haben, es sei denn, daß es die sie schützende Hand gemäß göttlichem und himmlischem Urteile um der Züchtigung und Besserung willen zu den von ihr bestimmten Zielen zuläßt.«[309]

Nach allem, was wir von Aurelian wissen, wäre es – hätte er länger gelebt – mit Sicherheit zu einem fundamentalen Konflikt mit den Christen gekommen. Moreau meint: »Als Soldatenkaiser, der seinem Heer an der Donau den Purpur verdankte und der in die Perserkriege verwickelt war, hätte er den Christen gegenüber kaum eine andere Haltung einnehmen können als der spätere große Christenverfolger Galerius.«[310]

Das Vorhaben allein zeigt schon die Erbfeindschaft der Soldatenkaiser und ihres Anhangs. Unterstützung hätte Aurelian durch die scharfe Polemik des Plotinschülers Porphyrius (233 bis 304) bekommen, der in diesen Jahren seine rigorose Kampfschrift »Gegen die Christen« veröffentlichte. Darin beschuldigt er die Evangelisten der Mythenproduktion und weist mit dialektischem Scharfsinn ihre zahlreichen Widersprüche nach. Zeitgenössische und folgende Kirchenmänner wußten seinen Argumenten nicht anders zu begegnen als mit unflätigen Ausfällen, Beschimpfungen, Bücherverbrennungen und Index, bedachten ihn mit Ausdrücken wie Verbrecher, Verleumder, Verrückter, toller Hund.[311]

Die Geschichte liebt bisweilen die Ironie: der 25. Dezember, der »dies natalis solis« (Geburtstag der Sonne), ging in den Festkalender des Abendlandes als der Geburtstag Christi ein.

Nach Aurelians Ermordung begann für die Kirche eine neue Friedensperiode, in der sie sich noch ungestörter entfalten konnte als unter den Severern. Dies sollte bis ins 19. Regierungsjahr Diocletians andauern. Darum kann Eusebius das 8. Buch seiner Kirchengeschichte voll Staunen darüber so beginnen:

»Es übersteigt unsere Kräfte, in würdiger Weise die Größe und Art der Ehre und Freiheit zu schildern, die das durch Christus der Welt verkündete Wort der Frömmigkeit gegenüber dem Gott des Alls vor der Verfolgung unserer Tage bei allen Menschen, Griechen wie Barbaren, genossen hat. Beweise hierfür dürften sein die Gunstbezeigungen der Herrscher gegenüber den Unsrigen. Sie betrauten sie sogar mit der Leitung von Provinzen und entbanden sie dabei gemäß dem großen Wohlwollen, das sie für die Lehre hegten, von der ihre Gewissen beängstigenden Opferpflicht. Was soll man von den Leuten in den kaiserlichen Palästen und den obersten Beamten sagen? Diese ließen es zu, daß die

Hofleute, Frauen, Kinder und Sklaven offen in Wort und Tat den Glauben bekannten, und gestatteten ihnen geradezu, sich ihrer Glaubensfreiheit zu rühmen. Sie bevorzugten sie in besonderer Weise gegenüber den Mitbediensteten.

... Dazu konnte man sehen, welch freundlicher Aufnahme sich die Leiter der einzelnen Kirchen bei allen Zivil- und Militärbeamten erfreuten. Wer gar vermöchte zu schildern jene tausendköpfigen Versammlungen und die Mengen derer, die Stadt für Stadt zusammentraten, und die herrlichen Zusammenkünfte in den Bethäusern? Da infolge hiervon die alten Gebäude nicht mehr genügten, erbaute man in allen Städten ganz neue und geräumige Kirchen. Dieses mähliche Vorwärtskommen und dieses tägliche Zunehmen an Stärke und Größe konnte kein Neid verhindern und kein böser Dämon bannen oder durch menschliche Hinterlist aufhalten, solange die göttliche und himmlische Hand ihr Volk als dessen würdig schützte und schirmte.«[312]

# »Niederreißen! Verbrennen! Hinrichten! Ausrotten!« Die Diocletianische Verfolgung

»Selbst aus unserem unzulänglichen Quellenmaterial läßt sich ersehen, daß das dritte Jahrhundert eine der entscheidenden Perioden der Geschichte Europas ist.« Wir können dem Oxforder Althistoriker Fergus Millar nur zustimmen, wenn er mit dieser Feststellung seine Studie über »Das Reich und die Krise des 3. Jahrhunderts« beschließt.[313] Und mitten im Chaos dieser Jahrzehnte beginnt der Lebensweg eines Mannes, der es bezwingen wird, den man zu den einflußreichsten Regenten der römischen und darum der abendländischen Geschichte zählen muß; ob er einer der Großen war, wagen wir nicht zu entscheiden, und diese Vorsicht gründet nicht nur im unzulänglichen Quellenmaterial. An Diocletian – denn um ihn geht es – scheiden sich die Geister. Und dies nicht erst heute.

Darum ist es ein höchst unbefriedigendes, ja gewagtes Unterfangen, Diocletian gleichsam im Vorbeigehen auf wenigen Seiten in den Blick zu nehmen. Bei allen guten Vorsätzen wird das Bild subjektiv, einseitig, plakativ bleiben. Doch unter seiner Herrschaft steigert sich die Auseinandersetzung zwischen altrömischem Staat und Kirche zum entscheidenden letzten Kampf! Ob es allerdings »die Periode ist, in der die Kirche erstmals ernsthaft mit dem heidnischen Staat in Konflikt geriet«, wie Fergus Millar an gleicher Stelle meint, bleibt dahingestellt.

Schon die Meinung der Zeitgenossen ist geteilt über Nutzen und Schaden des Staatsgebäudes, das Diocletian errichtete. In seiner um 360 entstandenen Schrift »Caesares«, eine Sammlung von Kurzbiographien der führenden Persönlichkeiten von Augustus bis Constantius II., schreibt Aurelius Victor über Diocletian aus dem Abstand von drei Generationen:

»Auf Grund einer Entschließung der militärischen Führer und Tribunen wurde Valerius Diocletianus, der Kommandeur der Garden, wegen seiner Einsicht [zum Kaiser] gewählt; ein bedeutender Mann, doch war es bezeichnend für ihn, daß er der erste war, der für sich goldbestickte Kleider wählte und seidene, purpurne und mit der Pracht von Edelsteinen besetzte Fußbekleidung beanspruchte. Wenn das allein schon mehr ist, als einem Bürger zukommt, und von einer aufgeblasenen und verschwenderischen Gesinnung zeugt, so ist es noch geringfügig neben anderem: denn er zuerst – wie vor ihm nur Caligula und Domitianus – ließ sich öffentlich mit ›Dominus‹ anreden und wie einen Gott verehren und anrufen ... Doch diese Fehler wurden aufgewogen durch seine sonstigen Vorzüge: während er sich als ›Dominus‹ anreden ließ, zeigte er sich in der Tat als Vater seiner Untertanen ...«[314]

Ganz anders liest sich das aus der Sicht des Christen Lactantius, Zeitgenosse Diocletians, vielleicht zwanzig Jahre jünger. Um 290 war er vom Kaiser als Rhetor in die Residenz Nicomedia[315] berufen worden und avancierte dort wahrscheinlich zum Lehrer des späteren Kaisers Constantin. Kurz vor Ausbruch der Großen Verfolgung (303) trat er zum Christentum über und gab seine Tätigkeit als Rhetor auf. Von da an datiert seine christliche Schriftstellerei, die in vielem an Ciceros eleganten Stil erinnert. Der folgende Abschnitt über Diocletian und seine Mitregenten entstammt seiner Schrift »Von den Todesarten der Verfolger« (De mortibus persecutorum), geschrieben zwischen 316 und 321. Das Buch ist eine wichtige zeitgeschichtliche Quelle über Diocletian und die Anfänge Constantins, der Lactantius in hohem Alter als Erzieher seines ältesten Sohnes Crispus nach Trier berief. Sein Todesjahr ist unbekannt.

Über Diocletian heißt es: »Diocletianus, groß im Erfinden von Verbrechen und im Anstiften von Unheil, konnte bei dem allgemeinen Verderben, das er verbreitete, auch von Gott nicht die Hand zurückerhalten. Zwei Eigenschaften wirkten bei ihm zusammen, um den Erdkreis zu verderben: seine Habsucht und seine Furchtsamkeit. Er teilte das gesamte Reich in vier Teile und nahm drei Mitregenten an. Die Heere wurden vervielfältigt; jeder trachtete, eine weit größere Zahl Soldaten zu besitzen, als die früheren Herrscher zur Zeit der Alleinherrschaft gehabt hatten. So sehr stieg allmählich die Zahl der Empfänger über die Zahl der Geber, daß bei der Maßlosigkeit der Auflagen die Kräfte der Landleute sich erschöpften, die Ländereien verlassen wurden und die Saatfelder sich in Wald verwandelten ... Statthalter in Menge mit zahlreichen Unterbeamten übten den Druck ihrer Herrschaft aus über jedes Gebiet und fast schon über jede Stadt. Dazu kam noch eine Menge von Rechnungsbeamten (rationales), Verwaltungsbeamten (magistri) und Stellvertretern der Praefecten, und bei all diesen gab es gar selten Verhandlungen in bürgerlichen Rechtssachen, sondern nur Verurteilungen und Einzug von Gütern ... Diocletianus wollte in unersättlicher Habsucht seine Schatzkammern nie vermindert sehen, sondern unaufhörlich raffte er auf außerordentlichem Wege Schätze und Spenden (largitiones) zusammen ... Durch mannigfache Ungerechtigkeiten hatte er eine ungeheure Teuerung hervorgerufen, und nun unternahm er es, den Preis der Verkaufswaren durch Gesetze zu bestimmen. Jetzt kam es wegen geringfügiger und unbedeutender Dinge zu vielem Blutvergießen. Aus Furcht brachte man nichts Verkäufliches mehr auf den Markt, und die Teuerung nahm in weit schlimmerem Grade zu, bis die Notwendigkeit selbst das Gesetz nach dem Untergange vieler außer Gebrauch setzte ...«[316]

Diocletian hat von Aurelian die Aufgabe übernommen, die mühsam errungene Reichseinheit zu wahren. Dies konnte nur dann von Dauer sein, wenn es gelang, die durch ständige Usurpationen bedrohte Führungsgewalt so zu festigen, daß sie jedem Zugriff von innen oder außen gewachsen war.

Als er an die Lösung dieser Aufgabe ging, hatte er, darin den großen Soldatenkaisern ähnlich, drei Jahrzehnte lang Erfahrungen auf allen Kommandoebenen sammeln können. Er stammte aus sozial niedrigen Verhältnissen. Über die Jahre seines mühsamen Aufstiegs ist nichts bekannt; wahrscheinlich hat er seine Laufbahn als gemeiner Soldat begonnen.

Unvermittelt taucht er im Licht der Geschichte als Kommandeur in Moesien auf, avanciert 283 zum Consul suffectus[317] und wird ein Jahr später Befehlshaber der »protectores domestici«, der kaiserlichen Leibwache. Nach der Ermordung seines Vorgängers Numerianus wird er am 17. November 284 zum Kaiser ausgerufen.

Wenn er den Thron auch der Armee verdankte, war er doch von Anfang an darauf bedacht, den Kaiserpurpur ihrem Zugriff zu entziehen und ihm eine Weihe hoch über den Zufälligkeiten und Abhängigkeiten des Alltags zu geben. Diocletian war ein so ungebildeter Illyrer wie seine Vorgänger; das Verständnis für höhere Dinge, das Gallienus besessen hatte, fehlte seinem schlichten bäuerlichen Gemüt. Auch als Feldherr schneidet er im Vergleich mit Aurelian, Maximinus Thrax oder Probus (276 bis 282) schlecht ab. Und doch ist er es, kein anderer, dem die Wiederherstellung einer dauerhaften Ordnung gelang. Man könnte sagen, er ist der erste, der die Unanfechtbarkeit einer bis ins kleinste geregelten Verwaltung erkennt und ihre Handhabung in einem fein abgestuften System zum Dogma erklärt, etwa nach dem Motto: Kaiser kommen, Kaiser gehen, aber die Bürokratie bleibt.

Auf den ersten Blick wirkt das alles sehr künstlich, abstrakt, konstruiert: an die Spitze des neu organisierten Staates stellt er das Doppelpaar der beiden Augusti – eine Erinnerung an die fernen Zeiten der Republik, als zwei Consuln die Exekutive verwalteten. Beiden Augusti ordnet er zwei Caesares unter – als deren Gehilfen und designierte

Nachfolger –, um so von vorneherein den Zugriff von Usurpatoren unmöglich zu machen.

Diese »Tetrarchie« (Viererherrschaft) genannte oberste Gewalt konnte in mehreren Teilen des Reiches gleichzeitig gegenwärtig sein. Für sich selbst hat er gegenüber seinem Mit-Augustus, dem alten Kriegskameraden Maximian, nur eine leicht erhöhte Autorität angedeutet. Sie kam auch in der neuen Namensgebung zum Ausdruck: Iovius (der von Jupiter Abstammende), wie er sich nennt, steht über Herculius (Maximian verehrte Hercules als seinen privaten Gott). Zugleich soll die den Göttern angeglichene Namensgebung das neue herrscherliche Charisma zum Ausdruck bringen, in dessen Dienst auch das Hofzeremoniell gestellt wird: die Himmlischen sind die Schutzheiligen der Monarchen; in der »adoratio«, der fußfälligen Verehrung, mit der sich auch die höchsten Würdenträger und die eigenen Verwandten dem Oberkaiser zu nähern haben, findet dieser Anspruch sichtbaren Ausdruck.

Caesares wurden am 1. März 293 Constantius Chlorus (der Vater Constantins des Großen) und Galerius. Wenn auch die Zuständigkeiten der Reichsregierung und Verwaltung auf alle vier Tetrarchen verteilt wurden, bedeutete dies keine Reichsteilung, denn Diocletian blieb die letzte Instanz.

Als man ihm in den ersten Tagen nach der Machtergreifung (284) die Berichte und Statistiken vorlegt, findet er schwarz auf weiß bestätigt, was er längst wußte: Er steht an der Spitze eines gigantischen Konkurses, er regiert ein Staatsgebilde, in dem Landwirtschaft, Handel, Finanzen und Währung im Chaos liegen.

Er verordnet dem Imperium eine Roßkur: alles muß so einfach und uniform geregelt werden, daß auch ein gallischer, syrischer, illyrischer Analphabet den Apparat handhaben kann. (Die Klagen über das Ergebnis haben wir eben von Lactantius vernommen.) Das heißt im einzelnen:

– konsequenter Ausbau des staatlichen Zwangsapparates;

– einheitliche Besteuerung von Produkten, Dienstleistungen und Arbeitskraft auf Grund eines rigorosen Bewertungssystems; der gesamte Grund und Boden wird in Steuereinheiten eingeteilt. Zu jedem »iugum« (Joch = Morgen) gehört grundsätzlich ein »caput«, eine Arbeitskraft; arbeiten zwei, erhöht sich die Abgabe. Alle fünf Jahre sollen die Besitzverhältnisse und die Bodenqualität überprüft werden. Die Bestimmungen gelten für den kleinsten Hof wie für die kaiserlichen Domänen. Ähnlich werden die Abgaben der Handwerker von ihrem Arbeitsertrag berechnet.

– Auch Italien wird jetzt Abgabengebiet.

– Auf alle Waren und Dienstleistungen werden Höchstpreise festgesetzt. Das 301 veröffentlichte Edikt legt bis zum Ei fest, was man verlangen durfte bzw. bezahlen mußte.

– Dezentralisierung der Reichsverwaltung; Verkleinerung der Provinzen, dadurch ihre Vermehrung auf ca. einhundert. Es gibt keine Senatsprovinzen mehr.

– Strenge Trennung von Militär- und Zivilgewalt. Die Heerführung wird den Statthaltern entzogen. Mehrere der neuen Provinzen werden zu Diözesen[318] zusammengefaßt, an deren Spitze ein Vicarius steht (im ganzen dreizehn).

– Ungeheure Aufblähung des Beamtenapparats. Um gegen dessen vorausgesetzte Korruptheit anzugehen, werden von vorneherein Spitzelwesen und Kompetenzüberschneidungen eingeplant.

– Verstärkung der Armee auf siebzig, allerdings verkleinerte Legionen (gegenüber vormals 35). Je zwei unterstehen einem »dux« (Führer, vgl. Doge und Duce).

– Schaffung einer mobilen Elitetruppe, die in Notfällen als Reserve eingreift (comitatenses). Auch der Armee soll durch die Schaffung neuer Kommandostellen mit begrenztem Aufgabenbereich klargemacht werden, daß es nun schwerer, wenn nicht unmöglich wird, auf mittlerer oder höherer Befehlsebene mit usurpatorischen Gedanken zu spielen. Die Korps der Feldarmee führen grundsätzlich die Augusti oder Caesares selbst.

Ein Vergleich all dieser Maßnahmen mit denen eines Decius oder Gallienus ergibt, daß nun die Institutionalisierung und Systematisierung dessen eintritt, was vorher experimentelle Neuerung, vager Versuch oder Augenblicksmaßnahme war. Das Ergebnis des rigorosen Eingriffs ist der spätantike Zwangsstaat, der den einzelnen mit seinem gesamten Leistungsvermögen für sich beansprucht. Die Atmosphäre, die sich unter Handwerkern, Händlern und Bauern verbreitet, läßt sich am ehesten mit Monotonie und Passivität beschreiben.

Und dennoch schien es nur mit dieser zwangsstaatlichen Verfassung möglich zu sein, der inneren und äußeren Gefahren Herr zu werden. Bis zum Jahre 298 waren alle militärischen Aufgaben gelöst:

- 287/292 Krieg gegen Franken und Alamannen
- 292/293 Sicherung Ägyptens
- 297 Rückgewinnung Britanniens
- 298 Anerkennung der römischen Oberhoheit in Armenien durch die Perser

Und die Christen? – Diocletians religiöses Selbstverständnis wurzelt ganz im alten Polytheismus, wie bei einem Illyrer bäuerlicher Herkunft zu erwarten. Und natürlich akzeptiert er, als er die Macht hat, den Kult des allgebietenden Sonnengottes; er toleriert auch, darin von altrömisch pragmatischer Auffassung, fremdstämmige Gottheiten, seien sie orientalischer, ägyptischer oder altitalischer Herkunft. Zwar ist er nicht ohne geistige Interessen – Rhetorik als Bildung läßt er gelten –, aber es ist ihm nicht gegeben, die religiösen Probleme seiner Zeit richtig zu sehen. Statt dessen inszeniert er die Steigerung des Kaiserkultes zu bisher nicht gekannten quasireligiösen Formen; in seinen Gesetzen, wie in dem 295 erlassenen Eheedikt, beruft er sich auf den Brauch der Vorfahren:

»Unserm frommen und religiösen Sinn erscheint das, was durch die römischen Gesetze keusch und heilig festgesetzt ist, höchst ehrwürdig und wert, durch ewige Befolgung bewahrt zu werden . . .«[319]

Im folgenden Jahr ergeht ein Gesetz gegen die Manichäer. Sie waren Anhänger der Erlösungsreligion des Mani, die bewußt Christentum, Perserreligion und Buddhismus vereinte (Eusebius nennt Mani einen »Wahnsinnigen«, der »Geistesverwirrung« stiftet und »Christus zu spielen sucht«).[320] In dem Edikt heißt es:

»Die alte Religion darf nicht von einer neuen getadelt werden . . . Es ist das größte Verbrechen, zu widerrufen, was einmal von den Alten bestimmt und festgesetzt ist und seinen sicheren Gang innehält . . . Darum sind wir eifrig darauf bedacht, die böswillige Hartnäckigkeit schlechter Menschen zu bestrafen, die neue und unerhörte Sekten den alten Götterdiensten entgegensetzen, um nach ihrer schändlichen Willkür zunichte zu machen, was uns einst von den Göttern gewährt wurde . . . Es ist zu fürchten, sie [die Manichäer] könnten im Laufe der Zeit durch ruchlose Bräuche und verkehrte Gesetze der Perser Menschen unschuldiger Natur, das bescheidene und ruhige römische Volk und unsern ganzen Erdkreis mit ihren üblen Gifttränken gleichsam anstecken . . . Daher befehlen wir, daß die Begründer und Häupter [dieser Sekte] zusammen mit ihren abscheulichen Schriften strengster Bestrafung – der Verbrennung im Feuer – unterworfen werden; ihre Anhänger, vor allem die Fanatiker, sollen mit dem Tode bestraft werden, ihr Besitz zugunsten des Fiskus eingezogen werden . . . Die Seuche dieser Bosheit soll mit der Wurzel ausgerottet werden aus unserem glücklichen Zeitalter.«[321]

War vieles von dem, was Diocletian in die neue Verfassung einbrachte, ein kühner Bruch mit alten Gepflogenheiten, so zeigen diese Sätze, wie tief durchdrungen er von dem Bewußtsein der Größe Roms ist. Es war nur eine Frage der Zeit, wann es zum Konflikt mit der Kirche kommen mußte.

Zunächst hat er den christlichen Kult lange geduldet, hat er die Regsamkeit der Bischöfe hingenommen und die Zahl der Christen in Beamtenschaft und Heer größer werden lassen, denn er war vollauf beschäftigt mit der Reorganisation des Reiches. Doch dann wandte er sich mit der gleichen Gründlichkeit dem ungelösten Religionsproblem in Sachen Christen zu.

Zeitpunkt, Ursprung, Strategie und Urheberschaft sind bis heute umstritten.[322] Es geht dabei unter anderem um die Frage, ob es denn Diocletian oder sein Caesar Galerius war, der den Anstoß gab.

Ernst Kornemann sieht die Dinge sehr einfach: »Das Ziel dieses letzten Prinzeps-Augustus war neben der politischen eine religiöse Restaurationspolitik, die schon in seinem Eheedikt und in der frühzeitigen Bekämpfung der neuen Kulte hervortrat. Sie fand ihre Krönung in dem Erlaß vom 23. Februar 303. Dadurch wurde die blutigste Christenverfolgung der Weltgeschichte eröffnet.«[323]

Alfred Heuß wertet dieses Vorgehen »in erster Linie prohibitiv, mit dem lediglich negativen Ziel der Beseitigung bestehender Tatsachen«. Als treibende Kraft sieht er Diocletians »illyrische Romantik«; Diocletian »hatte aus den Erfahrungen des Decius gelernt und wußte, daß ein formeller Abfall das Christentum nicht mehr tödlich treffen konnte. Deshalb verzichtete er auf die libelli und drang unter Bereitstellung von Folterknechten darauf, daß die Opfer wirklich ausgeführt wurden. Es war ihm auf jede Weise um Effektivität bei der Zerstörung des Christentums zu tun.«[324]

Michael Grant sieht Zusammenhänge zwischen neuplatonischen Einflüssen und der Verfolgung: »Porphyrios' Kollege Hierokles war einer der Hauptanstifter der Großen Verfolgung [303 bis 313], die Diocletian und sein Caesar Galerius anordneten. Entweder hatte die Regierung die Stärke des Glaubens unterschätzt, oder die Christen hatten Freunde am Hof, jedenfalls begann die Verfolgung erst, als Diocletian schon neunzehn Jahre und Galerius schon zehn Jahre an der Macht waren. Ihr Ziel war jedoch Vernichtung . . .«[325]

So verschiedene Schwerpunktsetzungen sind ganz natürlich, weil uns die eindeutigen Quellen fehlen. Hinzu kommt, daß unsere bisherige Stütze, die »Kirchengeschichte« des Eusebius, uns auf weiten Strecken im Stich läßt, und dies aus zwei Gründen:

– Eusebius gibt zwar im Buch VIII eine Darstellung der Vorgänge, aber sie folgt der Perspektive und dem Standpunkt eines im Orient wirkenden Gelehrten und Bischofs, dem die Ereignisse im Westen fremd oder nicht bekannt oder nicht zugänglich gewesen sind.

– Teile von Buch VIII hat Eusebius mehrfach umgearbeitet, wobei er (für uns) Wesentliches weggelassen oder so geordnet hat, daß die chronologische Richtschnur zugunsten einer lokal gegliederten Anordnung aufgegeben wurde.[326]

Hinzu kommt noch die widersprüchliche Beurteilung von Anlaß, Urheberschaft und Verlauf der Verfolgung, die Lactantius gibt. Eusebius bezeichnet zunächst Diocletian als den Urheber der Aktion; in einer späteren Fassung ist es dann Galerius und nach der letzten Redaktion wieder Diocletian. Lactantius dagegen geht von Anfang an davon aus, daß Galerius die Initiative ergriffen hat. Dazu meint der Kirchenhistoriker Hermann Dörries: »Wohl haben bestimmte Anlässe und mancherlei persönliche Einwirkungen mitgesprochen, jetzt sicherlich vor allem die des Caesars Galerius. Aber der gerade im sorgfältigen Beraten und Bedenken doppelt gewichtige Entschluß ist der des Kaisers selbst ... Den Anfang aber macht der, in dem die Zeitgenossen die Haupttriebfeder erblicken, Galerius.«[327]

Dahinter steht die Annahme, der nach Herkunft und Erziehung besonders abergläubische Galerius habe Diocletian unter Druck gesetzt und durch Intrigen und Verbrechen den widerstrebenden Oberkaiser Schritt für Schritt in die große Verfolgung hineingezwungen; Galerius habe seit seinem Sieg über die Perser die leitende Stellung im Kaiserkollegium angestrebt; auf dem Weg zur Macht habe er die Christenverfolgung als ein Mittel politischer Taktik ergriffen, um die Sympathien der im wesentlichen altgläubigen illyrischen Armee zu gewinnen und sich im westlichen Reichsteil, in dem das Christentum viel schwächer vertreten war als im Osten, einen festen Anhang zu sichern; für die furchtbare Teuerung und allgemeine Not habe man wieder einmal Sündenböcke gebraucht.

»Diese ganze Erklärung«, stellt Josef Vogt klar, »beruht auf der irrtümlichen Annahme, daß im vorausgehenden Jahrhundert der Friede zwischen Staat und Kirche bereits förmlich hergestellt gewesen sei; sie kann sich für die angeblichen politischen Berechnungen des Galerius auf keinerlei Quellenzeugnis berufen. Daß Galerius zur Verfolgung getrieben hat, ist den Aussagen des Euseb und Laktanz zu entnehmen. Aber daß Diocletian gegen seinen Willen zum Angriff gezwungen worden sei, verdient keinen Glauben. Hat er doch in der Tetrarchie eine so überlegene Stellung innegehabt und auch nach seiner Abdankung eine so unbestrittene Autorität genossen, daß ihm die Verantwortung für die Verfolgung zukommen muß.«[328]

Grund genug, Charakter und Laufbahn des Galerius näher in Augenschein zu nehmen.

Barbarenblut floß damals in den Adern sämtlicher Kaiser, doch suchten sie zu verhindern, daß man es nachweisen könnte. Bei Galerius dagegen lagen diese Umstände allen offen, und er war stolz darauf. Seine Mutter war erst kurz vor seiner Geburt über die Donaugrenze ins Reich eingewandert, und so sind ihm Sitten und Anschauungen des zivilisierten Römertums zeitlebens fremd geblieben. Ungebildet waren sie alle, doch der bärbeißige Maximian wie der altväterliche Diocletian ließen es sich angelegen sein, literarische Talente zu fördern; sie lauschten wohl auch hin und wieder mit wohlwollender Langmut und generösem Anstand dem Vortrag ihrer höfischen Glanzlichter.

Galerius haßte Verstellung, Schönrederei war ihm stets zuwider; alles aufgesetzt Akademische verabscheute und liquidierte er in seiner Umgebung. Sprang schon Diocletian aus eigener Machtvollkommenheit mit Recht und Gesetz willkürlich um, so pflegte Galerius in diesen Dingen einen Stil, der eher einem Barbarenfürsten anstand. Kein Standesprivileg, kein Verdienst schützte gegen Strafen, die sonst nur bei Sklaven und Vagabunden zur Anwendung kamen. Advokaten verabscheute er aus tiefster Seele. Der Nachweis von überstandenen Frontkämpfen wurde wichtiger als die Zertifikate der honorigsten Akademien, um als Beamter oder Richter Karriere zu machen. Wohnte er selbst Prozessen bei, konnte er sich nicht genugtun an grausamen Quälereien der Opfer. Dafür gleich ein Beispiel.

Hier bricht die zügellose Wildheit seiner Kindheit und Jugend durch, als er bei Wind und Wetter als Viehhüter draußen bei den Herden lebte, Händel suchte und fand und unter seinesgleichen nur ein Recht kannte und akzeptierte: das des Stärkeren. Aus diesen Erfahrungen stammt wohl auch sein Mut, der sich bei taktischen Einzelaktionen in wahnwitzige Tollkühnheit steigerte, wenn er, nur von wenigen Reitern begleitet, auf Spähtrupp ausritt und eigenhändig hinter den feindlichen Linien Gefangene machte. Diese Tapferkeit, verbunden mit der instinktiven Schläue des Wolfes, der nicht lockerläßt, dazu seine hohe Gestalt von kernig männlicher Schönheit, unbedingte Zuverlässigkeit in prekären Situationen, dies alles machte seine Vorgesetzten früh aufmerksam und sorgte für seine steile Karriere in der Armee, die ihn schließlich an die Schaltstellen der Macht brachte.

Maßlos war er in allem, im Haß wie in der Zuneigung, in seiner abergläubischen Götterverehrung wie in der rücksichtslosen Beseitigung derer, die sie leugneten; gelenkt von skrupelloser Herrschsucht, die nur die Wünsche und Ziele des eigenen Ichs als Maßstab gelten ließ. Aber gerade Naturen von dieser wilden, tatkräftigen Leidenschaftlichkeit scheinen auf den stillen Grüblergeist Diocletian eine besondere Anziehungskraft ausgeübt zu haben.

Das Datum des 1. Edikts gegen die Christen steht fest, es wurde am 23. Februar 303 erlassen. Warum ausgerechnet in diesem Jahr?

In den Monaten davor – wir wissen nicht genau, wann – war es in Teilen der Armee zu schweren Dienstverweigerungen gekommen. Bekannt ist der Fall des Centurio Marcellus und des Rekruten Maximilian. Beide Soldaten warfen ihre Rangabzeichen von sich und lehnten das »sacramentum militiae« ab. Gemeint ist der Fahneneid: durch ihn erhielt der Kriegsdienst die gesetzliche Basis. In der Republik wurde der Eid dem Feldherrn für die Dauer eines Feldzugs geleistet, in der Kaiserzeit dem Herrscher. Zu Neujahr oder am Jahrestag des Regierungsantritts wiederholte man ihn. Die Zeremonie spielte sich vor den »signa«, den Fahnen und Feldzeichen, ab. Zuerst traten die Offiziere vor, dann sprach ein Rekrut den Eid, die anderen folgten mit der Formel »idem in me« (etwa: das gleiche gilt für mich). Der Bruch des Fahneneids war ein Sakrileg, der Täter wurde vogelfrei.

Die plötzliche Weigerung christlicher Soldaten, den heiligen Ritus zu vollziehen, der bis dahin auch ihnen als Christen von ihren Bischöfen zugestanden wurde, erklärt sich aus der Religionspolitik der Tetrarchen. Bisher hatten sich die Christen dem militärisch-kultischen Zeremoniell nicht zu entziehen brauchen, weil es ihnen lediglich als ein Zeichen ihrer loyalen Haltung gegenüber der staatlichen Ordnung und dem Kaiser galt. Das aber hatte sich geändert, seit die Herrscher offiziell als Söhne der Götter galten und sie die personale Verehrung forderten.

Die beiden renitenten Soldaten wurden mit der ganzen Härte des Militärstrafrechts belangt; ihre Eidverweigerung kam der Desertion vor dem Feinde gleich. Die vorgesetzten Kommandeure, sicherlich genauestens von der Zentrale instruiert und angehalten, hart durchzugreifen, fällten unverzüglich das in solchen Fällen legale Urteil: Marcellus und Maximilian wurden hingerichtet.

Solche Vorkommnisse dürften sich an verschiedenen Orten wiederholt haben und ließen die Kaiser aufmerksam werden. Auf der Gegenseite wird die Führung der Kirche die Gläubigen zu kluger Vorsicht ermahnt haben, denn es dauerte eine ganze Weile, bis Maßnahmen gegen Christen im Heer unternommen wurden.

Erst im Jahre 300 erging ein Befehl an die Offiziere, alle Soldaten zum Opfer für die Kaiser und Staatsgötter zu zwingen; sie wurden vor die Wahl gestellt, »entweder zu gehorchen und damit den eingenommenen Rang zu behalten, oder aber im Falle der Widersetzlichkeit gegen den Befehl diesen zu verlieren. Da zogen sehr viele Streiter des Reiches Christi unbekümmert und ohne Besinnen das Bekenntnis zu Christus scheinbarem Ruhme und Wohlergehen, das sie genossen, vor.«[329]

Nach Lactantius hat, während diese Säuberung noch im Gange war, folgender Vorfall Diocletian zum Ausbruch seines Wütens gebracht. Die Anwesenheit von Christen bei einem Opfer – es war eine Eingeweideschau – soll es den Wahrsagern unmöglich gemacht haben, den Willen der Götter zu erkennen und zu deuten.[330]

Nun kann man mit Jacob Burckhardt an der Wahrheit der Erzählung zweifeln, meinte er doch, es sei absurd zu glauben, daß Diocletian die Anwesenheit der Christen an seinem Hof habe ignorieren können. Andererseits können wir davon ausgehen, daß gerade das am Hof nicht unbekannte Christentum den altgläubigen Palastbeamten einen bequemen Vorwand lieferte, um ihre Gegner zu denunzieren.

Wie dem auch sei, Diocletian befragte im Winter 302/303 in Nicomedia den Staatsrat, holte auch den Rat vom Orakel des milesischen Apollo ein. Beide bestärkten ihn in seinem Entschluß, zum Angriff überzugehen: am 23. Februar 303 erließ er das erste Edikt gegen die Christen.

Es enthielt folgende Bestimmungen:[331]

- Zerstörung der Kirchen »bis auf den Grund«
- Auslieferung und Verbrennung der heiligen Bücher
- Konfiszierung und Vernichtung der liturgischen Gegenstände
- Verbot aller religiösen Zusammenkünfte
- Verlust der bürgerlichen Rechte für alle bekennenden Christen
- Verlust aller Ämter, Würden und Standesvorrechte für Christen, die der Oberschicht angehören
- Versklavung aller Christen im kaiserlichen Haushalt

Wenn auch zunächst keine Gefangennahmen, Verurteilungen und Hinrichtungen stattfanden, handelt es sich bei diesen Bestimmungen um die radikalsten Maßnahmen, die je gegen Christen unternommen worden waren.

Doch bald wurde zugeschlagen: In Nicomedia betrachteten Diocletian und Galerius von der Höhe des Kaiserpalastes aus, wie ein Militärkommando in die gegenüberliegende stattliche Kirche eindrang, nach dem dort verehrten Gottesbild suchte, die gefundenen heiligen Schriften verbrannte und dann die Mauern niederzureißen begann. Auf einen Befehl, alles einfach niederzubrennen, wollte sich der um die umliegenden Häuser besorgte ältere Diocletian nicht einlassen.

Zorn bemächtigt sich einiger Christen: »In dem Augenblick, da in Nicomedia das Dekret gegen die Kirchen [das heißt gegen die Gebäude] bekanntgegeben wurde – es war an einem öffentlichen und belebten Platz angeschlagen –, nahm es ein keineswegs unbekannter, sondern durch hohe weltliche Würden ausgezeichneter Mann in seinem Eifer für Gott und voll feurigen Glaubens ab und riß es in Stücke, da er es für unheilig und sehr gottlos erachtete ... Die Strafe, die er für ein so kühnes Vorgehen dem Gesetze entsprechend erduldete, ertrug er heiter und gelassen bis zum letzten Atemzuge.«[332] Seine Verurteilung erfolgte nicht, weil er Christ war, sondern weil er ein kaiserliches Dekret zerrissen hatte.

In diesen Tagen brach in Nicomedia ein Brand im kaiserlichen Palast aus. Galerius legte ihn den Christen zur Last (Lactantius beschuldigt Galerius selbst als Urheber). Die tatsächlichen Schuldigen konnten trotz einer peinlichen Untersuchung nicht gefunden werden.

»Daraufhin«, so Eusebius, »wurden gemäß kaiserlichem Befehl von den dortigen Gläubigen große Massen und ganze Familien teils mit dem Schwert hingerichtet, teils verbrannt. Dabei sollen Männer und Frauen zusammen in einer Art göttlicher und unaussprechlicher Begeisterung auf den Scheiterhaufen gesprungen sein. Eine andere Schar wurde von den Henkern gefesselt und von Kähnen aus in die Meerestiefen geworfen.«[333]

Bereits bestattete Märtyrer aus der kaiserlichen Hofburg wurden wieder ausgegraben und ebenfalls im Meer versenkt, »damit sie nicht einige, für Götter sie haltend, anbeteten, wenn sie in ihren Gräbern verblieben«.[334]

Unter den Opfern befand sich auch Anthimus, der Bischof der Stadt, der enthauptet wurde.

Wir sprachen von der Lust des Galerius an grausamen Quälereien; hier ein Beispiel aus diesen Tagen:

»In der erwähnten Stadt [Nicomedia] wurde ein Mann in Gegenwart der genannten Herrscher [Diocletian und Galerius] vorgeführt. Als er sich dem Gebote zu opfern widersetzte, erging die Weisung, ihn nackt in die Höhe zu ziehen und am ganzen Körper so lange mit Geißeln zu zerfleischen, bis er nachgeben und, wenn auch unfreiwillig, den Befehl [zu opfern] ausführen würde.

Da er aber trotz dieser Martern unbeugsam blieb – die Knochen waren bereits sichtbar –, mischten sie sodann Essig und Salz und gossen ihn in die schwärenden Teile des Körpers. Und da er auch dieser Schmerzen nicht achtete, wurde weiter Rost und Feuer herbeigeschafft, und was von seinem Körper noch übrig war, wie Fleisch, das man zum Essen bereitet, von der Flamme aufgezehrt, nicht auf einmal, auf daß er nicht rasch stürbe, sondern nach und nach. Die Schergen, die ihn auf den Scheiterhaufen gelegt, durften ihn nicht eher wegnehmen, als bis er sich, von den Qualen bezwungen, dem Befehle fügen würde. Doch er blieb fest bei seinem Vorsatz und gab als Sieger mitten unter der Pein seinen Geist auf.«[335]

Die Berichte des Eusebius und Lactantius beziehen sich aber nur auf den Osten; wie das Edikt im Westen aufgenommen und gehandhabt wurde, erfahren wir nur mangelhaft. In Rom und Africa hören wir von Klerikern, die die kirchlichen und liturgischen Schriften auslieferten. In christlichen Kreisen hießen sie fortan »traditores« (Auslieferer, Verräter).

Constantius Chlorus, Schwiegersohn des Augustus Maximian (und

Vater Constantins des Großen), war der einzige Tetrarch, der die Christenedikte mild handhabte. Zu seinem Herrschaftsbereich gehörten Gallien und Britannien. Er begnügte sich damit, Christen aus dem Heer zu entlassen und kleinere Kirchen zu zerstören. Es dürfte sein zum Monotheismus neigender Glaube gewesen sein, der ihn von rigorosen Maßnahmen abhielt.

Zu dieser Zeit brachen in Melitene und Syrien politische Unruhen und Aufstände »gegen die kaiserliche Herrschaft« aus, die den Christen zur Last gelegt wurden. Die Folge waren zwei weitere, verschärfte Edikte, und »das Schauspiel dessen, was darauf folgte, übersteigt jede Beschreibung«.[336]

Zielte das erste Edikt hauptsächlich darauf, die Christen daran zu hindern, Gottesdienste abzuhalten, so richtete sich das zweite vom Frühjahr oder Sommer 303 gegen die Häupter der Kirche:

»Zahllose Scharen wurden an jeglichem Ort eingekerkert. Die Gefängnisse, ehedem bestimmt für Mörder und Grabschänder, waren nun überall angefüllt mit Bischöfen, Presbytern, Diakonen, Lektoren [Vorlesern] und Exorzisten, so daß dort kein Platz mehr übrigblieb für jene, die wegen Verbrechen verurteilt waren.«

Gegen Ende des Jahres 303 reiste Diocletian aus Anlaß seines zwanzigjährigen Regierungsjubiläums nach Rom, um dort das Ereignis mit einer großangelegten religiösen Zeremonie zu feiern, die ein Bekenntnis des ganzen Staates zum neuerweckten Götterglauben der Väter darstellen sollte. In diesem Zusammenhang steht die Veröffentlichung des dritten Ediktes, dessen Inhalt nicht mit einer Amnestie zu verwechseln ist:

Diejenigen, die dem Glauben abschworen, sollten freigelassen, die »Hartnäckigen aber mit unzähligen Folterungen« bedroht werden. Zahlreiche Statthalter konnten sich auf diese Weise ihre zahllosen Gefangenen vom Hals schaffen, indem sie die Bekenner skrupellos liquidierten; doch viele Christen vollzogen die von ihnen geforderte Geste; ja, es kam vor, daß man sie einfach laufen ließ, um sie loszuwerden.

Doch kaum war Diocletian in den Osten nach Nicomedia zurückgekehrt, wurde er von einer Krankheit niedergeworfen, und man fürchtete um sein Leben. Diese Zeit nutzte Galerius für einen erneuten Vernichtungsschlag, das vierte Edikt. Es lehnt sich an die Praxis des Decius an und forderte Opfer für das ganze Reich, ohne allerdings über den Vollzug Libelli auszustellen. Bei Verweigerung drohten Tod oder Zwangsarbeit in den Bergwerken, was einem Tod auf Raten gleichkam.

Doch mehr noch als die vorausgegangenen Verfügungen wurde diese in den vier Teilregionen der Tetrarchen unterschiedlich gehandhabt. Die unteren Bevölkerungsschichten schützte ihre Anonymität und Bedeutungslosigkeit, man hielt sich an solche Christen, die von Berufs oder Amts wegen mit der Öffentlichkeit in Berührung kamen. Viele Statthalter, des Mordens überdrüssig, haben erst lange Zeit nach der Veröffentlichung mit der Verfolgung begonnen; und wieder war es Constantius, der den Bestimmungen nur äußerst lasch nachkam bzw. sie überhaupt nicht zur Kenntnis nahm.

Doch das, was in den Provinzen Diocletians und Galerius' an Martern ersonnen wurde, übertrifft alles Vorherige. Das VIII. Buch von Eusebius' Kirchengeschichte ist ein einzigartiges Dokument der bestialischen Verirrungen, zu denen der Mensch fähig ist, wie überhaupt für die ganze Diocletianische Verfolgung das Raffinement des Quälens, Erniedrigens und Hinrichtens charakteristisch ist.

Es gab jetzt auch Statthalter und Beamte, Polizisten und Henker, die widerwillig ihre Pflicht taten, aber entschiedener traten die andern hervor, die ihre Opfer so behandelt sehen wollten, als ob sie nicht mehr Menschen wären.[337]

Eusebius berichtet schaurige Dinge: »Wozu soll ich jetzt noch die übrigen mit Namen erwähnen oder die Menge der Männer aufzählen und die verschiedenartigen Qualen der bewundernswerten Märtyrer schildern? Die einen wurden mit dem Beile hingerichtet, wie es in Arabien geschah, andern wurden die Beine zerbrochen, wie es denen in Kappadokien erging, wieder andere wurden mit dem Kopf nach unten an beiden Füßen aufgehängt und ein schwelendes Feuer darunter angefacht, so daß sie an dem aus dem glimmenden Holze aufsteigenden Qualme erstickten. So verfuhr man in Mesopotamien. Andern schnitt man Nasen, Ohren und Hände ab und verstümmelte sie an den übrigen Gliedern und Teilen des Körpers, wie es in Alexandria der Fall war. Und was soll ich das Andenken derer in Antiochia erneuern, die auf Feuerherden, nicht damit sie stürben, sondern zwecks langer Peinigung, gebraten wurden oder lieber die Rechte in die Flamme steckten, als das unheilige Opfer zu berühren? Einige davon wichen der Prüfung aus und stürzten sich, ehe sie in die Gewalt und die Hände der Gegner fielen, von den Dächern hoher Häuser hinab, den Tod als Gewinn ansehend gegenüber der Bosheit der Gottlosen . . .

Schauerlich schon zum Anhören sind die Leiden der Märtyrer im Pontus. Man trieb ihnen scharfes Schilfrohr von der Spitze der Nägel an durch die Finger der Hände. Andern goß man im Feuer geschmolzenes Blei, solange die Masse noch kochte und glühte, über den Rücken und verbrannte ihnen so die notwendigsten Körperteile. Wieder andere erlitten an den Eingeweiden und den Organen, die man nicht nennen mag, erbarmungslos häßliche und unbeschreibliche Qualen, die die edlen und gesetzestreuen Richter in regem Wetteifer ersannen, ihre Grausamkeit als eine Art hervorragender Weisheit darin zur Schau stellend. Wie wenn es um Kampfpreise ginge, suchten sie sich gegenseitig in Erfindung stets neuer Foltern zu überbieten ...«[338]

In Phrygien »umzingelten Soldaten ein ganzes von Christen bewohntes Städtchen, warfen Feuer hinein und verbrannten die Insassen samt Frauen und Kindern, die da laut zu Gott, der über allem ist, um Hilfe riefen ...«

»Aller Beschreibung aber spotten die Qualen und Leiden, welche die Märtyrer in der Thebais [in Ägypten] erduldeten. Anstatt der Kralle zerrissen Scherben ihren ganzen Körper, bis der Tod eintrat. Frauen wurden an einem der beiden Füße festgebunden und, den Kopf nach abwärts, mit gewissen Maschinen hoch in die Luft gezogen und boten so mit ihren völlig nackten und unbekleideten Körpern allen, die zusahen, den schändlichsten und allergrausamsten und unmenschlichsten Anblick. Andere wurden an Bäume und Stämme gebunden und fanden auf diese Weise den Tod. Man zog nämlich die stärksten Äste mittels gewisser Maschinen hart auseinander, befestigte an jedem ein Bein der Märtyrer und ließ die Äste wieder in ihre natürliche Lage zurückschnellen. Dadurch sollten mit einem Male die Glieder der Unglücklichen, gegen die man so vorging, auseinandergerissen werden. Und all das trieb man nicht etwa einige Tage oder nur kurze Zeit, sondern volle lange Jahre hindurch. Bald wurden ihrer mehr als zehn, bald über zwanzig hingerichtet, ein andermal nicht weniger als dreißig, ja gegen sechzig und bisweilen sogar hundert Männer nebst kleinen Kindern und Weibern an einem einzigen Tage getötet, zu Martern in buntem Wechsel verurteilt.

Auch wir haben gelegentlich unseres Aufenthaltes in jenen Gegenden gesehen, wie an einem einzigen Tage mehrere zugleich teils enthauptet, teils verbrannt wurden. Das Richtschwert wurde stumpf und als verbraucht zerbrochen, und die Henkersknechte mußten sich vor Ermüdung gegenseitig ablösen ...«[339]

Manchen wurde »aus Menschenfreundlichkeit« ein Auge ausgestochen oder ein Bein gelähmt.

Am Ende wurden selbst die Peiniger »stumpf, des Mordens müde und des Blutvergießens satt und überdrüssig«;[340] und in der nichtchristlichen Bevölkerung wurden die Schikanen als »ekelhaft und gemein« empfunden.

# ». . . damit das Gemeinwesen vor Schaden bewahrt werde.«[341] Die Wende zur Toleranz

Während der Westen von den Exzessen weithin verschont geblieben war, der Osten um so mehr unter den Folgen der vier Edikte zu leiden hatte, fanden an der Spitze des Reiches entscheidende Veränderungen statt.

Was niemand für möglich gehalten hatte, weil es unvorstellbar und ohne Beispiel war, trat ein: die beiden Augusti Diocletian und Maximian traten, wie sie es vor zwei Jahrzehnten abgesprochen hatten, am 1. Mai 305 von ihren oberkaiserlichen Ämtern zurück. Wie die tetrarchische Verfassung es vorgesehen hatte, rückten die beiden bisherigen Caesares Constantius und Galerius als Augusti auf den Doppelthron. In die Ämter der Caesares wurden zwei bislang völlig unbekannte Männer bestellt: Severus im Westen, Maximinus Daia im Osten. Beide hatte sich Galerius großgezogen, Maximinus war sein Neffe.

Trotz großer Gegensätze hatte Galerius den Constantius Chlorus zum obersten Mitregenten erhoben, weil er der Ältere war und er mit dessen baldigem Tod rechnete, der dann auch am 25. Juli 306 in York (Britannien) eintrat. Kurz zuvor hatte sich des Constantius Sohn Constantin, den Galerius als Geisel an seinem Hof zu Nicomedia gehalten, zum Vater nach Westen durchschlagen können. Constantin, vom Vater noch vor der Truppe zum Nachfolger designiert, wurde nach dessen Tod von der Westarmee zum Augustus proklamiert. Wie zu erwarten, erkannte Galerius die Erhebung nicht an, und Constantin fügte sich. Nun rückte Severus zum zweiten Augustus auf, Constantin zum Caesar.

Von da an überschlagen sich die Ereignisse. Maximian, der zurückgetretene Augustus und Kollege Diocletians, hatte einen ehrgeizigen Sohn, Maxentius. Dieser nutzte geschickt die Mißstimmung aus, die durch unpopuläre Steuererhebungen im Volk entstanden war, und ließ sich am 28. Oktober 306 in Rom zum Augustus ausrufen. Er hatte es nicht verwunden, bei der Neubesetzung der Tetrarchie (1. Mai 305) übergangen worden zu sein. Er ging noch einen Schritt weiter und erklärte seinen Vater Maximian aufs neue zum Augustus. Galerius, der damit sein Werk zusammenbrechen sah, betraute unverzüglich den Severus mit der Wiedereroberung Italiens. Doch konnte sich Maxentius erfolgreich gegen Severus behaupten, nahm ihn 307 gefangen und ließ ihn liquidieren.

Nun griff Galerius selbst den Maxentius an, doch ohne Erfolg, denn dieser konnte sich weiterhin in Italien behaupten. In der Zwischenzeit hatte der von neuer Machtgier angestachelte Alt-Augustus Maximian dem Constantin die Hand seiner Tochter gegeben und ihn zum Augustus ernannt. Nicht genug damit, hatte sich der in Africa waltende Vicarius Domitius Alexander zum Kaiser ausrufen lassen. (Er konnte sich bis 311 behaupten.)

Damit war die Tetrarchie zusammengebrochen, das Herrschaftssystem zur Farce entartet. Es gab nur einen, dessen Autorität alle anerkannten und dem sie sich unterzuordnen bereit waren: Diocletian. Er lebte seit drei Jahren zurückgezogen auf seinem kaiserlichen Altenteil, dem riesigen Palast, den er sich in Salonae (Split) hatte bauen lassen.

Auf den Appell des Galerius an sein herrscherliches Prestige hin verließ er seinen Ruhesitz und traf mit den Kontrahenten im Jahre 308 in Carnuntum nahe Wien zusammen.

Ergebnis der unter seinem Willen stehenden Konferenz: Der ihm gegenüber wortbrüchige Alt-Augustus Maximian – er war nun Ende Sechzig! – verzichtete zum zweitenmal auf sein Amt und der junge Constantin auf seinen Augustus-Titel. Der Troupier Licinius – er hatte sich unter Galerius hochgedient – wurde unmittelbar zum Augustus erhoben. Maximinus Daia blieb Caesar des Ostens. Maxentius und Domitius Alexander wurden als Usurpatoren behandelt, ihre praktisch vorhandene Macht de jure nicht anerkannt.

Das Ergebnis war die Quadratur des Kreises: Sowohl Constantin als auch Maximinus Daia weigerten sich, die Rechtmäßigkeit der getroffenen Entscheidungen anzuerkennen. Galerius versuchte ein Agreement, indem er beide mit dem ebenso wohlklingenden wie belanglosen neuen Titel »filii Augustorum« (Söhne der Augusti) auszeichnen wollte. Sie lehnten ab. Es blieb dem Oberkaiser nichts anderes übrig, als sie als Augusti anzuerkennen. Der Höhepunkt des tragikomischen Kuhhandels wurde erreicht, als Maximian seine zweite Abdankung erneut zurücknahm, so daß sich im Jahre 310 sieben Kaiser die Herrschaft über das Reich streitig machten.

Vielleicht war es seniler Zerfall seiner geistigen Kräfte – Maximian begann, da sein Schwiegersohn Constantin sich weigerte, seinen Augustus-Titel anzuerkennen, eine würdelose Verschwörung gegen ihn. Sie wurde nach seiner Niederlage bei Marseille aufgedeckt, und nach längerer erniedrigender Gefangenschaft beging der alte Mann Selbstmord. Kurz darauf gelang es Maxentius, den afrikanischen Usurpator Domitius Alexander zu beseitigen.

Die östlichen und westlichen Regionen des Reiches waren nicht erst durch die Machtkämpfe der miteinander rivalisierenden Kaiser zunehmend voneinander isoliert! Nun aber rückte die Religionspolitik ins Zentrum der machtpolitischen Überlegungen.

Galerius galt allen Christen des Reiches als »der böse Feind«. Constantin machte sich diese Stimmung zunutze und verhielt sich in seinen westlichen Provinzen bewußt christenfreundlich, was ihm leicht fiel, da er an die hinhaltende Verfolgungspraxis seines Vaters anknüpfen konnte, der kein Blut vergossen hatte. Und während im Osten die Verfolgungen unter Galerius und Maximinus Daia anhielten, suchte sich der geächtete Usurpator Maxentius um so mehr prochristlich darzustellen, um sich durch dieses gezielte Abrücken von Galerius zu profilieren. So ließ er 307 in Rom wieder einen Papst wählen, nachdem der Stuhl Petri seit dem Tode des Märtyrers Marcellinus (304) vakant gewesen war. Auch sonst hat er keine Maßnahmen gegen Christen ergriffen. Allerdings wird die Taktik dieser Haltung bei Eusebius sehr deutlich:

»Maxentius, der in Rom sich die Herrschaft angeeignet hatte, stellte sich anfänglich, um dem römischen Volk zu gefallen und ihm zu schmeicheln, als bekenne er unseren Glauben, und befahl darum seinen Untertanen, die Christenverfolgungen einzustellen. So heuchelte er Gottesfurcht und wollte entgegen den früheren Herrschern als gütig und gar milde erscheinen. Doch seine Taten entsprachen nicht den Hoffnungen, die man in ihn setzte.«[342]

Es folgen Beispiele sittlicher Verfehlungen, Eusebius spricht von Maxentius' »blutiger Roheit«, der »Mordlust seiner Leibwache« und nennt ihn einen Tyrannen. »In magischem Sinnen und Grübeln ließ er bald schwangere Frauen öffnen, bald die Eingeweide neugeborener Kinder durchforschen, Löwen schlachten und unsäglich schändliche Handlungen vornehmen, um Dämonen zu beschwören und den Krieg abzuwenden. Es ist nicht zu sagen, durch welche Untaten dieser Mann während seiner Gewaltherrschaft in Rom die Untertanen knechtete. Die Folge davon war, daß sogar an den notwendigen Lebensmitteln nun äußerste Not und Knappheit eintrat, wie man sie in Rom, soweit sich unsere Zeitgenossen erinnern, sonst nie erlebte.«[343]

Derartigen Berichten darf aber nicht vorbehaltlos Glauben geschenkt werden: schon immer war es römische Gepflogenheit, den politischen Gegner mit allen Mitteln übler Nachrede und des Rufmords zu verteufeln. Der Hinweis auf magische Verschwörungen will nichts besagen, solche Vorstellungen sind zeitgemäß. Außerdem berichtet Eusebius über die Ereignisse dieser Jahre aus dem Blickwinkel des siegreichen Constantin, hängt dessen Widersachern die gleichen Greuel an, die diese zuvor den Christen zuschrieben. Der Bischof von Caesarea ist da ganz voreingenommener Zeitgenosse.

Fest steht: Maxentius verfolgte die Christen in keiner Weise, er ließ sogar als erster Münzen mit dem Kreuzeszeichen herstellen oder versehen (307/308) und erließ ein Toleranzedikt, das erheblich großzügiger war als das des Galerius; es gewährte in seinem Machtbereich der Kirche die Rückerstattung der im Jahre 303 konfiszierten Güter. Mochte es auch Taktik sein – die Christen konnten in Italien aufatmen.

Anders die Lage im Osten! Galerius und Maximinus Daia waren eifrig am Werk, wobei sich besonders Maximinus, der eine Erneuerung der alten Kulte betrieb, hervortat. Aus dieser Zeit stammt der Bericht des Bischofs Phileas von Thmuis im nordöstlichen Nildelta:

»... Welches Wort könnte genügen, ihren Mut und ihre Standhaftigkeit, die sie bei jeder Marter bewiesen, zu schildern? Da sie jeder, der wollte, nach Willkür mißhandeln durfte, so schlugen die einen mit Stöcken auf sie ein, andere mit Ruten, andere mit Geißeln, andere wiederum mit Riemen und andere mit Stricken.

Was man hier an Martern sehen konnte, bot stetig neuen Anblick und offenbarte viel Bosheit. Da wurden die einen, beide Hände auf den Rücken gebunden, am Holze aufgehängt und ihnen durch gewisse Vorrichtungen jedes Glied gestreckt. In dieser Lage fielen sodann die Henkersknechte auf einen Befehl hin über den ganzen Körper her, nicht bloß über die Seiten, wie es den Mördern geschieht, sondern auch den Bauch, die Waden und die Wangen zerfleischten sie mit ihren Waffen. Andere wurden in der Halle an einer Hand aufgeknüpft und hingen hoch in der Luft, wobei die Dehnung der Gelenke und Glieder Schmerzen verursachte, die an Heftigkeit jede Pein übertrafen.

Andere band man, Gesicht gegen Gesicht, so an die Säulen, daß die Füße den Boden nicht berührten und die Bänder infolge der Schwere des Körpers gewaltsam gestrafft und gespannt wurden.

Solche Qual litten sie nicht nur für die Zeit, da der Statthalter mit ihnen verhandelte oder mit ihnen beschäftigt war, sondern fast den ganzen Tag. Denn wenn dieser sich zu anderen begab, ließ er seine Diener bei den ersteren zurück, damit sie darauf achteten, ob nicht etwa einer, von den Martern bezwungen, nachzugeben scheine.

Auch befahl er, schonungslos ihnen die Fesseln anzuziehen und sie, wenn sie nach all dem den Geist aufgaben, auf den Boden zu werfen und wegzuschleppen. Denn sie durften nicht die geringste Rücksicht gegen uns üben, sondern mußten so wider uns denken und handeln, als wären wir nicht mehr.

Das war die zweite Prüfung, die die Feinde nach den Schlägen ersonnen. Manche wurden nach den Mißhandlungen noch in den Pflock gelegt, die beiden Füße ausgespannt bis zum vierten Loch. Dabei mußten sie rücklings auf dem Holz liegen, da sie infolge der frischen, von den Schlägen herrührenden Wunden, die den ganzen Körper bedeckten, nicht aufrecht sitzen konnten. Niedergeworfen von dem gemeinsamen Ansturm der Leiden, lagen andere auf der Erde und boten, da sie die mannigfachen und verschiedenen Spuren der gegen sie ausersonnenen Foltern am Körper trugen, den Zuschauern einen schrecklicheren Anblick, als die Vollstreckung ihn geboten hatte.

Bei dieser Sachlage starben die einen schon unter den Foltern, den Widersacher durch ihren Mut beschämend. Andere wurden halbtot in den Kerker gesperrt, wo sie nach einigen Tagen ihren Schmerzen erlagen. Die übrigen aber, denen gute Pflege Wiedergenesung schenkte, gewannen durch die Zeit und den Aufenthalt im Gefängnis an Mut. Als sie so den Befehl erhielten, sich zu entscheiden, ob sie durch Berührung des unheiligen Opfers die fluchwürdige Freiheit und ein ungestörtes Dasein von ihnen erlangen oder nicht opfern und die Todesstrafe erleiden wollten, gingen sie ohne Besinnen freudig in den Tod.«[344]

Der Schreiber dieser Zeilen – sie mögen für viele andere stehen – gehörte mit zu den Bekennern und wurde hingerichtet.

Maximinus Daia verlangte seit 306 von allen Einwohnern Palaestinas, das Opfer auszuführen. Personenlisten wurden angelegt, Herolde gaben in allen Städten den Befehl bekannt, Beamte gingen von Haus zu Haus, um die Bewohner über ihre Pflichten zu belehren.

Da Maximinus zu jener Zeit nicht das Recht zu solchen Verfügungen hatte, wird das Edikt wohl noch von Maximian unterzeichnet gewesen sein. Mit fanatischem Eifer betrieb Maximinus die Verfolgung.

Dann aber kam die Zusammenkunft von Carnuntum, und Galerius weigerte sich, Maximinus die Augustus-Würde zu verleihen. Die dadurch entstandene Spannung wirkte sich sofort auf die Lage der Verfolgten positiv aus; von August bis Oktober (306) wurden die Verfolgungen eingestellt. Moreau meint dazu: »Zweifellos war diese Pause, die für die Zeitgenossen unverständlich war, eine Folge der Mißstimmung und gleichzeitig eine Art Druckmittel, das Galerius in der Frage des Augustus-Titels zum Nachgeben zwingen sollte. Kaum hatte Daia sein Ziel, zum Augustus erhoben zu werden, erreicht, verschärfte er auch sogleich die Bestimmungen des Edikts von 306.«[345]

Inzwischen waren selbst die regionalen und städtischen Behörden es überdrüssig, in ununterbrochener Folge ihnen angetragene Bluturteile zu fällen; zahlreiche Christen wurden von Nichtchristen oder einflußreichen Freunden geschützt, gedeckt, entlastet oder versteckt.

Selbst Galerius mußte erkennen, daß es nutzlos, weil wirkungslos war, weiterhin mit brutalsten Mitteln gegen Christen vorzugehen. Hinzu kam im Laufe des Jahres 311 seine schwere Erkrankung, die ihn sein Ende erwarten ließ. Eusebius macht Andeutungen:

»Es ereilte ihn eine von Gott verhängte Strafe, welche an seinem Körper anhub und ihm schließlich ans Leben griff. Inmitten der Teile, die man nicht nennen mag, bildete sich plötzlich eine eitrige Entzündung, sodann ein tiefliegendes, fistelartiges Geschwür. Dadurch wurden unheilbar seine innersten Eingeweide zerfressen. Eine zahllose Menge von Würmern wuchs daraus hervor, und ringsum verbreitete sich Leichengeruch; denn die ganze Masse des Körpers hatte sich infolge der Völlerei schon vor der Erkrankung in einen Fettklumpen verwandelt, der nun faulte und seiner Umgebung einen unerträglichen und ganz schauerlichen Anblick bot. Diejenigen unter den Ärzten, die den über alle Maßen abscheulichen Gestank schlechthin nicht zu ertragen vermochten, wurden niedergemacht, die anderen, die für die um und um aufgeschwollene und unrettbar verlorene Masse des Körpers kein Heilmittel finden konnten, erbarmungslos hingerichtet.«[346]

Licinius, der Pannonien und Raetien regiert, wird nun in höchster Eile aktiv. Er will Nachfolger des Galerius als ranghöchster Augustus werden. Außerdem spekuliert er auf den Machtbereich des Maximinus Daia. Er kennt den Haß der Christen auf Daia, weiß, daß sie jeden unterstützen würden, der ihnen den nun unerträglichen Druck nehmen würde, täglich mit dem Verlust des Lebens zu rechnen.

Licinius eilt also ans Sterbelager des Galerius, und es kostet ihn keine besondere Mühe, den von entsetzlichen Schmerzen und seelischen Ängsten gepeinigten Augustus im April 311 zur Unterzeichnung eines wohl von ihm, Licinius, aufgesetzten Edikts zu bewegen.

Bei dem Gesinnungswandel des Galerius dürften drei Momente eine Rolle gespielt haben: die Überredungskünste des Licinius; der Verlauf der Krankheit, die ihm – wie er es als antiker Mensch empfinden mußte – nur als göttliche Strafe geschickt sein konnte; und die Einsicht, daß gegen den Bekennermut der Christen mit Folter und Hinrichtung nichts auszurichten war.

Eusebius äußert sich dazu: »Im Kampfe mit solchen Leiden wurde er sich der Verbrechen bewußt, welche er gegen die Gottesfürchtigen begangen hatte. Er ging in sich und bekannte zuerst vor dem Gott des Alls seine Schuld. Sodann berief er seinen Hofstaat zu sich und befahl, ohne Zögern die Verfolgung gegen die Christen einzustellen. Auf Grund kaiserlichen Gesetzes und Ediktes sollten sie schleunigst ihre Kirchen wieder aufbauen und die gewohnten Gottesdienste abhalten und dabei beten für das Kaiserhaus.«[347]

Der Text des Ediktes ist bei Lactantius auf latein und bei Eusebius in griechischer Übersetzung überliefert.[348] Das Dokument beginnt mit Namen und Titel der vier anerkannten Herrscher und fährt dann fort: »... [Die Genannten] entbieten den Bewohnern ihrer Provinzen Gruß. Unter den übrigen Verordnungen, die wir zum Wohle und Nutzen des Staates erlassen, haben wir seinerzeit den Willen bekundet, alle Verhältnisse entsprechend den alten Gesetzen und den römischen staatlichen Grundsätzen zu ordnen und dafür zu sorgen, daß auch die Christen, die die Religion ihrer Vorfahren verlassen, wieder zu einem besseren Entschluß kämen. Aus irgendwelchem Grunde hatte sie solcher Eigenwille erfaßt und solche Torheit befallen, daß sie nicht mehr den Bräuchen der Alten folgten, die vielleicht sogar ihre eigenen Ahnen dereinst eingeführt, sondern nach eigenem Gutdünken so, wie jeder wollte, sich selbst Gesetze machten und sich an diese hielten und da und dort bunte Menschenmengen versammelten. Als nun durch uns ein Erlaß erging, der sie zu den von den Vorfahren festgelegten Sitten zurückführen sollte, wurde sehr vielen der Prozeß gemacht, und sehr viele gerieten in Verwirrung und erlitten auf mannigfache Weise den Tod. Und da wir sahen, daß die meisten bei ihrer Torheit beharren und weder den himmlischen Göttern die schuldige Verehrung erweisen noch den Gott der Christen verehren, so haben wir geglaubt, mit Rücksicht auf unsere Menschenfreundlichkeit und unsere ständige Gewohnheit, gemäß der wir allen Menschen Nachsicht zu schenken pflegen, auch auf diesen Fall bereitwilligst unser Entgegenkommen ausdehnen zu müssen. Sie sollen also wiederum Christen sein und die Häuser, in denen sie sich versammeln, wiederherstellen, jedoch unter der Bedingung, daß sie in keiner Weise gegen die Ordnung handeln. In einem weiteren Schreiben werden wir den Richtern Weisung geben, wie sie sich zu verhalten haben. In Ansehung dieses unseres Gnadenerlasses sollen sie daher zu ihrem Gott für unser Wohlergehen, für das des Volkes und ihr eigenes flehen, damit das Staatswesen in jeder Beziehung unversehrt bleibe und sie sorgenlos in ihren Wohnungen leben können.«

Wenige Tage nach der Veröffentlichung des Erlasses am 30. April 311 starb Galerius.

Dieses Edikt – man muß es denkwürdig und einzigartig nennen – bezeichnet die völlige Umkehr einer Rechtspraxis, die zweihundert Jahre lang gegolten hatte:

- Es bringt die Gleichberechtigung des Christentums als »religio licita« (als erlaubte Religion) neben den anderen Kulten.
- Es bewilligt den Christen Gewissens- und Versammlungsfreiheit.
- Es macht Schluß mit der Verfolgung.

Fast als makabrer Scherz mutet der Satz an: »Sollen sie daher zu ihrem

Gott für unser Wohlergehen ... flehen ...« Er hat manche Forscher bewogen, eine Beeinflussung des sterbenden Galerius durch Licinius aus taktisch politischen Gründen abzulehnen, da dies ohne jeden Anhalt in den Quellen sei; vielmehr habe Galerius selbst, und somit der Diocletianische Staat, den Kampf gegen den Christengott als gescheitert erkannt und die religiöse Toleranz als Grundlage des künftigen Zusammenlebens geschaffen.[349] Die drei genannten Beweggründe haben aber dennoch Gültigkeit.

Im übrigen legalisierte der Spruch für den Westen den Zustand, der dort faktisch bereits seit längerem vorhanden war. Licinius hielt auch weiterhin seine christenfreundliche Haltung bei; Maximinus Daia, der aus dem Galerius-Erbe Kleinasien gewann, hielt sich ebenfalls eine Weile, solange es ihm opportun schien, an die Bestimmungen. Interessant ist dabei seine Taktik: »Der Inhalt des Widerrufes des veröffentlichten Kaiserlichen Befehls wurde überall in Asien und den angrenzenden Provinzen verkündet. Als dies so geschah, war Maximinus, der Tyrann des Ostens, der allergottloseste Mensch und grimmigste Feind der Frömmigkeit gegenüber dem Gott des Alls, mit diesem Schriftstück in keiner Weise einverstanden. Er gab daraufhin, nicht mit dem Edikte, sondern dafür in mündlicher Form, seinen Beamten den Befehl, den Kampf gegen uns einzustellen. Da er nämlich dem Spruche der höherstehenden Regenten auf andere Weise nicht entgegentreten konnte, hielt er das oben wiedergegebene Gesetz geheim und veranlaßte, indem er Vorsorge traf, daß es in den ihm unterstellten Gebieten nicht bekannt wurde, seine Beamten durch mündliche Weisung zur Einstellung der gegen uns gerichteten Verfolgung. Diese aber teilten sich gegenseitig den Inhalt der Weisung schriftlich [!] mit.«[350]

Daraufhin wurden alle eingekerkerten oder in den Bergwerken arbeitenden Christen in Freiheit gesetzt, denn die Statthalter, Schatzmeister und Dorfvorsteher, von dem Gardepraefecten Sabinus schriftlich in Kenntnis gesetzt, »hatten sich täuschen lassen und glaubten, die Weisung des Kaisers sei ernst gemeint«.[351]

Die Freigelassenen können kaum glauben, wie ihnen geschieht, sie waren »voll von unsagbarer Freude und einer Zuversicht, die sich nicht in Worte fassen läßt. Scharen um Scharen wanderten dahin, mitten auf Heerstraßen und Marktplätzen in Liedern und Psalmen Gott preisend.«

Doch dieser Friede in Maximinus' Provinzen war trügerisch. Kurz zuvor hatte Constantin sich ganz Italiens bemächtigen können. Damit hatte er dem Licinius die Möglichkeit genommen, seinen Machtbereich weiter nach Westen auszudehnen. Während Licinius diplomatische Fühler nach Constantin ausstreckte und dabei Erfolg hatte – er erhielt die Hand von Constantins Schwester versprochen –, ließ Maximinus

Daia die Verfolgungen wie gehabt wieder aufleben. In Syrien und Ägypten kam es zu neuen Hinrichtungen. Um seinen fanatischen Zorn zu besänftigen, richtete die Stadt Antiochia eine Abordnung an ihn mit der »Bitte«, alle Christen aus den Mauern zu treiben. Andere Gemeinden folgten. Maximinus griff zu allen Mitteln der Propaganda; er ließ »Akten des Pilatus« herstellen, »die voll von Lästerungen gegen Christus waren«, und befahl, sie in Stadt und Land allen bekanntzumachen. Vor allem aber suchte er die hierarchische Führung der Kirche zu treffen, indem er eine Art Gegenkirche gründete. In allen Städten setzte er Oberpriester ein, wählte dazu Männer aus, die sich im Staatsdienst auf besondere Weise ausgezeichnet hatten, was nur heißen kann: bei der Liquidierung von Christen. Ihnen unterstanden alle Tempel der jeweiligen Stadt. Ferner sollte ein Provinz-Hohepriester, der dem angesehenen Bürgertum entstammte, die Tätigkeit dieser Priester und den Kult reglementieren.

In einem langen religionspolitischen Edikt an die Bürger von Tyrus, das man als eine Art Gegenerlaß gegen das von Galerius betrachten kann, schreibt Maximinus entsprechend seiner kämpferischen, unnachgiebigen Natur:

»Endlich einmal hat die schwächliche Kühnheit des menschlichen Verstandes alle Nacht und allen Nebel des Irrtums, der ehedem die Gemüter der nicht so sehr gottlosen als unglücklichen Menschen in dem verderblichen Dunkel der Torheit verstrickt und gefangen gehalten, abgeschüttelt und zerstreut und zu erkennen vermocht, daß alles von der gütigen Vorsehung der unsterblichen Götter gelenkt und aufrechterhalten werde. Es läßt sich nicht in Worte fassen, wie erfreulich, wie erwünscht und angenehm uns diese Tatsache ist ...

Wahrlich unser höchster und größter Jupiter, der über eurer glänzenden Stadt thront, der eure heimischen Götter, eure Frauen und Kinder, euren Herd und eure Häuser vor jedem Unheil und Verderben bewahrt, er ist es, der euren Seelen das rettende Wollen eingehaucht und euch gezeigt und kundgetan, wie erhaben, herrlich und heilsam es ist, mit der schuldigen Ehrfurcht dem Dienste und den heiligen Bräuchen der unsterblichen Götter sich zu nahen ... Der Güte und Sorge der Götter ist es zu danken, daß die Erde den ihr anvertrauten Samen nicht zurückweist ... daß nicht das Gespenst eines ruchlosen Krieges unbehindert Fuß fasse auf der Erde, daß das milde Klima nicht verpestet werde ... das Meer nicht, aufgepeitscht von maßlosen Stürmen, zu hohen Wogen sich türme ... daß nicht die Erde, die Ernährerin und Mutter aller, in ihren tiefsten Tiefen furchtbar erschüttert werde und die Berge, die auf ihr lasten, in den sich öffnenden Abgrund verschlinge. Solche und noch viel schlimmere Übel waren ehedem, wie jedermann weiß, oftmals hereingebrochen. Und all das war geschehen wegen des verderblichen Irrwahns und der eitlen Torheit jener ruchlosen Menschen, da diese Macht bekommen über ihre Seelen und den ganzen Erdkreis mit Schmach bedeckten ...

Sie [die Christen] mögen betrachten auf den weiten Ebenen die Saaten, wie sie blühen und wie ihre Ähren wogen, die Wiesen, wie sie nach wohltuendem Regen mit Kräutern und Blumen sich schmücken, die Luft, wie sie wiederum milde und ganz ruhig geworden! ... Und alle jene, die aus dem blinden Irrtum und Abweg gänzlich herausgefunden haben und zur richtigen und völlig gesunden Einsicht zurückgekehrt sind, mögen sich noch mehr freuen, da sie, wie aus unerwartetem Gewittersturm oder schwerer Krankheit gerettet, für die Zukunft frohen Genuß des Lebens gewonnen. Die aber an ihrer verfluchten Torheit festhalten, sollen eurem Wunsche gemäß aus eurer Stadt und ihrer Umgebung weit entfernt und verbannt werden ...«[352]

Es ist schwer, sich dem eigentümlichen Reiz dieser poetischen Sprache zu entziehen, die in einem kaiserlichen Edikt einzig ist! Noch schwieriger, dahinter zugleich den Urheber tausendfacher Greuel im Auge zu behalten.

Mochte Maximinus Daia noch davon träumen, in die Fußstapfen eines Diocletian oder gar Trajan zu treten, so ging die Hegemonie des Imperiums auf den Westen über: 312 eröffnete Constantin den Angriff auf Maxentius und schlug ihn am 28. September in jener denkwürdigen Schlacht an der Milvischen Brücke vor Rom, fest überzeugt, daß der Christengott – »In diesem Zeichen wirst du siegen.« – ihm zur Seite gestanden.

Freilich darf man nicht vergessen: Constantins Kampf galt dem Konkurrenten und Usurpator, nicht dem Christenverfolger! Drei Jahre später wird man auf den ihm in Rom errichteten Triumphbogen meißeln: »... weil er auf Eingeben der Gottheit und durch die Größe seines Geistes zusammen mit dem Heer das Gemeinwesen durch gerechte Waffen an dem Tyrannen und seinem ganzen Anhang gerächt hat.« Der Name der Gottheit wird nicht genannt, doch die bei der Einweihung anwesende Körperschaft der Senatoren und Honoratioren hätte ohne Zweifel auf eine entsprechende Frage »Jupiter Optimus Maximus«, Apollo oder Mars genannt oder insgesamt von den unsterblichen Göttern geredet. Entscheidend bei dieser bewußten Mehrdeutigkeit war, daß eine Gottheit ihre Hand im Spiel hatte! Mochte es auch je nach Bedarf »heidnisch« oder »christlich« gedeutet werden.

Unverzüglich verlieh der Senat Constantin den »titulus primi nominis«, das heißt den Namen des Ersten Herrschers, was besagen sollte, das Reich habe einen neuen Herrn bekommen. Doch war diese euphorische Sicht der Dinge etwas voreilig. Maximinus Daia und Licinius waren nicht um ihr Einverständnis gebeten worden.

Eine von Constantins ersten Amtshandlungen war ein Schreiben mit der Neufassung des Galerischen Edikts, das er dem Maximinus in den Osten schickte mit der unzweideutigen Weisung, daß er sich an das Toleranzedikt zu halten und die rechtliche Lage der Christen wiederherzustellen habe.

Zwei Beweggründe zwangen den Eiferer Maximinus, vorerst stillzuhalten und sich Constantin zu fügen. In Teilen seines Herrschaftsgebietes waren verheerende Hungersnöte und Seuchen ausgebrochen; Eusebius berichtet darüber, und es ist eine seiner anschaulichsten und ergreifendsten Schilderungen:

»Die gewöhnlichen Regen und Wolkengüsse fielen zur Winterszeit nicht mehr in gewohnter Menge zur Erde. Unerwartete Hungersnot brach aus, dazu die Pest und als Beigabe noch eine andere Krankheit ... Zu diesen Leiden kam für den Tyrannen [Maximinus] noch der Krieg mit Armenien, die seit alten Zeiten Freunde und Bundesgenossen der Römer gewesen. Da sie aber ebenfalls Christen waren und Gott mit Eifer verehrten, hatte der Gotteshasser sie zu zwingen gesucht, daß sie den Götzen und Dämonen opferten, und sie so aus Freunden zu Feinden gemacht. Alle diese Unglücksfälle, die plötzlich zu ein und derselben Zeit eintraten, waren eine Widerlegung des verwegenen Übermutes des Tyrannen wider die Gottheit. Hatte er doch keck geprahlt, daß wegen seines Eifers für den Götzendienst und unserer Bedrängung seine Tage weder Hungersnot noch Pest, noch Krieg heimsuchten. Diese zumal und gleichzeitig ausbrechenden Leiden bildeten das Vorspiel zu seinem Untergang. Er selbst unterlag mit seinem Heere gegen die Armenier, während die übrigen Bewohner der ihm untergebenen Städte von Hunger und Pest zugleich in erschreckender Weise aufgerieben wurden ... Tausende waren es, die in den Städten, und noch größer die Zahl derer, die auf dem Lande und in den Dörfern dahinstarben ... Manche wollten gegen ein Stückchen Brot ihr Teuerstes an die, denen es besser ging, verkaufen. Andere verkauften nach und nach ihren gesamten Besitz und gerieten so in äußerste Not. Es gab Leute, die geringe Speiseabfälle gänzlich zerkauten und, ohne zu überlegen, schädliche Kräuter aßen, ihre Gesundheit zerstörten und zugrunde gingen. Edelgeborene Frauen in den Städten gingen, von der Not zu diesem erniedrigenden Schritt getrieben, auf den öffentlichen Plätzen betteln. Nur die Schamröte im Gesicht und die vornehme Kleidung verrieten ihre frühere freie Stellung. Mit dem Tode ringend und abgezehrt, wankten und schwankten Menschen wie Gespenster dahin und dorthin und brachen, außerstande, sich aufrecht zu halten, mitten auf der Straße zusammen und flehten, am Boden hingestreckt, um einen Bissen Brot, noch in den letzten Zügen ›Hunger! Hunger!‹ rufend. Nur zu diesem schmerzlichen Klageruf reichte noch die Kraft.

Andere aber, die zu den Wohlhabenderen zu gehören schienen und bereits überreichlich Almosen gespendet, wurden schließlich, über die Masse der Bettler erschreckt, hart und unbarmherzig. Denn sie mußten gewärtig sein, daß ihnen über kurz oder lang dasselbe Schicksal wie diesen beschieden sein werde.

Mitten auf öffentlichen Plätzen und in Gassen lagen so entblößte Leichname tagelang unbeerdigt da, einen höchst traurigen Anblick bietend denen, die es sahen. Manche davon wurden sogar Hunden zum Fraße. Darum begannen die Lebenden, die Hunde zu töten, in der Befürchtung, diese könnten, in ihrer Gier aufgepeitscht, überhaupt zu Fressern von Menschenfleisch werden.

Besonders die Pest war es aber, die ganze Familien dahinraffte, bevorzugt da, wo der Hunger dank den Vorräten an Lebensmitteln sein Zerstörungswerk nicht auszuüben vermochte. Und so mußten Leute der wohlhabenden Kreise, Statthalter, Heerführer, Amts- und Würdenträger in großer Zahl, gleich als wären sie absichtlich vom Hunger der Pest überlassen worden, eines raschen und urplötzlichen Todes sterben. Alles war voll Wehklagen. Auf allen Gassen, Märkten und Straßen konnte man nichts anderes hören als Totenklagen mit den sie begleitenden Flöten und Klappern. So zog der Tod mit den erwähnten beiden Waffen, der Pest und dem Hunger, zu Felde und vernichtete in kurzer Zeit ganze Familien. Man konnte sogar sehen, daß zwei oder drei Leichen in einem Trauerzuge zu Grabe getragen wurden.

Das war der Lohn für den Übermut des Maximinus und für die Beschlüsse der Städte gegen uns . . .«[353]

Maximinus Daia sah ein, daß weiteres rigoroses Vorgehen gegen die Christen unter den gegebenen Umständen taktisch unklug sein mußte. Außerdem erwartete er eine baldige militärische Auseinandersetzung mit Licinius und hoffte, Constantin werde sich neutral verhalten, wenn er selbst sich ihm gegenüber loyal verhalten würde. Darum beauftragte er seinen Praetorianerpraefecten Sabinus, die Fahndungen gegen die Christen einzustellen. Das Schreiben an den Oberbeamten ist ein verzweifelter Versuch, seine Kehrtwendung irgendwie plausibel zu machen:

». . . Als ich im verflossenen Jahre nach Nicomedia kam und dort Aufenthalt nahm, erschienen Bürger dieser Stadt vor mir mit Götterbildern und baten inständig, es möchte doch in keiner Weise einem solchen Geschlechte [der Christen] gestattet sein, in ihrer Stadt zu wohnen. Da ich aber erfuhr, daß sehr viele Anhänger dieser Religion in jenen Gebieten wohnten, so gab ich ihnen zur Antwort, daß ich für ihre Bitte freudig Dank wisse, jedoch sähe, daß die Bitte nicht von der Gesamtheit ausgehe [damals wird er umgekehrt argumentiert haben]. Wenn nun Leute bei diesem Aberglauben beharrten, so solle jeder einzelne hier freie Wahl und Entscheidung haben ... Wer aber der eigenen Religion folgen will, dem lasse man seine Freiheit! Diese Weisung hat deine Ergebenheit zu beachten, und niemand soll es gestattet sein, die Bewohner unserer Provinzen durch Schmähungen und Mißhandlungen zu quälen ...«[354]

Verständlicherweise reagierte die christliche Bevölkerung skeptisch, da man sehr wohl wußte, daß diese Verfügung lediglich aus einer Zwangslage heraus erlassen worden war und der Herrscher sich schon früher nach ähnlicher Vergünstigung unbeständig und falsch gezeigt hatte.

»Niemand von uns«, so Eusebius, »wagte es daher, eine Versammlung einzuberufen oder sich in der Öffentlichkeit zu zeigen. Denn dazu hatte das Schreiben eine ausdrückliche Erlaubnis nicht gegeben.«[355]

Dieser Satz belegt im übrigen, mit welcher Genauigkeit in christlichen Kreisen auf jede Wendung eines Ediktes geachtet und das Leben danach eingerichtet wurde.

Diese Vorsicht war berechtigt. Maximinus wollte lediglich Zeit gewinnen. Als er von den bevorstehenden Hochzeitsfeierlichkeiten für Licinius und Constantins Schwester in Mailand erfuhr, war dies für ihn das Zeichen zum Losschlagen: Constantin hatte sich ganz auf die Seite von Licinius gestellt. Er mußte verhindern, daß beide vereint gegen ihn antraten.

Anfang April 313 fiel Maximinus in Thrakien, einer Provinz des Licinius, ein, »brachte in kurzer Zeit alles in Verwirrung, setzte alle Städte in Schrecken, zog seine ganze Streitmacht, eine Schar von ungezählten Tausenden, zusammen und rückte zum Kampf gegen Licinius vor«.[356]

Licinius trat ihm entgegen und schlug ihn, nach anfänglichen Niederlagen, am 30. April bei Syrallum (heute Tschorlu in der Türkei, nahe Adrianopel).

Doch Maximinus gab immer noch nicht auf; zu groß war die Überzeugung, von den Unsterblichen zum Endkampf gegen die Christen an seinen Platz gestellt zu sein! Und auch die Zeitgenossen empfanden diese Auseinandersetzung als einen substantiellen Religionskrieg. Licinius – nicht Constantin – war für die zeitgenössischen Christen der Herrscher, den Gott dazu auserwählt hatte, den letzten Verfolger zu vernichten. Dies bringt auch Eusebius zum Ausdruck:

»Aber mitten im Ringen sah er [Maximinus] sich von der Hilfe Gottes verlassen, und der Sieg ward durch Fügung dessen, der der einzige und eine Gott des Alls ist, dem damaligen Herrscher [= Licinius] verliehen.«[357]

Erst viel später formte die Legende auch aus Constantin einen »Kreuzfahrer«, den ein nächtliches Traumbild oder eine Kreuzvision siegessicher in den Kampf gegen Maxentius ziehen ließ, wobei man scheinbar vergessen hatte, daß es gerade Maxentius war, der trotz seiner Laster und Schwächen die Christen in seinem Machtbereich tolerierte. Bezeichnend ist auch, daß der sonst bestens informierte Eusebius von der Kreuzvision noch nichts weiß. Licinius war es, auf den die Christen alle Hoffnungen setzten, und er war es, der der Herrschaft des letzten Christenverfolgers ein Ende setzte.

Obwohl ihn Teile seiner Armee, darunter die Garde, im Stich gelassen haben, glaubt Maximinus, noch nicht alles verloren zu haben. Er flieht nach Tarsus, wo er sich halten zu können hofft. Dort soll er »in wütendem Zorn zahlreiche Priester und Propheten der von ihm bewunderten Götter, durch deren Orakelsprüche aufgereizt er den Krieg entfesselt hatte, als Zauberer, Betrüger und vor allem als Verräter seines Heiles«[358] hingerichtet haben.

Innerlich schon ein gebrochener Mann, versucht Maximinus sich mit einem letzten umfassenden Toleranzedikt zu halten, was letztlich die Bankrotterklärung seiner Regentschaft darstellt.

Es ist – und war für die Zeitgenossen – sehr einfach, diesen Menschen in Grund und Boden zu verdammen; dennoch sollte man sein Leben, Denken, Handeln vor dem Hintergrund seiner barbarischen illyrischen Herkunft sehen – samt seinem wohl tiefen Glauben an die polytheistische Ordnung der Welt und seinem verzweifelten Versuch, dieses alte Erbe lebensfähig zu halten; er ist ganz das Produkt dieser chaotischen Jahrzehnte, und alles, was wir von ihm wissen, stammt aus christlichem Munde. Man kann ihm eine gewisse Tragik nicht absprechen.

Das Ende kommt schnell. Licinius setzt ihm nach, vernichtet das angeschlagene letzte Aufgebot, und Maximinus flieht.

»Da schlug ihn plötzlich die Geißel Gottes am ganzen Körper. Von furchtbaren Schmerzen und Qualen gepeinigt, stürzte er, das Gesicht nach unten, zu Boden. Er siechte vor Hunger dahin, und all sein Fleisch wurde von unsichtbarem, von Gott gesandtem Feuer verzehrt. Die ganze Gestalt, die der Körper einst besessen, schwand dahin und zersetzte sich, und es blieb infolge des langen Siechtums nur noch ein Skelett mit ausgedörrten Knochen übrig. Den Anwesenden erschien sein Körper so nur mehr als Grab der Seele, die in einem nun toten und hingeschwundenen Leibe begraben lag. Da ihn aus dem innersten Marke heraus die Hitze immer noch mehr verbrannte, traten ihm die Augen heraus und fielen aus den Höhlen, so daß er blind wurde. Und da er trotzdem noch lebte, rief er, dem Herrn bekennend, nach dem Tode. Im letzten Augenblick gestand er, daß er verdientermaßen dies gelitten wegen seines törichten Verhaltens gegen Christus. Und so gab er seinen Geist auf.«[359]

Soweit Eusebius. Dies geschah im Sommer 313. Forschungsergebnisse unserer Zeit lassen darauf schließen, daß Maximinus Gift nahm.

Währenddessen besetzte Licinius Nicomedia, die Hauptstadt des Ostens, und ließ dort am 13. Juni 313 ein an den bithynischen Statthalter gerichtetes Schreiben anschlagen; kurze Zeit später erging ein Brief gleichen Inhalts an den Statthalter von Palaestina.

Dieses Dokument entsprach ganz den Abmachungen zwischen Constantin und Licinius, die sie in Mailand getroffen hatten; es wird darum – fälschlich – das »Mailänder Edikt« genannt.

Licinius verband geschickt diese Gedanken der Toleranz mit seinem Namen und stellte sich als den großen Friedensbringer des Ostens dar. Der Inhalt ging grundsätzlich nicht über das hinaus, was kurz zuvor Maximinus zugestanden hatte, stellte sich aber gezielt in die Reihe der von Galerius erlassenen Bestimmungen: Den Christen wurde völlige Religions- und Kultfreiheit gewährt; die während der Verfolgung eingezogenen Güter wurden zurückerstattet; zerstörte Kirchen durften wiederaufgebaut und neue Gotteshäuser errichtet werden. Der wichtigste Passus: Die Kirchen werden Träger körperschaftlicher Rechte (Corpus christianorum). Dem Osten war damit endgültig der religiöse Friede geschenkt. Unerheblich ist in diesem Zusammenhang, daß es acht Jahre später zwischen den beiden Kaisern zu offener Spannung kam und Licinius bekannte, daß er nur der inneren Befriedung wegen in seinem Gebiet die Kirche duldete. Er nahm kurzfristig die Verfolgung wieder auf, da er in den Christen seiner eigenen Länder Parteigänger Constantins sah. Eusebius deutet diese geänderte Haltung als »Wahnsinn«: ». . . ging er [Licinius] im Endzustand seines Wahnsinns gegen die Bischöfe vor und rüstete wider sie, in denen er als den Dienern des höchsten Gottes Gegner seiner Unternehmungen erblickte, zum Kampfe, aus Furcht freilich vor dem, der ihm überlegen war [Constantin], noch nicht offen, sondern heimlich und hinterlistig, und ließ die Bewährtesten unter ihnen durch Anschläge seiner Statthalter aus dem Wege räumen.«[360]

Die alten Verfolgungszeiten schienen wiedergekommen. Kirchen wurden niedergerissen, Bischöfe erschlagen. Führende Christen flohen, »und wiederum nahmen Felder, Einöden, Talschluchten und Berge die Diener Christi auf«.

Allgemein herrschte der Eindruck, eine große neue Verfolgung stehe bevor. So wurde der politische Kampf zum Religionskrieg, und im Sieg Constantins über Licinius im September 324 liegt – zu Recht! – der

Grund dafür, ihn allein als den Urheber des neuen, nun endgültigen Friedens zu feiern.

Constantin selbst sah sich als Werkzeug der Gottheit:

»Da nun eine so große und so drückende Gottlosigkeit auf den Menschen lastete, da dem Staate wie von einer pestartigen Krankheit gänzliche Zerrüttung drohte und eine gründliche hilfreiche Rettung not tat, welch eine Rettung aus dem Unheil ersann da die Gottheit? *Das Wesen* ist aber durchaus unter der Gottheit zu verstehen, das die Gottheit allein und in Wirklichkeit ist und eine Macht besitzt, die über alle Zeit hin sich erstreckt. Keineswegs aber ist es eitle Prahlerei, die von dem höchsten Wesen empfangenen Wohltaten zu bekennen und mit lobpreisenden Worten zu feiern. Meinen Dienst hat Gott gewollt und zur Ausführung seines Entschlusses für geeignet erachtet; und so habe ich, angefangen vom Meer dort bei den Britannen und von den Ländern, in denen die Sonne nach dem Gesetz der Natur untergehen muß, in höherer Macht die überall herrschenden Schrecknisse vertrieben und zerstreut, damit das Menschengeschlecht, durch meine Vermittlung belehrt, zum Dienste des heiligsten Gesetzes zurückkehre und zugleich der seligste Glaube unter der Leitung des Höchsten sich ausbreite.

Nie ja möchte ich vergessen, welchen Dank ich Gott schulde. Da ich die Überzeugung gewonnen habe, daß dies die herrlichste Aufgabe, dies ein gnadenvolles Geschenk an mich sei, komme ich auch bis zu den Ländern des Ostens, die, von schweren Leiden heimgesucht, auch eine größere Hilfe von uns verlangten. Ich bin aber des zuversichtlichen Glaubens, daß ich meine ganze Seele und jeden Atemzug und überhaupt jede Regung in meinem innersten Geiste ganz und vollständig dem höchsten Gott schulde.

... Daß Dein Volk in Frieden lebe und frei von allem inneren Zwiste bleibe, das wünsche ich zum gemeinsamen Wohle des Erdkreises und aller Menschen. Gleichen Frieden und gleiche Ruhe wie die Gläubigen sollen die Irrenden erhalten und freudig genießen. Denn diese süße Gemeinschaft wird auch jene aufzurichten und auf den rechten Weg zu führen vermögen. Keiner soll den andern belästigen; wie sein Herz es will, soll jeder es haben, jeder es halten. Die Gutgesinnten müssen aber überzeugt sein, daß diejenigen allein heilig und rein leben, die Du selber rufst, zu ruhen in Deinen heiligen Gesetzen. Die sich aber dem entziehen wollen, sollen die Tempel ihres Truges nach ihrem Willen haben; wir haben das strahlende Haus Deiner Wahrheit ... Doch darf keiner mit dem, was er selbst aus Überzeugung angenommen hat, einem andern schaden ... denn etwas anderes ist es, den Kampf um die Unsterblichkeit freiwillig aufzunehmen, etwas anderes, mit Strafen dazu zu zwingen.«[361]

# Die Hölle, das sind die andern ... Schlußwort

Constantins Hinwendung zum Christentum hat umwälzende Folgen gehabt, die wir und die Welt bis zum heutigen Tage spüren. Diesen Zusammenhängen nachzugehen, gehört freilich nicht mehr in den Rahmen unseres Themas.

Wir haben über einen Zeitraum von fast 300 Jahren die größte weltanschauliche Auseinandersetzung der Antike beobachtend und teilnehmend begleitet; dabei waren wir oft zwischen Staunen und Erschrecken hin- und hergerissen: Staunen darüber, daß der Mut zu geistiger Wahrhaftigkeit auf beiden Seiten von rigorosem Fanatismus und ideologischem Haß oft verschüttet wurde; und wir erschraken, wenn wir erkannten, daß schon immer »der Mensch des Menschen Feind« war (Günter Eich). Moderne Skeptiker und Kritiker des historischen Klerikalismus versuchen immer wieder, die Verfolgungen zu bagatellisieren, operieren dabei mit unkontrollierbaren Zahlenangaben über die Menge der Opfer: »Die Zahl aller christlichen Märtyrer«, so etwa K.H. Deschner, »in den ersten drei Jahrhunderten wurde auf 1500 geschätzt, eine wohl sehr problematische Zahl. Erhalten blieb jedenfalls eine schriftliche Kunde überhaupt nur von ein paar Dutzend Märtyrern ... Die Zahl der christlichen Märtyrer war in Wirklichkeit so gering, daß man hinterher eifrig neue erfand, die überdies viel heroischer und herausfordernder litten und starben als die demütigen echten Zeugen.«[362]

Wer so argumentiert, hat kein Gespür für die historische Bewältigung von substantiellen Konflikten. Legende und Sage sind nicht mit den Instrumenten unserer Materialstatistiken zu analysieren. Solchen Gedankengängen liegt die gleiche seelenlose Hybris der Quantität zugrunde, die das Leiden von Karls hingemordeten Sachsen, das der Bauern und Städter zwischen 1618 und 1648, das der erfrierenden Männer in Napoleons Rußlandfeldzug bis hin zum technisch vervollkommneten Völkermord unseres Jahrunderts in Zahlen aufwiegen will.

Es sollte sich heute herumgesprochen haben, daß psychischer Terror ohne Ende schlimmer sein kann als kurzfristige körperliche Qual: die »Hölle«, das sind die andern!

Umgekehrt machen es sich christliche Stimmen zu einfach, die »Schuld« stets und allerorten dem »heidnischen« Staat und seinen Regenten anzulasten. Unendliches Leid ist aus der Verbindung von Kirche und Staat hervorgegangen, und es gibt wohl keinen Krieg der letzten 1600 Jahre, der nicht »im Namen Gottes« oder der »Vorsehung« geführt wurde, sei es unter christlichen Nationen oder gegen Andersgläubige.

»Die Christenverfolgung« als stetig sich fortsetzendes Ereignis hat es nicht gegeben. Ebensowenig war es eine Reihe von zusammenhanglos aufeinanderfolgenden Einzelaktionen, sondern ein Konflikt, den man am ehesten mit einem Schwelbrand vergleichen könnte: hin und wieder wird er zu gewaltigen Flammen entfacht, die alles Erreichbare verzehren, dann kraftlos in sich zusammenfallen, aber unter der Asche weiterglühen.

Die Motive der Christengegner wechselten. Waren es anfangs, unter Nero oder Domitian, fadenscheinige Beschuldigungen, um gärende Unzufriedenheit der Massen und Schuld an eigenen Verbrechen auf unbeliebte Minderheiten abzuwälzen, so geriet die Christenfrage mit wachsender Zahl der Gläubigen mehr und mehr ins innenpolitische Zentrum, da mittlerweile der Staats- und Herrscherkult als religiöse Klammer des so vielschichtigen Reiches keine Gruppe oder Ideologie dulden konnte, die diese Ansprüche rigoros in Frage stellte. Doch gerade durch die Herausforderung machten Organisation der Gläubigen, Institutionalisierung der Hierarchie und Kanonisierung der Lehre die entscheidenden Fortschritte, um gegen jeden Angriff gewappnet zu sein. Dies wiederum zog immer härtere Maßnahmen der Gegenseite nach sich, einschränkende Bestimmungen wurden umfassender und brutaler.

Zwischen den eskalierenden Verfolgungswellen liegen Perioden scheinbarer Ruhe; jeder kaiserliche Führungswechsel bringt Hoffnung – oder neue Angst. Schließlich werden Verfolgung oder Duldung in den Wirren vor und nach 300 zum direkten Mittel der politischen Taktik von usurpierenden oder revoltierenden Teilherrschern, bis schließlich der siegreiche Constantin das Bündnis mit der Kirche eingeht, weil er ihren Wert als Ordnungsfaktor der Gesellschaft und Stütze seiner Politik erkannt hat.

Dahinter steht die für Constantin und seine Zeit selbstverständliche Glaubensvorstellung, »daß Frömmigkeit und politische Macht sich gegenseitig bedingen, und [dies] wurde seit Constantin zum festen Bestandteil des Denkens der christlichen Kaiser; es hat wesentlich dazu beigetragen, daß das Prinzip der allgemeinen Toleranz durch die Forderung der Glaubenseinheit in einem christlichen Reich verdrängt wurde«.[363] So sollte es schon bald zu Verfolgungen von Christen durch Christen kommen.

Was die antike Christenverfolgung aus einem geschichtlichen Augenblick heraus zum Denkmal für alle Späteren jenseits aller Konfession und Ideologie erhebt, ist die Tatsache, daß hier zum erstenmal Menschen für die Freiheit des menschlichen Gewissens eingetreten sind und mit ihrem Blut und Leben für das höchste und göttlichste Recht des Menschen, das auf die eigene Persönlichkeit, bezahlten. »Toleranz« ist kein Zustand, naturgegeben, sondern ein verletzliches Gut, das so leicht verlorengeht.

# Christliches Martyrium und Selbstmord

*von*

*Hermann Pohlmeier*

Die Verurteilung des Selbstmordes durch die christliche Religion und das Verbot durch die katholische Kirche mit der Konsequenz der Verweigerung eines christlichen Begräbnisses hängt mit der Christenverfolgung und ihren Märtyrern unmittelbar zusammen. Es war Aurelius AUGUSTINUS (354 bis 430), der weltmännische Bischof von Hippo in Nordafrika – den seine Mutter Monika flehentlich zum Christentum bekehrt hatte und die er umgekehrt in Ostia vor Rom auf dem Balkon einer vornehmen Villa auf gute See wartend in langen Gesprächen sanft auf ihren Tod vorbereitete –, Aurelius AUGUSTINUS bekam den Märtyrern gegenüber Bedenken und fing an zu fragen, ob diese Art des Sterbens mit dem Glauben an Christus noch zu vereinbaren sei. Diese Frage haben wir heute noch, ob manches an der Christenverfolgung als todessüchtiges Martyrium aufzufassen ist, ob die Psychologie der Märtyrer bewußte oder unbewußte Todeswünsche erkennen läßt, ob der christliche Jenseitsglaube zur todesgetriebenen Lebensverleugnung zwingt und schließlich, ob der Tod von Jesus Christus am Kreuz auch die Frage nach dem Selbstmord aufwirft – wie es durch die Kirchenväter TERTULLIAN (um 160 bis nach 220) und ORIGINES (185 bis 253) bedacht worden war. Die Überlegung war, daß Jesus als eine dem Fleische nicht unterworfene Gottheit keinen natürlichen Tod sterben kann, sondern seinen Geist freiwillig aufgegeben haben müßte. Auch wird die Bereitschaft von Jesus, sein Leben hinzugeben zur Erlösung der Menschheit, als Freitod diskutiert. Eine Psychologie des Neuen Testamentes kann im vorliegenden Zusammenhang nicht geschrieben werden. Das reizvolle und bedeutende Thema erfährt hoffentlich später Bearbeitung. Hier sei die Überlegung auf die Frage nach dem Zusammenhang zwischen Martyrium und Selbstmord beschränkt.

CANON 1240 und 2350 des »corpus iuris canonici«, also des aus dem Mittelalter stammenden kirchlichen Gesetzbuches, klassifiziert Selbstmord als Todsünde. Der Betreffende schließt sich nach dieser Rechtsauffassung aus der Gemeinschaft der Heiligen aus. Das bedeutet

Verweigerung der Sakramente und des Begräbnisses durch die Amtskirche. Auch derjenige, der einen Selbstmordversuch macht, verfällt der Exkommunikation. Nach CANON 1399 gehören Bücher und Schriften zur Verteidigung des Selbstmordes zur Sammlung verbotener Bücher (Index) und erhalten nicht die kirchliche Druckerlaubnis (Imprimatur). Die generelle Begründung dieser Rechtsauffassung läßt sich sinngemäß auf die Formel der christlichen Beerdigungsliturgie bringen: »... der Herr hat es gegeben, der Herr hat es genommen ...« – Der Mensch hat kein Recht, das von Gott gegebene Leben sich selbst zu nehmen (Konzil von Orleon 533, Konzil von Braga 562, Konzil von Toledo 693).

AUGUSTINUS war für die beschriebene Entwicklung maßgeblich. Die Argumentation basierte einmal auf einer strengen Auslegung des 5. Gebotes: »Du sollst nicht töten«. Eine strenge Interpretation eines solchen christlichen Gebotes war in der damaligen römischen Welt revolutionierend. Ehrfurcht vor dem Leben war den Römern ziemlich fremd und Gleichgültigkeit und Mordlust dem Mitmenschen gegenüber verbreitet. So war bei den Römern auch Selbstmord nichts Anrüchiges, er fand im Gegenteil Achtung. Die Ächtung des Selbstmordes durch die relativ späten Christen um das Jahr 500 muß also auf diesem römischen Hintergrund auch gesehen werden. – Ein weiterer Ausgangspunkt war der schon erwähnte Gedankengang des Unrechtes, ein nicht selbst gegebenes Leben anzutasten. Dieser Gedanke entstammt der platonischen Philosophie, die eine dualistische Trennung von Körper und Seele macht. Der Körper ist das Gefängnis der Seele, diese ist unsterblich, und so bekommt der Körper nachträglich seine Weihe. Die unsterbliche Seele zwingt den Körper zum Leben, solange es geht.

Den Märtyrertod zu sterben, war für die frühen Christen aus ihrem Glauben folgerichtig. Sie achteten gleich den Römern, in deren Umgebung sie lebten, den Tod als gering und hatten dafür gute Gründe, allerdings andere als die Römer. Die Gleichgültigkeit der Christen dem Leben gegenüber ergab sich aus der Lehre von der Erlösung. Das Leben wurde als Jammertal ausgelegt, als Versuchung zur Sünde, als Vorbereitung auf die ewigen Freuden des Himmels. Warum also dann diese ewigen Freuden nicht vorziehen, dem Herrgott nicht schleunigst entgegeneilen und die Leiden dieser Welt abkürzen. Warum auch nicht diesem Leben ein Ende machen und so der Versuchung zur Sünde und dieser selbst entgehen. Das ist die Konsequenz des christlichen Glaubens. Die Gegnerschaft des heiligen AUGUSTINUS gegen den Selbstmord ist demzufolge auch nicht christlich begründet. Sie richtete sich einmal gegen das gottlose Geschäft der Märtyrer. Diese provozierten durch ihr Verhalten die Hinrichtungsgewohnheiten der Römer, machten von Fluchtmöglichkeiten Gebrauch, kassierten gern das Geld für ihre Erben. Martyrium als Massenbewegung, Drängen zum erlösenden Tode zeigt vor allem das soziale Problem von Arbeitslosen und Hungernden in der damaligen römischen Gesellschaft. Der christliche Glaube mit der unwiderstehlichen Gottessehnsucht nach dem himmlischen Paradies war schnell zu einer diesseitigen Machenschaft heruntergekommen. Dagegen argumentierte AUGUSTINUS, aber eben nicht christlich, sondern juristisch, philosophisch und naturrechtlich: das Gebot »Du sollst nicht töten«, ausgeweitet auf den Selbstmord, entstammt dem Dekalog – die Zehn Gebote sind ja gute Regeln des Zusammenlebens, aber keine göttliche Offenbarung; das Argument vom gottgefügten Leben stammt von PLATO, der daraus auch eine Verkürzung der gottgefügten Leiden ablehnt; das Argument der Nächstenliebe, die gemessen wird an dem Lieben wie dich selbst, deformiert zum Selbsterhaltungstrieb, entstammt dem Naturrecht. Der Zusammenhang zwischen Martyrium und Selbstmord ist also ein historischer. Die Märtyrerbewegung im 5. Jahrhundert als soziale Massenbewegung ist schon in damaliger Zeit von den Kirchenvätern als Massenselbstmord interpretiert worden. Dieser Interpretation ist heute nichts hinzuzufügen, denn es kann als erwiesen gelten, daß die Märtyrer sich zum Tode drängten. Diese Todessehnsucht der Christen ergibt sich aus der *christlichen Lehre* zwingend, wenn als Sinn des Lebens die Vorbereitung auf das goldene Jerusalem betrachtet wird. Dann ist es logisch, diese Freuden so schnell wie möglich erlangen zu wollen und die Vereinigung mit dem geliebten Gott selbst herbeizuführen. Aus dem *Glauben an Christus* als den Verkünder der frohen Botschaft von der Erlösung und der Liebe als oberstem Gebot folgt der Selbstmord nicht zwingend. Er widerspricht ihm aber auch nicht. Dem Erlösten und Glaubenden, der seinen Gott liebt und seinen Nächsten wie sich selbst, ist diese Erde kein Jammertal, sondern wenigstens ein Stück Himmel. Wenn der Christ erlöst ist und liebt – es gibt nicht mehr viele Christen heute, am wenigsten in den dafür vorgesehenen Kirchen –, hat er die Freuden des Himmels in sich und teilt sie mit der Gemeinschaft der Heiligen, seiner Mitmenschen also. Er kann in der Liebe auf seinen Tod warten, und sein vorgezogener Tod von eigener Hand ist nicht zwingend. Da die Liebe aber wie die Wahrheit frei macht und erlaubt zu tun, was du willst (liebe und tu, was du willst, sagte AUGUSTINUS), steht es auch in der Freiheit der Christen, sich seinem Gott im Freitod zu ergeben. Der andere historische Zusammenhang zwischen Martyrium und Selbstmord ist so historisch, daß er heute ungültig ist. Es gibt aus dem Glauben und aus der Offenbarung bis heute kein Argument gegen den Selbstmord. Vom Evangelisten MATTHÄUS wurde der Selbstmord des Judas ISKARIOT mit einem Satz kommentarlos mitgeteilt, wohl weil er nicht Gegenstand der

Schriftauslegung sein konnte. Die Argumente aus der frühen Kirchengeschichte gegen den Selbstmord, vornehmlich von AUGUSTINUS, sind juristisch, philosophisch und naturrechtlich. Sie überzeugen nicht, daß der Freiheit eines Christenmenschen der Freitod als Widerspruch zur Nächstenliebe auszulegen wäre. Vielmehr reguliert diese Nächstenliebe die Selbstmordhandlung zum Freitod, indem sie nicht zu Haß gegen den Nächsten mißbraucht wird, sondern der Erhaltung der Freiheit dient.

Die Unterscheidung zwischen Selbstmord und Freitod ermöglicht den Ausblick darauf, daß der Mensch die Möglichkeit hat, sich sein Leben zu nehmen, und das seine freie Entscheidung ist, die er vor Gott, dem Nächsten und sich selbst verantwortet. Er hat aber auch die Möglichkeit, im Selbstmord blind vor Wut und Haß den anderen in sich zu töten oder den anderen durch sich selbst zu zerstören. Auch dann wird der Christ einen gnädigen Richter finden, aber vielleicht auch vorher in der Verdunklung des Glaubens und der Verlassenheit der Liebe einen gütigen Helfer in seinem Nächsten.

So ergibt eine kurze Betrachtung des Zusammenhanges von Martyrium und Selbstmord eine Besinnung auf das historische Faktum des Massenselbstmordes der frühen Christen im 3. und 4. Jahrhundert. Sie ergibt weiter die Entwicklung von der römischen und christlichen Todesleichtigkeit zum strengen Verbot des Selbstmordes mit Argumenten außerhalb des Evangeliums. Sie ergibt schließlich die Wahrnehmung der menschlichen Möglichkeit des Freitodes zur Erhaltung der Freiheit oder des Selbstmordes zur heillosen Zerstörung des anderen in und durch sich selbst. Auch durch die Besinnung auf die Anfänge des Christentums werden wir in der Beurteilung von Tod und Sterben durch eigene Hand humaner, toleranter und in der Selbstmordverhütung vernünftiger. Die Rechte des Menschen, zu denen das auf ein menschenwürdiges Leben wie auf ein menschenwürdiges Sterben gehört, zu denen noch allgemeiner das Recht auf Leben und das Recht auf Sterben von eigener Hand gehört, sind in Grundgesetzen und Menschenrechtsdeklarationen verankert, noch mehr aber in der Offenbarung.

Literatur:

ALVAREZ, A.: Der grausame Gott – eine Studie über den Selbstmord. Hoffmann & Campe, Hamburg 1974, S. 63 und 80 ff.

AUGUSTINUS, A.: Vom Gottesstaat (deutsche Übersetzung). Deutscher Taschenbuchverlag, München 1977, 1. Buch, Kapitel 17 ff.

KILDUFF, M., et al: Der Selbstmordkult – die Hintergrunde-

schichte der Volkstempelsekte und das Massaker von Guayana (deutsche Übersetzung). Goldmann Verlag, München 1979
KRAUSE, Ch.: Die Tragödie von Guayana. Ullstein, Frankfurt 1978
POHLMEIER, H.: Selbstmord und Selbstmordverhütung. Urban & Schwarzenberg, München 1978
POHLMEIER, H.: Depression und Selbstmord. Keil Verlag, Bonn 1980
POHLMEIER, H.: Suicide as a Psychodynamic Problem of Depression. Crisis, Int. J. Suicidol., 1, 27–34, 1980
POHLMEIER, H. (Hg.): Selbstmordverhütung – Anmaßung oder Verpflichtung. Keil Verlag, Bonn 1978

# Zeittafel

| | |
|---|---|
| 4 v. Chr.(?) | Geburt Jesu von Nazareth. |
| 9 n. Chr. | Niederlage des Varus in Germanien (Schlacht im Teutoburger Wald) durch Arminius. |
| 10 | Pannonien (Österreich, Ungarn) und Dalmatien (Jugoslawien) römische Provinzen. |
| 14 | Tod des AUGUSTUS. Regierungsantritt des TIBERIUS. Statue des vergöttlichten AUGUSTUS. |
| 14–16 | Feldzüge des GERMANICUS am Rhein. |
| 15 | Moesien (Serbien) wird römische Provinz. |
| 19 | Verbot jüdischer und ägyptischer Kulte in Italien. |
| 27 | TIBERIUS zieht sich nach Capri zurück. |
| um 30 | JESUS CHRISTUS in Jerusalem gekreuzigt. |
| um 34 | PAULUS zum Christentum bekehrt. |
| 37 | Tod des TIBERIUS. Regierungsantritt des CALIGULA. |
| um 40 | In Antiochia kommt die Bezeichnung Christiani (Christen) auf. |
| 40 | Selbstvergottung des CALIGULA. |
| 41 | CALIGULA ermordet. Regierungsantritt des CLAUDIUS. Christenverfolgung in Iudaea. |
| 43 | Eroberung Südbritanniens. |
| 45–48 | 1. Missionsreise der PAULUS. |
| 48 | Apostelkonzil in Jerusalem. |
| 50 | Köln (Colonia Claudia Ara Agrippinensium) durch AGRIPPINA römische Kolonie. |
| 49–52(?) | 2. Missionsreise des PAULUS. |
| 54 | Ermordung des CLAUDIUS durch AGRIPPINA. Regierungsantritt NEROS. |
| 54–58(?) | 3. Missionsreise des PAULUS. |
| 64 | Brand Roms. Christenverfolgung. NERO beginnt den Bau der *domus Aurea* (Goldenes Haus). Tod des PAULUS und PETRUS. |

| | |
|---|---|
| 68 | Aufstand des VINDEX in Gallien. Selbstmord NEROS. Ende des julisch-claudischen Kaiserhauses. Regierungsantritt GALBAS. |
| 69 | Vierkaiserjahr: GALBA, OTHO, VITELLIUS, VESPASIAN. VESPASIAN begründet das flavische Kaiserhaus. |
| 70 | Einnahme und Plünderung Jerusalems durch TITUS. |
| 70–100 | Entstehung der Markus-, Matthäus-, Lukas-, Johannes-Evangelien und der Apostelgeschichte. |
| 79 | Tod des VESPASIAN. Regierungsantritt des TITUS. Pompeji, Stabiae und Herculaneum werden durch Vesuv-Ausbruch vernichtet. Tod des älteren PLINIUS. |
| 81 | Tod des TITUS. Regierungsantritt DOMITIANS. Bau des Colosseums beendet. |
| 83 | Bau des germanischen Limes begonnen. |
| 85–89 | Schwere Kämpfe gegen die Daker an der unteren Donau. |
| 86 | Selbstvergottung DOMITIANS. |
| 96 | Ermordung DOMITIANS. NERVA vom Senat zum Kaiser proklamiert. |
| 98 | Tod des NERVA. Regierungsantritt des von ihm adoptierten TRAJAN. |
| | TRAJAN beendet den Feldzug gegen die Sueben an der mittleren Donau. |
| von 100–116 | Briefwechsel zwischen PLINIUS d. J. und TRAJAN. |
| 101–102 | 1. Feldzug TRAJANS gegen die Daker. |
| 105–106 | 2. siegreicher Feldzug gegen die Daker. Besitzergreifung von Dakien. |
| 105 | APOLLODOROS von Damaskus erbaut eine Steinbrükke über die Donau bei Drobeta am Eisernen Tor. Im nördlichen Arabien wird die Provinz *Arabia* gegründet. Die »Historien« des Tacitus. |
| 111 | Christen werden bei Verweigerung des Kaiseropfers bestraft. |
| 114 | Krieg gegen die Parther. Eroberung Armeniens. TRAJAN zum *Optimus Princeps* (»Bester Kaiser«) proklamiert. |
| 115 | Mesopotamien von TRAJAN erobert. Ungefähr die Hälfte der Senatoren stammt aus den Provinzen. Größte Ausdehnung des Römischen Reiches. Mesopotamien und Assyrien werden kaiserliche Provinzen. |
| um 116 | »Annalen« des Tacitus. |
| 116 | TRAJAN stößt bis zur Tigrismündung vor. |

| | |
|---|---|
| 117 | Friede mit den Parthern. Tod des TRAJAN. Regierungsantritt des HADRIAN. Rom verzichtet auf die Provinzen Mesopotamien und Assyrien. |
| 119 | Gliederung Italiens in vier Regionen unter Consularen (= ehemalige Consuln). |
| um 121 | 1. Kuppelbau Roms: Pantheon des HADRIAN. |
| 121–125 | 1. Inspektionsreise HADRIANS durch das Reich. |
| 122–127 | Errichtung des Hadrianswalls in Schottland. |
| 129–130 | 2. Inspektionsreise HADRIANS. Aufenthalt in Athen, Iudaea, Arabien und Ägypten. |
| 130 | Wiederaufbau Jerusalems als Kolonie *Aelia Capitolina* (Jupiter- statt Jahwe-Tempel). |
| 138 | Tod des HADRIAN. Regierungsantritt des ANTONINUS PIUS. HADRIAN im Rundgrabbau (Engelsburg) beigesetzt. |
| 142 | Errichtung des Antoninuswalls in Schottland. |
| 155 | Aufstand in Iudaea. |
| 161 | Tod des ANTONINUS PIUS. Regierungsantritt des MARC AUREL, VERUS wird Mitkaiser. |
| 166 | COMMODUS, Sohn MARC AURELS, zum Thronfolger bestimmt. |
| 167–175 | 1. Markomannenkrieg. |
| 172–175 | Marc-Aurel-Säule in Rom. |
| 177 | Christenmassaker von Lugdunum (Lyon). |
| 178–180 | 2. Markomannenkrieg. |
| 180 | Friedensschluß mit den Markomannen unter Verzicht auf die markomannische und sarmatische Provinz. Tod des MARC AUREL. Regierungsantritt des COMMODUS. |
| 192 | Ermordung des COMMODUS. |
| 193 | Regierungsantritt des SEPTIMIUS SEVERUS (drei Gegenkaiser: 2. Vierkaiserjahr). Praetorianercohorten aufgelöst, Gardetruppen aus Legionstruppen. |
| 197 | SEPTIMIUS SEVERUS alleiniger Herrscher. |
| 198 | Feldzug gegen parthische Vasallenfürstentümer. Einnahme von Babylon, Seleukia, Ktesiphon. CARACALLA wird Mitkaiser. |
| 199 | Mesopotamien wieder römische Provinz. Friede mit den Parthern. |
| 211 | Tod des SEPTIMIUS SEVERUS. Regierungsantritt CARACALLAS und GETAS. |
| 212 | CARACALLA nach Ermordung seines Bruders GETA |

Alleinherrscher. CONSTITUTIO ANTONINIANA (Bürgerrechtsreform). Christenverfolgung in Africa.

216 Feldzug CARACALLAS gegen die Parther. Thermen des CARACALLA in Rom.

217 Ermordung des CARACALLA. Regierungsantritt des MACRINUS.

218 Truppen des ELAGABAL besiegen MACRINUS bei Antiochia. MACRINUS getötet. Regierungsantritt des ELAGABAL.

222 Ermordung des ELAGABAL. Regierungsantritt des SEVERUS ALEXANDER.

235 MAXIMINUS THRAX siegt über die Alamannen. Die Perser erobern Baktrien. Ermordung des SEVERUS ALEXANDER. Regierungsantritt des MAXIMINUS THRAX. Beginn der militärischen Anarchie. Christenverfolgung.

249–251 DECIUS.

250 Allgemeine Christenverfolgung. Sieg der Goten bei Beroia über DECIUS.

256 Währungsverschlechterung. Die Goten fallen in Dakien ein. SCHAPUR I. erobert Antiochia. Franken und Alamannen durchbrechen den obergermanisch-raetischen Limes.

260 Niederlage der Römer unter Kaiser VALERIAN im Orient. VALERIAN wird von SCHAPUR gefangengenommen. Römische Legionen über den Euphrat zurückgedrängt. GALLIENUS, alleiniger Kaiser, erläßt ein Toleranzedikt.

260–268 GALLIENUS führt eine Heeresreform durch. Zunehmender Einfluß des Neuplatonismus. POSTUMUS gründet ein gallisches Sonderreich, Britannien und Spanien schließen sich an.

268 Ermordung des GALLIENUS. Regierungsantritt von CLAUDIUS II.

268–270 CLAUDIUS II. besiegt die Alamannen bei Pavia (268) und die Goten bei Naissus (269).

270 Tod des CLAUDIUS II. Regierungsantritt AURELIANS. Aufgabe von Dakien. Sieg des AURELIAN über die Sarmaten und Vandalen an der Donau.

271 Bau der Aurelianischen Mauer in Rom.

272 AURELIAN unterwirft das palmyrische Reich der ZENOBIA.

274 Wiederherstellung der Reichseinheit nach Auflösung des gallischen Sonderreiches. AURELIAN nimmt den Titel »Herr und Gott« (Dominus et Deus) an, wird als »Wiederhersteller des Erdkreises« (Restitutor Orbis) gefeiert. Sonnenkult (Sol Invictus) wird Staatsreligion. 25. Dezember: Weihe des Sonnentempels auf dem Marsfeld.

275 Tod des AURELIAN. Regierungsantritt des TACITUS. Trier von Alamannen und Franken zerstört. Sieg des TACITUS über die Alanen und Goten in Kleinasien. Alamannen und Franken fallen in Gallien ein.

276 TACITUS ermordet. Regierungsantritt des PROBUS. Einfälle der Grenzvölker in mehrere Provinzen.

276–282 PROBUS sichert die Rhein- und Donaugrenze.

283–284 CARUS kämpft erfolgreich gegen die Perser, doch werden er und seine Söhne CARINUS und NUMERIAN ermordet.

284 Regierungsantritt des DIOCLETIAN.

288 DIOCLETIAN schlägt Aufstand in Ägypten nieder. Die Franken besetzen das Batavergebiet und die Rheinmündung. Konferenz von Mailand unter DIOCLETIAN und MAXIMIAN: militärische und zivile Gewalt getrennt, persisches Hofzeremoniell eingeführt (Fußfall). DIOCLETIAN führt den Beinamen IOVIUS, MAXIMIAN den eines HERCULIUS.

293 Einführung der Tetrarchie (Vierherrschaft): zwei *Augusti* (DIOCLETIAN und MAXIMIAN) und zwei *Caesares* (GALERIUS und CONSTANTIUS CHLORUS). Absolute Monarchie (Dominat) eingeführt. DIOCLETIAN erhält den Osten (Nicomedia), MAXIMIAN Italien und Africa (Mailand), CONSTANTIUS Spanien, Gallien und Britannien (Trier und York), GALERIUS Illyricum, Makedonien und Griechenland (Sirmium). Nach einer Regierungszeit von 20 Jahren soll der Rücktritt der Augusti zugunsten der beiden Caesares erfolgen, die sich wiederum Caesares als Gehilfen bestimmen.

296 Rückeroberung Britanniens durch CONSTANTIUS CHLORUS.

297 Sieg DIOCLETIANS über die Perser. Einteilung des Reichs in zwölf Verwaltungsbezirke (Diözesen) unter Diözesenvorstehern (vicarii) und 101 Provinzen. Die Bürger werden Untertanen (subiecti), über die verfügt wird: Bindung der Bauern an die Scholle (Kolonat) und

Zwangsgemeinschaft der Handwerker (Korporationen) zur Versorgung des Heeres.

301 DIOCLETIAN erläßt das Höchstpreisedikt gegen zunehmende Teuerung (edictum de pretiis rerum venalium).

305 Abdankung DIOCLETIANS und MAXIMIANS. GALERIUS und CONSTANTIUS CHLORUS gleichberechtigte Augusti. Sie ernennen SEVERUS und MAXIMINUS DAIA zu Caesares. Das System scheitert an der dynastischen Politik der Einzelherrscher.

306 Tod des CONSTANTIUS CHLORUS. Sein Sohn CONSTANTINUS durch seine Truppen zum Caesar proklamiert.

307/308 Kaiserkonferenz von Carnuntum (bei Wien): Ernennung des LICINIUS zum Augustus des Westens. CONSTANTIN und MAXIMINUS DAIA Caesaren. DIOCLETIAN lehnt erneute Kaiserwürde ab.

310 Sieg CONSTANTINS über MAXIMIAN. Tod des MAXIMIAN.

311 GALERIUS und LICINIUS lassen durch Toleranzedikt das Christentum zu. Tod des GALERIUS. MAXIMINUS DAIA wird Herrscher über Asien, veranlaßt Christenverfolgungen.

312 CONSTANTIN besiegt MAXENTIUS, Sohn des MAXIMIAN, an der Milvischen Brücke bei Rom. CONSTANTIN herrscht über den Westen einschließlich Italien.

313 Sogenanntes Toleranzedikt von Mailand des CONSTANTIN und LICINIUS. Völlige Religionsfreiheit, Christentum gleichberechtigt. LICINIUS siegt bei Adrianopel über MAXIMINUS DAIA, der in Tarsos stirbt. CONSTANTIN kämpft am Rhein gegen Franken und Alamannen.

315 CONSTANTIN und LICINIUS kämpfen an der Donau gegen Sarmaten, Goten und Karpen. Beiname »der Große« für CONSTANTIN. Constantinsbogen in Rom.

324 Sieg CONSTANTINS über LICINIUS bei Adrianopel und Chryosopolis. CONSTANTIN Alleinherrscher.

325 Kirchenkonzil in Nicaea von CONSTANTIN eröffnet. CONSTANTIN stiftet Peterskirche in Rom.

330 Byzantion wird zur neuen Hauptstadt (Nea Roma) des Römischen Reiches geweiht, erhält noch zu Lebzeiten

des Kaisers den Namen Constantinopel. Das Reich in vier Praefecturen mit 14 Diözesen und 117 Provinzen eingeteilt.

337 Tod CONSTANTINS nach Empfang der christlichen Taufe auf dem Sterbelager.

# Die römischen Herrscher von Augustus bis Iulianus Apostata

(27 v. Chr.–363 n. Chr.)

Die rechten Spalten umfassen Gegenkaiser bzw. Gebieter über selbständige Reichsteile. In Klammern stehen die Herrscher, welche nicht die Würde eines Augustus besaßen.

(nach: Lexikon der römischen Kaiser, bearb. v. O. Veh, Zürich 1976)

| | | | |
|---|---|---|---|
| Augustus | 27 v. Chr.–14. n. Chr. | | |
| Tiberius | 14–37 | | |
| Caligula | 37–41 | | |
| Claudius | 41–54 | | |
| Nero | 54–68 | | |
| Galba | 68–69 | | |
| Otho | 69 | | |
| Vitellius | 69 | | |
| Vespasian | 69–79 | Iulius Sabinus | 70 |
| Titus | 79–81 | | |
| Domitian | 81–96 | Antonius Saturninus | 89 |
| Nerva | 96–98 | | |
| Trajan | 98–117 | | |
| Hadrian | 117–138 | | |
| Antoninus Pius | 138–161 | | |
| Marcus Aurelius | 161–180 | Avidius Cassius | 175 |
| Verus | 161–169 | | |
| Commodus | 180–192 | | |
| Pertinax | 193 | | |
| Didius Iulianus | 193 | | |

| | | | |
|---|---|---|---|
| Septimius Severus | 193–211 | Pescennius Niger | 193–194 |
| | | Clodius Albinus | 195–197 |
| Caracalla | 211–217 | | |
| Geta | 211–212 | | |
| Macrinus | 217–218 | | |
| Macrinus | | | |
| Diadumenianus | 218 | | |
| Elagabal | 218–222 | | |
| Severus Alexander | 222–235 | | |
| Maximinus Thrax | 235–238 | | |
| (Maximus) | 235–238 | | |
| Gordianus I. | 238 | | |
| Gordianus II. | 238 | | |
| Balbinus | 238 | | |
| Pupienus | 238 | | |
| Gordianus III. | 238–244 | | |
| Philippus Arabs | 244–249 | Pacatianus | 248 |
| | | Iotapianus | 248–249 |
| Philippus II. | 247–249 | | |
| Decius | 249–251 | Valens | 250 |
| | | Priscus | 250 |
| Herennius | 251 | | |
| Hostilianus | 251 | | |
| Trebonianus Gallus | 251–253 | | |
| Volusianus | 251–253 | | |
| Aemilianus | 253 | | |
| Valerianus | 253–260 | Uranius | 253–254 |

| | | | | | |
|---|---|---|---|---|---|
| Gallienus | 253–268 | | | | |
| (Valerianus d. J.) | 256–258 | | | | |
| (Saloninus) | 258–259 | *Gallien:* | | *Palmyra:* | |
| Ingenuus | 260 | Postumus | 259–268 | (Odaenathus) | 260–266 |
| Regalianus | 260 | | | | |
| Quietus | 260–261 | | | | |
| Macrianus | 260–261 | | | | |
| Aemilianus | 261–262 | | | | |
| Memor | 263 | | | Vaballathus, | |
| | | | | Zenobia | 266–271/272 |
| Aureolus | 268 | | | | |
| | | Marius | 268(?) | | |
| | | Ulpius | 269(?) | | |
| Claudius Gothicus | 268–270 | Victorinus | 268–270 | | |
| Quintillus | 270 | Tetricus d. Ä. | 270–273 | | |
| Aurelianus | 270–275 | Tetricus d. J. | 273 | | |
| Tacitus | 275–276 | Domitianus | 271 | | |
| Florianus | 276 | | | | |
| Probus | 276–282 | Saturninus | 279–280 | | |
| | | Bonosus/Procolus | 281 | | |
| Carus | 282–283 | | | | |
| | | Iulianus | 283–284 | | |
| Carinus | 283–285 | | | | |
| Numerianus | 283–284 | | | | |
| Diocletian | 284–305 | | | *Britannien:* | |
| Maximianus | 286–305 | | | Carausius | 286–293(287–294)? |
| | | | | Allectus | 293–296(294–297)? |

| | | | |
|---|---|---|---|
| | | Domitius Domitianus (Achilleus?) | 296–297 |
| Galerius | 305–311 | | |
| Constantius I. Chlorus | 305–306 | | |
| Constantinus I. | 306–337 | Calocaerus | 334–335 |
| Maxentius | 306–312 | Domitius Alexander | 308–311 |
| Severus | 306–307 | | |
| Licinius | 308–324 | | |
| Maximinus Daia | 309–313 | | |
| Valens | 314 | | |
| (Licinius d. J.) | 317–324 | | |
| (Crispus) | 317–326 | | |
| Martinianus | 324 | | |
| (Dalmatius) | 335–337 | | |
| (Hannibalianus) | 335–337 | | |
| Constantinus II. | 337–350 | | |
| Constans | 337–350 | | |
| Constantius II. | 337–361 | Magnentius | 350–353 |
| (Gallus) | 351–354 | (Decentius) | 350–353 |
| | | Nepotianus | 350 |
| | | Vetranio | 350 |
| | | Sivanus | 355 |
| Iulianus Apostata (355) | 361–363 | | |

# Anmerkungen

*Vorwort:*

1 J. Moreau, Die Christenverfolgung, a.a.O., S. 11

*Die Christenverfolgung:*

1 Frontinus, Wasser für Rom 109
2 Sueton, Nero 38
3 Flavius Josephus, Jüd. Altertümer 20,8,11
4 ebd.
5 nach Minucius Felix, Octavius 9,1 ff.
6 Tacitus, Annalen 15,44
7 Johannes-Evangelium 6,51,53,55
8 Cicero, Tusc. 4,25
9 *Flavius Philostratus,* Sohn der Verus Ph., verfaßte um 200 n. Chr. das *»Leben des Appollonius von Tyana«* (Vita Appollonii), die erste erhaltene profane Biographie eines Wundertäters mit mystisch-orientalischen Tendenzen
10 Philostratus, Vita Ap. 5,33
11 Tacitus, Ann. 15,44
12 Tertullian, Apologeticum 38,3
13 A. Wlosok, Rom und die Christen, a.a.O., S. 21
14 Tertullian, Ap. 38,4
15 Dibelius, Rom und die Christen, a.a.O., S. 85
16 vgl. FAZ-Magazin
17 Tacitus, Ann. 15,44
18 Jedin, Handbuch der Kirchengeschichte I, S. 155
19 so J. E. Weiss, Christenverfolgungen, a.a.O., S. 42
20 Tertullian, ad nationes 1,7,9
21 J. Vogt, RAC II, Sp. 1167

22 H. Last, RAC II, Sp. 1211
23 J. Zeiller, Institutum Neronianum, in: Das frühe Christentum (WdF), a.a.O., S. 238
24 Eusebius, Kirchengeschichte (KG) 3,17
25 Sueton, Domitian 15,1
26 Cassius Dio 67,12f.
27 vgl. P. Styger, Römische Katakomben, 1933, S. 63ff.
28 Eusebius, KG 3,18,4
29 Tertullian, Ap. 5,4
30 Eusebius, KG 4,26,5
31 1. Clemensbrief 1,1
32 ebd. 7,1
33 *Marcus Licinius Crassus* verlor 53 v.Chr. Schlacht und Leben gegen die Parther
34 Plinius d.J. 5,20
35 ders. 4,5,20
36 ders. 10,15
37 H. Kasten in: Plinius d.J., Briefe, S. 665
38 Novum Comum, heute Como in Italien
39 *Marcus Fabius Quintilianus,* etwa 35–100 n.Chr., aus Calagurris in Spanien, gefeierter Lehrer der Beredsamkeit in Rom, Prinzenerzieher am Hofe Domitians. Sein Werk *»Über die Erziehung zum Redner«* (De institutione oratoria) faßt die Erfahrungen seiner Lehrtätigkeit zusammen. Das Werk, das auf griech. und lat. Quellen beruht, ist mit Wärme und geläutertem Geschmack geschrieben. Der ruhige, klare Stil steht unter dem Einfluß Ciceros, ist aber darüber hinaus selbständig.
40 *cursus honorum* (Ehrenlauf), Reihenfolge der Magistraturen in Rom, die an ein bestimmtes Alter gebunden waren. In der Kaiserzeit hatte der Herrscher zwar die Freiheit, Titel zu verleihen, doch hielt man bei Beförderungen meist bestimmte Regeln ein.
41 *Augures*, röm. Priester, ursprünglich drei, dann neun, von Sulla auf fünfzehn und Caesar auf sechzehn erhöht; sie vollzogen das *augurium* (augere = mehren), das in ältester Zeit eine Bitte um Mehrung der Kräfte der Natur für eine gute Ernte, dann auch für das Wohl des Staates war. Später wurden die Auguren mit der Beobachtung des *auspicia* betraut, der Beobachtung von Vögeln, ihres Fluges, Fressens, Geschreis und Verhaltens.
42 vgl. Plinius d.J. 6,16,2
43 vgl. ebd. 7,12,14
44 ders. 6,31
45 Tacitus, Historien 1,15 ff.

46 *Apollodoros von Damaskus,* griech. Ingenieur und Architekt des 2. Jahrhunderts n. Chr., lebte in Rom und war im Auftrag Trajans bei mehreren militärischen und zivilen Bauvorhaben tätig (Donaubrücke in Ungarn, Odeon und Trajansforum in Rom).

47 *Sextus Aurelius Victor,* röm. Historiker des 4. Jahrhunderts n. Chr., stammte aus Afrika, wurde 361 consularischer Statthalter in Pannonien, 389 Stadtpraefect in Rom; mit Ammianus Marcellinus befreundet. Er schrieb eine Reichsgeschichte mit stark biographischem Einschlag. Das Werk wurde auch für die »Historia Augusta« benutzt.

48 Alle drei Zitate aus Sextus Aurelius Victors Kaisergeschichte: Ulpius Traianus, in: Geschichte im Altertum, Tat, Wort und Deutung, hg. v. J. Rehork, Bd. 9, S. 49 ff., Hamburg 1964

49 Plinius 10,17a

50 ebd. 10,17b

51 ebd. 10,18

52 vgl. die ausführliche Darstellung und Wertung bei W. Weber, Nec nostri saeculi est . . ., S. 4

53 *Apamea (Apameia),* Stadt in Bithynien, benannt nach Apame, wahrscheinlich Gemahlin von Prusias II.; in christlicher Zeit Bischofssitz

54 Plinius, 10,47

55 ders. 10,48

56 ders. 10,33

57 Einzelheiten bei W. Weber, Nec . . ., S. 10

58 *Amastris,* griech. Stadt an der paphlagonischen Küste des Pontos Euxeinos, früher Sesamos (heute: Amasra); zerstört von Lucullus, in der Kaiserzeit blühend

59 *Sinope,* eine der wichtigsten Handelsstädte an der kleinasiatischen Nordküste; vielfältige Verbindungen mit allen Teilen des Mittelmeers und des Schwarzen Meers

60 Belege bei W. Weber, Nec . . ., S. 12, Anm. 36

61 Juvenal, Sat. II, 149–152

62 *Clitumnus,* Fluß in Umbrien, an dessen Quelle Kult des gleichnamigen Gottes und kleinerer Gottheiten mit Orakel; »Wallfahrtsort«

63 gemeint ist die mit Purpur verbrämte Toga

64 Plinius 8,8,1–6

65 *Haruspex* (Plural: *haruspices),* röm. Priester, der Wundererscheinungen, bes. aber die Eingeweide der Opfertiere deutete

66 Plinius 9,39,1 ff.

67 Th. Mommsen, Röm. Gesch. I, S. 171

68 Plinius 10,96,5
69 Einzelheiten bei A. Wlosok, Rom und ..., S. 30, Anm. 73
70 Plinius 10,96,6–8
71 *Polybios,* um 200–120 v. Chr., griech. Historiker, vertritt diese Auffassung in seiner »Geschichte« (VI, 56): »Die Alten scheinen mir die Vorstellungen von den Göttern, den Glauben an die Unterwelt nicht unüberlegt, sondern mit kluger Überlegung der Menge eingeflößt zu haben, und es scheint mir im Gegenteil höchst unbedacht und unverständig, wenn man ihr jetzt diesen Glauben austreibt ...«
72 Plinius 10,97,1–2
73 A. Wlosok, Rom und ..., S. 37 f.
74 R. Ihering, Geist des römischen Rechts, I, Leipzig 1891, S. 265 f.
75 vgl. die Dissertation von Babel, a. a. O., S. 104
76 Franziskus Maria Stratmann, Die Heiligen und der Staat, Frankfurt/M. 1949, S. 112
77 Historia Augusta, Hadrian 14,8
78 *Historia Augusta* (Kaisergeschichte), auch zitiert unter der Bezeichnung *»Scriptores Historiae Augustae«* (Die Autoren der Kaisergeschichte), eine wohl gegen Ende des 4. Jahrhunderts entstandene Sammlung von Lebensbeschreibungen der Kaiser von Hadrian bis Carus mit seinen Söhnen Carinus und Numerianus, also von 117–284 reichend. Die Darstellung von 244–253, darunter die Vita des Decius, ist verloren. Die Darstellung befaßt sich, ähnlich der Suetons, ohne Interesse für die geschichtlichen Zusammenhänge, nur mit den Äußerlichkeiten im Leben und Charakter der geschilderten Persönlichkeiten. Gleichwohl bietet sie wichtige Details, die sich sonst nirgends finden. Der interessierte Leser sei besonders auf das Vorwort von Johannes Straub und die Einleitung von Ernst Hohl in der Artemis-Ausgabe verwiesen (s. Literaturverzeichnis s. v. Historia Augusta). Das Werk wird im folgenden mit HA abgekürzt.
79 HA, Hadrian 21,8
80 vgl. dazu die Darstellungen im Inneren des römischen Titusbogens
81 *Pharisäertum,*, im 2. Jahrhundert v. Chr. religiös-politische Partei der Juden, die einen absolut gesetzlich gefaßten Judaismus vertrat; *Zeloten* (Eiferer), Anhänger einer fanatischen Richtung der Pharisäer, die sich für die religiöse und nationale Unabhängigkeit der Juden einsetzte. Während des jüdischen Krieges gegen Rom waren sie die Hauptträger des Angriffs.
82 HA, Hadrian 14,22

83 Justinus, Apologie 1,31
84 Caesar, bellum Gallicum 6,16,1 ff.
85 Duval, Gallien . . ., S. 337
86 Eusebius, KG 5, Vorwort 1–5
87 Belegstellen bei P. Keresztes, Das Christenmassaker . . ., S. 261, Anm. 1–4
88 Eusebius, KG 5,1,3
89 P. Keresztes, Das Christenmassaker . . ., S. 261
90 Eusebius, KG 5,1,9
91 ebd. 5,1,11–12
92 ebd. 5,1,14
93 ebd. 5,1,15
94 ebd. 5,1,18 f.
95 ebd. 5,1,23
96 ebd. 5,1,24
97 ebd. 5,1,26
98 ebd. 5,1,28
99 ebd. 5,1,31
100 ebd. 5,1,35
101 ebd. 5,1,28
102 Diese und andere Beispiele zum Thema »Spiele« in der Arena bei Duval, Gallien . . ., S. 298 ff.
103 ebd., S. 300
104 Eusebius, KG 5,1,41
105 ebd. 5,1,47
106 Sueton, Augustus 52
107 vgl. U. Knoche, Die augusteische Ausprägung der Dea Roma, in: Gymnasium 59, 1952, S. 324–349
108 P. Keresztes, Das Christenmassaker . . ., S. 295
109 Eusebius, KG 5,1,51 f.
110 ebd. 5,1,53–56
111 P. Keresztes, Das Christenmassaker . . ., S. 269
112 Eusebius, KG 5,1,5
113 P. Keresztes, Das Christenmassaker . . ., S. 276
114 Marc Aurel, Selbstbetrachtungen 11,3
115 Birley, Marc Aurel . . ., S. 281 f.
116 so C. R. Haines in einem Anhang der engl. Ausgabe der »Selbstbetrachtungen«, London/New York 1916, S. 318 ff.
117 Marc Aurel, Selbstbetrachtungen 1,16
118 ebd. 3,16
119 ebd. 7,68
120 ebd. 8,48

121 ebd. 8,51a

122 vgl. dazu C. R. Haines; ferner Birley, Marc Aurel . . ., S. 436, mit kritischen Anmerkungen und weiterer Literatur

123 Eusebius, KG 4,15,4

124 *Ignatius von Antiochia,* dort Bischof, einer der sog. »Apostolischen Väter«, um 114 in der zur Betonung der römischen Orientherrschaft vermutlich von Hadrian, damals syrischer Legat Trajans, veranlaßten Christenverfolgung verhaftet. Um 115 Märtyrertod in Rom. Auf dem Wege dorthin schrieb er in Kleinasien sieben von Pathos erfüllte Briefe zur Stärkung der Brüder und Verherrlichung des Leidens an die Christen von Ephesos, Magnesia, Tralleis, Rom, Philadelphia und Smyrna und an Polykarp, den Bischof von Smyrna. Sein römisches Martyrium soll im Colosseum erfolgt sein.

125 Eusebius, KG 4,15,17

126 ebd. 4,15,37

127 ebd. 4,16,1

128 ebd.

129 ebd. 4,16,3 ff.

130 Plato, Vom Staat X, 595c

131 bei Eusebius, KG 4,16,8–9; vgl. auch Tatianus, Rede an die Hellenen 18 u. 19; zwischen dem Text der Tatianhandschrift und dessen Wiedergabe durch Eusebius bestehen an dieser Stelle einige Differenzen.

132 vgl. bes. P. Keresztes, War Marc Aurel . . ., S. 280 ff.

133 Der Text findet sich bei J. C. T. Otto, Corp. Apol. Christ. saec. secund., Jena [3]1879, III, S. 262 ff.; ferner in der Bibliothek der Kirchenväter, II. Bd., Kempten u. München 1913, hg. u. übers. von G. Rauschen. Diese Übersetzung ist steif und altertümelnd; wir folgen hier der neueren Ausgabe von R. Knopf/G. Krüger, Ausgewählte Märtyrerakten, Tübingen [3]1929, S. 15 ff.

134 Birley, Marc Aurel . . ., S. 281

135 P. Keresztes, War Marc Aurel . . ., S. 279

136 Die *»Akten« der Felicitas und ihrer sieben Söhne* werden allgemein als echt angesehen, und man nimmt an, daß die darin geschilderten Martyrien während der ersten Regierungsjahre Marc Aurels stattfanden. Vgl. E. Le Blanc, Sur l'Authenticité du Martyre de Sainte Félicité et de ses sept Fils, Comptes Rend. de l'Acad. des Inscr. et Belles-lettres 3, 1875, S. 138–141; P. Allard, Histoire des Persécutions pendant les deux premiers Siècles, Paris 1885, S. 342 ff.

137 *Orosius,* spanischer Presbyter des 5. Jahrhunderts, schrieb sieben

Bücher: »Historiae adversus paganos« (»Wider die Heiden«). Sie wurden noch im Mittelalter gern als Universalgeschichte gelesen.

138 Orosius 7,15,3

139 *Avidius Cassius,* Syrer aus Cyrrhus; als »legatus Syriae« schlug er 165 die Parther zurück, wurde danach im Orient Statthalter. Auf eine voreilige Nachricht vom Tode Marc Aurels ließ er sich 175 zum Kaiser ausrufen, doch wurde er vor der Auseinandersetzung mit ihm 175 von Soldaten getötet.

140 HA, Marcus 13,3

141 nach der engl. Ausgabe von Niebuhrs »Lectures on the History of Rome«, III$^2$, London 1849, S. 251

142 O. Seeck, Geschichte des Untergangs der antiken Welt, I, S. 398

143 K. Pollak, Die Heilkunde der Antike, S. 234

144 J. F. Gilliam, Die Pest unter Marc Aurel, a.a.O., S. 158, mit Belegen

145 P. Keresztes, War Marc Aurel . . ., S. 287

146 HA, Marcus 13,1 ff.

147 vgl. K. Latte, Römische Religionsgeschichte, S. 242 ff.; P. Wissowa, Religion und Kultus der Römer, S. 421 ff.

148 Vita des Aberkios 1–4

149 *Sagaris,* Bischof von Laodicea

150 P. Keresztes, War Marc Aurel . . ., S. 291

151 *Aristides,* einer der ersten christlichen Apologeten. 1878 wurden Bruchstücke einer armenischen Übersetzung veröffentlicht, wenige Jahre danach wurde eine handschriftliche syrische Übersetzung im Katharinenkloster auf dem Sinai gefunden.

152 *Quadratus* erscheint bei Eusebius als Verfasser einer Apologie an Kaiser Hadrian und als Bischof aus der Zeit des Dionysios von Korinth (um 170); es erscheinen noch drei andere apologetische Autoren unter diesem Namen. Die wissenschaftliche Diskussion um die Authentizität der vier *Quadratus* ist noch nicht abgeschlossen.

153 Eusebius, KG 4,26,4 f.

154 vgl. P. Allard, Histoire des Persécutions . . ., S. 376

155 so bes. der belgische Historiker H. Grégoire, Belegstellen bei P. Keresztes, War Marc Aurel . . ., S. 294

156 vgl. P. Keresztes, War Marc Aurel . . ., S. 294, Anm. 27–29

157 ebd., S. 295

158 siehe Anm. 65

159 *Mithras,* altiranischer Lichtgott, als der unbesiegte (invictus) in der Kaiserzeit besonders von den Soldaten des Heeres verehrt. Vieles im Kult dem Christentum verwandt: Es gab Taufe und

Abendmahl, Anbetung der Hirten bei der Geburt des Mithras, Glaube an die Unsterblichkeit der Seele, Auferstehung, jüngstes Gericht, die Gebote der Reinheit, Keuschheit und Enthaltsamkeit. Auch Mithras war der Mittler zwischen dem Menschen und dem unsichtbaren Gott.

160 *Perennis,* in der Quelle Proconsul genannt, war in Wahrheit zwischen 180 und 185 Gardepraefect.

161 in: Märtyrerakten des 2. Jahrhunderts, hg. von H. Rahner, Freiburg 1954, S. 80 ff.

162 C. Schneider, Geistesgeschichte . . ., S. 440

163 ebd., S. 441

164 Justinus, Ap. I, 17, übers. von H. Rahner, bei Arend, S. 712, dok. 694

165 ders., Ap. I, 66

166 nach der Übertragung aus dem Arabischen in: R. Walzer, Galen on Jews and Christians, Oxford 1949, S. 15, übers. von Arend, s. Arend, S. 712, dok. 695

167 Origines, Gegen Celsus, passim, in: Arend, S. 714, dok. 697

168 B. Kytzler, Einleitung zum Octavius des Minucius Felix, S. 36 u. 38

169 Minucius Felix, Octavius 3,2–5

170 *Marcus Cornelius Fronto,* aus Cirta, Rhetor, Consul 143 n. Chr. Erzieher von Marc Aurel und Verus. Nach der damaligen archaistischen Mode schätzte er an Literatur nur, was älter als Cicero war oder wie Sallust einen altertümlichen Stil pflegte.

171 vgl. dazu B. Kytzler, Einleitung . . ., S. 35, mit Vermutungen und Belegstellen

172 ebd., S. 36

173 Tertullian, Ap. I, 1

174 C. Becker, Einführung zu Tertullians Apologeticum, S. 22

175 Tertullian, Ap. I, 14

176 ebd. 2,2

177 ebd. 4,4

178 ebd. 4,10 ff.

179 ebd. 7,8–13

180 ebd. 10,1–4

181 ebd. 11,4

182 ebd. 12,4

183 ebd. 28,3

184 ebd. 31,3

185 ebd. 31,3; 32,1

186 ebd. 39,2

187 ebd. 50,14
188 *grammaticus,* Sprachgelehrter, Philologe
189 C. Becker, Einleitung ..., S. 12
190 vgl. auch Kytzler, Einleitung ...
191 Tertullian, Über die Keuschheit 1
192 C. Becker, Einleitung ..., S. 13
193 *constitutiones* sind in technischer Terminologie die Kaisergesetze. In allmählich sich festigender Systematik gliedern die Klassiker die *constitutiones* in *edicta* (generelle Anordnungen an die Allgemeinheit), *mandata* (generelle Anordnungen für Beamte), *decreta* (Urteile, die Sachlage und Rechtsfrage entscheiden) und *rescripta* (Entscheidungen von Rechtsfragen bei unterstelltem Sachverhalt).
194 *Stoa,* weitverbreitete Strömung der griechischen Philosophie. Der Name kommt von der Säulenhalle in Athen, wo Zenon seine Schüler versammelte. Gott und Natur waren der Stoa eins, das Menschenwesen ein Teil der Gott-Natur. Alles Wirkliche und Wirkende ist körperhaft; die Kraft ist nicht etwas Immaterielles oder Abstraktes, sondern der feinste Stoff selbst. Die wirkende Kraft im Ganzen der Welt selbst ist die Gottheit. Sie durchdringt sie als allverbreiteter Hauch (Äther), sie ist die Weltseele, die Weltvernunft. Alles geschieht nach einer inneren, absoluten Notwendigkeit, das Notwendige ist zugleich das Zweckmäßige. Andererseits lehrte die Stoa Willensfreiheit: Lebe in Übereinstimmung mit der Natur! Alles sittliche Handeln ist nichts anderes als Selbsterhaltung; aber sich selbst fördern heißt, wenn es im rechten Sinne geschieht, zugleich auch das allgemeine Wohl fördern. Das Richtige begehren und meiden heißt aber, seine Innerlichkeit gegenüber allem Äußerlichen zur höchsten Kraft steigern, keinem Geschick sich beugen, durch keine Macht sich brechen lassen. Die stoische Ethik hat ihre Hauptvertreter in Poseidonius, Seneca, Epiktet, Marc Aurel.
195 *Papinian,* um 200 n. Chr., einer der größten Juristen Roms, hoher Staatsbeamter, unter Caracalla 212 hingerichtet
196 *Ulpianus,* um 200 n. Chr., einer der letzten großen römischen Juristen der klassischen Zeit. Er gehörte dem Concilium des Praefectus Praetorio Papinian an, kam schließlich selbst in diese Stellung und wurde 228 von meuternden Praetorianern ermordert.
197 Tertullian, de corona 13
198 Cassius Dio 52, 36
199 *Decurien,* Stadträte in außerrömischen Städten
200 Tertullian, Ap. 37,4

201 siehe Feuilleton der FAZ vom 20. 9. 1980, S. 25: »*Sonnenuhr* des *Augustus*« von J. Schmitz van Vorst

202 *Ara Pacis,* der Friedensaltar, den Augustus 13 v. Chr. bei seiner Heimkehr nach der Befriedung Galliens und Spaniens errichten ließ; unter Verwendung der vorhandenen Bruchstücke in Rom wieder aufgebaut

203 F. Jakobs, Flavius Philostratos des Älteren Werke, dort: IV, 45, Stuttgart 1832

204 *Clemens von Alexandria,* Geburts- und Todesjahr sind unbekannt, wahrscheinlich um 145 geboren, gestorben zwischen 211 und 215. Er war wandernder Berufsphilosoph und ließ sich schließlich in Alexandria nieder.

205 Clemens von Alexandria, Teppiche 4,43,2, in: TKV Bd. 2, S. 68

206 HA, Severus 16,9

207 was freilich die Origines-Kenner H. Görgemanns und H. Karpp in Frage stellen. Vgl. dazu beider Einleitung zu Origines: Vier Bücher von den Prinzipien, a. a. O., S. 2 ff.

208 Eusebius, KG 6,2,12 ff.

209 ebd. 6,3,1 ff.

210 ebd. 6,3,5–7

211 Akten der Perpetua und Felicitas 2 ff.

212 Cassius Dio 77,4,1

213 A. Heuß, Römische Geschichte, a. a. O., S. 370 f.

214 H. G. Pflaum, Propyläen-Weltgeschichte IV, S. 401

215 H. Bengtson, Grundriß der römischen Geschichte, a. a. O., S. 372

216 *Dediticii,* auf Grund militärischer Kapitulation (deditio) in römische Gewalt gelangte, jedoch nicht zu Sklaven gemachte Angehörige fremder Völker

217 *Dominat* (von dominus = Herr), im Gegensatz zum Prinzipat des Augustus die zweite, das absolute Kaisertum umschreibende Epoche der römischen Kaiserzeit

218 E. Kornemann, Römische Geschichte II, S. 310 f.; vollständige Bibliographie bei C. Sasse, Die Constitutio Antoniniana, 1958

219 J. Moreau, a. a. O., S. 78

220 so J. Vogt, RAC II, Sp. 1181

221 *praefectus praetorio,* ursprünglich der Befehlshaber der *milites praetoriani,* der neun Praetorianercohorten; nur drei lagen in Rom, die übrigen in den Städten Italiens. 23 n. Chr. vereinigte sie Seianus in Rom, wo sie in einer festen Kaserne vor dem viminalischen Tor einquartiert waren. Der Dienst in der Garde bot viele Vorteile und war anfangs nur römischen Bürgern aus Italien vorbehalten. Septimius Severus setzte sie neu aus bewährten Solda-

ten aus allen Legionen zusammen. Sehr oft griffen die Praetorianer bei Thronwechseln ein und setzten die Wahl des Kaisers durch, der ihre Gunst mit Geschenken gewann.
Der *praefectus praetorio* (wörtlich: der dem *praetorium*, dem Feldherrnzelt im Lager *Vorgesetzte*) war der höchste Beamte ritterlichen Standes, die rechte Hand des Kaisers und oft der mächtigste Mann am Hofe (z.B. Seianus). Im Laufe des 2. Jahrhunderts fielen ihm außer den militärischen Befugnissen auch solche des obersten Richters in Vertretung des Kaisers zu. Eine Anzahl großer Juristen bekleidete das Amt: Pipinianus, Paulus, Ulpianus. Mit der Neuordnung des Reiches unter Diocletian und Constantin dem Großen verloren die *praefecti praetorio* ihre militärischen Befugnisse und wurden Chefs der Zivilverwaltung.

222 HA, Alex. Sev. 1

223 ebd. 22,4

224 ebd. 29,2

225 ebd. 43,6

226 ebd. 49,6

227 ebd. 51,7

228 J. Moreau, a.a.O., S. 81

229 Eusebius, KG 6,28

230 *Gnosis* (griech.), Erkenntnis überhaupt; besonders spekulativ religiöses Erkennen als Schauen oder Einswerden mit dem Objekt der Erkenntnis; Weg zur Erlösung; im engeren Sinn die Bezeichnung für religiöse Strömungen und Sekten der Spätantike

231 Cyprian, Briefe 75,10,1

232 Origines, Homilien zu Jeremias 4,3; zitiert bei J. Moreau, a.a.O., S. 83

233 *Gordianus I.*, römischer Kaiser 238, aus vornehmem, stadtrömischem Geschlecht, bekleidete 238 das Proconsulat in Africa und wurde gegen seinen Willen als Exponent feudaler Opposition gegen Maximinus Thrax erhoben. Er beging schon im März/April 238 nach der Niederlage seines Sohnes Gordianus (II.) Selbstmord.
*Gordianus II.* wurde im März 238 zum Mitherrscher seines Vaters bestimmt und von Rom anerkannt, verlor aber schon Ende März 238 Schlacht und Leben gegen den Statthalter von Numidien, Capellianus, der Maximinus Thrax treu blieb.
*Gordianus III.*, römischer Kaiser 238–244, wurde 225 als Schwestersohn des Gordianus II. geboren, auf Verlangen des Volkes Ende März 238 zum Caesar und anschließend von den Praetorianern zum Augustus erhoben. (9. 7. 238). Wegen seiner Minder-

jährigkeit führten hohe Beamte die Regierung, seit 241 sein Schwiegervater, der »praefectus praetorio« Timesitheus, dessen Nachfolger im Amt, Philippus Arabs, den jungen Kaiser auf dem erfolgreichen Feldzug gegen Schapur I. ermorden ließ (Februar/März 244).

234 vgl. dazu Grégoire, Les persécutions . . ., S. 11 u. 90 f.

235 Eusebius, KG 6,34

236 *Johannes Crysostomos* (Goldmund), 2. Hälfte des 4. Jahrhunderts, aus Antiochia in Syrien, war der größte Prediger der griechischen Kirche; wurde Patriarch von Konstantinopel

237 Origines, contra Celsum III, 8

238 Dies und das Folgende bei Herodot II, 148 ff.

239 Das Original befindet sich mit anderen Libelli in Berlin; in: Augustinus Bludau, Die ägyptischen Libelli und die Christenverfolgung des Kaisers Decius, Freiburg i. B. 1931

240 A. Bludau, Die ägyptischen Libelli . . ., S. 22

241 A. Heuß, Römische Geschichte, S. 427 f.

242 ebd., S. 428

243 das bezieht sich auf Hebr. 10,34

244 Eusebius, KG 6,41,1–23; 42,1–4

245 J. Vogt, RAC II, Sp. 1185

246 Cyprian, Brief an Bischof Antonianus von Numidien 11–17, in: TKV Bd. 4, S. 84 ff.

247 A. Alföldi, Die Hauptfaktoren der Geschichtsentwicklung zwischen 249 und 271 n. Chr., in: Studien zur . . ., S. 423

248 Cyprian, Über die Abgefallenen 1, in: TKV Bd. 4, S. 92

249 Acta proconsularia Cypriani, IV, 2

250 HA, Gallienus, hg. u. übers. von C. A. Cloß, Stuttgart 1857

251 A. Alföldi, Die Hauptfaktoren . . ., in: Studien zur . . ., S. 417

252 HA, Val. 1

253 *Sapor I.*, auch Schapur I., (241–272), bedeutendster Sassanide

254 A. Alföldi, Die Hauptfaktoren . . ., in: Studien zur . . ., S. 424

255 vgl. Alföldi, Die Angabe der Regierungsjahre und die Zählung der Siege bei Valerianus und Gallienus, in: Studien zur . . ., S. 210 ff.

256 Eusebius, KG 7,10,3

257 ebd. 7,10,4 ff.

258 vgl. dazu Alföldi, Zu den Christenverfolgungen in der Mitte des 3. Jahrhunderts, in: Studien . . ., S. 302

259 ebd.

260 nach J. Moreau, a. a. O., S. 89

261 Cyprian, Brief an den Bischof Successus, in: TKV Bd. 4, S. 100

262 A. Alföldi, Zu den Christenverfolgungen . . ., in: Studien zur . . ., S. 304
263 Cyprian, Brief an seine Christengemeinde, in: TKV Bd. 4, S. 99 f.
264 vgl. Alföldi in: Studien zur . . ., S. 360 unten
265 Theophilos, An Antolykos I, 11; in BKV Bd. II, a. a. O., S. 21
266 J. Moreau, Die Christenverfolgung . . ., S. 91
267 vgl. dazu Prudentius, Peristephanon XIII
268 vgl. Cyprian, Brief 80
269 Brief römischer Bekenner an Bischof Cyprianus 2 ff., in: TKV Bd. 4, S. 76–78
270 HA, Val. 3
271 A. Heuß, Römische Geschichte, S. 430 f.
272 *Ritter,* zunächst der Reiter; er erhielt durch den Staat das Geld für den Ankauf von zwei Pferden, später wurde er auch besoldet. Als die durch den Staat unterhaltene Reiterei nicht mehr ausreichte, kam es auch zur Einstellung begüterter Bürger, die Pferd und Ausrüstung aus eigenen Mitteln zu stellen vermochten. Bis in die Spätzeit der Republik entwickelte sich aus ihnen der *ordo equester* (der 2. Stand nach den Senatoren) mit besonderen Aufnahmebedingungen: ein Alter von 17 Jahren, freie Geburt, Census von 400 000 Sesterzen sowie mit speziellen Standesabzeichen: ein schmaler Purpursaum an der Tunika und ein Reitermantel, ein goldener Fingerring sowie das Privileg eines Sitzplatzes in den ersten 14 Reihen des Theaters. Der römische Geldadel, dessen Wohlstand in Großhandel, Geldgeschäften sowie der Pacht der Staatsgeschäfte begründet war, rekrutierte sich aus dem *ordo equester.* Während der Kaiserzeit wurden Ritter als kaiserliche Beamte verwandt (Praefect, Procurator). Im 4. Jahrhundert stellten die Ritter nur noch eine Gesellschaftsklasse dar.
273 A. Heuß, Römische Geschichte, S. 431
274 J. Moreau, Die Christenverfolgung . . ., S. 92
275 Eusebius, KG 7,13
276 ebd.
277 vgl. dazu Alföldi, Zu den Christenverfolgungen . . ., in: Studien zur . . ., S. 306 ff.
278 Eusebius, KG 7,11,18
279 ebd. 7,23,4
280 ebd. 7,23,1–3
281 Alföldi argumentiert hier gegen die Auffassung von E. Caspar, Geschichte des Papsttums, Bd. I, 1930, S. 54
282 A. Alföldi, Zu den Christenverfolgungen . . ., in: Studien zur . . ., S. 307 f.

283 E. v. Aster, Geschichte der Philosophie, a. a. O., S. 104
284 bei Eusebius, KG 6,19,7
285 zitiert nach E. Norden, Neue Jahrbücher IV, Bd. 5, 1901
286 A. Alföldi, Die Vorherrschaft der Pannonier . . ., in: Studien zur . . ., S. 261
287 Origines, contra Celsum 1,62
288 bei Origines, contra Celsum 3,55
289 vgl. C. Schneider, Geistesgeschichte . . ., S. 407
290 *Decurionen,* Stadträte in den Provinzstädten
291 Acta Maximiliani, zit. bei A. H. M. Jones, Sozialer Hintergrund des Kampfes . . . (WdF), S. 346
292 vgl. Origines, contra Celsum 5,33; 8,70
293 Plutarch, consolatio ad Apollonium 13
294 Augustinus, Brief an den Offizier Bonifatius 4–6, in: TKV Bd. 3, S. 516
295 ders., Gottesstaat 8,32
296 K. Jaspers, Die Atombombe, S. 81
297 C. Schneider, Geistesgeschichte . . ., S. 401 f.
298 A. Momigliano, Das Christentum und der Niedergang des Römischen Reiches, in: Der Untergang des Römischen Reiches (WdF), S. 415
299 G. Ferrero, Der Untergang der Zivilisation des Altertums, a. a. O., S. 77 f.
300 Eusebius, KG 7,15
301 ebd. 7,27,2
302 ebd. 7,30,18
303 ebd. 7,30,20
304 HA, Aur. 21
305 HA, Aur. 21
306 *»Oderint, dum metuant«* – *»Sollen sie mich hassen, wenn sie nur fürchten«,* stammt aus der Tragödie *»Atreus«* des Accius. Der Satz ist mehrfach bezeugt: Cicero, I. Philippische Rede 14,34; Rede Pro Sestio 48,102; De officiis I, 28; Seneca, De clementia I, 12,4; 2,2,2; De ira I, 20,4. Caligula führt das Wort häufig im Munde (Sueton, Cal. 30,1); Tiberius pflegt es in sein Gegenteil zu verkehren: *»Oderint, dum probunt«* – *Sie sollen mich hassen, wenn sie mich nur achten!«* (Sueton, Tib. 59,2)
307 Bergengruen, Römisches Erinnerungsbuch, a. a. O., S. 36
308 vgl. H. Grégoire, Les persécutions . . ., S. 60
309 Eusebius, KG 7,30,21
310 J. Moreau, Die Christenverfolgung . . ., S. 96
311 vgl. Firmicus Maternus, De errore profanarum religionum 13,4;

Kyrillos von Alexandria, Contra Iulianum; vgl. auch K. H. Deschner, Abermals krähte der Hahn . . ., S. 126

312 Eusebius, KG 8,1,1–6

313 Fischer-Weltgeschichte Bd. 8, S. 249

314 Aurelius Victor, Über die Kaiser 39,1 ff.; bei Arend, dok. 711

315 *Nicomedia,* Stadt an der Propontis, Hauptstadt der römischen Provinz Dithynia. Diocletian erwählte die Stadt nach seiner Ausrufung zum Kaiser am 17. 11. 284 zur Residenz.

316 Lactantius, Von den Todesarten der Verfolger 7

317 *Consul suffectus,* im Laufe eines Jahres an die Stelle eines andern gewählter Consul

318 *Diözesen,* von griech. *dioikesis,* Haus-, Staatsverwaltung. In den Stadtstaaten Griechenlands, insbesondere aber in den hellenistischen Königreichen die Verwaltung der Finanzen und der Wirtschaft. Das spätlateinische *dioecesis* bezeichnet eine Verwaltungseinheit des Römischen Reiches in Anlehnung an das hellenistische Vorbild, und zwar ein Stadtterritorium, das einen der Provinz untergeordneten Verwaltungsbezirk darstellt. Seit der Reform Diocletians stellte die Diözese innerhalb des gesamten Verwaltungsbereichs eine Zwischeninstanz dar, die den Provinzen übergeordnet war. An der Spitze der ursprünglich zwölf Diözesen stand der *vicarius* oder *comes.*

319 Vatikanische Fragmente, p. 157 Krüger; bei Arend, dok. 712, S. 731

320 Eusebius, KG 7,31

321 zit. bei H. Dörries, Konstantin d. Gr., S. 11

322 vgl. J. Vogt, RAC II, Sp. 1193

323 E. Kornemann, Römische Geschichte II, S. 366

324 A. Heuß, Römische Geschichte, S. 435

325 M. Grant, Das Römische Reich am Wendepunkt, S. 286

326 vgl. dazu H. Kraft, Anm. 5., S. 363, in: Eusebius, KG

327 H. Dörries, Konstantin d. Gr., S. 12

328 J. Vogt, RAC II, Sp. 1193

329 Eusebius, KG 8,4,2

330 Lactantius, De mortibus persecutorum 10

331 nach Lactantius, De mortibus . . . 13; Eusebius, KG 8,2,4

332 Eusebius, KG 8,5

333 ebd. 8,6,6

334 ebd.

335 ebd. 8,6,2–4

336 ebd. 8,6,8

337 vgl. J. Vogt, RAC II, Sp. 1198

338 Eusebius, KG 8,12,1–2; 8,12,6–7
339 ebd. 8,9,1 ff.
340 ebd. 8,12,8
341 aus dem Toleranzedikt des Galerius
342 Eusebius, KG 8,14,1
343 ebd.
344 ebd. 8,10,4–10
345 J. Moreau, Christenverfolgungen ..., S. 112
346 Eusebius, KG 8,16,3–5
347 ebd. 8,17,1
348 Lactantius, De mortileus ... 34; Eusebius, KG 8,17,3–10
349 so J. Vogt, RAC II, Sp. 1199; dagegen J. Moreau, Die Christenverfolgungen ..., S. 113
350 Eusebius, KG 9,1,1–2
351 ebd. 9,1,7
352 ebd. 9,7,3 ff.
353 ebd. 8,8,1–13, leicht gekürzt
354 ebd. 9,9a, 1 ff.
355 ebd. 9,9a, 10
356 ebd. 9,10,2
357 ebd. 9,10,3
358 ebd. 9,10,6
359 ebd. 9,10,14 f.
360 ebd. 10,8,14
361 aus Erlassen des Constantinus an die östlichen Provinzen im Jahre 324; in: Eusebius, Leben des Constantinus 2,28 ff.; bei Arend, dok. 731, S. 744 f.
362 K. H. Deschner, Abermals krähte der Hahn ..., S. 347 f.
363 J. Vogt, RAC II, Sp. 1203

# Vorbemerkung zur Bibliographie

Eingangs wurde gesagt, das Buch wende sich besonders an den interessierten, nicht fachgebildeten Leser. Warum dann ein so umfangreiches Literaturverzeichnis?

Nun, der Autor meint, aus mehreren Gründen diesen »Apparat« anfügen zu müssen.

Es ist redlich, die Bezugsquellen nachzuweisen, aus denen geschöpft wurde. Schlechte »Sachbücher« zeichnen sich dadurch aus, daß sie dem unvoreingenommenen Leser eine scheinbare Allwissenheit des Autors vorspiegeln. Dabei gründet eine Darstellung wie die vorliegende fast völlig auf der Denkarbeit Hunderter Forscher, die ein Recht darauf haben, genannt zu werden. Dies ist besonders dann angebracht, wenn konträre Auffassungen zur Sprache kommen.

Wer sich, wie der Autor, seit über zwei Jahrzehnten leidenschaftlich mit Rom und seiner Geschichte im Rahmen der Alten Welt beschäftigt, dem wächst ein Schatz an faktischem Wissen in einer Weise zu, das ihn bei anstehenden Problemen bisweilen intuitiv Stellung nehmen läßt; geht er dann in der Literatur der ungelösten Frage nach, so stellt er oft überrascht fest, daß es gerade so und nicht anders geschah, daß die Kausalitäten sich so aneinanderreihten, wie er es erahnte. Nun spielt gewiß bei der Darstellung historischer Prozesse die Phantasie eine fruchtbare Rolle, um Geschiedenes zu verbinden und Abgründe zu überbrücken, doch bleibt es eine unabdingbare Notwendigkeit, mit Fleiß und Ausdauer gerade den Details nachzuspüren, um Lösungen zu finden. Die Antworten liegen dann oft in diesem oder jenem Artikel der mit Bienenfleiß forschenden Professoren, Doktoranden, Assistenten der Universitätsseminare. Große Geister zeigen ihr Vermögen gerade auch im Kleinen, wie es die Arbeiten von Theodor Mommsen, Otto Seeck, Andreas Alföldi, Carl Schneider, Heinrich Kraft belegen, um nur die Herausragenden zu nennen.

Bücher wie dieses werden seit längerem dem Genre »Sachbuch« zugewiesen. Fest steht, das sogenannte Sachbuch will *unterhalten* und *in-*

*formieren* – was wiederum zu wenig ist, da gewiß mancher Leser nach Kenntnis der Ereignisse angerührt, hin und wieder erschüttert worden ist.

Informieren! Das Buch gibt den großen Überblick, schreitet nach bewährter chronologischer Folge voran, gewährt hier und da tieferen Einblick und entläßt manchen Leser mit dem Wunsch, mehr über dieses oder jenes Ereignis, über diese oder jene handelnde oder leidende Person zu erfahren.

Der Autor weiß aus eigener Erfahrung, wie sehr das Interesse an Teilaspekten, die nicht genügend zur Sprache kamen, wächst und daß man den Fakten auf die Spur kommen will: Geschichte ist ja kein Faß ohne Boden, schon eher der geheimnisvolle Zylinder des Magiers, dem scheinbar unerschöpflich immer neue Dinge und Wesen entnommen werden können. Das vielfältige bibliographische Verzeichnis mag ein Anreiz dazu sein.

Der Hinweis, daß der bibliographische Anhang für den Studenten, Pädagogen, Theologen oder Philologen nützlich sein kann, erübrigt sich eigentlich. Wenn das Buch den angehenden Fachmann zur weiteren Beschäftigung mit dem Thema anregt, hat es einen wichtigen Zweck erfüllt.

Das letzte Argument spricht sozusagen pro domo – will sagen: In keinem anderen Literaturbereich wird handwerklich so sehr geschludert wie in dem des historischen Buches! Man müßte schon ein Egon Friedell sein, um darauf verzichten zu können, seine Quellen offenzulegen.

Nicht wenige zeitgenössische Autoren sogenannter historischer Sachbücher pflegen eine hochmütige Nachlässigkeit und verantwortungslose Oberflächlichkeit an den Tag zu legen, indem sie das Publikum mit zwei Dutzend Titeln nicht verarbeiteter Standardwerke in einer »Literaturübersicht« abspeisen – meist noch garniert mit dem einfältigen Spruch: Es könne unter den gegebenen Umständen und bei der Absicht des Buches »nur ein Bruchteil der Literatur zum Thema« geboten werden. Hält man den Leser für so beschränkt?

Auf dem Höhepunkt der Welle historischer Sachbücher konnte darum Gerhard Prause 1976 mit Recht in der »Zeit« feststellen: »Von keinem wirklich kontrolliert!« – Er meinte das, was wir oben die wissenschaftliche Redlichkeit nannten.

# Verzeichnis der Abkürzungen

| | |
|---|---|
| AdW | = Akademie der Wissenschaften |
| AJPh | = American Journal of Philology |
| Bd. | = Band |
| Bde. | = Bände |
| BJ | = Bonner Jahrbücher |
| BKV. | = Bibliothek der Kirchenväter |
| BRL | = Bulletin of the John Rylands Library |
| BT | = Bibliotheca Scriptorum Graecorum et Romanorum Teubneriana (Leipzig) |
| CSEL | = Corpus Scriptorum Ecclesiasticorum Latinorum (Wien) |
| ders. | = derselbe |
| Diss. | = Dissertation |
| dtv | = Deutscher Taschenbuch Verlag |
| ed. | = ediert |
| eingel. | = eingeleitet |
| erl. | = erläutert |
| GGT | = Goldmanns Gelbe Taschenbücher |
| GWU | = Geschichte in Wissenschaft und Unterricht |
| HA | = Historia Agusta |
| HdA | = Handbuch der Altertumswissenschaft |
| Hg. | = Herausgeber |
| hg. | = herausgegeben |
| HThR | = Harvard Theological Review |
| HZ | = Historische Zeitschrift |
| JRS | = Journal of Roman Studies |
| JWG | = Jahrbuch für Wirtschaftsgeschichte |
| MH | = Museum Helveticum |
| NC | = Numismatical Chronicle |
| NDr. | = Neu- bzw. Nachdruck |
| NJAB | = Neue Jahrbücher für Antike u. deutsche Bildung |

| | | |
|---|---|---|
| P. Giss. | = | Gießener Papyrus |
| RAC | = | Reallexikon für Antike und Christentum |
| rde | = | Rowohlts Deutsche Enzyklopädie |
| RE | = | Paulys Realencyclopädie der classischen Altertumswissenschaft |
| RHE | = | Revue d'Histoire Ecclésiastique |
| SB. | = | Sitzungsbericht(e) |
| s. v. | = | sub voce (lat.): (siehe) unter dem Stichwort |
| Suppl. | = | Supplement (Nachtragsband) |
| TKV | = | Texte der Kirchenväter |
| übers. | = | übersetzt |
| VSWG | = | Vierteljahrschrift für Sozial- und Wirtschaftsgeschichte |
| WdF | = | Wege der Forschung |
| Wiss. Buchges. | = | Wissenschaftliche Buchgesellschaft |
| WS | = | Wiener Studien |
| ZfG | = | Zeitschrift für Geschichtswissenschaft |
| ZRG | = | Zeitschrift der Savignystiftung für Rechtsgeschichte, Romanistische Abteilung |

# Bibliographie

## *Gliederung der Bibliographie*

# A) Quellen

(Herkunft kurzer Zitate aus anderen Schriften der genannten oder anderer antiker Autoren in den Anmerkungen)

Apollonius von Tyana: s.v. Flavius Philostratus

Aurelius Augustinus: Vom Gottesstaat (De civitate dei), Buch 1–10, übers. von W. Thimme, eingel. u. komment. von C. Andresen, München 1977 (dtv-bibliothek 6087); Buch 11–22, übers. v. W. Thimme, eingel. u. erl. von C. Andresen, Zürich/München [2]1978 (Artemis)

Aurelius Victor: Caesares (Über die Kaiser), ed. Fr. Pichlmayr u. R. Gruendel, BT, Leipzig 1911, NDr. 1966., Übers.: A. Forbiger, 1966

Caesar, Gaius Iulius: Der Gallische Krieg, lat.-dt., ed. G. Dorminger, München 1966 (Heimeran)

Cassius Dio: Römische Geschichte, übers. von J. A. Wagner, 5 Bde., Frankfurt/M. 1783–1796
übers. von D. L. Schöll, 16 Bändchen, Stuttgart 1831–1844

Cicero, Marcus Tullius: Tuskulanische Gespräche, übers. von A. Kabza, München o.J. (GGT 458)

Clemensbrief, in: Die Apostolischen Väter, übers. u. hg. von J. A. Fischer, Darmstadt 1976 (Wiss. Buchges.)

Clemens (Klemens) von Alexandrien: Teppiche (Auswahl), Der Erzieher u.a. Schriften in: TKV, s. dort
Gesamtausgabe: O. Stählin, 4 Bde. Die griech. christlichen Schriftsteller der ersten (früher: drei) Jahrhunderte, hg. von der Kommission für spätantike Religionsgeschichte der Deutschen AdW (früher: Kirchenväterkommission der Königlich-Preußischen AdW) zu 12.15.17.39. 1905–1936 (Bd. 2 NDr. 1960)
Übers.: BKV II,7,8,17,19, 1934–1938

Cyprianus (Thascius Caecilius): Briefe, Traktate, Ad Donatum, u.a. ed. W. Hartel, CSEL 3,1–3, Wien 1868–1871
Übers.: M. Feyerabend, 1818–1820; Auswahl: U. Uhl u. A. Egger, 1869–1879, in: BKV; s. auch TKV

Eusebius von Caesarea: Kirchengeschichte, hg. u. eingel. v. H. Kraft, übers. von Ph. Haeuser, neu durchgesehen von H. A. Gärtner, München 1967 (Kösel)

Flavius Josephus: Jüdische Altertümer, übers. u. mit Einleitung und Anmerkungen versehen von H. Clementz, 2. NDr. der Ausgabe von 1893, Wiesbaden o.J. (Fourier)

Flavius Philostratus des Älteren Werke (Leben des Apollonius von Tyana), hg. von F. Jako, Stuttgart 1832

Frontinus, Sextus Iulius: Wasser für Rom. Die Wasserversorgung durch Aquädukte. Übers. u. eingel. von M. Hainzmann, Zürich/München 1979 (Artemis)

Herodot: Historien, Übers. u. eingel. von E. Richtsteig, 5 Bde., München 1961

Historia Augusta. Römische Herrschergestalten, Bd. 1. Von Hadrianus bis Alexander Severus. Eingel. u. übers. von E. Hohl, bearb. u. erl. von E. Merten u. A. Rösger, mit einem Vorwort von J. Straub, Zürich/München 1976 (Artemis)
Die Kaisergeschichte (Historia Augusta), übers. u. mit Anmerkungen begleitet von C. A. Cloß, Stuttgart 1857 (= Römische Prosaiker, hg. von C. N. von Osiander u. G. Schwab, Bd. 219)

Justinus des Philosophen und Märtyrers Rechtfertigung des Christentums (Apologie I u. II), eingl., übers. u. erl. von H. Veil, Straßburg 1894

Juvenal (Decimus Iunius Iuvenalis): Satiren 1,3,5,6,9 in: Römische Satiren, eingel. u. übers. von O. Weinreich, Zürich/Stuttgart ²1961 (Artemis)

Lactantius: Übersetzung in Auswahl, in: BKV 36, 1919, De mort. pers., ed. J. Moreau, Sources Chrétiennes 39, Paris 1954

Marc Aurel: Wege zu sich selbst, übers., erl. u. hg. von W. Theiler, Reinbek 1965 (rowohlts klassiker 181)

Minucius Felix, Marcus: Octavius, lat.-dt., hg., übers. u. eingel. von Bernhard Kytzler, München 1965

Orosius: Historiae adversum paganos, ed. C. Zangemeister, in: BT, Leipzig 1889

Origines: Vier Bücher von den Prinzipien, hg., übers. u. komment. von H. Görgemanns u. H. Karpp, Darmstadt 1976 (Wiss. Buchges.)
Auswahl (Contra Celsum u.a. Schriften) in: BKV, TKV, Arend (s. dort)

Philostratus: s. v. Flavius Philostratus

Plinius (Gaius Plinius Caecilius Secundus) d.J.: Briefe, lat.-dt., ed. H. Kasten, München 3/1974 (Heimeran)
Plutarch: Große Griechen und Römer. Gesamtausgabe der vergleichenden Lebensbeschreibungen, übers., eingel. u. hg. von K. Ziegler unter Mitarbeit von W. Wuhrmann, 6 Bde., Zürich/München 1975 (Artemis); München 1979f. (dtv 2068–2073)

Sueton (Gaius Suetonius Tranquillus): Caesarenleben, übers. von M. Heinemann, Stuttgart 1951 (Kröner)
ders.: Leben der Caesaren, übers. u. hg. von A. Lambert, München 1972ff. (dtv 6005)

Tacitus (Publius Cornelius Tacitus): Annalen, übers. von A. Horneffer, eingel. von J. Vogt, Anmerkungen von W. Schur, Stuttgart 1964 (Kröner)
Tacitus: Historien, übers. u. mit Anmerkungen versehen von W. Sontheimer, eingel. von V. Pöschl, Stuttgart 1968 (Kröner)
Tertullian (Quintus Septimius Florens Tertullianus): Apologeticum (Verteidigung des Christentums), lat.-dt., hg., übers. u. erl. von C. Becker, München ²1961
ders.: Ad nationes (An die Heiden), Über die Keuschheit, De corona u.a. Schriften, übers. in: K. A. K. Kellner, 1882; BKV 7, 24, 1912–1915; s. auch TKV

## B) Quellensammlungen

Arend, W. (Hg.): Altertum, Alter Orient, Hellas, Rom, in: Geschichte in Quellen, Bd. I, hg. von W. Lautermann u. M. Schlenke, München 1975 (Bayerischer Schulbuchverlag)

BKV: Bibliothek der Kirchenväter. Eine Auswahl patristischer Werke in deutscher Übersetzung, hg. von O. Bardenhewer u.a., Kempten; 1. Reihe: 61 Bde. u. 2 Registerbände, 1911–1932; 2. Reihe: 20 Bde., 1932–1939
Dort besonders Bd. 14:
Die Bücher des hl. Theophilus, Bischofs von Antiochien, An Autolykos

Hermias' des Philosophen Verspottung der nichtchristlichen Philosophen
Des Minucius Felix Dialog Octavius
Des Firmicus Maternus Schrift vom Irrtum der heidnischen Religionen
Martyrium des hl. Polykarp
Martyrium des hl. Justin und seiner Genossen
Martyrium der hl. Karpus, Papylus und Agathonike
Das Leiden der Scilitanischen Märtyrer
Martyrium des hl. Apollonius
Die Akten der hl. Perpetua und Felicitas
Die Akten des hl. Pionius und seiner Genossen
Die prokonsularischen Akten des hl. Cyprian
Der Brief der Kirchen von Vienne und Lyon

CSEL: Corpus Scriptorum Ecclesiasticorum Latinorum, hg. von der Wiener AdW, 74 Bde., Wien 1866ff.

Die griechischen Schriftsteller der ersten drei Jahrhunderte, hg. von der Kirchenväterkommission der Königlich-Preußischen AdW, seit 1945 von der Kommission für spätantike Religionsgeschichte der Deutschen AdW, Berlin

Geschichte im Altertum, Tat, Wort und Deutung, hg. von J. Rehork, Bd. 9, Hamburg 1964

TKV: Texte der Kirchenväter. Eine Auswahl nach Themen geordnet, 4 Bde. u. 1 Registerband, zusammengestellt u. hg. von A. Heilmann unter wissenschaftl. Mitarbeit von H. Kraft, München 1963 (Kösel)

*Kleinere Quellensammlungen:*

Knopf, R., u. Krüger, G.: Ausgewählte Märtyrerakten, Tübingen $^{3}$1929

Rahner, H.: Kirche und Staat im frühen Christentum, München $^{2}$1961
Rahner, H.: Die Märtyrerakten des 2. Jahrhunderts, Freiburg $^{2}$1954 (Zeugen des Worts, 32)
dort:
Martyrium des Ptolemaios und des Lucius
Der Märtyrerbrief aus Lugdunum
Die Gerichtsakten der Blutzeugen aus Scili
Martyrium des Apollonius

*Siehe auch:*

Bludau, A.: Die ägyptischen Libelli und die Christenverfolgung des Kaisers Decius, Freiburg 1931 (Römische Quartalschrift für christliche Altertumskunde und für Kirchengeschichte, 27. Supplementheft)

Wlosok, A.: Rom und die Christen, a.a.O.

# C) Literatur zum Thema

## *I) Allgemeine römische Geschichte*

### *a) Gesamtdarstellungen*

Altheim, F.: Römische Geschichte, 3 Bde., Berlin, I: 1956, II: 1956, III: 1958 (Sammlung Göschen 19, 677, 679)
Christ, K.: Das römische Weltreich, Aufstieg und Zerfall einer antiken Großmacht, Freiburg 1973 (Herder TB 445)
Heuß, A.: Römische Geschichte, Braunschweig ³1971 (Westermann)
Kornemann, E.: Römische Geschichte, hg. von H. Bengtson, 2 Bde., Stuttgart ⁶1970 (Kröner)
Mommsen, Th.: Römische Geschichte, München 1976 (dtv)
Mommsen, Th.: Römische Geschichte, Leipzig, 1–3: 1854–1856, 5: 1885; Berlin, 1–3: ¹⁴1933, 5: ¹¹1933
Rostovtzeff, M.: Rom, Bremen ⁵1970 (Sammlung Dieterich)
Volkmann, H.: Grundzüge der römischen Geschichte, Darmstadt ⁵1973 (Wiss. Buchges.)

### *b) Lexika, Hilfsmittel, Wörterbücher*

Pauly – Wissowa: Real-Encyclopädie der classischen Altertumswissenschaft, hg. von W. Kroll, K. Mittelhaus u. K. Ziegler, Stuttgart 1893ff. (= RE.)
Lexikon der Alten Welt, hg. von C. Andresen u.a., Zürich 1965 (= dtv-Lexikon der Antike, 5 Teile, München 1969ff.)
Der kleine Pauly, hg. von K. Ziegler u. W. Sontheimer, Stuttgart 1964ff.

Buchwald, W. u.a. (Hg.): Tusculum-Lexikon griechischer und lateinischer Autoren des Altertums und des Mittelalters, München 1963 (rororo-Handbuch 6181)
Hiltbrunner, O.: Kleines Lexikon der Antike, Bern/München 1946 ff. (Sammlung Dalp)
Kroh, P.: Lexikon der antiken Autoren, Stuttgart 1972 (Kröner)
Lamer, H. Bux, E. u. Schöne, W.: Wörterbuch der Antike mit Berücksichtigung ihres Fortwirkens, Stuttgart [7]1966

### *c) Einführungen*

Bengtson, H.: Grundriß der römischen Geschichte mit Quellenkunde, 1. Bd., Republik und Kaiserzeit bis 284 n.Chr., München 1967 (Beck)
Christ, K.: Römische Geschichte, Einführung, Quellenkunde, Bibliographie, Darmstadt 1973 (Wiss. Buchges.)

### *d) Recht und Verfassung*

Heumann, H. G. u. Seckel, E.: Handlexikon zu den Quellen des römischen Rechts, Graz [10]1958
Kaser, M.: Das römische Privatrecht, München, I: [2]1971, II: 1959 (HdA X,3,3)
Meyer, E.: Einführung in die antike Staatskunde, Darmstadt [2]1974
Meyer, E.: Römischer Staat und Staatsgedanke, Zürich [3]1964
Mommsen, Th.: Römisches Staatsrecht, 3 Teile in 5 Bde., Leipzig [3]1887/1888, NDr. 1971

### *e) Sklaverei*

Benz, R.: Unfreie Menschen als Musiker und Schauspieler in der römischen Welt, Diss., Tübingen 1961
Chantraine, H.: Freigelassene und Sklaven im Dienst der römischen Kaiser, Wiesbaden 1971 (Forschungen zur antiken Sklaverei 1)
Kiechle, F.: Sklavenarbeit und technischer Fortschritt im römischen Reich, Wiesbaden 1969 (Forschungen zur antiken Sklaverei 3)
Vogt, J.: Sklaverei und Humanität, Studien zur antiken Sklaverei und ihrer Entstehung, Wiesbaden [2]1972 (Historia Einzelschrift 8)
Westermann, W. L.: RE Suppl. 6 (1935), 894–1068, s. v. Sklaverei

### *f) Agrarwirtschaft*

Brockmeyer, N.: Arbeitsorganisation und ökonomisches Denken in der Gutswirtschaft des römischen Reiches, Diss., Bochum 1968
Olck: RE I (1893), 261–283, s. v. Ackerbau
Ort, F.: RE XII (1924), 624–676, s. v. Landwirtschaft

### *g) Topographie der Stadt Rom, Geschichte der Stadt Rom, Denkmäler*

Coarelli, F.: Rom, ein archäologischer Führer, Freiburg 1975
Curtius, L. u. Nawrath, A.: Das antike Rom, hg. von E. Nash, Wien/München 1970
Gregorovius, F.: Geschichte der Stadt Rom im Mittelalter, Bd. I, 1., München 1978 (dtv-Bibliothek 5960)
Wachmeier, G.: Rom – Die antiken Denkmäler, mit Villa Hadriana, Ostia antica und Praeneste, Zürich/München 1975

### *h) Wissenschaft und Technik*

Landels, J. G.: Die Technik der antiken Welt, München 1979 (Beck)
Neuburger, A.: Die Technik des Altertums, Leipzig 1922, NDr. 1977
Sambursky, S.: Das physikalische Weltbild der Antike, Zürich 1965

### *i) Literatur*

Bieler, L.: Geschichte der römischen Literatur, 2 Bde., Berlin 3/1972
Büchner, K.: Römische Literaturgeschichte, Stuttgart 1962
Dudley, D. R.: Tacitus und die Welt der Römer, Wiesbaden 1969
Grant, M.: Klassiker der antiken Geschichtsschreibung, München 1973
Klingner, F.: Römische Geisteswelt, München $^{5}$1972
Schanz, M.: Geschichte der römischen Literatur, 4 Teile in 5 Bde., München, I: $^{4}$1927 (NDr. 1966); II: $^{4}$1935 (NDr. 1967), III: $^{3}$1922 (NDr. 1969), IV: $^{2}$1914 (NDr. 1959), V: 1920 (NDr. 1971) (=HdA VIII)

## *II) Die römische Kaiserzeit*

### *a) Gesamtdarstellungen*

Bloch, G.: L'empire romain, évolution et décadence, Paris 1922
Dessau, H.: Geschichte der römischen Kaiserzeit, I–II, Berlin 1924–1930

Domaszewski, A. von: Geschichte der römischen Kaiser, 2 Bde., Leipzig [3]1923
Pflaum, H. G.: Das römische Kaiserreich, in: Propyläen-Weltgeschichte, hg. von Golo Mann u. A. Heuß, Bd. IV., Berlin/Frankfurt/Wien 1963

### *b) Verfassung, Staatsrecht, Gesellschaft*

Alföldi, A.: Die monarchische Repräsentation im römischen Kaiserreiche, Darmstadt 1970 (Wiss. Buchges.)
Asbach, J.: Römisches Kaisertum und Verfassung bis auf Trajan. Eine historische Einleitung zu den Schriften des P. Cornelius Tacitus, Köln 1896
Brassloff, S.: Staat und Gesellschaft in der römischen Kaiserzeit, Wien 1933
Ihering, R. von: Geist des römischen Rechts auf den verschiedenen Stufen seiner Entwicklung, 3 Bde., Leipzig, 1923–1926
Kelly, J. M.: Princeps index. Eine Untersuchung zur Entwicklung und zu den Grundlagen der kaiserlichen Gerichtsbarkeit, Weimar 1957
Klein, R. (Hg.): Prinzipat und Freiheit, Darmstadt 1969 (Wiss. Buchges.)
Kromayer, J.: Die rechtliche Begründung des Prinzipats, Marburg 1888

### *c) Kaiserkult*

Cerfaux, L. u. Tondriau, J.: Un concurrant du christianisme, le culte des souverains dans la civilisation grécoromaine, Tournai 1957
Taylor, L. R.: The Divinity of the Roman Emperor, 1931 (Monogr. Amer. Philol. Assoc. 1)

### *d) Opposition*

Becker, K.: Studien zur Opposition gegen den römischen Prinzipat, Msch. Diss., Tübingen 1950
Richter, W.: Römische Zeitgeschichte und innere Emigration, Gymnasium 68, 1961, 286–315

### *e) Wirtschaft*

Dopsch, A.: Wirtschaftliche und soziale Grundlagen der europäischen Kulturentwicklung aus der Zeit von Caesar bis auf Karl den Großen, 2 Bde., Wien [2]1923–1924

Finley, M.: Die antike Wirtschaft, München 1977 (dtv WR 4277)
Härtel, G.: Der Beginn der allgemeinen Krise im Westen des Römischen Reiches. Wirtschaftliche und soziale Veränderungen in der Zeit von Marc Aurel bis Septimius Severus (161–211), ZfG 13, 1965, 262–376
Kiechle, F.: Das Problem der Stagnation des technischen Fortschritts in der römischen Kaiserzeit, GWU 16, 1965, 89–99
Rostovtzeff, M.: Gesellschaft und Wirtschaft im römischen Kaiserreich, 2 Bde., Leipzig 1929

### *f) Kulturgeschichte*

Blanck, H.: Einführung in das Privatleben der Griechen und Römer, Darmstadt 1976 (Wiss. Buchges.)
Bühler, J.: Kultur der Antike II, Römertum, Stuttgart ²1957
Carcopino, J.: Rom. Leben und Kultur in der Kaiserzeit, Stuttgart ²1979 (Reclam)
Durant, W.: Caesar und Christus. Eine Kulturgeschichte Roms und des Christentums von den Anfängen bis zum Jahre 325 n.Chr., Bern ³1959 (= ders.: Kulturgeschichte der Menschheit 3)
Grimal, P.: Römische Kulturgeschichte, München 1960
Howald, E.: Die Kultur der Antike, Zürich 1948
Kahrstedt, U.: Kulturgeschichte der römischen Kaiserzeit, Bern ²1958
Marquardt, J.: Das Privatleben der Griechen und Römer, Leipzig ²1886, NDr. Darmstadt 1975 (Wiss. Buchges.)
Paoli, U. E.: Das Leben im alten Rom, Bern ³1961

### *g) Religion, Mythologie*

Altheim, F.: Römische Religionsgeschichte, 2 Bde., Berlin ²1956 (Sammlung Göschen)
Bertholet, A.: Wörterbuch der Religionen, Stuttgart 1952
Cumont, F.: Die orientalischen Religionen im römischen Heidentum, Stuttgart ⁶1972
Kerényi, K.: Antike Religion, München/Wien 1971
Knoche, U.: Die augusteische Ausprägung der Dea Roma, in: Gymnasium 59, 1952
Latte, K.: Die Religion der Römer und der Synkretismus der Kaiserzeit, Tübingen ²1927
Latte, K.: Römische Religionsgeschichte, München 1960 (HdA V,4)
Ranke-Graves, R.: Griechische Mythologie I u. II, Reinbek 1960 (rde 113/114 u. 115/116)

Rose, H. J.: Griechische Mythologie. Ein Handbuch, München 1974 (Beck)
Wissowa, G.: Religion und Kultus der Römer, München ²1912 (HdA V,4), NDr. 1971
Wlosok, A.: Römischer Religions- und Gottesbegriff in heidnischer und christlicher Zeit, Antike und Abendland 16, 1970, 39–53

### *h) Philosophie*

Aster, E. von: Geschichte der antiken Philosophie, Stuttgart 1954
Aster, E. von: Geschichte der Philosophie, Stuttgart ¹⁵1975
Rüegg, W. (Hg.): Antike Geisteswelt, 2 Bde. München 1967 (dtv 419 u. 420)
Vorländer, K.: Philosophie des Altertums, Geschichte der Philosophie I, mit Quellentexten, Reinbek 1963 (rde. 183/184)

## *III) Imperium Romanum und Christentum*

### *a) Handbücher, Lexika, Hilfsmittel*

Atlas zur Kirchengeschichte, hg. von H. Jedin, K. S. Latourette u. J. Martin, Freiburg 1970
Bertholet, A., von Campenhausen, H. u. Goldammer, K.: Wörterbuch der Religionen, Stuttgart 1976
Das Fischer-Lexikon: Christliche Religion, hg. von O. Simmel, S. J. u. R. Stählin, Frankfurt/M. 1957ff.
Das Fischer-Lexikon: Die nichtchristlichen Religionen, hg. von H. von Glasenapp, Frankfurt/M. 1957ff.
Evangelisches Kirchenlexikon, Kirchlich-theologisches Handwörterbuch, hg. von H. Brunotte u. O. Weber, 4 Bde., Göttingen ²1961
Handbuch theologischer Grundbegriffe, hg. von H. Fries, 4 Bde., München 1970
Léon-Dufour, X.: Wörterbuch zum Neuen Testament, München 1977
Lexikon der christlichen Ikonographie, hg. von E. Kirschbaum, 1968
Lexikon für Theologie und Kirche, Freiburg ²1957–1967
RAC (Reallexikon für Antike und Christentum), hg. von Th. Klauser, Stuttgart 1950ff.
Realencyclopädie für protestantische Theologie und Kirche, hg. von A. Hauck, Leipzig ³1896–1913

### b) *Geschichte der Alten Kirche*

Baur, F. Chr.: Geschichte der christlichen Kirche, 5 Bde., Tübingen 1863, NDr. Leipzig 1969

Bihlmeyer, K. u. Tüchle, H.: Kirchengeschichte, 1. Teil: Das christliche Altertum, Paderborn [16]1958

Bultmann, R.: Das Urchristentum im Rahmen der antiken Religionen, Zürich [3]1963

Carrington, Ph.: The early Christian church, 2 Bde., Cambridge 1957

Chadwick, H.: Die Kirche in der antiken Welt, Berlin 1972

Duchesne, H.: Histoire ancienne de l'église, 3 Bde., Paris 1906–1910

Gigon, O.: Die antike Kultur und das Christentum, Gütersloh 1966

Harnack, A. von: Mission und Ausbreitung des Christentums in den ersten drei Jahrhunderten, 2 Bde., Leipzig [4]1924

Heussi, K.: Kompendium der Kirchengeschichte, Tübingen [14]1976

Jedin, H. (Hg.): Handbuch der Kirchengeschichte, Bd. I, K. Baus: Von der Urgemeinde zur frühchristlichen Großkirche, Freiburg/Basel/Wien [2]1963

Kottje, R. u. Moeller, B. (Hg.): Ökumenische Kirchengeschichte, Bd. I: Alte Kirche und Ostkirche, München/Mainz 1970

Latourette, K. S.: A History of the Expansion of Christianity, I.: The first five Centuries, New York 1937

Lietzmann, H.: Geschichte der Alten Kirche, 4 Bde., 3–4, Berlin 1961

Lortz, J.: Geschichte der Kirche in ideengeschichtlicher Betrachtung, Bd. I, Altertum und Mittelalter, Münster [23]1965

Meyer, E.: Ursprung und Anfänge des Christentums, 3 Bde., Stuttgart 1921–1923

Renan, E.: Histoire des origines du Christianisme, 8 Bde., Paris 1863–1883

### c) *Spezielle Fragen*

Bardy, G.: La conversion au christianisme durant les premiers siècles, Paris 1949

Bigelmair, A.: Die Beteiligung der Christen am öffentlichen Leben in vorkonstantinischer Zeit, München 1902, NDr. 1970

Daniélou, J.: Das Judenchristentum und die Anfänge der Kirche, Köln 1964 (AG für Forschung des Landes Nordrhein-Wetfalen, Geisteswissenschaftliche Reihe, 121)

Deissmann, A.: Das Urchristentum und die unteren Schichten, Göttingen [2]1908

Eck, W.: Das Eindringen des Christentums in den Senatorenstand bis zu Konstantin d.Gr., Chiron, 1, 1971, 381–406

Gülzow, H.: Christentum und Sklaverei in den ersten drei Jahrhunderten, Bonn 1969
Nestle, W.: Die Haupteinwände des antiken Denkens gegen das Christentum, Archiv für Religionswissenschaft 37, 1941, 51–100
Schaller, H.: Das Christentum in den antiken Großstädten, Altertum 8, 1962, 26–39
Schneider, C.: Geistesgeschichte der christlichen Antike, Sonderausgabe der 1954 unter dem Titel »Geistesgeschichte des antiken Christentums« erschienenen zweibändigen Ausgabe, München 1970
Styger, R.: Römische Katakomben, 1933
Warkotsch, A.: Antike Philosophie im Urteil der Kirchenväter, München 1973
Wiefel, W.: Die jüdische Gemeinschaft im antiken Rom und die Anfänge des römischen Christentums, Wissenschaftl. Zeitschrift der Martin-Luther-Universität Halle-Wittenberg 19, 1970, 1–11

### *d) Der römische Staat und das Christentum*

#### *1. Allgemeines*

Allard, P.: Le christianisme et l'empire romain de Néron à Théodose, Paris [10]1925
Dibelius, M.: Rom und die Christen im 1. Jahrhundert, in: R. Klein (Hg.): Das frühe Christentum im römischen Staat, a.a.O.
Klein, R. (Hg.): Das frühe Christentum im römischen Staat. Darmstadt 1971 (WdF 167)
Inhalt: Einleitung von R. Klein
Weber, W.: Nec nostri saeculi est (1922)
Fuchs, H.: Die frühe Kirche und die antike Bildung (1929)
Dibelius, M.: Rom und die Christen im 1. Jahrhundert (1942)
van Berchem, D.: Tertullians ›De pallio‹ und der Konflikt des Christentums mit dem Imperium Romanum (1944)
Bloch, H.: Ein neues inschriftliches Zeugnis der letzten Erhebung des Heidentums in Westrom 393/394 n. Chr. (1945)
Bainton, R. H.: Die frühe Kirche und der Krieg (1946)
Borleffs, J. W. Ph.: Institutum Neronianum (1952)
Zeiller, J.: Institutum Neronianum. Hirngespinst oder Wirklichkeit? (1955)
Straub, J.: Augustins Sorge um die regeneratio imperii. Das Imperium Romanum als civitas terrana (1954)
Wlosok, A.: Die Rechtsgrundlagen der Christenverfolgungen der ersten zwei Jahrhunderte (1959)

Koep, L.: Antikes Kaisertum und Christusbekenntnis im Widerspruch (1961)
Jones, A. H. M.: Der soziale Hintergrund des Kampfes zwischen Heidentum und Christentum (1963)
Guarducci, M.: Die Ausgrabungen unter St. Peter (1963)
Diesner, H. J.: Kirche und Staat im ausgehenden vierten Jahrhundert: Ambrosius von Mailand (1964)
Buchheit, V.: Christliche Romideologie im Laurentiushymnus des Prudentius (1966)
Mattingly, H.: Christianity in the Roman empire, New York 1967
Neumann, K. J.: Der römische Staat und die allgemeine Kirche bis auf Diocletian, 2 Bde., Leipzig 1890
Wlosok, A.: Rom und die Christen. Zur Auseinandersetzung zwischen Christentum und römischem Staat, Stuttgart 1970 (=Der Altsprachliche Unterricht, Beiheft 13,1)
Zeiller, J.: L'Empire Romain er l'Église, Paris 1928

### *2. Die Christenverfolgungen*

#### *2.1 Gesamtdarstellungen*

Allard, P.: Histoire des persécutions, 5 Bde., Paris [4]1911
Aubé, B.: Histoire des persécutions, 3 Bde., Paris 1875–1886
Canfield, L. H.: The early persecutions of the Christians, New York 1913 (Studies in History, Economics and Public Law 45,2)
Erhard, A.: Die Kirche der Märtyrer, München 1932
Grégoire, H. (u.a.): Les persécutions dans l'Empire romain, Brüssel 2/1964 (Mémoires Académie Royale de Belge, Classe des lettres et des sciences morales et politiques 46,1)
Last, H.: The study of the persecutions, JRS 27, 1937, 80–92
Linsenmayer, A.: Die Bekämpfung des Christentums durch den römischen Staat bis zum Tode des Kaisers Julian (363), München 1905
Moreau, J.: Die Christenverfolgung im Römischen Reich, Berlin [2]1971 (Aus der Welt der Religion 2)
Vogt, J.: RAC II, 1954, 1159–1208, s. v. Christenverfolgung
Weinel, H.: Die Stellung des Urchristentums zum Staat, Tübingen 1908
Weis, J. E.: Christenverfolgungen. Geschichte ihrer Ursachen im Römerreiche, München 1899

#### *2.2 Rechtsgrundlagen der Verfolgungen*

Conrat, M.: Die Christenverfolgungen im römischen Reiche vom Standpunkte des Juristen, Leipzig 1897

Griffe, E.: Le Christianisme en face de l'État romain. La base juridique des persécutions. (Bulletin de littérature ecclésiastique 50, 1949, 129–145)

Last, H.: RAC II, 1954, 1208–1228, s. v. Christenverfolgungen

Mommsen, Th.: Der Religionsfrevel nach römischem Recht, HZ 28, 1890, 389–429 (=ders.: Ges. Schriften 3, Berlin 1907, 389–422)

Wlosok, A.: Die Rechtsgrundlagen der Christenverfolgungen der ersten zwei Jahrhunderte, Gymnasium 66, 1959, 14–32 (= Klein, R. [Hg.]: Das frühe Christentum und der römische Staat, Darmstadt 1971, WdF 167, 275–301)

### *2.3 Die einzelnen Verfolgungen*

#### *Claudius*

Bruce, F. F.: Christianity under Claudius, BRL 44, 1961–1962, 309–326

#### *Nero*

Arnold, C. F.: Die Neronische Christenverfolgung. Eine kritische Untersuchung zur Geschichte der ältesten Kirche, Leipzig 1888

Borleffs, J. W. Ph.: Institutum Neronianum, Vigiliae Christianae 6, 1952, 129–145 (= Klein, R. [Hg.]: Das frühe Christentum im römischen Staat, Darmstadt 1971, WdF 267, 217–235)

Zeiller, J.: Institutum Neronianum. Loi fantôme ou réalité? RHE 50, 1955, 393–399 (in: Klein, R. [Hg.]: Das frühe Christentum . . ., 236–243)

#### *Domitian*

Barnard, L.: Clement of Rome and the persecutions of Domitian, New Testament Studies 10, 1963–1964, 251–260

Moreau, J.: A propos de la persécution de Domitien, Nouvelle Clio 5, 1953, 121–129

#### *Trajan*

Arnold, C. F.: Studien zur Geschichte der Plinianischen Christenverfolgung, Königsberg 1887 (Theologische Studien und Skizzen aus Ostpreußen 5)

Babel, H.: Der Briefwechsel zwischen Plinius und Trajan über die Christen in strafrechtlicher Sicht, Diss. Erlangen 1961

Weber, W.: Nec nostri saeculi est, in: Festgabe für K. Müller, Stuttgart 1922, 24–45 (in: Klein, R. [Hg.]: Das frühe Christentum . . ., 1–32)

*Hadrian*

Barnard, L. W.: Hadrian and Christianity, Church Quarterly Review 165, 1964, 277–289

Keresztes, P.: The emperor Hadrians's rescript to Minucius Fundanus, Phoenix 21, 1967, 120–129

*Antoninus Pius, Marc Aurel, Commodus*

Berwig, D.: Mark Aurel und die Christen, Diss., München 1970

Freudenberger, R.: Die Akten der scilitanischen Märtyrer als historisches Dokument, WS 86, 1973, 196–215

Freudenberger, R.: Christenreskript. Ein umstrittenes Reskript des Antoninus Pius, Zeitschrift für Kirchengeschichte 78, 1967, 1–15

Gilliam, J. F.: The Plague under Marcus Aurelius, AJPh LXXXII, 1961, 225–251 (in: Klein, R. [Hg.]: Marc Aurel . . ., 144–175)

Härtel, G.: Der Beginn der allgemeinen Krise im Westen des römischen Reiches. Wirtschaftliche und soziale Veränderungen in der Zeit von Marc Aurel bis Septimius Severus (161–211), ZfG 14, 1965, 262–276 (in: Klein, R. [Hg.]: Marc Aurel . . ., 197–225)

Hirschfeld, O.: Zur Geschichte des Christentums in Lugdunum vor Constantin, in: ders.: Kl. Schrr., Berlin 1913, 133–153

Keresztes, P.: Marcus Aurelius a Persecutor? HThR 61, 1968, 321–341 (in: Klein, R. [Hg.]: Marc Aurel . . ., 279–303)

Keresztes, P.: The Massacre of Lugdunum in 177 A. D., Historia 16, 1967, 75–86 (in: Klein, R. [Hg.]: Marc Aurel . . ., 261–278)

Sordi, M.: I »Nuovi Becreti« di Marco Aurelio contro i Christiani, Studi Romani IX, 1961, 365–378 (in: Klein, R. [Hg.]: Marc Aurel . . ., 176–196)

*2.4 Die Regierungen einzelner Principes*

*Augustus*

Berve, H.: Kaiser Augustus, Leipzig 1934 (= ders.: Gestaltende Kräfte der Antike, München $^{2}$1966, 396–447)

Buchau, J.: Augustus, Herr der Welt, Stuttgart $^{2}$1955

Earl, D.: Augustus und seine Zeit, Wiesbaden 1969

Schmitthenner, W. (Hg.): Augustus, Darmstadt 1969 (WdF 128)

Vittinghoff, F.: Kaiser Augustus, Göttingen 1959

*Tiberius*

Gelzer, M.: RE X, 478–536 (1918), s. v. Tiberius

Seager, R.: Tiberius, London 1972

Thiel, J. H.: Kaiser Tiberius, Ein Beitrag zum Verständnis seiner Persönlichkeit, Darmstadt 1970

*Nero*

Hohl, E.: RE Suppl. III, 349–394 (1918), s. v. L. Domitius Ahenobarbus (= Nero)
Warmington, B. H.: Nero. Reality and legend, London 1969
Weigall, A. B.: Nero, Kaiser von Rom, Wien 1936

*Domitian*

Christ, K.: Zur Herrscherauffassung und Politik Domitians. Aspekte des modernen Domitianbildes, Schweizerische Zeitschrift für Geschichte 12, 1962, 187–213
Urban, R.: Historische Untersuchungen zum Domitianbild des Tacitus, Diss., München 1971
Weynand, P.: RE VI, 2541–2596 (1909), s. v. T. Flavius Domitianus

*Trajan*

Hanslik, R.: RE Suppl. X, 1035–1102, s. v. M. Ulpius Traianus
Harris, B. F.: Bithynia under Trajan. Roman and Greek views on the principate, o. O. 1964
Weber, W.: Rom, Herrschertum und Reich im 2. Jahrhundert, Stuttgart 1937

*Hadrian*

Gregorovius, F.: Kaiser Hadrian, Stuttgart 1884
Perowne, S.: Hadrian, Sein Leben und seine Zeit, München 1977
Yourcenar, M.: Ich zähmte die Wölfin, Stuttgart 1954

*Antoninus Pius*

Schulz, O. Th.: Das Kaiserhaus der Antonine und der letzte Historiker Roms, Leipzig 1907
Stroheker, K. F.: Die Außenpolitik des Antoninus Pius nach der Historia Augusta, in: Bonner Historia-Augusta-Colloquium 1964/1965, Bonn 1966, 241–256

*Marc Aurel*

Birley, A.: Mark Aurel, Kaiser und Philosoph, München 1977
Klein, R. (Hg.): Marc Aurel, Darmstadt 1979 (WdF 550)

*3. Rom, Italien und die Provinzen (nach den Regionen geordnet)*

Conte Corti, E. C.: Untergang und Auferstehung von Pompeji und Herculaneum, München 1964
Duval, P. M.: Gallien, Leben und Kultur in römischer Zeit, Stuttgart 1979

Ternes, Ch.-M.: Die Römer an Rhein und Mosel, Geschichte und Kultur, Stuttgart 1975
Betz, A.: Entstehung und Entwicklung des römischen Provinzialreiches, Gymnasium 71, 1964, 267–276
Birley, A.: Life in Roman Britain, London 1964
Grenier, A.: Les Gaulois, Paris 1945, NDr 1970
Griffe, E.: La Gaule chrétienne à l'époque romaine I. Des origines à la fin du IV<sup>e</sup> siècle, Paris 1964
Galsterer, H.: Untersuchungen zum römischen Städtewesen auf der iberischen Halbinsel, Berlin 1971 (Madrider Forschungen 8)
Schulten, A.: RE VIII, 1965–2046 (1913), s. v. Hispania
Gelzer, M.: Rheinpolitik, Elsaß-Lothringisches Jahrbuch 11, 1932, 1–20
Germania Romana 3: Römisches Leben auf germanischem Boden, Heidelberg 1970 (Gymnasium-Beiheft 7)
Alföldi, G.: Noricum, London 1974
Betz, A.: Aus Österreichs römischer Vergangenheit, Wien 1956
Meyer, E.: Die Schweiz im Altertum, Bern 1946
Alföldi, G.: Das römische Pannonien, Altertum 9, 1963, 143–157
Kirsten E. u. Kraiker, W.: Griechenlandkunde, Heidelberg ⁵1967
Franke, P. R.: Kleinasien zur Römerzeit. Griechisches Leben im Spiegel der Münzen, München 1968
Gren, E.: Kleinasien und der Ostbalkan in der wirtschaftlichen Entwicklung der römischen Kaiserzeit, Uppsala 1941
Avi-Yonah, M.: Geschichte der Juden im Zeitalter des Talmud, Berlin 1962
Schubart, W.: Ägypten von Alexander d. Gr. bis auf Mohammed, Berlin 1922
Volkmann, H.: Ägypten unter römischer Herrschaft, Leiden 1971 (Handbuch der Orientalistik I,2,4)
Diesner, H. J. (Hg.) u. a.: Afrika und Rom in der Antike, Halle 1968

*e) Die Krise des 3. Jahrhunderts und der Niedergang des Imperium Romanum*

*1. Zum Gesamtbereich*

Alföldi, A.: Studien zur Geschichte der Weltkrise des 3. Jahrhunderts n. Chr., Darmstadt 1967
Altheim, F.: Die Soldatenkaiser, Frankfurt/M. 1939
Christ, K. (Hg.): Der Untergang des Römischen Reiches, Darmstadt 1970 (WdF 269)

Ferrero, G.: Der Untergang der Zivilisation des Altertums, Stuttgart 1922
Grant, M.: Das Römische Reich am Wendepunkt. Die Zeit von Mark Aurel bis Konstantin, München 1972
Grant, M.: Der Untergang des Römischen Reiches, Bergisch-Gladbach 1977
Seeck, O.: Geschichte des Untergangs der antiken Welt, 6 Bde., Stuttgart [4]1921, NDr. 1966

*2. Verfassung, Staatsrecht, Gesellschaft*

Schnebelt, G.: Die Reskripte der Soldatenkaiser. Ein Beitrag zur römischen Rechtsgeschichte im 3. nachchristlichen Jahrhundert, Karlsruhe 1974 (Freiburger Rechts- und Staatswiss. Abh. 39)
Schulz, O. Th.: Vom Prinzipat zum Dominat, Paderborn 1919
Taeger, F.: Zur Geschichte der spätkaiserlichen Herrscherauffassung, Saeculum 7, 1956, 182–195

*3. Constitutio Antoniniana*

Bickermann, G.: Das Edikt des Kaisers Caracalla in P. Giss. 40, Diss. Berlin 1926
Kiessling, E.: Zur Constitutio Antoniniana, ZRG 77, 1961, 421–429
Sasse, Ch.: Die Constitutio Antoniniana, Eine Untersuchung über den Umfang der Bürgerrechtsverleihung des P. Giss. 40, Wiesbaden 1958

*4. Wirtschaft, Geldwesen*

Groag, E.: Collegien und Zwangsgenossenschaften im 3. Jahrhundert, VSWG 2, 1904, 481–510
Heichelheim, F.: Zur Währungskrisis des römischen Imperiums im 3. Jahrhundert n.Chr., Klio 26, 1933, 96–113
Jones, A. H. M.: Inflation under the Roman Empire, The Economic History Review 5, 1953, 293–318

*5. Kultur- und Geistesgeschichte*

Altheim, F.: Aus Spätantike und Christentum, Tübingen 1951
Altheim, F.: Literatur und Gesellschaft im ausgehenden Altertum, 2 Bde., Halle/Tübingen 1949
Bidez, J.: Vie de Porphyre, Gent 1918
Hermann, H. J.: Studien über Usurpation und Krise im 3. Jahrhundert u. Z. unter bes. Berücksichtigung ihrer Darstellung in der Historia Augusta, 2 Bde., Msch. Diss., Greifswald 1964
Oppermann, H.: Plotins Leben, Heidelberg 1929

Theiler, W.: Die Vorbereitung des Neuplatonismus, Berlin 1930 (Problemata 1)

*6. Religion*

Altheim, F.: Der unbesiegte Gott, Hamburg 1958
Jonas, H.: Gnosis und spätantiker Geist, Göttingen ³I., 1964, ²II., 1966
Quispel, G.: Gnosis als Weltreligion, Zürich 1951
Widengren, G.: Mani und der Manichäismus, Stuttgart 1961

*7. Das Christentum im 3. Jahrhundert*
*7.1 Allgemeines*

Becker, C.: Tertullians Apologeticum, München 1954
Daniélou, J.: Origène, Paris 1948

*7.2 Christenprozesse und Christenverfolgungen*
*Septimius Severus und Caracalla*

Keresztes, P.: The emperor Septimius Severus: A precursor of Decius, Historia 19, 1970, 565–578
Keresztes, P.: The Contitutio Antoniniana and the persecutions under Caracalla, AJPh 91, 1970, 446–459

*Decius*

Alföldi, A.: Zu den Christenverfolgungen in der Mitte des 3. Jahrhunderts, Klio 31, 1938, 323–348
Bihlmeyer, K.: Die Christenverfolgung des Kaisers Decius, Theologische Quartalschrift 92, 1910, 19–50
Bludau, A.: Die ägyptischen Libelli und die Christenverfolgung des Kaisers Decius, Freiburg 1931 (Römische Quartalschrift, Suppl. 27)
Schönaich, G.: Die Christenverfolgung des Kaisers Decius, Jauer 1907

*Valerian, Aurelian*

Healy, P. J.: The Valerian Persecution, London 1905
Straeten, van der: Actes des martyrs d'Aurelien en Gaule (Sens, Troyes, Auxerre, Autun), Analecta Bollandiana 80, 1962, 116–141

*7.3 Zu den Regierungen einzelner Kaiser*
*Septimius Severus*

Alföldi, G.: Septimius Severus und der Senat, BJ 168, 1968, 112–160
Birley, A.: Septimius Severus, The African Emperor, London 1971

Walser, G.: Die Beurteilung des Septimius Severus in der älteren und neueren Forschung, MH 30, 1973, 104–116

*Caracalla, Macrinus*

Heinen, H.: Zur Tendenz der Caracalla-Vita in der Historia Augusta, Chiron 1, 1971, 421–435
Petrikovits, H. von: RE XVIII (1939), 540–558, s. v. M. Opellius Macrinus
Schulz, O. Th.: Der römische Kaiser Caracalla: Genie, Wahnsinn oder Verbrechen?, Leipzig 1909

*Elagabal*

Optendrenk, T.: Die Religionspolitik des Kaisers Elagabal im Spiegel der Historia Augusta, Bonn 1969

*Severus Alexander*

Jardé, A.: Études critiques sur la vie et la règne de Sévère Alexandre, Paris 1925

*Maximinus Thrax*

Hohl, E.: RE X, (1917), 852–868, s. v. Iulius Verus Maximinus

*Philippus Arabs*

York jr., J. M.: The Image of Philip the Arab, Hostoria 21, 1972, 320–332

*Decius*

Alföldi, A.: Die Vorherrschaft der Pannonier im Römerreiche und die Reaktion des Hellenentums unter Gallienus, in ders.: Studien . . .

*Valerian*

Alföldi, A.: Die Hauptereignisse der Jahre 253–262 n. Chr. im Orient im Spiegel der Münzprägung, Berytus 4, 1937, 41–68 (Ders.: in: Studien . . . 123–154)

*Gallienus*

Alföldi, A.: The Reckoning by the Regnal Years and Victories of Valerian and Gallienus, JRS 30, 1940, 1–10 (ders. in: Studien . . ., 210–227)
Alföldi, A.: The numbering of the Victories of the Emperor Gallienus and the Loyalty of his Legions, NC 1929, 218–279 (ders. in: Studien . . ., 16–72)

*8. Die Germanen*

Bang, M.: Die Germanen im römischen Dienst bis zum Regierungsantritt Constantius I., Berlin 1906

Rappaport, B.: Die Einfälle der Goten in das Römische Reich, Leipzig 1899

Schoppa, H.: Die Besitzergreifung des Limesgebietes durch die Alamannen, Naussauische Annalen 67, 1956, 1–3

Schwarz, E. (Hg.): Zur germanischen Stammeskunde, Darmstadt 1972 (WdF 249)

*9. Die Sassaniden*

Altheim, F. u. Stiehl, R.: Ein asiatischer Staat, I., Wiesbaden 1954

Enßlin, W.: Die weltgeschichtliche Bedeutung der Kämpfe zwischen Rom und Persien, NJAB 4, 1928, 399–415

*10. Gallisches Sonderreich*

Jankowski, N.: Das gallische Gegenreich (259–274 n.Chr.) und seine soziale Basis im Spiegel der Historia Augusta, Helikon 7, 1967, 125–194

*f) Die Reichsreform Diocletians*

*1. Diocletian und seine Mitkaiser*

Enßlin, W.: RE VII A (1948), 2419–2445, s. v. Valerius Diocletianus

Enßlin, W.: RE XIV (1930), 2516–2528, s. v. Galerius Maximinianus

Enßlin, W.: RE XIV (1930), 2486–2516, s. v. Maximianus Herculius

Groag, E.: RE XIV (1930), 2417–2484, s. v. Maxentius

Seeck, O.: RE IV (1900), 1040–1043, s. v. Constantius I.

Seeck, O.: RE XIII (1926), 222–231, s. v. Licinius 31a

*2. Verwaltungsreform und Wirtschaft*

Bott, H.: Die Grundzüge der diokletianischen Steuerverfassung, Darmstadt 1928

Diesner, H. J.: Der Übergang vom Sklavenhalter- zum Feudalsystem, JWG 1971, 2, 193–210

Held, W.: Die Vertiefung der allgemeinen Krise im Westen des Römischen Reiches, Berlin 1974 (Schriften zur Geschichte und Kultur der Antike 1)

Lauffer, S.: Diokletians Preisedikt, Berlin 1971 (Texte und Kommentare 5)

*3. Verfolgungen*

Bihlmeyer, K.: Das Toleranzedikt des Galerius von 311 (Lactantius, De mort. pers. c. 34), Theologische Quartalschrift 94, 1912, 411–427; 527–589

Florin, H.: Untersuchungen zur diokletianischen Christenverfolgung, Diss. Gießen 1928

Gelzer, M.: Der Urheber der Christenverfolgung von 303, in: Vom Wesen und Wandel der Kirche, Festschrift E. Vischer. Basel 1935, 35–44

Stade, K.: Der Politiker Diokletian und die letzte große Christenverfolgung, Diss., Frankfurt/M. 1926

*g) Constantin der Große*

Burckhardt, J.: Die Zeit Constantins d. Gr., Leipzig ²1880

Dörries, H.: Konstantin der Große, Stuttgart 1958

Kraft, H. (Hg): Konstantin der Große, Darmstadt 1974 (WdF 131)

Vogt, J.: Constantin der Große und sein Jahrhundert, München ²1960

## *IV) Textkritische Untersuchungen zu den Hauptquellen*

*a) Historia Augusta*

Straub, J.: Vorwort zur Historia Augusta, Bd. I, V–XLVII, Zürich/München 1976 (Artemis)

Hohl, E.: Über das Problem der Historia Augusta (Einleitung) 1–27, in: Historia Augusta I, Zürich/München 1976 (dort weitere Literatur)

*b) Eusebius von Caesarea*

Berkhof, H.: Die Theologie des Eusebius von Caesarea, Amsterdam 1939

Dempf, A.: Eusebius als Historiker, SB d. AdW, München 1964, 11

Helm, R.: Eusebios' Chronik und ihre Tabellenform, Abhandl. AdW, Berlin 1923, 4

Kraft, H.: Eusebius von Caesarea, Einleitung zur Kirchengeschichte 11–77, München 1967

Laqueur, R.: Eusebius als Historiker in seiner Zeit, Berlin 1929

Schwarz, E.: RE VI (1907), 1370–1439, s. v. Eusebios

### *V) Judentum*

Ben-Sasson, H. H. (Hg.): Geschichte des jüdischen Volkes, 3 Bde. Bd. I: Von den Anfängen bis zum 7. Jahrhundert, von A. Malamat, H. Tadmor, M. Stern und Sh. Safrai, München 1978 (Beck)

Schlatter, A.: Geschichte Israels von Alexander d. Gr. bis Hadrian, Stuttgart 1925, NDr. Darmstadt 1977

## D) Verschiedenes

Bergengruen, W.: Römisches Erinnerungsbuch, Freiburg 1958

Deschner, K. H.: Abermals krähte der Hahn. Eine Demaskierung des Christentums von den Evangelisten bis zu den Faschisten, Reinbek 1972 (rororo-Sachbuch 6788)

Jaspers, K.: Die Atombombe und die Zukunft des Menschen. Politisches Bewußtsein in unserer Zeit, München 1962

Kaiser Julian der Abtrünnige: Briefe, eingl., übers. u. erl. von L. Goessler, Zürich/Stuttgart 1971

McNeill, H. W.: Seuchen machen Geschichte, München 1978

Pollak, K.: Die Heilkunde der Antike, Wiesbaden 1978

Raffalt, R.: Cantata Romana, München 1977

# Personenregister